韩振远 著

秦晋之好

三晋出版社
三秦出版社

图书在版编目(CIP)数据

秦晋之好 / 韩振远著.-- 太原:三晋出版社,2013.12
ISBN 978-7-5457-0852-3

Ⅰ.①秦… Ⅱ.①韩… Ⅲ.①文化史 – 陕西省、山西省
Ⅳ.①K292.5②K294.1

中国版本图书馆 CIP 数据核字(2013)第 297480 号

秦晋之好

著　　者	韩振远
责任编辑	解　瑞
出 版 者	三晋出版社　三秦出版社
地　　址	太原市建设南路 21 号
邮　　编	030012
电　　话	0351-4922268(发行中心)
	0351-4956036(综合办)
	0351-4922203(印制部)
E-mail	sj@sxpmg.com
网　　址	http://sjs.sxpmg.com
经 销 者	新华书店
承 印 者	山西嘉祥印刷包装有限公司
开　　本	787mm×1092mm　1/16
印　　张	22.25
字　　数	330 千字
版　　次	2014 年 8 月　第 1 版
印　　次	2014 年 8 月　第 1 次印刷
书　　号	ISBN 978-7-5457-0852-3
定　　价	46.00 元

序

韩石山

　　这是一部别出心裁的晋陕两省交往史。

　　作者是韩振远先生,策划此事的是张继红先生。

　　书成之后,在一次聚会上,继红先生将写序之事交给我的同时,定然留意到我脸上闪过的一丝尴尬。换了别人,会说句什么的。他没有。他是策划者,书稿完成之后再来策划写序的事,是再正常不过的事儿。

　　书稿的作者没有选错,写序的作者,在他看来,也没有选错。

　　过后不久,振远先生将书稿的电子文本发给我。

　　用了大约一周的时间,看过全稿,我要说,这样的书,在中国通史里,属于地域政治史、地域文化史。说别出心裁,并无多少褒奖的成分,更多的是一份讶异,讶异策划者何以会有这样的妙思,而作者居然完成了这么一部大书。据说策划者当初的第一人选是在下,我要说,真的这样定了,一是我不会应允,二是勉强应允了,于我的作家的声誉,于他的出版家的声誉,都只会是损减而不会是增益。该佩服的是振远,当初竟敢接下这个活儿又完成得这么漂亮。

　　真的,在中国,再要找两个省份,像山西和陕西这样,地理上紧紧相连又界限判然,文化上自成格局又密切相关的,一下子真还想不起来。河南河北,湖南湖北,山西山东,乍一想以为会是这样,细思量,全不是这等模样。以山

1

陕两省所在的位置而论,中部而偏左,可说是中国的心脏的位置,而两省合起来的地理的形状,也恰似一个突突跳动的心脏。它主导着什么,又象征着什么,就不必明说了。

山陕两省的关系,最让人感到亲切,也最富有蕴含的,该是两省民众间彼此的称呼。这边叫那边是"老陕儿",那边叫这边是"老西儿",几分热络,几分不屑,给人的感觉,像是两个比邻而居,一个认为比另一个聪明,另一个认为比那一个更聪明的农民工兄弟。再一想当年遍布全国各大商埠的山陕会馆(注意,是一个而不是两个),你又会感慨,如果发了财,这两兄弟是何等的明理,何等的亲切,又是何等的显赫,何等的阔绰。

历史是一条河流,这个比喻,对山陕两省来说,已不仅是个恰当的比喻,而是一个结结实实的存在。两省的中间,从北部的偏关(以山西这边说),到南部的潼关(以陕西那边说),恰是黄河中游的主干部分。在这里,历史不仅是时间,还是空间,不仅是人文,还是地理,不仅是精彩,还是惊险,这一切,汇成了这么一条声名赫赫,却浊浪滚滚的大河。记得在一次聚会上,谈到这个选题,继红先生突然冒出一句话,说:这部书的整个意思,是说山陕两地的黄土高原就像两扇厚重的大门,黄河将这两扇门冲开一道缝,透过这道缝,可以窥见中国悠远的历史。

策划者是这样策划的,执行者也是这样执行的。

从先秦到近代,山陕两省的历史,是一个长长的纵剖面,一如两省之间的那条大河,而作者的叙述,则是一个又一个的横切面,如两岸陡峭的山崖。亦非恣肆的铺排,乃是选取一个又一个有故事有蕴含的亮点,这里那里,连缀在一起,便照亮了历史的暗昧。最为可贵的是,作者除了精于考证之外,更相信"知识就是力量"这句万古不移的箴言,每到了生僻的地方,总是让知识去为王前驱,冲锋陷阵,冲到你的面前,让你暂且身陷其中。比如常挂在嘴边的这个"黄土高原",且让我问一声,你有多少理性的认知?

书中写到,约摸二十世纪五十年代,一批知识分子来到陕西洛川一个叫黑木沟的断崖下,像当年华北平原上的农民对付日本人一样,挖出一条长达数百米的地道,直通黄土腹里。上面是五六十米厚的土层。这些人天天守候在里面,终于等到高原上下了场难得一见的大雨。黑暗潮湿的土洞里,这些人眼睛不眨地紧盯了整整两天。终于,他们发现,洞顶上渗下来水了。也就是说,只需两天,降落在黄土表层的雨水就能渗透五六十米的土层。这说明,黄土里留不住水,简直就是漏水。也说明为什么晋北、陕北的黄土地上,生长着稀疏枯黄的老头树,为什么这片土地上长不成枝繁叶茂的高大乔木。

现在这个土洞,就在洛川黄土地质公园里。

晋陕峡谷是由黄河冲刷而成,最经典的例证,莫过于历史地理学家史念海老先生的发现。1976年,史先生考察晋陕峡谷时,府谷旧县城临河一条长长的坡道引起了老先生注意。根据史先生的观察,这条坡道显然不是一次性建成,而是随着河水的下降,不断地往下延伸。当县城初建时,取水的坡道不长,还感受不到困难。取水坡道一再向下延伸,取水就成了艰巨任务。后来府谷县城的迁徙,不能说与此无关。据此,史先生得出结论:显然是河水的下切,使河谷更为深邃。

这下切的力量有多大,作者有亲身的体验。

一个凄风萧瑟的日子里,他和朋友来到了河曲县一个叫弥佛洞的地方。钻过一道石洞,深深的河谷骤然出现在面前。这里是真正的河岸,他们站立的地方是在河岸半壁开凿出的一条栈道,窄窄的,宽不过二尺。朝上望,怪石狰狞,好像悬在头顶。朝下望,河水幽幽,如临深渊,足足有五六十米深。河水在脚底下流淌,两面石质的河岸高耸,对面的高原仿佛伸手可触。再朝头顶望,他和朋友都被河水感动了。上面坚硬的岩石上,印着一道道细密的纹理,那该是黄河水经年累月冲刷切割的痕迹。看上去,那些纹理轻盈流畅,好像随手画上去的。细看,整个崖壁像一本叠起的书,那一道道水痕就是厚重的书页,不用打开就能看到黄河悠久的历史。

在漫长的历史途程中,两省之间,纵有黄河阻隔,仍挡不住武力的推移,以致某一个时期,秦政权也会移到晋地,晋政权也会突到秦地。一个生动的实例,便是书中《秦长城 魏长城》一节,写了战国中晚期,黄河西岸的渭北高原上,竟矗立着两道长城。

两道长城都起于华山脚下的华阴县,一道沿着起伏的渭北高原,依地势蜿蜒北上,直到龙门山下。一道同样沿着渭北高原,向西北蜿蜒,越过渭河,跨过洛水,止于黄龙山麓。两条弧状的长城像两张拉紧了的弓,都铆足了劲,不定哪一刻就会射向对方。两道长城,按现在的叫法,面向黄河的叫秦东长城,面向关中的叫魏长城。两道长城之间相距不过百里。这片面积不大的土地,用相对的两道长城告诉后人:这里曾经是秦魏之间战火最为密集的古战场,这里就是关系到魏秦两国生死存亡的河西地。

书中多处,既见作者史料运用的娴熟与准确,又见作者史识的通达与透辟。比如《兴衰唐王朝》中,讲关陇贵族集团孕育的混血文化和山西女人在宫廷中的影响,叙事通脱,推理精当,甚至纠正了我的一些误识。最为可贵的是,作者根据汉代至唐代,山西文水一代民族融合的情况,对武则天的血统所提出的质疑,不能不说是一个大胆的判定。《山陕商人 秦晋大贾》中,对黑地界和走西口源流的不同解读,也是精彩的一例。

有这么多的史实,这么多的实证,这么多的梳理与发明,可补正史之不足,可为执政之借镜,但是,我仍不认为此书是一本严谨的史学著作,而愿将之归入文学作品之列。这样说,是因为我了解作者的心志,更了解他为写作此书所做的准备。多年来他所作小说散文,着力于黄河岸边风土人情的描写。为写这部书稿,他几乎走遍了黄河两岸山陕两省的所有县市。有这么厚实的铺垫,这么真切的体验,笔端倾注了情感,定然绽放出文学的光彩。

说的不少了,该结束了。回过头来,再说为什么接手写序,我的脸上会闪过一丝尴尬的表情。

这全是因为,此书作者韩振远,是我的三弟。

继红先生说此事时,在座的还有鲁顺民先生,朋友中,顺民是有名的快嘴,当即说了个典故,说过去有个文人如何爱吹牛,别人夸他弟弟文章好,他当即说:"天下文章数三江,三江文章数我乡,我乡文章数舍弟,舍弟请我改文章。"有了这个典故,往后有人夸振远文章如何,我也可以觍着老脸吹上句:"山西文章数舍弟,我给舍弟写过序。"

感谢继红先生的安排,让我与三弟有这么个"同台演出"的机会。

2014 年 7 月 21 日于潺湲室

目　录

清人绘黄河流域图

依偎在黄土高原

YIWEI ZAI HUANGTUGAOYUAN

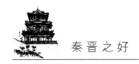

沿着黄河作之字状在晋陕两省曲折穿行，我走完了从老牛湾到潼关的这一段黄河，行行复行行，这个过程用了大约五六年时间。

不论走到河东还是河西，一种不变的景象总在眼前盘桓，挥之不去的黄土似乎永远包裹着一切，天、地、山岗、丘陵在黄土意象中，显得那么混沌厚重，渐渐，这种印象变为一成不变的画面，固执地萦绕在脑际。我明白了，黄土是大河两岸的主宰，不光景色，连人都被浸染到灵魂。说出的话，呼出的气，大脑里的思维，好像都带着黄土气息。

每次出行，我的行囊总装着两本地图册，一本山西的，一本陕西的。坐在车上，躺在宾馆的床上，时常呆望着变成曲线的秦晋两省，覆盖着黄土的两片土地顿时在眼前不断变换姿态，一会儿像情侣，相互依偎，不离不弃；一会儿又像兄弟，相互提携，无悔无怨。然而，他们的每一个举动，每一个眼神，每一次交往，都与黄土脱不了干系。这片干黄的高原仿佛是他们的宿命，无论怎样抗争，都难逃桎梏。那一刻，我好像听到从两片土地上传来昂扬的号子声和急促的喘息声，好像看见梁峁之间质朴彪悍的放羊汉和骑着毛驴回娘家的淳朴美丽的小媳妇。

不能不注意到那条大河。从弯弯曲曲千迂百回的线条上，我似乎感觉到了大河的羸弱与无奈。不过，再沿着晋陕峡谷行走时，黄河立刻又回归到悲壮激烈、跳踉奔腾，一泻千里的本性。在老牛湾、大同碛、孟门、壶口、禹门口面对黄河，我感到，在这座高原上，只有黄河可以如此肆意妄为，也只有黄河可以如此不把高原放在眼里，硬生生将本来浑然一体的高原像个馒头般掰开一道缝，造出这样一条深邃逼仄举世闻名的沟堑。让高原上的河流、溪水都找到归宿，一齐跳跃欢呼汇聚在一起，同时将高原切割得支离破碎千头万绪。出了禹门口，两面的黄土崖矮了，黄河终于冲出了漫长曲折的峡谷，放松了疲惫的身子，似乎想缓一口气，放慢脚步，缓缓向南流淌，现出一副慈祥温厚的神情。过了潼关，绕进中条山和崤山之间的晋豫峡谷，黄河好像又攒足了力气，重新展现出在晋陕峡谷中的气势，冲过三门，跃过孟津，将泥沙留下的同时，又冲刷出一个辽阔的华北平原。从这个意义上来说，是黄河与黄土高原，再加上呼呼吹来的西北风，共同创造出中华民族的早期栖息地。

走完了这段黄河，我感叹，这两个共同蜷伏在黄土高原上的内陆省份，虽然近在咫尺，却只能隔河相望，伴着黄河走完了800多公里的省界，却没有哪怕一寸土地相连，始终被这条汹涌的大河若即若离地阻隔着。对两地而言，黄河不单是一个地理上的沟堑，而且成为一条天然省界。从人类居住在两地时开始，就有了河东、河西两个不同的地方。

在这座高原上行走，让人印象深刻的还有漫天的风沙和干燥的气候。每当迎着西北风行走在苍凉的干圪梁上时，会感觉到，这风不光给人带来寒冷，还在年复一年地摧残着这片土地。初春季节，当漫天沙尘四起时，所有人都会明白，为什么会有这座高原，为什么黄河会黄，为什么居住在高原上的民族崇尚黄色又惧怕黄色。

在黄河两岸行走的日子里，我还惊讶黄河上有那么多桥，但我并没有因为通行便捷而感叹人类的无所不能。

从山西保德通过黄河大桥至陕西府谷，只是一瞬间的事，除了一闪而过的河水之外，与在平地行驶并无区别。走在府谷境内，梁峁越来越平缓，山势愈来愈无力，西行不过百十里，即到了陕西省的另一个县——神木。在那里，我吃惊地看到了起伏无际的沙漠！那是毛乌素沙漠的边缘，几株孱弱的树木、几间废弃的房子告诉我，这里不久前还没有被沙化，变成现在这种样子只是近几十年的事。沙漠正在西北风的作用下向东行进。从黄河到这里，我乘车仅用了不到一个小时，御风而行的沙尘能用多长时间呢？原来沙漠离黄河如此之近，离山西如此之近。自那一刻起，我明白了黄河的另一种作用，同时明白了陕西与山西的另一种关系。山西很荣幸，坐落在大河之东，那条汹涌澎湃的大河，就成了山西的护城河，而那强劲的风沙就是攻城之敌，挟沙裹石，暴猛激烈，持续了千万年，黄河始终用滔滔河水，守卫着河东的土地，带走泥沙，卷走砾石。而河西之地，则起着山西缓冲地带的作用，像一位兄长，又像一位情侣，躬起自己的身躯保护着兄弟、爱人。

以后很多年，他还会在军事、经济、政治上护佑山西，甚至成为整个中华帝国的缓冲地带。

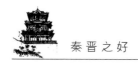

高原与黄土的奥秘

从著名的壶口瀑布旁,通过黄河大桥西行,穿越宜川县,继续往西,是陕北洛川县,这里是黄土高原腹地,被地质学家们称为"黄土研究的麦加圣地"。笔者非研究地质的科学家,来到这里,却也像信徒一样怀着颗虔诚的心。

站在一座黄土高崖上环望,四周的黄土崖、土丘矗立着,不论什么形状,都一起向东涌动,泛起漫天遍野的黄浪,像大海里的巨涛,在一波波涌动,壮阔得几乎不真实。忽然有苍凉无望的感觉,心被紧紧揪着,随着沟壑起伏。再往前走,眼前呈现出一道更加苍凉悲切的峡谷,大地仿佛无声地裂开了,毫无保留地将内部秘密展露出来,一切都是那么难以置信,好像有一把神力无比的巨斧猛然砍斫下来,轰然有声,天崩地裂,又好像有一把钝刀,经年不歇地切割,终于在黄土上留下巨大的疤痕。

残破的断崖在荒凉中对峙。天空瓦蓝,明明朗日高悬;崖畔几簇酸枣树在风中摇曳,明明绿得可爱,但再可爱的东西放在这绵亘万里直铺天外的黄土背景中,也会飕飕泛出凄凉,即便是明眸皓齿的美女站在这里,也会顿失颜色。天地好像都被远漫无际的黄色笼罩,高崖阔壁、深沟巨壑似乎都在向人展示着残忍的苍凉,黄土的肌体好像被剖开,又被砸碎,要想看出黄土地的真实,只有凭借想象。同行的朋友说,这是风雨侵蚀的结果。

我看到的只是黄土地破损的表象。数十年前,有一群人也曾来到这里,用他们敏锐而又专业的眼光打量着这片黄土地,试图找出黄土地的奥秘,所用方法奇特而又艰难。他们要钻进黄土的腹腔,探寻黄土的内部构造。在如今的洛川黄土地质公园,一个叫黑木沟的断崖下,他们像当年对付日本人一样,挖出一条长达数百米的地道,直通黄土腹里。时至今日,也让人不能想象,科学研究竟也会用如此笨拙的方法。

当一群文质彬彬的男人,在土洞里钻进钻出时,连当地的农民也不明白这些人究竟要做什么。土洞上面是五六十米厚的土层,这些人天天守候在里面,为的竟是庄稼人见怪不怪的黄土。干旱的高原上下了场难得一见的大雨,黑暗潮湿的土洞里,这些人眼睛不眨紧盯了整整两天。终于,他们发现,洞顶上渗下来水了。也就是说,只需两天,降落在黄土层表面的雨水就能渗透五六十米的土层。这说明,黄土里留不住水,简直就是漏水。也说明,为什么晋北、陕北的黄土地上,生长着稀疏枯黄的老头树,为什么这片土地上长不成枝繁叶茂的高大乔木。

当年在这里挖地洞研究黄土的是地质部地质研究所的科技人员,为首的是张宗祜院士。以后,一位位名声显赫的专家、学者都曾慕名来到这里朝圣黄土,刘东生、许清华、安芷生、丁仲礼、史念海、郭正堂……

这是世界上最大的一座黄土高原。

这是世界上黄土堆积最厚的一座黄土高原。

这是世界上最残破的一座黄土高原。

这又是世界上水土流失最严重、生态环境最脆弱的一座黄土高原。

这还是世界上诞生出最古老文明的一座黄土高原。

科学家们以数代人的努力,破解了黄土高原的奥秘,住在这座高原上的人,则用了数千年时间,创造了灿烂悲壮的高原文化。而如我一样的人所看到的,只有这残破的沟壑和恶劣的生存环境。

那天,我在洛川县城南面,被称之为"国家地质公园"的地方流连徘徊了许久。到下午时分,起风了,初秋的陕北高原立刻笼罩在风沙中,飙猛强劲的西北风用另一种语言,向我解读着眼前这座高原的成因。

望着身边这座风沙笼罩的高原,我想起了巍峨高耸,被称为世界屋脊的青藏高原。正是呼啸而来的西北风,将这两座高原连在了一起。生长在黄土高原,我也曾多次想,亚细亚大洲腹部为什么会隆起这样两座高原?它们之间究竟有怎样的关系?

两座高原的诞生都遥远得超乎想象,以至只有用地质学那陌生而且深奥的术语,才能解读这两座有因果关系的高原。

　　最早向世人解读黄土高原的，是一位碧眼隆鼻的德国人，他叫李希霍芬，1833年5月5日生于普鲁士上西里西亚卡尔斯鲁赫（今属波兰）。1868年9月，李希霍芬来到当时的大清帝国进行地质地理考察，直至1872年5月，用了将近4年，走遍了大清帝国18个行省中的13个。足迹遍及广东、江西、湖南、浙江、直隶、山西、山东、陕西、甘肃南部、四川、内蒙诸省区，"踏查之普遍，著述之精深博大，远非清人所及"。当他来到中国西北，走进黄土高原的腹部，面对横亘数省、梁峁遍地的苍凉高原，像所有初次看到黄土高原的人一样，被这片皴皱起伏、梁峁遍地的高原震撼了。之后，他在沟壑梁峁间游走，苦苦寻找这座高原的成因。回国后，经过数年研究，提出了黄土高原风力形成的学说。

　　凑巧的是，中国人为之自豪的"丝绸之路"，也是这位德国地质学家首先提出的。

　　黄土高原有着地球上独一无二的地质现象，中国科学家也在苦苦寻找其成因，在以后的岁月里，陆续提出了"海成说"、"湖成说"。但最具说服力的还是李希霍芬提出的"风成说"。

　　按照"风成说"理论，是青藏高原的造山运动催生了黄土高原。四百多万年前，青藏高原并非像现在一样高峻，东南部是一片汪洋，死寂无声。这时候，地壳开始运动了，两块更加遥远的地壳像巨型石板一样振荡，印度次大陆板块和欧洲次大陆板块撞击在一起，巨大无比的撞击力，在地球表面上隆起一座皱褶，青藏高原横空出世了。以后的两百多万年中，这座高原长高了2000到3000米，而且不断生长，直到成为地球上最高的高原。青藏高原的出现，挡住了来自印度洋的暖湿气流北上，这样，干燥寒冷的西北风就在高压气团的作用下生成了，从西北向东南呼呼劲吹，经过漫长的岁月，终于将砾岩吹破，又风化分解为颗粒，变成一片寸草不生的戈壁。这片不毛之地温差变化极大，使岩石发生热胀冷缩崩解成砾石，再被西北风挟裹，在空中飘移迁徙，颗粒大的岩屑飘移距离近，形成沙漠。颗粒小的飘移距离远，按不同重量向东南方向移动，途中不断降落，形成不同的黄土层，直到被秦岭阻隔才停下来。在漫天风沙中，秦岭以北，长城以南，太行山以西堆积起一座巨大土丘，黄土高原就这样生成了。

刘东生、张宗祜发表的《中国的黄土》一文清楚地阐释了黄土高原的形成堆积状况："黄土在中国北方,自东北各省经山东、河北、山西、陕西到甘肃、青海、新疆一带皆有分布,但以在黄河中游地区最广泛,形成黄土高原。在地形上它位于昆仑山、祁连山(南山)、秦岭、鲁东山区和辽东半岛山地一线以北的干旱和半干旱地带(大约北纬34°~35°)。黄土在此线以南分布较少,性质也有所改变。在北方大片黄土是沿东西方向呈长条状分布的。在其分布地带以北,有较大面积的沙漠,沙漠以北有碎石为主的戈壁,在平面位置上,黄土、沙漠、戈壁成带状排列。"

如今,展现在我们面前的这座高原,面积约40万平方千米。涉及青海、甘肃、宁夏、内蒙古、陕西、山西、河南七省(区)46个地(盟、州、市),282个县(旗、市、区)。

这是一座与它的母体截然不同的高原,是由一系列褶皱断块山岭和陷落盆地组合成的高地,表面堆积着50~200米厚的黄土,其中吕梁山西部的黄土厚度达100~200米。无论高原面积还是黄土覆盖厚度,都堪称世界之最。黄土高原上的黄土质地松软,经长期风吹雨蚀,残破皱裂,沟壑纵横,论其经历,远比青藏高原复杂。只是我们的想象力,远没有大自然丰富,需要专家来论证其规律与细节。

两百多万年之前,中华民族的祖先就诞生在这块西北风吹来的高原上,创造出灿烂辉煌的农耕文明。至今西北风还在猛烈地吹,黄土高原还在继续增高,中华文明还在延续,一代代百姓还要在黄土地里生存。

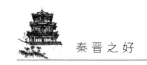
老河啊，峡谷

一

晋陕峡谷中的黄河有好几个名字，河、大河、老河、浊河、洪河，当然也叫黄河，我更喜欢的是老河这个名字，因为一提起，会让人想起它悠久的历史。

来洛川前，我先去看了壶口瀑布。从山西吉县乘车，在吕梁山间曲折的盘山公路上绕行，拐过一道弯时，远远望见阳光下一泓流水闪出白光，在深色调的峡谷中蜿蜒，那么细小，那么无力，若一根柔弱的线般，时断时续，又若一条游动的蛇，遍体鳞光，在乱石间缓缓蠕动。问身边的朋友，那是一条什么河？

朋友说：壶口瀑布旁还能有什么河？老河啊！

我恍然大悟。但是无论如何都不能把峡谷中这条孱弱的河流与印象中的黄河联系在一起，更不能与气势磅礴的壶口瀑布联系到一起。黄河怎么可以这样流淌，这样流淌的河水又怎么能是黄河？但是，远处陡立的山势和眼前的壶口瀑布标志告诉我：那的确是黄河，在两岸壁立千仞的高崖上瞭望，晋陕峡谷中的黄河就是这样流淌的。

走到壶口瀑布前，才感受到黄河的力量与气势。这个属于晋陕峡谷的瀑布，是数千里黄河中最激昂最能撼动人心的景象。巨大的轰鸣声中，河水向狭窄的石罅涌来，排山倒海，势若雷霆万钧，惊天动地。看了一会儿，只觉得血脉贲张，一阵阵眩晕。继续看，瀑布在眼前不断地变幻，若蛟龙腾跃，若万马疾驰，若金蛇狂舞，暴猛激烈，气势磅礴。

沿瀑布旁的栈道下去，瀑布就从天空倾泻下来，仿佛顷刻之间，便会被瀑布带来的气场吞噬，定下神来，却见漫天黄色水雾飞扬，阳光骤然暗淡，正当众游客惊呼水雾幻化出一道彩虹之时，我突然大煞风景地想到了盘桓在黄土高原上空的沙尘，想到了呼啸的西北风，意识到，原来这雄壮激昂的瀑布也属于黄土高原，是河水与黄土共同酝酿催生的产物。

走上栈道，心情稍稍平静，朝河对面望去，感觉原来如雷贯耳的黄河竟如此狭窄。对面是陕西宜川县，河滩上同样站满慕名而来的游人，仿佛一伸手就能相触，几位游人朝瀑布欢呼，在河水的咆哮中，却只见其形，不闻其声。

苍黄的阳光下，峡谷中好像溢满了黄河水，浪涛翻滚，迅猛湍急，用激烈和悲壮将苍凉的黄土地掰开，又将两岸的山崖连上。

这才是我心里的黄河，这才是我心里的晋陕大峡谷。

看过壶口瀑布，除了心里更增加几分对黄河的崇敬之外，不由得产生出疑问，到底是先有晋陕峡谷，才有黄河流过，还是黄河硬生生将黄土高原像一块顽石般掰开，涤荡出这样一条峡谷。李白说："巨灵咆哮掰两山，洪波喷流射东海。"分明是说黄河这条巨灵掰开了高原，流向大海，但在我看来，那只是诗人意象，事情恐怕不会这样简单。

每一条河流都在峡谷中流淌，每一条峡谷都曾经被河流冲刷。我想起了世界上的几条著名峡谷和著名河流。美国的科罗拉多峡谷是地质裂变的结果，也是科罗拉多河的杰作；中国的雅鲁藏布大峡谷也一样，首先产生于地质裂变，然后才是雅鲁藏布江的杰作。也就是说，先由地质裂变产生出一个峡谷，然后再由大江大河精雕细琢，才有了今天风景优美的一条条大峡谷，而这一雕琢过程，何止千百万年。黄河与晋陕峡谷也应该是这样。

与世界上其他大江大河相比，只有黄河对晋陕峡谷的雕琢代价巨大，过程惨烈。从青藏高原巴颜喀拉山北麓发源后，黄河一路穿山越岭，汇集百川，受到黄土高原迎面拦挡，不得不拐出一个大湾，在黄土高原留下的缝隙中左冲右突，穿过野狐峡、龙羊峡、刘家峡、红山峡、盐锅峡、青铜峡等20多个峡谷。一道道峡谷如同一道道关口，黄河如同一位披坚执锐英气勃勃的将军，虎虎生威，过关斩将，先来到相对平缓的河套，造出一大片平原后，一扭身来到了他一路上遭遇最惨烈的地方——晋陕大峡谷。

从晋蒙交界处的托克托，到山西风陵渡与陕西潼关之间的黄河大桥，共

850多公里,属黄河中游,按照水利专用术语,这一段被称为北干流。其中,托克托至禹门口一段被称为大北干流,禹门口至风陵渡一段被称为小北干流。在大北干流的725公里行程中,黄河一直在狭窄逼仄的峡谷中盘绕流淌。两岸壁立千仞、万山耸峙,西岸,铺陈着陕北高原一道道沧桑的沟壑;东岸,肃立着晋西北高原一座座残破的山岭。站在岸边往下俯视,黄河就像用刀刻在谷底的一条细线,两岸的崖壁则若铜墙铁壁一般坚挺,黄河即使把自己狂放成一条奔腾的巨龙,也只能无奈而暴躁地在峡谷中涌动。

从人类未知的洪荒时期,黄河就与这条峡谷展开了漫长的厮斗。其惨烈程度,远比我们现在看到的更猛。战国尸佼《尸子》一书记载:"古者,龙门未开,吕梁未发,河出于孟门之上,大溢横流,无有丘阜高陵,尽皆灭之,名曰鸿水。"《尚书·尧典》中说:"汤汤洪水方割,荡荡怀山襄陵,浩浩滔天。"若所述真实,这次大水已漫上山岗丘陵,举目望去,山川大地一片汪洋,处处泽国。这些洪水的最终去处,自然是晋陕峡谷,汇成浩渺无际汹涌奔腾的黄河之水。

在黄河与峡谷的较量中,深受其害是居住在两岸的人类,按今天的说法就是山陕两地的百姓。当时的山陕百姓面对这样的大水自然是无能为力,只能寄希望于英雄和神灵,于是,大禹出现了,劈开孟门、凿开石门、破开龙门,晋陕峡谷才真正贯通,黄河才真正安分守己。于是,河伯出现了,每当河水狂躁之时,两岸的庙宇里便香烛高燃,青烟缭绕。

二

黄河一开始流入晋陕峡谷时,峡谷也许并不像现在这样深邃,河水也许不像现在这样逼仄。按照现在的行政区划,晋陕两省在这一段黄河沿岸共有7市22县,其中河西岸的陕西省有:榆林市的府谷、神木、佳县、吴堡、绥德、清涧;延安市的延川、延长、宜川;渭南市的韩城。河东岸的山西省有:忻州市的偏关、河曲、保德;吕梁市的兴县、临县、柳林、石楼;临汾市的永和、大宁、吉县、乡宁;运城市的河津。这些沿河县中,有五个县的县城原本就在河边,山西有河曲、保德;陕西有府谷、佳县、吴堡。还有些大的集镇也建在河边,如山西著名的碛口镇,陕西神木县的马镇镇。这些年,我多次从山西这边河谷中的沿黄公路隔河眺望建在高崖之上的府谷、吴堡、佳县县城,只见高崖之上,房屋鳞次栉比、高低错落。心里便想,当年居住在这里的人们是怎样解决吃水问题的,莫非是从黄河里汲水?但是那么高的崖,那么长的坡,要费多大劲才能把一桶水提上去?

著名学者史念海老先生回答了我的问题。

1976年史先生考察晋陕峡谷时,府谷旧县城临河一条长长的坡道引起了老先生注意。根据史先生的观察,这条坡道显然不是一次性建成,而是随着河水不断往下延伸。他想,府谷县城位于高原,城中缺水,须由黄河汲引。当府谷城初建时,取水的坡道不长,还感受不到困难。取水坡道一再向下延伸,取水就成了艰巨任务。后来府谷县城的迁徙,不能说与此无关。

据此,史先生得出结论:显然是河水的下切使河谷更为深邃。

原来如此。黄河、峡谷、黄土高原之间并不是朋友、情侣,也并非温情脉脉、耳鬓厮磨,而是残酷暴烈、血肉横飞的仇敌。迅猛锐利的河水,不光劈开了黄土高原,还切深了晋陕峡谷,而高原、峡谷也毫不示弱,千万年的厮杀下来,一面是惨不忍睹的残破,一面是令人心悸的浑黄,结果是两败俱伤。

河水到底把峡谷切割得有多深?我曾在山西这边的河曲县大大见识过一回。

一个凄风萧瑟的日子里,我和朋友来到了河曲县一个叫弥佛洞的地方。钻过一道石洞,深深的河谷便骤然出现在面前。这里是真正的河岸,我们站立的地方是在河岸半壁开凿出的一条栈道,窄窄的,宽不过二尺。朝上望,怪石狰狞,好像悬在头顶。朝下望,河水幽幽,如临深渊,足足有五六十米深。河水在脚底下流淌,两面石质的河岸高耸,对面的高原仿佛伸手可触。再朝头顶望,我和朋友都被河水感动了。上面坚硬的岩石上,印着一道道细密的纹理,那该是黄河水经年累月冲刷切割的痕迹。看上去,那些纹理轻盈流畅,好像随手画上去的。

细看,整个崖壁像一本叠起的书,那一道道水痕就是厚重的书页,不用打开就能看到黄河悠久的历史;又像一道道年轮,清楚地记载着黄河水冲刷的痕迹。

没想到河水会如此坚韧,不停地冲刷,不断地切割,河谷在一点点加深,河岸在一点点增高。不知过了多少年,经历过多少惊涛骇浪,终于有了这险峻奇绝的河岸和惊悚幽深的河谷。

碛口是我去过多次的地方。传说中,这里河流异常湍急,河道格外凶险。然而,如今站在河边看,河水却平静得带出几分慈祥,让人难以相信这就是船工们谈碛色变的地方。碛口镇过去是个商埠,古老的明清民居闻名天下,若走进碛口,还会有一个响亮的名字不断萦绕耳旁,那就是"黄河画廊"。这是个五彩缤纷的名字,让人自然联想到一幅幅美丽画卷。细打听才知道,原来这不是一般意义上的画廊,而是黄河的杰作。

从碛口上游十多公里外乘船下行,只见两岸崖壁怪石嶙峋,水纹与岩石千变万化,组成各种图案,或若山之秀,或若水之奇;或若浮雕,或若板画;或抽象,或朦胧,令人目不暇接,岂是哪一位画家奇思妙想能画得出?这些都是河水冲刷与侵蚀的结果,是地地道道的自然天成、鬼斧神工。画面高可十余米,全部由坚硬的岩石组成,黄河水硬是用千万年时间,日日夜夜不断雕琢,画出了这伟大神奇的画卷。在河水不断描绘这幅画卷的过程中,河道不断下切,越来越深,与下游大同碛的落差越来越小,这就是为什么如今碛口河段水面平静,凶险不再的原因。如果再细看还会发现,旧日的古河道如今已经演变成为大同碛西侧的山体,最高下切达几十米。河对面的陕西省吴堡县丁家湾乡拐上村原来离河岸并不远,如今已高高地悬于崖岭之上。其实与碛口一样的黄河画廊,我在黄河两岸曾见过许多,如陕西清涧县与山西柳林县三交镇之间的河岸,山西河津市与陕西韩城市之间的河岸上,都有这种河水冲刷侵蚀出的奇观。当然,无一例外,那里的河道都下切得很深。

黄河水千万年流淌,不断涤荡冲刷,河谷越冲越深,两岸越冲越苍凉,黄土高原才有了幽深曲折的晋陕峡谷,大河两岸才有了狼藉破碎的秃峁残梁,而人呢,被肆虐的河水越冲越无奈,越冲越畏惧,终于匍匐在大河旁一次次揖拜。数千年来,河中大水奔流,两岸香烟氤氲,洪涛烟霭汇为一体,共同组成了中华民族心里的圣河。

三

这一段,还是黄河支流最多的地方。光知名的河流山西这边有漪岚河、蔚汾河、湫水河、三川河、屈产河;陕西那边有窟野河、无定河、延河、秃尾河、佳芦河、乌龙河、清涧河。这么多河流涌入峡谷,给黄河增加了水量的同时,也将大量泥沙带入黄河。加上无数从山沟里流出的溪水,每到暴雨来临,千沟万壑中的洪水挟裹着泥沙也会一起往峡谷里涌,有时甚至"水头形同壁立,水流为之不畅",令人望而生畏。为区别高原上大小河流与黄河的不同,在这里黄河就有了两个俗名:大河、老河。

从老河边走过,只见沟壑纵横,山河相望,不时可见两河交汇。

黄河就在身边流淌,苍凉的黄土高原若一位失魂落魄的汉子般,任凭洪水将泥沙、大石挟入匆忙南去的河流,只能不动声色,冷眼观看。每一条支流入河处,都有一片沙石滩,也就是峡谷两边人所说的碛。碛口镇旁的大同碛就是由黄河与湫水河交汇产生的著名碛滩,又叫"二碛"。比它更著名的碛是壶口瀑布,又称"一碛",常在这段黄河行船的艄公有句口头语:"上有天桥子,下有碛流子。"天桥子指的是陕北府谷与晋西保德之间的天桥峡,碛流子指的就是壶口瀑布。有人做过统计:从天桥峡至禹门口,五百多公里的河道,共有滩碛67处,其实若算上所有沟口的滩碛,又何止这些!因为在晋陕峡谷里,两旁有多少条沟壑通到黄河,就会有多少碛滩。

滩碛是游人的风景,却是船家的灾难,也是山体被冲刷遗留在大河里的骨骸。所有的滩碛上都激流涌动,石大若牛,暗礁遍布。那些石头本来应该嵌于山崖上,埋在黄土里,是山的一部分。某一日,狂暴的雨水把它连同泥土一起冲进更加狂暴的老河里。激流冲走了泥土,只留下了撼不动的巨石。

两岸山高坡陡,落差甚大,雨水从山坡倾泻汇集在一起,聚势而下,其疯狂程度甚至超过了暴躁的河水。从河边经过,经常可以看到沟口处的河滩出现一个秤钩状的碛。这是洪水冲进老河后,瞬间回流的结果。只那么一瞬间,便在河中潇洒出流畅的弯,雕刻出相互摧残的印记。回头再看两岸疲惫的山崖和残破的沟口,好像也早已力不能支,露出一副痛苦不堪的神情。

碛口与壶口(也就是二碛与一碛)之间,是黄河千里行程中最艰难的一段,也是挟泥沙最多的一段。每至雨季,这么多的河流挟泥带沙,一起冲进黄河,给黄河增加水量的同时,也将泥沙带进黄河。这一段地形复杂,晋陕峡谷盘绕曲折,黄河择路而行,流过大同碛险滩后,先在山西石楼与陕西清涧县之间转了个几乎三百六十度的 C 型大湾,接着又在陕西延川县与山西永和县之间旋转出两道湾,呈 S 形,当地称"乾坤湾"。

曾在黄河进入晋陕峡谷不远处的老牛湾游览过黄河风景,那里的大河两岸虽然也是高崖壁立,河水却并不浑浊,至河湾处,甚至有点清澈碧蓝的意思。到河曲县的娘娘滩,河水才在峡谷中行进了几十公里,就已现出浑浊相。过了天桥峡大坝,虽然经过大坝的澄清,再往下至兴县的黑峪口,河水却浊浪滚滚了。而到这里,黄河在晋陕峡谷中才走了一半路程。古籍中说:"河水一石,其泥六斗。"民谚中有"一瓢河水半瓢沙","一石河水六斗沙",黄河因此有了个不太好听的名字"浊河",而这浊河里的泥沙,大部分都来自于晋陕峡谷。

黄河在这一段受尽了高原与峡谷的折磨,高原与峡谷也在这一段受尽了黄河的蹂躏,其结果是黄河流经短短的 725 公里晋陕峡谷后,由青藏高原融化的雪水变成一条浑黄的浊河,而黄土高原则变得千疮百孔、支离破碎,成为世界上水土流失最厉害的地方。

正因为有了如此深邃曲折的河谷和险峻奇绝的河岸,再加上被雨水冲刷的支离破碎的沟壑梁峁,生活在大河两岸干旱土地上的百姓才出现眼望大河奔流,却无水可用的窘境。山陕两省沿晋陕峡谷22县,在农耕社会都是最贫困的地方,黄河沿岸有句谚语说:"有福人生在州城府县,受苦人生在黄河两岸。"正是这种情形的真实写照。每到大旱之年,大地流火,生灵焦渴,梁峁上庄稼枯萎,往往颗粒无收,有时连饮用水也不能保障。两岸饥民奔走,饿殍遍野。在中国古代社会,这一带阶级矛盾最惨烈,出现饥民、流民、刁民、暴民最多,揭竿而起,暴发农民起义最多,仿佛黄河沿岸百姓头颅后面带着与生俱来的反骨。

平常的日子,地处峡谷两岸的百姓面对黄河,更多的是无奈。

在黄河岸畔的一个村子旁,我再次看到了一幅见怪不怪的图景:一位老人银髯飘拂,神色安详,平静地坐在村头的一块石磨盘上。他的身后,黄河水在幽深的峡谷中浩荡奔流,激起一阵阵波澜;身前,是他祖祖辈辈生活的村庄,一座座破败的房屋错落崖头,宁静中弥漫出一种凄冷衰落的气息。我们从村里了解到,为了解决人畜饮水问题,村民们不得不凿出一眼眼旱井收集雨水,却眼睁睁看着眼皮子底下的黄河水奔流到海。那一刻,老人正望着远处苍凉干燥的黄土塬。上面焦渴的庄稼已经开始曲卷打扭,几位农人正在无望地劳作。从老人的眼神里,我读出了无奈,多少悟出李白为什么会说"黄河之水天上来"。老人、峡谷、黄河、黄土塬像几个不相干的人,除了经年累月的对视,剩下的可能只有相互折磨。

大河出龙门

一

黄河水在狭窄曲折的晋陕峡谷里一路南行,经过壶口瀑布的飞舞张扬后,南行64公里,来到了峡谷的南端出口——龙门。

龙门又称禹门口,两个名字都大气磅礴,有着丰富的文化内涵,意义却不尽相同。前者将中华文化中最神秘霸气的图腾崇拜与黄河联系在一起,虽然龙是帝王之象征,至少还相对含蓄,形象上与黄河相关。后者则干脆明明白白以帝王之名命名,分明是要超越自然力,表现出人的意志。我更喜欢的是龙门这个名字。黄河从青藏高原奔流而下,又在晋陕峡谷中盘桓腾跃,恰若一条巨龙受困多时,到了这里,早就急不可耐跃跃欲试破门而出。因而,龙门,分明就是龙腾之门,龙跃之门。

来到龙门,最令人感叹的是山势与河水浑然一体,山的险峻与河的惊涛交映生辉。壶口带给人的是激越,龙门带给人的则是大气。黄河在晋陕峡谷中奔流千里,还没有哪一处将山水结合得如此完美。坐船在龙门行驶,只觉得壁立千仞的河岸好像朝河水拢来,向人头顶压来。大河开始涌动,两岸的山崖也随之涌动,伴随大河行走千里,峡谷好像决心在最后的一段行程中掠去河流的风光,用险峻、奇绝、壁立千仞将狂放桀骜的黄河挤压成一缕。人在河中,便忽略了河水的湍急与汹涌,看到的只有悬崖峭壁造成的大河之门。

即使行驶在河水中,也忘不了山陕之分。龙门两面,一侧是陕西韩城,一侧是山西河津。有如此胜景险关,两地都因龙门而显得格外骄傲。而在龙门两侧,两地也将自己的个性表现得格外分明,山西这边重实际,在峭壁上开出一条公路,名龙虎路,满载煤焦的重型车辆带起尘土隆隆驶来,让大河在功利中颤抖的同时,又给激越的黄河蒙上另外一种色彩。陕西那边重韵致,山崖陡峭得像刀砍斧斫一般,直直插入河中,让游客震撼的同时,又能想到大禹的神力。

河水来到这里,被山陕两省的山崖紧紧束缚,激起狂傲本性,腾跃咆哮,翻滚奔涌,先涌过狭窄逼仄的石门,好像感觉到即将奔出与之搏击了一路的峡谷,神情更加激昂,欢呼跳跃,若即将得胜的将士,又像一群狂躁的汉子,不顾一切向前涌去,河水便开始沸腾了。山崖不动声色,用更加高峻险绝的峭壁迎上来,河水颤抖着,号叫着,激起层层巨浪,又重重摔向谷底。拐过一道弯,两崖壁收束得更紧,那便是龙门了,河水好像已然忘情,再也顾不得什么,一起涌动欢呼,簇拥翻腾,跃出龙门。

龙门宽不足 40 米,是千里黄河最狭窄的地方,自然也是山陕两省离得最近的地方,到了这里,两个若即若离又情投意合的情侣,险些拥抱在一起。

龙门出口处有两块巨石,早年,两面石上分别建有两座庙宇,供奉的都是大禹,都在用另一种形式向后人讲述禹凿龙门的故事。西面的叫西禹庙,东面的叫东禹庙。两座属于不同省份的庙宇,用同一种文化,同一种信仰和同一种方式隔河相望,表现出两省共同的文化取向。如今,两座庙早已不存在,一座现代桥梁飞跨东西,桥基正好就在庙址上,不由分说地用这种方式将两省连在了一起。

二

出了龙门,河谷豁然开朗,两岸的山崖悄然后退,似乎畏惧河水的疯狂,而河水像长途跋涉的军士,杀过最后一道关隘后,一身疲惫,不由得放缓了脚步,用一种胜利者的姿态睨视着怯懦的河岸,从容向南流淌。

龙门又是司马迁的故乡,两岸都有司马迁遗迹。站在河岸,望激流翻滚,看山崖逶迤,会不由得想起司马迁正用如椽巨笔,记录着两岸故事,描绘着两地风貌。

黄河出龙门至潼关这一段,按照水利术语,叫小北干流,全长133公里,流经山陕两省的2市9县(市)。西岸分别是陕西省渭南市的韩城、合阳、大荔、潼关;东岸分别是运城市的河津、万荣、临猗、永济、芮城。

这一段也是黄河河谷最宽的一段,有的地方东西两岸相距近20公里,由最窄骤然变为最宽,由最紧束变为最随意,由最激越变为最安详,黄河在一张一弛,一宽一窄之间,创造出了古老的黄河文明。由豪放到慈祥,由激烈到大度,是大河性格的变化,是河水由北向南走过的历程,也是这条河流孕育出的民族由北向南走过的历程。经过滔滔一千多里行程,黄河似乎沉稳了,成熟了,这个民族来到这里,也变得沉稳了,成熟了。

黄河出龙门不远,就是我的家乡,这一段河流是我来过最多的地方,也是我最熟悉的地方。

每次来到这段黄河边,总会被河水的雍容感动。河水在不紧不慢地流淌,泛起一波波水纹,好像根本不在乎什么,也不担心什么,像一位饱经风霜、历经磨难又成竹在胸的将军,按照自己的节奏,缓辔而行,信马由缰。对岸的山崖远远躲在芦苇后面,在雾霭中露出一丝神秘。从这边看,那个雾濛濛的地方是陕西,从那边看,这个雾霭遮掩的地方是山西,两片古老的土地,被黄河这么一隔,便都化做模糊朦胧的意象,深奥得不可预知。

某一日,乘上突突冒出黑烟的机船,在黄河里逐浪而行。踏上对岸的土地,在湿软油亮的河滩留下一串串脚印,再在芦苇丛中穿行良久,等登上对面的河岸时,才真正明白,原来,大河孕育出的两岸并没有什么区别,一样的

黄土地，一样的蓝天白云，一样的村落人家。碰上一位田野里劳作的老乡，一说话，连话语里也一样带着黄河的气息，满嘴的泥腥味。

说起黄河，随意的话语像在说一位乡亲或者伙伴，熟络亲热中带着漫不经心。只有谈到河水大涨时，才微微露出一丝恐慌。

平静的河水并不总像看上去那么温文尔雅。出了龙门后，两岸不再是晋陕峡谷那样坚硬的石岸，相对松软的黄土崖远远地躲开黄河，退到远处，给河水让出了宽阔的河道。黄河便有了更多的选择，任性恣肆，自由驰骋，忽东忽西，摇摆不定。河谷中，有时是葱绿的滩涂，有时又是汹涌的河水，有时是绵延不绝的沙洲。一片河滩有时属于河东，有时又属于河西，"三十年河东，三十年河西"的说法便来自这一段黄河。

常去河边的人都知道，黄河好像是个性情古怪喜怒无常的人，经常大起大落，大开大阖，放着河谷中央不走，偏偏喜欢剑走偏锋，沿着河岸冲刷，主流不是偏在西岸，就是偏在东岸。有时又多路出击，分出许多支汊，让人即使走到河边，也弄不清哪条是主流，那条是支流。

旧时，每当大水来临，沙土河岸的惨状会让人惊心动魄。河水卷起浪涛，扑向岸边，大块大块的土崖瞬间会带着碧绿的青草与即将成熟的庄稼坍塌到河中，化成浑黄浓稠的泥水，漾动绿草涌向下游。专业人士把种现象叫河水侧蚀。在河水的不断侧蚀中，黄河无情地吞噬着两面的河岸，无限地扩展着自己的领地，于是，这一段黄河就有了宽阔的河谷。于是，黄河在这里就成了世界上最无拘无束的一条河流。

都知道黄河是中华民族的母亲河。却少有人知道，大河在三十年河东三十年河西的摆动中，曾经孕育出多少文明，又毁灭了多少文明。

在黄河的摆动中，曾经矗立在大河西岸的梁山崩塌了。在我的想象中，两千多年前，黄河初出龙门时，河谷并不像现在这样宽阔。两岸的高崖甚至像晋陕峡谷中一样挺拔壁立。有一天，河水猛烈地冲激着河岸，山体轰然坍塌，激起巨大的水柱，河道因之壅塞，黄河因之断流。这些年，汶川大地震后，许多国人都是第一次听说过堰塞湖这个词汇，谁能想到，早在两千多年前，中国北方的第一大河流，也曾出现过堰塞湖，而且湖面之广阔，积水之浩森，远非四川山间的堰塞湖所能比。对于黄河来说，这是一次空前绝后的灾难，这种灾难是黄河自己造成的。《竹书纪年》记载："定王十二年（前595），梁山崩，遏河水三日不流。"古籍中简单的一句话，给了我们无限的想象，那该是怎样一种景况？滚滚河水从狭窄的龙门流出，被堵在河道里，三天三夜不能流过，幽深狭长的晋陕峡谷成了一个巨大无比的湖泊，水位快速上升，逼近沟沿。三天后，峡谷中水位越来越高，水势越积越大，终于出现像《尸子》中所说的"大溢横流"，漫过坍塌的山体四方流溢。这可能是历史上黄河第一次断流，而且一断就是三天。断流过后，作为晋国的望祭名山——梁山塌去一块。黄河则用这种方式又一次扩大了地盘。

三

黄河仍然不舍昼夜地流，扩张的脚步一刻也不停息，摧枯拉朽，一路狂奔。两岸的黄土崖在轰鸣声中，不断地塌到河水中。而黄河好像根本不在意崖上的有什么，村落、城池、亭台楼阁、军事重镇统统席卷而去，即使人类付出了巨大心血，沉淀着悠久的历史，绽放着精深的文化，也毫不怜惜。

河水轰鸣狂舞着，一出龙门，首先将远离河岸，曾经高耸于斜阳野草间的魏长城卷入河中。

《竹书纪年》载：周显王四十五年，梁惠成王十二年，"龙贾帅师筑长城于西边"。掠得秦国土地，在河西修筑长城时，梁惠成王该是多么志得意满，然而，河水并不理会君王的心思，它就是黄土地上的帝王，河谷里的主宰，任何与它相遇的东西都会毁于一旦。终于有一天，轮到了魏长城，没用多长时间冲刷，这一用黄土与将士血汗筑成的军事设施便塌进河里。顿时，随着溅起的水花，君王意志化作浊流，流向远方。烽火狼烟化作黄浪，随水奔流。如今，韩城少梁原上，只剩下短短一截长城，用残垣断壁来追思被河水掳去的威名。

这一段是黄河攻城略地最多的地方。劫掠了魏长城后，黄河甚至没向南行几许，即扭头由西岸扑向东岸，这一回，遭受劫难的是大名鼎鼎的汾阴脽。何谓汾阴脽，简单地说，就是一块女阴状的河中高埠，汉、唐、宋历代皇家的祭祀地，上面供奉的是中国人的土地之神后土大帝。九五之尊的汉武帝、唐玄宗、宋真宗都曾心怀崇敬亲自来这里祭祀，在祭拜后土之际，表露着帝王们对土地的崇拜与畏惧。汾阴脽背汾带河，坐落在黄河与汾河入口之间，长四五里，广二里有余，高十余丈。汾阴脽南1公里处有座古老的城池，系战国、秦、汉时期的汾阴城，然而黄河根本不把人间的皇帝和天上的神灵放在眼里。如今，登上几经迁徙改建的秋风楼凭栏遥望，大河之中，烟雾迷离，滚滚洪涛，不舍昼夜，汾阴脽早就坍塌到河里，后土塑像与帝王的尊严一齐化作泥浆，"圮于河水"，"湮为洪流"。阴汾城也垣陷城毁不知去向，当年店铺林立、城垣高耸的古城，早就被河水涤荡为一片沙滩。

秋风楼是专为贮藏汉武帝《秋风辞》刻石而建的一座的高楼，原建的秋风楼与汾阴脽一样，早就随黄河滚滚流去，其遗址已在大河之中。为保护帝王之碑，秋风楼在远离河水之地一再重建，然而河水穷追不舍，明代万历年间所建的秋风楼没有了，清代康熙年间所建的也没有了，连同治年间所建的也被湮没河中。不得已在离河六七里处的峨嵋原上再建起现在的秋风楼，没想到，河水又穷追而来，现在，一公里外就是滔滔河水了，"千寻嵋岭演天亘，一曲黄河卷地来"，站在楼上，就能看到河水奔流。

四

河水滔滔，迅猛激烈，沿河之物无不席卷而去。这一路，黄河肆虐狂暴，不知有多少村庄轰然塌陷到河里，不知有多少百姓望河兴叹。据史念海先生统计：明代隆庆四年(1570)一次洪水过后，仅龙门到汾阴宝鼎镇一段，短短40公里内就有18个村庄塌圮到河流之中。

古人在河边建村筑城，最害怕的就是河水冲刷，因而，所筑之城，所建之村，或在隆起于河畔之原面，或在高起于河水之阶地。但是，古人往往低估河水的威力。河水攻略之法甚多，最常见的不是漫溢，而是釜底抽薪取其根基，用日复一日的冲刷崩塌河岸。古书中"每日崩岸十丈"，就是这种方式的记载。用这样迅疾的速度、如此残暴的形式攻城略地，沿岸村落城池无不"岌岌危殆"纷纷陷落。

曾经问过不止一位祖辈居住在河边的乡亲：原来村子的位置在什么地

方? 无一例外地朝远处指,说:在那里。我朝他们指的地方望去,只见阳光下的河水泛出金波,流光溢彩,哪里还有村庄的影子?村民心里的黄河永远在现实中流淌,而曾经的村庄,早就变成了一种传说,随着河水流向远方。

这段黄河两岸都有许多移民。在河岸坍塌的轰鸣声,他们恋恋不舍地离开祖祖辈辈居住的地方,心有余悸地将整个村落迁到离黄河稍远处,或十里八里,或三里五里,或由崖下迁到崖上,或由老村迁到新村,总之,只要出门看不见苍凉的黄河,眼前就多了几分安适,心里就多了几分平静。若细究,他们并非真正意义上的移民,因为他们没有像其他地方移民那样长距离迁徙,往往离土不离乡。我曾向一位移民询问过当初迁离时的情景,他说:黄河水太吓人了。我问有多吓人。他说:那年,我已经先将家搬到现在住的地方,就剩下一座空院子还没拆,心说等新家安置好了再说,头一天去看,院子离河岸还有五六十米,第二天再去看时,哪里还有我的院子,一夜之间都冲到河里了。

如今,走在黄河两岸,若碰上哪个叫新民庄(村)的村落,不用问,一定是从黄河岸边迁过来的。也有些村子,迁过来之后,还叫原来的村名,这样,就有了老村、新村之别,笔者所在地方,就有许多这样的新村。

五

古老的蒲州城也陷落了。黄河自山西临猗的吴王渡与陕西合阳的夏阳渡南下15公里,就是大名赫赫的蒲州城。这里山川秀丽,土地肥美,是中华民族发祥地的核心区域,司马迁在《史记》中称这里为“天下之中”。蒲州古称蒲坂,曾经是虞舜之都,中华大地上最古老的城池,唐代,又曾作为中都,起着连接都城长安与河东的作用,在政治、军事、经济上有着重要位置。城外,一座鹳雀楼巍峨雄壮,登上去远望,可见黄河滔滔,奔流到海。王之涣的名句“欲穷千里目,更上一层楼”就诞生在这座楼上。天宝年间,唐王朝曾在大河间架起一座气势恢宏的浮桥,两岸分别用四只铁牛镇守桥头,每只牛重达数十吨。以后,这里曾是河东郡、河中郡、蒲州府治所。然而,黄河来到这里后也格外肆虐,不断冲刷两边河岸,最终冲刷出宽广的河谷。有人测算,从河东的蒲州城到河西旧朝邑县城的两原之间,河谷竟宽达43公里。历史上,蒲州曾是军事重镇,不知令多少良将铩羽而归。黄河仿佛看准了这座坚城,一年年,一波波冲刷、漫溢,将所有能用的手段都用上,终于将繁华的城池变作一片废墟。镇河铁牛陷落河底,鹳雀楼沉沦河中。至1948年,不得不将县治撤离,人类在这场旷日持久的守城战中输得一塌糊涂。

在攻打蒲州的同时,河水兵锋一转,连同对岸的旧朝邑县城也一并掠取,千年朝邑古城从此化作河中沙滩。

临晋关曾是黄河上最重要的关口之一,与蒲州隔河相望,因关之西侧有临晋县,故称临晋关。战国时期秦魏两国曾在这里金戈铁马,你来我往。汉代,汉武帝将临晋关改名蒲津关,简称蒲关。汉末,曹操与马遂、马超父子也曾在这里大战。宋大中祥符年间改名为大庆关,人们还是愿意称它为临晋关。但是,黄河掠取这样的关口甚至连声招呼都不打,随着浩荡河水奔腾,临晋关就不存在了,仿佛根本不值一谈。《陕西通志》中说:"(明)万历以后,河决城毁后,河流西徙,故关反在东岸,为旧大关,今河西亦称新大庆关。"抗战时期,延续了两千多年的古关隘,变成了一个只有十几户居民的小村,坐落在被河水施虐过的滩涂上。唐代,隔着一条黄河,距东岸十余公里的地方,又出现了一个临晋县,然而此临晋已非彼临晋了,战国时的临晋早已随河水远去。

接下来,黄河水兵进天下险关——潼关。秦汉至隋唐,潼关是关中东大门,京城门户。西接华山,南依秦岭,北傍黄河,中间只有一条羊肠小道,容一车一马通行,进可窥视中原,退可坚守关中,所谓"关门扼九州,飞鸟不能逾",被称为天下第二险关。整个冷兵器时代,此关历来为兵家必争之地。不知有多少名将在这里建功立业,也不知有多少将领在这里折戟沉沙。然而,无论多么能攻善战的将领,都没有黄河之水有耐心,更没有黄河之水来得凶猛决绝。从东汉末年潼关城在濒临黄河的黄土原上建立之日起,历代将领都只将防卫注意力放在敌对一方,谁也不会想到在黄河日复一日的冲刷下,潼关会彻底沦陷。黄河水浪一波波砸向关隘,汉代的潼关沦陷了,隋代的潼关沦陷了,唐代的潼关也沦陷了,连明清两代的潼关也不见踪迹。如今,穿越横跨黄河两岸的风陵渡大桥,来到老潼关旧地港口镇,哪里还能找见昔日险关的影子,出现在眼前的只有滚滚而去的黄河之水。

上天把一群命运多舛的人民安置在了大河两岸,在暴猛的河水冲刷中,他们顽强地生存着,进退失据,屡败屡战,一直延续了数千年。

如果史圣司马迁在世,坐在他的家乡龙门山崖头,记下黄河与黄土高原这一段段惨烈的历史,不知会是怎样的心情,发出怎样的感叹。

寻找华夏根脉

从老牛湾到潼关,走完千里黄河,不能不赞叹黄河的雄壮威武。

一条黄河,浑身上下都表露着华夏民族的个性,有时慈祥,有时暴虐,有时入情入理,有时又蛮横无理,让人会想起慈爱的母亲,也会想起严肃的父亲,能想起敦厚的长者,也能想起残暴的君王。从西往东,从南到北,绕了无数千回百转的弯,哺育了华夏民族,又活生生将华夏民族的生存之地劈开,而且劈得是那样惨不忍睹,支离破碎。

坐落铺陈在这样一条大河的两岸,是晋陕两省的大幸,也是晋陕两省的大不幸。

在黄河、黄土的滋润下,两省都不可避免地染上了黄土的颜色,像两个相貌神似的兄弟,都是一身憨直,一脸淳厚,让外人难分彼此。尽管有大河相隔,还是深情凝望,隔河牵手,沿着这条大河一路同行,生出难解难分的情谊。

有时,站在河边的高崖上朝对面眺望,我会感觉到对面的崖上,也站着一个同样朝这边眺望的人,这边一声呼喊,那边一声歌唱,声音都会贴着跳跃翻滚的河水凫过来,尔后,汇在一起在高原上空袅袅飘荡。

两面都有个古老的名字,这面叫晋,人称三晋;那边叫秦,人称三秦。不同的是三晋之三,缘于历史,三秦之三,缘于地理。

这面的生生世世都守着黄土高原、黄河流域，周身都泛出黄土的气息，刻着黄河的烙印。

那面的本系同根所生，同样忍受着高原上炽烈的阳光，面对着黄河里浑浊的流水。南面的秦岭像一扇美丽的屏风，不光带来了秀丽的山色，还用一川一堑清清河水滋育着黄土地。至蒙古人统治的元朝，在黄土地上呆了一千多年的秦，终于禁不住秀美山色的诱惑，往南将身子探过苍翠巍峨的秦岭，去体验汉水的清润和大江的浩淼，便有了不一样的感受，从此，陕西不单是一身黄土，一脸汗渍，还增加了一丝秀丽，一分文静。

而河对面的晋，则被一座巍峨的太行山死死地挡住，永远也不可能跨出黄土高原一步。

从此，秦晋就有了不同。

我更感兴趣的是同处黄土高原，共居黄河流域的秦、晋，眼里看到的只有被黄土弥漫出的秦、晋，脑里思考的也是依河相偎的秦、晋。

常常想如果没有黄河相隔，秦晋两省从地理上看是什么样子？

地理学家会说：如果是那样，绵延千里的汾河谷地将与渭河平原衔接。因为，地质史上，汾河谷地与渭河平原为同一条东北—西南走向的断层地堑，本来连在一起。秀丽的中条山也会与峻拔的西岳华山相连，只因为地质裂变造成两山的断裂，河水才从两山之间滔滔流过。

但是，如同历史没有假设一样，自然地理也从来没有如果。

上苍在黄土高原上造就了一条鸿沟和数座山脉，黄河从其中流过，于是有了河东、河西，有了山西、陕西；又造就了汾河、渭河和大大小小的支流，于是有了一块块平原、盆地和由洪水切割出的沟壑梁峁。

也许因为是山西人，又在山西各地反复行走，山西在我的头脑里是一种现实，平原、山崖、沟梁都是实实在在的。陕西也去过多次，在头脑中却始终是一种意象，虽然踏上去后，感觉与山西没什么不同，但是，又分明飘拂着一层薄雾，带着一点神秘。

河东的山西多山，关隘重重，表里河山，有三晋之称。西部的吕梁山，延绵400多公里，由北而南，峥嵘突兀，叠嶂竞险，与黄河相携并行，连绵不断的崇山峻岭，宛如一条脊梁，挡在黄河与汾河之间，与陕北高原隔河相望。东部的太行山,又名五行山、王母山、女娲山,呈东北—西南走向,系重要的地理分界线,横亘在黄土高原与华北平原之间,其山巍峨耸峙,气势雄壮,峡谷毗连,流曲深澈。北部的恒山、五台山虽不绵长曲折,却风景优美,一为五岳之北岳,一为佛教之圣地。南部的中条山峻拔秀丽,山势狭长,隔河与西岳华山南北并峙。四山环绕之中,数十条小河簇拥着汾水自北而南缓缓流过,一路上穿山越岭,若一条线,连结起丘陵盆地。这条狭长地带被称为汾河谷地。谷地中的几块盆地又若冰糖葫芦般,被汾河串起,自北而南,分别是太原盆地、晋中盆地、临汾盆地和运城盆地。若再加上北端桑干河流域的大同盆地,滹沱河流域的忻定盆地,沁水流域的上党盆地,整个山西就像一棵大树,主干清晰,枝杈分明,而一个接一个的盆地,像一颗颗果实般,均匀地生长在树上。盆地四周,由低而高,呈台阶状,分别是台地、塬和山地。

河西的陕西地跨南北,由陕北、关中、陕南三部分组成,素称三秦,苍翠的秦岭若国之龙脉般矗立在南北分界线上,将中国分成南方与北方,也成为陕西省关中与陕南的分界线。暂且不论陕南、陕北,只说关中。

关中素有"八百里秦川"之称,介于陕北高原与秦岭山地之间。南部是渭河冲积平原,北部是渭北台地。西岳华山耸立其间,渭河之水穿流而过,泾河、北洛河以及从秦岭北麓流下的众多支流河道纵横,汇聚其中,整个关中便也呈被带山河之势。同样是黄河的支流,同样起源于黄土高原,渭河似乎比汾河流淌得更有气势,"渭水西来直,秦山南去深。"唐人张籍的诗句让人似乎看到渭水从甘肃鸟鼠山流下后,一路冲击着黄土高原,带出绵延不绝的梁峁沟壑、塬面盆地。而秦岭在渭水的冲击下,似有胆怯之意,向南退去。这样,就有了土厚水丰的八百里秦川,有了一片"金城千里,天府之国"般的襄壤吉土,有了八百里秦川的风调雨顺,有了周、秦、汉、唐的绝代风华。

河东、河西气候相同,地貌相同,中华民族的先祖们好像格外青睐这两片土地。人文初祖炎黄二帝起于姬、姜二水,又曾在大河两岸往来。至今,汾、渭流域都有二帝的多种传说。炎黄之后,我们的祖先又对汾河流域那些盆地丘陵产生兴趣,唐尧、虞舜、夏禹先后在河东的黄土地上生活,从此,尧天舜日,便成为中华民族最敬仰的盛世。尧都平阳、舜都蒲坂、禹都安邑,说明河东与河西一样,同为中华民族的发祥地。春秋战国,秦晋两国分别在这两片

25

黄土地上建立霸业。之后,历史的重心便转往河西,秦建都咸阳后,汉、隋、唐立都长安,创造出辉煌壮丽的中华文明,直到中华文明更加成熟之后,统治中心才离开这片土地。而河东则始终作为股肱之郡、京畿之地,辅佐着历代王朝。

中华文明所以能在这两片土地发祥,是因为这里温和的气候特别适宜人类生存,肥沃的土壤特别适合早期耕作。在刀耕火种、茅茨土阶的年代,黄河沿岸的土壤气候,给我们的祖先提供了一块最合适的生存地。

在陕西关中和山西中南部行走,除了平坦的土地之外,给人印象最深的是那些黄土塬。所谓塬,即顶面平坦宽阔、周边为沟谷切割的黄土堆积高地。这种地貌,在被河流切割雨水侵蚀过的黄土地上随处可见。塬的四周多有残破纵横的沟壑,每当暴雨来临,塬上洪水横流,冲刷着塬面,涤荡着沟崖,塬面便一天天缩小,沟壑便一天天长大。多少年过去后,所有的塬都被四周曲折绵延的沟壑簇拥,像塬的根须,一条条伸向远处。从平面看,像一朵大花瓣,更像一块被撕碎的破布,杂驳陈旧,让人望之而心生感叹。

黄土塬经常会给人一种错觉。乘车在黄土地上行驶,远远地望见一道山梁拦挡在前面,边缘沟壑连绵,雾岚朦胧,便在心里生出一种对大山的向往。然而,汽车一直在平坦的公路上行驶,仅仅上了一道稍显漫长的缓坡,眼前又是一片平坦的土地,四面田野一望无际,看不到一座峰岭,甚至找不见一块石头。正疑惑,知道的人会告诉你,这就是上黄土塬了,而且是个面积广阔的大塬。

乘船在黄河中行驶,也有相同的错觉。河水滔滔,滩涂青青,远处岸上的山崖雾气朦胧,云烟缭绕,似群山般逶迤不断,氤氲出许多神秘,便以为那是一座不知名的大山。我就多次犯过这种错误,等弃船走上对岸,再往深处走,才发现哪里有什么山,明明就是个黄土塬。

塬本是陕西方言,也是一种特殊地貌,又称原,我们那里干脆就叫坡上。原有大小之别,大者可容数县,小者难容一村。又有完整原、靠山原、台原、破碎原、零星原之分,不同的原,显示出不同的地貌。

我的家乡有一条自北而南的河流,叫涑水河,是黄河一级支流,全长196公里,流域面积5548平方公里。运城盆地即是涑水河冲刷来的,因而涑水河也是运城的母亲河。涑水下游临猗县地界内,河边的村名多称原头,为有区别在前面分别加上姓氏,姓杨的村子叫杨原头,姓关的村子叫关原头,如此等等。村人多不明白祖先聚族而居时,为什么取了这么个古怪名字。明白了原的意思,再看临河地貌,就会知道为什么。

秦晋两地有许多黄土塬。古籍记载,关中往西,到处是原,连绵相望,一直到黄河以西。渭河以北,有西平原、和尚原、周原、积石原、始平原、毕原、美原、许原等;渭河以南有五丈原、细柳原、神禾原、少陵原、白鹿原、铜人原、阳郭原、孟原等。其中著名的周原迤逦70余公里,宽20余公里,包括今凤翔、岐山、扶风、武功四县大部,兼有宝鸡、眉县、乾县、永寿四县小部分。与陕西相比,山西的原除个别大原外,多显得更零碎,排列无序,多是不知名的小原。著名的原叫峨嵋原,当地叫峨嵋岭,古时又叫晋原,亦称清原。此原面积比陕西周原更大,东西绵延200百余公里,东起垣曲紫金山,西至永济黄河岸畔。《山西通志》云:"山迤逦连闻喜、夏(县)、猗氏、临晋、荣河诸县界,西抵黄河,东抵曲沃西境。亦曰峨眉坡,亦曰峨眉原,即中条之坡阜也。"按现在行政区划,峨嵋原跨有永济、临猗、万荣、盐湖、闻喜、河津、夏县、稷山、新绛、绛县、曲沃11县。峨嵋原不仅原面广大,黄土深厚,上面甚至还有两座真正的山,一为横跨万荣、稷山、闻喜、盐湖四县(区)的稷王山,一为横跨万荣、临猗两县的孤峰山。我家就住在峨嵋岭下,平日散步,即至塬面边缘的沟壑梁峁间攀爬行走,塬沿沟梁长达数公里,若不登上塬面,像行走在山间,只见深沟幽幽,梁峁遍地,远眺孤山黛蓝,中条苍茫,近看崖壁峭立,棘刺摇曳,与山间感觉并没什么不同。

塬(或者原)是黄土高原最具象征意义的地貌特征,其大者如周原、峨嵋原,小者如少陵原、白鹿原,其实都是微缩的黄土高原,无数个大小塬面与河流、盆地、山地组合起来,一座黄土高原就形成了。黄土高原才是个最大的塬,上面有华夏民族的根脉,有炎、黄和尧、舜、禹以及无数先贤留下的深深脚印。

渭汾河水的滋润

WEI FEN HESHUI DE ZIRUN

在我看来，夹在青藏高原与华北平原之间、被黄河切割的黄土高原，像一个巨大无比的核，繁衍养育了中华民族。这个核不是地理的，而是人文的，因为，中华民族最初就诞生在这座高原上，然后才发芽生根，长成一棵枝繁叶茂的葳蕤大树，从而附吸四方之民，向周围扩展。

具体地说，华夏民族的种子最初是播在渭河与汾河流域的，华夏民族的大树最初是靠渭、汾河水滋润长大的。

渭河，陕西省第一大河流，黄河的第一大支流，全长818公里，当它从源头甘肃省鸟鼠山流出，一路汇聚大小支流，挟泥带沙，冲出广袤的关中平原，注入大河时，它冲击过的土地就注定成为中华民族的发祥地。

汾河，山西省第一大河流，黄河的第二大支流，发源于管涔山麓，全长710公里，这条源于山西，流经山西的河水，好像专为这片土地而生，为中华先民的诞生而存在。那滚滚的河水，从这片土地上流过时，仿佛一直伴随着华夏民族分娩时的痛苦呻吟。

两条同样发源于黄土高原的河流，同样是黄河泥沙量最大的支流，经这两条河流汇入，黄河更黄，水流更大，重要的是汇入这两条支流后，黄河才称得上母亲河，哺育的儿女更美丽，承载的历史更厚重。

若非隔着一条黄河，由东北向西南倾斜的汾河谷地与渭河谷地就会亲吻在一起，这条黄土高原的凹槽，像先民们翻出的一道犁沟般，深埋着中华文明的种子，走到这里，会想起刀耕火种，逐水草而居的西侯度人、丁村人和蓝田人、半坡人，想起炎、黄二帝和尧、舜、禹以及周文王、秦始皇。

千万年前的地质裂变，造成了两块隔河相接的沃土，中华民族的先民们凭借着生存本能选择了这两片土地。以后，这两片土地上便有了男耕女织的农耕文明，有了经年不息的战火烽烟和世代永续的联姻交好。

任何中国人从这两条河谷里走过，都不能不心怀崇敬膜拜之情，因为这里有中华民族的根脉，不小心摔一跤，绊倒你的说不定是石器或者青铜。抓一把泥土攥在手中，浸出的是中华文明的汁液。

从中华文明的诞生方式说起

一

先从大河东岸的汾河说起。

从黄河岸边的风陵渡朝汾河谷地走，还没来得及迈出一步，发现了火种的西侯度人便从180万年前的历史深处向你招手，他们是黄河哺育的第一代儿女，也是我们已知的最早祖先，有必要停下来在黄土沟梁间驻足膜拜。不待离开，匼河人又从60万年前走来，他们似乎更有理由让你崇敬，因为他们已经掌握了石器，能够更舒适地生活。沿黄河岸北行，到达古城蒲州，那里有舜帝的遗迹——蒲坂，五帝之一虞舜曾在这里耕历山、渔雷泽、居沩汭、迁负夏、陶河滨，然后，一年成聚，二年成邑，三年成都。

离开河岸，沿涑水河溯流而上，会看见一池银色的湖泊，那是黄帝与蚩尤涿鹿大战的地方，皑皑盐湖水会把人带往神秘的史前战场。舜帝也曾在这里弹五弦之琴，歌南风之诗。盐湖南侧不远处，是舜寿终正寝的地方——舜帝陵。

再北行不过二十公里，会看见夏禹的遗迹——禹王城。伴随着禹王城的是灿烂的二里头文化典型遗址——东下冯遗址。不远处，另一处遗址更加惊世骇俗，那就是震惊了20世纪20年代学术界的西阴遗址，从这里发现的半个蚕茧，说明"嫘祖养蚕"的故事并非虚妄。稍往西，则是一个叫稷山的地方，从名字上能够听出，这里与后稷"教民稼穑"不无关系，去了那里，会看到巍峨壮观的稷王庙，会读到一幅幅精美鲜活的农耕生活图。

再往北行，就到了春秋时期晋国的都城侯马，1960年代从这里发现的"侯马盟书"，昭示着赵氏当年的盟主地位。出侯马北行34公里，是著名的丁村人遗址,与西侯度、匼河文化遗址一样,丁村遗址也是重要的旧石器文化遗址,表明中华民族的先祖早在 15 万年前就在这片土地上生存。那些带棱的石器,会让人想起茹毛饮血的祖先们是如何生存的。

离开丁村再北行 35 公里,就来到了古平阳(临汾),这里曾是唐尧之都,红墙绿瓦的尧庙里,尧帝端坐神龛之上,似乎在告诉我们尧天舜日是怎样一种景象。当然,你可以怀疑这座城市与尧的关系,但是,不远处的陶寺文化遗址会告诉你,这一切都是有科学依据的。那里是 2500 年前我们祖先生活过的地方,属龙山文化类型,地面上简陋的房屋和半地穴式的窑洞,会让你清楚地知道尧帝的茅茨土阶是怎么回事。

至此,我们基本上走完了晋南。若再往北行,还会看到洪洞大槐树、苏三监狱,但是与前面看到的相比,历史的分量明显轻了许多。若再往前走,翻过韩信岭,就到晋中了。

让我们回过头来,从风陵渡走过黄河大桥,踏入陕西,沿渭河进入渭河谷地。

刚踏上陕西的土地,迎接你的首先是鼓噪出金戈铁马之声的潼关,在这里,能感受到大汉之雄风,大唐之气派,更容易想到是那个带着霸气暴戾的秦王朝。但是,迎面拦住去路的却是一脸古朴之气的“大荔人”。他们从 20 万年前走来,那扁平的前额,粗壮的眉骨,分明让我们看到自己的影子,而眉骨上方的那一道横脊,又让人想到了春秋战国时代的秦人。

沿着渭河往上走,我渐渐感觉到,明明是与河对岸的山西一样的黄土,给人的却是不一样的感受。因为,这是一片王者之地,河对面虽然也有尧都平阳、舜都蒲坂和禹都安邑,却都覆盖着厚厚的黄土,隐在历史的深处,早已漫漶不清,而秦地上的历史是矗立在地面的,秦皇、汉武、唐宗,一个个威风凛凛,以一种不由分说的姿态,直接冲进大脑,能把人的思绪压扁。越往西,越接近古都长安,这种感觉会越强烈。“江南才子山东将,陕西塬上埋皇上”,陕西的土地上仿佛弥漫帝王之气,走上去,连脚步也是轻轻的。

到了西安,再去过咸阳,整个人都像被帝王们挞伐了一次,不得不跪下来俯首称臣了。然而,这些还不是这条河谷的全部,汾河河谷从河口开始就逐一展示着自己的宝藏,渭河河谷则把自己最厚重的东西紧搂在怀抱里。来到西安与咸阳之间,不能不想起渭河的那两条著名的支流——姜水和姬水。因为,我们的先祖炎、黄二帝就是从这两条河流发祥,繁衍出中华民族的。不能不想起那块振聋发聩的原——周原,因为这里是西周王朝的发源地。

至此,从炎黄二帝到尧、舜、禹,再到秦皇、汉武、唐宗以及无数个先贤齐聚在这两条不足5万平方公里的狭长谷地之中。这里是中华民族生根发芽的地方,是中华民族的核,由这里开始,中华民族一步步走向今天。

从汾河河谷,走到渭河河谷,踩着厚重的黄土,我在想,我们的祖先当初在这里是如何生存的,华夏文明又是以一种什么样的方式从这里诞生的?

二

180万年前,身处黄河岸边的西侯度人还没有发现火之前,我们的祖先不过是一群遵循自然法则生存的野生动物。他们会被天空中的电闪雷鸣惊吓得四散而逃,也会被滔滔洪水吓得目瞪口呆,相比于四处奔跑的野兽,他们的优势只不过是手里多了些粗糙的石器,借以防身,也可以围猎其他动物。更重要的是,他们从被雷击的树木上发现了火,由此,人类进入熟食时代,围着熊熊篝火,他们无需啃食生食,被炙烤的动物肉香缓缓飘拂,穿越了一百余万年,变成现在精心烹饪的美味佳肴。

这就是早期的人类,他们是我们最早的祖先。那个时代,被后人称为旧石器时代。从大约250万年前开始,到距今1万年前结束,比西侯度人晚上百万年的匼河人、蓝田人、丁村人、大荔人都属于这一时代。在这个漫长的过程中,人类凭着手里的石器,采集植物果实、围捕动物,他们居无定所,频繁迁徙。没有哪一块土地属于自己,也不必为生存之地大打出手。在他们内部,更多地依靠气力、智慧和魅力来确定谁是首领。他们凭血缘关系为纽带联系在一起,组成氏族部落,群族很小,不过十多人,像狼群一样游荡在草原森林之间觅食捕猎。那时候,黄河两岸不知活动着多少这样的群族。

英国现代历史学家汤因比说:"在我们的动物祖先演变成人之后大约50万年到或大约100万年时间里,我们人类是很原始的,除了一些骨骸和旧石器,没有留下什么值得记载的东西。"但是,我们仍然为此自豪,因为我们从这里的石头和骨骸当中看到了一些东西，看到了我们的祖先强于他人的特别之处，尽管他们还是一群与猴子没有多大区别的动物。有了这些猴子和这些猴子留下的遗物就可以证明，我们所处的地方是人类最早的诞生地；在许多年以前，我们这块土地就是适合人类居住的好地方。

新石器时代晚期，中华民族散居各地，形成许多部落，其中最著名的一个是居住在渭河流域姜水附近的姜氏部落，炎帝神农氏是他们的首领。另一个是稍晚的姬氏部落，居住在姬水附近，黄帝轩辕氏是他们的首领。炎帝比黄帝稍早，以木制耒，教民稼穑、制陶纺织，功绩显赫，又以火得王，故号为炎帝，世号神农，并被后世尊为农业之神。黄帝又叫黄精之君，中央之帝，因居"轩辕之丘"，又称轩辕氏，因为他为有熊国君，又称有熊氏，另外还有帝轩、黄轩、轩黄、轩皇等名称。《史记》说他"迁徙往来无常处，以师兵为营卫"，可见，黄帝的部落是个游牧或半游牧部落。为争夺生存空间，炎帝、黄帝之间发生了阪泉之战，黄帝、蚩尤之间发生涿鹿之战，在不停息的战争中，一个个伟大的男人不断出现在我们眼前，炎黄二帝、尧、舜、禹以及后稷、伯益、嫘祖。这些先祖的活动范围大多在晋南盆地和关中平原。

中国的早期文明是由一场战争开始的，这就是黄帝与炎帝之间的"阪泉之战"。当炎帝、黄帝离开渭河流域的姬水、姜水，渡过黄河向东扩展，进入一个未知区域争夺地盘时，战争就不可避免了。这场战争更像一个传说。之前，氏族部落之间的为争夺利益而进行的打斗，并不能叫战争，类似于后来村与村、人与人之间的械斗，甚至与群狼之间的撕咬也区别不大。我们的两位最伟大的祖先炎黄二帝首先把械斗演变为战争。

汉代贾谊《新书》云："炎帝者，黄帝同母异父兄弟也，各有天下之半。"现在，我们难说贾谊的判断是不是准确，可以肯定的是，为争夺统治权炎黄二帝反目，大打出手。他们各自建立了强大的部落联盟。黄帝一方有熊、罴、貔、貅、虎五个部落参加战斗，《列子·黄帝》曰："黄帝与炎帝战于阪泉之野，帅熊、罴、狼、豹、貙、虎为前驱，雕、鹖、鹰、鸢为旗帜。"这是一场声势浩大的战争，战场在晋南运城盐池附近，直杀得尸横遍野，血流漂杵。结果是炎帝大败，失去了对各个部落的统治权。

接着，黄帝又对另一个部落联盟九黎部落发动战争，这一回，黄帝的对手是铜头铁额、兽身人语的蚩尤,战场仍在运城盐池周围。司马迁曾用寥寥数语描写这场战争:"蚩尤作乱,不用帝命,于是黄帝乃征师诸侯,与蚩尤战于涿鹿之野,遂禽杀蚩尤。而诸侯咸尊轩辕为天子,代神农氏。"这就是司马迁留给我们的"涿鹿之战",毕竟是史笔,话虽不多,战争的起因、进程、战场、结局却都交代得清清楚楚。

到唐尧时,经过长时间残酷的部落战争,初期的国家形态具备雏形,有了所谓法典制度。《尚书·舜典》说尧帝曾经"流共工于幽州,放驩兜于崇山,窜三苗于三危,殛鲧于羽山,四罪而天下咸服。"流、放、窜、殛就是处罚失败者的四种手段。这些手段直到清代还被帝王们使用。

尧、舜、禹时代,战事仍时有发生。战争的主要对象是以修蛇为图腾的部落三苗族。这个三苗乃被黄帝打败后退守南方的蚩尤后裔,首领叫刑天。陶渊明有诗曰"刑天舞干戚,猛志固常在"。是说刑天被砍了脑袋之后,仍以乳为目,以脐为口,操干戚而舞,可见三苗部落在华夏族眼里十分勇猛顽强。尧帝当政时,驩兜丹水之战即是对三苗的战争。舜当政时又发生了"舜伐三苗"之战。《韩非子·五蠹》中说:"当舜之时,有苗不服,禹将伐之,舜曰:'不可,上德不厚而行武,非道也。'乃修教三年,执干戚舞,有苗乃服。"虽经尧、舜两次讨伐,三苗族仍是华夏民族的心腹大患。到夏禹当政时,三苗内部发生变乱,夏禹乘机以受命于天为借口,向三苗大举进攻。《墨子·非攻》记载了这场战争:"昔者三苗大乱,天命殛之","禹亲把天之瑞令,以征有苗"。战争进行得异常激烈,过程还是黄帝战蚩尤时的老一套。战场上电闪雷鸣,震天动地。夏禹有人面鸟身的神护佑,三苗首领被箭射中,苗师大乱,兵败,从此逐渐衰弱。夏禹此役大获全胜。之后,"四方归之,辟土以王"。

三

人类在相互争斗的同时,还与自然不断抗争。尧、舜时代天下升平,百姓乐业。因而被称之为"尧天舜日",连王权也是和平交接的禅让方式。但是,人类奈何不了自然界的滔天洪水,相传4000多年前的尧、舜时代,黄河流域连续发生特大洪水。战国尸佼《尸子》一书记载:"古者,龙门未辟,吕梁未凿,河出于孟门之上,大溢逆流,无有邱陵、高阜,灭之,名曰洪水。"《尚书·尧典》中说:"汤汤洪水方割,荡荡怀山襄陵,浩浩滔天"。这时,拯万民于水火的大禹出现了,劈开龙门、凿开三门,这场可怕的洪水最终被大禹以疏导之法泄去。中华民族从来就有一个情结:任何人力不可为的事,都需要用神力来解决。大禹做了人力不可及的事,于是大禹成了神。帝王至高无上的权威也由此确立,之后,大禹便可以不遵流传数世的禅让制,将权力传给儿子夏启。从此,中国进入家天下时代,史学上称奴隶制社会,按照考古学界的说法,这一时期又叫青铜时代。

青铜时代,黄河流域出现了无数个小方国,古籍中常以"方国三千"来形容当时的小方国之多,这分明就像如今的村落。按照我国著名考古专家苏秉奇先生1994年提出的理论,中国的国家起源可分为三个发展阶段,即古国、方国和帝国。古国是原始的国家,如炎黄二帝、尧、舜所建立的氏族部落联盟,即可称为古国。古国时代以后是方国时代,大约距今四千年左右,有着比较发达的国家形态,夏、商、周都是当时比较大的方国。《孟子·公孙丑上》中说:"以德行仁者王。王不待大,汤以七十里,文王以百里。"可见方国都不大,商汤有方圆70里,周文王有方圆百里,已经是很大了。

方国时代最著名的一场战争是武丁伐鬼方之役。《易经》中说:"高宗伐鬼方,三年克之。"高宗,即商王朝的中兴之主武丁,为讨伐鬼方,商王朝动用了大批军队,进行了长达三年的战争。

接下来的著名战争,就是活动在渭河流域的姬姓周部落推翻商王朝的战争,史称武王伐纣。这是一场标准的青铜战争,规模超过以往任何一次战争,参战双方的兵员数以十万计。商纣王两线作战,一面旷日持久地对付反叛的东夷族,一面讨伐日益强大的周部落。结果商纣王首尾难顾,两面受敌,被周武王牧野一战击败。《诗经·大雅·大明》中记载了这场战争的过程:"牧野洋洋,檀车煌煌,驷骝彭彭,维师尚父,时维鹰扬。凉彼武王,肆伐大商,会朝清明。"商王朝就此覆灭。

周王朝建立后,战事更加频繁,先后发生过周公攻东国之战、周公灭武庚之战、周公平管蔡之战、周康王攻鬼方之战、周宣王对周边部族之战、周宣王攻猃狁之战、周昭王攻楚荆之战、周昭王攻东夷之战。至此,战争的性质终于发生了变化，由以前单纯的对外战争，演变为对外扩张，对内征服。在一次一次的战争中，中华文明开始在黄河流域生根发芽，破土而出，终于迎来春秋战国百家争鸣的灿烂时代。

沧海桑田，斗转星移。如今，连渭、汾河谷也不是当年的模样，但是，历史的风云际会似乎还留在这两片古老的土地，由这两片土地诞生的中华文明，如今已长成繁茂的参天大树，其成长过程既绚烂多姿又残酷壮烈。

如果要在中华文明中寻找一个内核的话，一定是中华民族根深蒂固的大一统思维。作为一个家庭或一个家族想无限度地增加财富，获取利益，作为一个帝王，想无限度地扩大疆域，只要能看到的，都想揽入怀中，成为自己的私有财产，黄帝是这样，商汤是这样，周文王是这样，秦始皇是这样，后来的历任帝王都是这样。"溥天之下，莫非王土；率土之滨，莫非王臣"，天下万物莫不属于帝王，尽管有时候还暂时不属于自己，也一定用王道去征服。汉武帝曾言："汉家自有制度，本以霸王道杂之。"（《汉书·元帝纪》）向往安居乐业的中华民族就陷入了无休止的争斗中，与外族争，与自己人争。又不断地调和着，有时试图得到和平，有时又更渴望用一种更机智或者更暴烈的方式得到想要的，于是，中华文明诞生了，其中包括各种学说和思想，儒家、道家、名家、法家、墨家、阴阳家、纵横家……不一而足，历朝的帝王们从中不断地选择着，最后，"罢黜百家，独尊儒术"，孔孟学说，儒家思想终于占据了主导地位。这种由孔夫子创立，历代儒生不断完善的思想，看似仁爱中庸，不温不火，却像一个巨大的磁场，创造出了无与伦比的杀伤力，任何试图与之较量的蛮夷，最后统统都被击败，只有当另外一种更先进的文明进入中国时，才暴露出不足。但是，中华文明仍然在继续完善调整，试图有一天东山再起。而游牧民族一旦接受中国传统文化，就会失去他们祖先所具有的凶猛、坚韧和英勇，成为中华文化的一部分。先秦时代的三苗、鬼方如此，春秋战国时期狁狁、犬戎如此，汉代的匈奴如此，五胡十六国时期的各个少数民族如此、北魏的鲜卑人如此、唐朝的回纥人如此，宋辽时的契丹人如此，以后的女真人更是如此。

中华先民又有着强烈的自我中心幻觉，所有中土以外的国度都属于蛮夷、番邦。这种思维方式从周朝就开始形成，当时，除关中平原、晋南盆地和河南西部的华夏中心地区外，东方曰夷，西方曰戎，南方曰蛮；北方曰狄，商纣王与周宣王的攻伐东夷之战，实际上是攻打居住在如今山东一带的东夷人。西周时，渭水下游有犬戎、太原戎，直到春秋战国，连秦人自己也被东方各国视为西戎的一部分。关中平原东侧，尚有大荔戎。山西南部汾河谷地边缘则有条戎、奔戎、六济之戎。而且，这些游离于华夏民族之外的部落战斗力很强，《后汉书·西羌传》说："后五年，王（周宣王）伐条戎、奔戎，王师败绩。"

在华夏族看来，这些蛮夷之人与禽兽无异，《国语·周语》中说："夫戎狄冒没轻儇，贪而不让，其血气不治，若禽兽焉。"这种以我为正统的大一统思维，致使国人对中土以外的所有事物都不屑一顾，以一种高高在上的傲慢态度看待外来民族，造成国人自古以来的固步自封。直到现在，这种观念仍深深植根于国人心中。

从中华民族的形成过程看，汾渭谷地既是中华民族的发祥地，也是中华传统思维的发源地。至今，这两个地方的人思维形式出奇地一致，都保留着中华民族最根深蒂固的那一部分，保守固执，目空一切。

汾渭谷地又是中华民族最先开始民族融合的地方，从黄帝部落联盟与炎帝部落联盟的融合，组成华夏族，到击败蚩尤的九黎部落联盟，到秦始皇统一六国，再到后来击败匈奴人，都发生在这一带。厚重的黄土高原，潺潺流淌的汾河渭水，像一颗坚实的核，一步步向周围扩展，终于组成了大一统的中华帝国。

描摹先祖形象

一

到各地游览乡村民居，我最喜欢去的地方是祠堂，因为，从那里最容易找到一个宗族的根脉。这几年，我几乎走遍了山西晋商大院的家祠，陕西的祠堂也去过几处，如米脂杨家沟的马氏家祠，韩城党家村的贾氏家祠，每到一处，都会自然想到供桌上那一排排漆黑的牌位和上面那些遥远陌生的名字。一般的家祠所供祖宗像都远不过三代，再往上，就只能用牌位替代。大些的祠堂，尚能根据想象雕一尊祖先像，不管像不像，是不是祖先本来的模样，反正就是他了，该拜的要拜，该磕头照样磕头。中国最大的祠堂也许是山东曲阜的孔府，但是那里除了孔夫子和其他少数几位有画像外，以后的祖先只能记在家谱中，写在牌位上。山西的常平关帝家祠也是这样，有了关老爷，再加上关夫人，其他人都不太重要了。

中国人从来就有祖先崇拜情结，但是，在没有摄影术的年代，祖先只能留在牌位上、家谱中供后人怀念，即使堪称伟大不朽，也只能留在书籍中。晋陕两省乡村人家的祖先牌位一般敬奉在正房里，逢年过节，上几炷香，拜上几拜，也算寄托了对祖先的思念。没人知道祖先是什么装扮，更没人知道祖先长什么模样。现在想，无论我们的先祖美丑妍媸，最后都在后人的想象中格式化，变为一种固定的模样，武威高大，善良慈祥，被规范得非常正统，也就是常常被人说起的"高大全"形象。

炎帝是与黄帝并称的中华民族始祖之一，但是，他身后的待遇远不如黄帝，因为，他是个以失败而告终的帝王，阪泉之战过后，一败涂地的炎帝就不能再与黄帝相提并论。中国的三皇五帝起码有不下十种说法，大多说法中，

五帝中并不包括炎帝。因而，中国人虽也以炎黄子孙自诩，想象中，炎帝却没有正统帝王应该有的模样。

相传，炎帝人身牛首，头上有角，一生下来就是个"水晶肚"，几乎是全透明的，五脏六腑全都能看得见，连吃进去的东西也能看见。参观过各地所建的炎帝像，这种形象就更加明确。

目前全国有三处炎帝陵，其中山陕两地各一处，湖南一处。山西高平的炎帝陵位于神农镇庄里村，俗称"皇坟"。陵后有庙，谓之五谷庙。走近该村，只见丘陵起伏，青山映翠，矗立在陵墓前的炎帝石雕像高二十余米，牛首人身，袒胸露乳，头上短短的角，似乎在说明当时的炎帝部落正在由游牧向农耕过渡。手里抱的谷穗又告诉人们，炎帝正要去教民农耕。而腹部清晰的肠胃，则是"水晶肚"、尝百草的写照。可以看出，雕像的塑造全然以传说为范本，一双牛眼，两道隆眉和挺硬虬髯，在十足的野性中又带着几分淳厚，从中很难看出中华民族的遗传基因。

陕西宝鸡渭滨区益门乡（神农乡）新修的炎帝陵内，炎帝雕像与高平好像完全不是一个人，犄角更像牛犄角，弯弯的长在头顶。与高平的炎帝相比更加规矩，似乎已在中华文化的磨砺中收敛了野性，像个仆人般中规中矩地双手捧着谷穗，中规中矩地坐在神龛之上，虽也赤膊，却已穿上纹饰流畅的短袍。细长的眼里，露出慈祥的光，下垂的胡须整齐地拢在一起，从神色看，俨然一位坐在门前晒太阳的关中老汉。

两座不同的雕像，表现出不同的地域风格和历史观。高平地处太行山区，这里山高川大，民风强悍，春秋时代是赤狄民族所建的潞国所在地，后为晋国所灭。以后，每当烽烟起于中国，都是强人盘踞之地，五胡十六国时期的匈奴人刘渊建立刘汉政权后，曾来这里一带就食（躲避灾荒），羯人石勒也曾在这一带跃马扬鞭。与中原仅隔一座太行山，但是这里不接中原地气，语言是泽潞方言，吃饭最讲究小米干饭、黄米糕。这样一块地方建造的炎帝塑像怎可能中规中矩？一定是在彪悍中带着十足的狂野。宝鸡则是中华民族的发源地，受中华文化熏陶最多，若在宝鸡随便找一个当地人，说不定连五脏六腑都濡染着中国传统文化的颜色。因而，尽管炎帝属于史前人物，游牧部落首领，那里塑出的炎帝却是中庸、平和、敦厚，带着一股儒雅之气，头上的犄角只是象征性的，以后，会与炎黄子孙的棱角一起消退。

与炎帝相比，黄帝轩辕氏是正统的。全国各地黄帝陵有多处，黄帝故里也有多处。《史记·孝武本纪》记载：汉武帝刘彻"北巡朔方，勒兵十余万，还，祭黄帝冢桥山"。自汉武帝这一次炫耀武功式的祭拜后，虽还有别的地方自称有黄帝陵，但都比不上陕西黄帝陵在国人心目中的地位。

黄帝与炎帝本是同时期人，而且相传是同父异母兄弟，尽管发生阪泉之战后，炎帝被黄帝赶到南方，两个人的模样不应有太大区别，有角就都应该有角，至于粗犷还是慈祥另当别论。事实是到了黄帝那里，在后人敬畏之心中一切都不一样了。一次次祭拜之后，黄帝一步步朝国人想象中的相貌靠拢。古籍中说黄帝"河目、隆颡、日角、龙颜"，虽然相貌奇异有帝王之气，但是并非相貌堂堂，不管"日角"是什么样，至少与炎帝一样还长着犄角。远古传说中的先祖好像都长角，炎帝如此，黄帝如此，与黄帝为敌的蚩尤也是如此，传说中的蚩尤不光兽身人语铜头铁额，而且"牛耳，鬓如剑戟，有角，与轩辕斗，以角觚人。"然而，黄帝的犄角在中国人的崇敬中渐渐没有了。

走进陕西黄龙的轩辕墓，首先看到的是高台之上的庑殿顶祭拜大殿，这是中国品级最高的建筑形式，只有帝王才能享用。在国人的心中，黄帝早已享受至高无上的帝王之尊了。这么一座高大的殿堂耸立在游人面前，黄帝陵墓顿时显得异常矮小。拾级而上，只见石刻的黄帝像高矗，陵前香烛高燃，游人匍匐，热烈中透出肃穆，钱穆先生说黄帝诞生："霹雳一声雷，惊醒了中华文明。"（《黄帝》)这里的游人仿佛只要虔诚跪拜，就可借黄帝之威鸿运当头。

刻石上的黄帝像是经数代帝王祭拜，世代流传下来的，应该是最正宗纯种的中国人。然而，一点也看不出应有的远古气息。炎帝浑身裸露，黄帝却被戴上帝王冠冕，穿上朝服，仿佛在时刻等待着后人朝拜。《史记·五帝本纪》载："黄帝者，少典之子，姓公孙，名曰轩辕，生而神灵，弱而能言，幼而徇齐，长而敦敏，成而聪明。"并没有说黄帝什么相貌。倒是《孔丛子》一书中说孔夫子时提到黄帝的长相："吾观孔仲尼有圣人之表，河目而隆颡，黄帝之形貌也。"这仍然只是后人的想象。传说中的黄帝被漫长的时光烟云遮掩得似幻似真，又被周身散发出的神圣光芒环绕，刺花了后人眼睛。黄帝就变成了眼前的样子：目字脸、剑眉、悬胆鼻，眼神锐利，表情刚毅、雄健，沉思中又见仁

慈,这应该是后世所有圣君英主和仁厚长者的形象,不仅仅属于黄帝一人。

传说中,黄帝是乘龙归天的,黄帝陵只葬有黄帝衣冠,其实是个衣冠冢,因而,各地再有黄帝陵就不奇怪。地处黄河沿岸的河南灵宝也有个黄帝陵。那里的黄帝手握权杖,高坐在蓝天白云之下俯视芸芸众生,透露出更多的是帝王的威严,棱角分明的脸庞,犀利有力的目光,分明是综合了两千多年来中华民族的审美情趣,一点也看不出正宗的华夏民族到底应该是什么样子。

不管是炎帝,还是黄帝,都处于游荡奔波的游牧或半游牧部落时代,这种以血缘关系为纽带的部落,是最正统纯种的华夏人,之后,华夏族就开始了无休止的战争,不断扩大领地,掳掠人口,华夏人的血管里无疑会融进其他部落的血液。

原始社会是一个令现代人无法想象的漫长过程,在那个弱肉强食,没有朝代、没有帝王的时代,一切都是朦胧模糊的,现在我们只知道,在与其他部落和自然界的争斗中,黄帝胜利了,传下了华夏民族这一支,繁衍成了今天的煌煌大中华。

二

又想起唐尧的样子。

自炎、黄以后,中国历史上明确记载的帝王还有少昊、颛顼、祝融、帝喾,这些都是传说中的帝王,虚幻得让人看不清长相。到新石器时代晚期,历史与时空之间的阴霾越来越稀薄,我们终于有了个能看清楚模样的先祖,史书上终于有了个长着正常人模样、有名有姓的君王,这就是圣明仁爱的唐尧。此前,我们的祖先再伟大,也只是神话世界的人物,长得似人非人,或者像女娲一样的人首蛇身,或者如祝融一样的兽首人身,或者如炎帝一样的牛首人身,或者如蚩尤一样的兽身人语。黄帝只能说是一位裹着万道光芒的先祖,到了哪儿都无法让人看清楚。

自尧帝开始,帝王开始变回人形。《史记》云:"学者多称五帝,尚矣,然《尚书》独载尧以来。"可见华夏文明自尧才真正开始。帝王之身由人兽结合,向正常人转变也从尧帝开始。

司马迁眼里的尧帝一如以前的帝王一样仍充满神话色彩。《史记·五帝本纪》中说:"帝尧者,放勋。其仁如天,其知如神,就之如日,望之如云,富而不骄,贵而不舒,黄收纯衣,彤车乘白马,能明驯德,以亲九族,九族既睦,便章百姓,百姓昭明,合和万国。"由明人萧良有编撰的儿童启蒙读物《龙文鞭影》中说"尧眉八彩,舜目重瞳",这是说尧、舜生有异相,具帝王之风范。中华民族习惯神化帝王,尽管以后的帝王都有种种异相,但毕竟回归到人的范畴。

山西临汾史称平阳,位于该市南端的尧庙始建于晋代,是国内最大的尧庙,历代均为皇家祭祀之所,史书上又有"尧都平阳"的说法,因而,临汾尧庙里的尧帝像应该最具权威。

进入尧庙,沿尧宫甬道中间由龙凤图案刻制的中轴线"龙凤之脉",走进广运殿,高达二米八的唐塑尧帝像高居神龛之上,四岳、后稷、羲和、皋陶四位朝臣侍立两边。仰视尧帝,看见的只有帝王的威仪,皇家的奢华,再剩下的就是逼得人喘不过气来的肃穆气氛了。神龛上尧帝端坐,像座山,更像一座即将发出洪亮声响的巨钟。身着长衣,双手托膝,两腿分开,一张富态的方脸上,不露分毫表情,眉毛浓厚,长可抵鬓,这可能就是传说中的八彩眉。眉毛下,是一双中国人特有的丹凤眼,射出的却是帝王之气,好像藐视群氓,冷观世态,风萧萧兮岿然不动。隆鼻之下,短髭浓密,方阔的下颏上则是长须垂胸。至此,一尊完美的帝王雕像就矗立在面前。中国帝王该有的一切特征一样不少。与黄帝陵里的黄帝像相比,更多了几分威仪。史书中的尧帝和蔼亲民,崇才爱贤,61岁当政,活了114岁,在我的印象中应该是个和气慈祥的小老头。《韩非子·五蠹》中说他"冬日麑裘,夏日葛衣"。《资治通鉴》中又说他"茅茨土阶,恶衣菲食",可见生活质量并不高。在那个逐水草而居,风餐露宿,奔波操劳的年代,帝尧应该是黑瘦干巴,一身风霜。这显然不是中国人心中的帝王。被皇权教化了两千多年,中国人最认可的不是英雄,也不是让人趋之若鹜的金钱,而是权力,帝王就是最高权力的化身。孔夫子说:"唯天为大,唯尧则之。"这样的人怎么可能像个乡村老汉一样,应该有帝王的霸气、王气,挥手之间能让山川震颤,河水沸扬。于是,身处原始社会末期,还只是个部落首领的尧,就成为神龛之上无所不能的帝王了。

从炎帝的犄角，到尧帝的八彩眉，到舜帝的重瞳，不知是后人盯上了先祖的头部，还是先祖们由上而下一点点进化。到了大禹、夏启、商汤，或者再往后，时间距我们越近，祖先的面目越清楚，再也没有怪异长相，统统变成了正常人。

然而，他们毕竟是帝王，身上笼罩着人为的神秘，为有别于普通人，就必须制造些让百姓不得其解的诡异之事，如生前的长虹贯日，死后的电闪雷鸣。真正能让我们看清先祖真实面目的，是1975年发掘出土的秦兵马俑。

三

历史的风云往往摧枯拉朽，包括历史本身都被摧残得不成体统。这些年，我在晋秦两岸行走，发现一个历史现象，即：中华文明史好像是深埋在黄土之下的，准确地说，是埋在墓葬里的，或者说，中华文明起于黄土地，又从黄土之下被挖掘出来。当年，我们的先祖将文明埋在墓葬里时，最担心的就是被人掘出，但是，恰恰就是这种心理，为印证中华文明保留了最真实的依据。

这些年发掘的最大墓葬便是秦兵马俑，因为这是千古一帝秦始皇的陵墓，文化历史价值格外引人注目，被法国前总统希拉克称为世界第八大发现。在我看来，秦兵马俑的另一个意义，在于让人看清了两千多年前，秦人、华夏人到底长什么模样。

走进西安临潼兵马俑馆，立刻会被那浩大的气势震撼，八千尊真人大小的兵马俑，整齐排列，好像蓄势待发，俨然是一个完整的地下军团，只需一声令下，又会变成一支虎狼之师，高举戈矛杀声阵阵再次扑向六国。仿佛突然间，司马迁笔下那支无敌之师，一下子复活了，而且如此清晰、逼真。

八千陶俑形态各异，无一重复，就像当年秦国的芸芸众生，每个中国人都可以在其中看到相识相似的人，甚至可以找到自己的影子。他们谦卑恭顺的表情，前耸的两肩，下垂的双手，朝拜的姿态，丝毫看不出秦军的残暴。让人直以为回到秦朝那片黄土地上，看到的是一位位身着铠甲的关西大汉。作家韩小蕙来到这里，感到的是一股恐怖之气，"老觉得这些不声不响的兵俑们身体内,都包孕着一个活生生的人!"众多游客来到这里,好像看到了一座地下长城,感觉到的是大秦帝国的恢宏气势,在阴森森的陵墓间,毫无来由地热血沸腾。秦始皇早就死了,灵魂却一直盘踞在中国人的头脑里,让人一看见帝王就由不得心情激动,两腿发软。秦俑在墓穴里站了两千多年,我们的心灵也在中华文化的墓道里站了两千多年,不知什么时候才能获得自由。唯有美国前总统里根,面对队列森严的兵马俑,可以毫无牵挂地轻松地幽一默:"Dismiss(解散)!"

令我感兴趣的还有那些兵俑的相貌,他们都是秦代的人体模特儿,扁平脸孔、宽颧、厚唇,眼睛稍显小,一般为单眼皮,耳廓长大;骨骼粗壮,臀部坚实肥厚,腰长而腿短。难道这就是古老的黄河、浑厚的黄土地和灿烂的中华文明所哺育出的正宗炎黄族系?看看大河旁,沟壑间的陕西老乡就明白了,他们确实是正宗的秦人,两千多年前的中国人确实就是这样。

作家贾平凹说:"秦兵马俑出土以后,我在京城不止一次见到有人指着在京工作的陕籍乡党说:瞧,你长得和兵马俑一模一样!到了秦,就是兵马俑了。"军旅作家周涛引用别人的话说:"老陕啊——不化妆的时候,是兵马俑,化了妆就是唐三彩!"又说兵马俑:"仿佛他们只要被唤醒,只要换上一套今天时兴的衣服,马上就可以走进人群当中去,不说话,谁也分辨不出来。他们和今天的陕西人长得多像呵,不,今天的陕西人长得和他们多像呵!这真是人种的惊人酷似。"

陪葬坑中还挺立着几百匹战马,它们昂首嘶鸣的状态很容易使人联想到金戈铁马、雷霆万钧的古战场。这些战马也形态各异,导游讲解其中一匹时说:"这匹马塑得双耳如削,鬃如风云,鼻翼微张,目视前方,似在引颈长鸣,又像扬蹄欲奔。"这又令人想起春秋战国时代秦地那水草丰茂的景象,想起秦人的起源,同时也想起以后的唐三彩马。

三千年前,秦人的祖先生活在今天的甘肃东部的高原,那里草场肥沃,最适宜养马。秦人就是养马起家的。与远古时代的帝王一样,秦人的祖先也是个怪物。司马迁治史,每言先祖必有玄幻色彩。《史记》中的秦人先祖,是个黑色的大鸟,在空中飞翔时落下一个大蛋,颛顼高阳氏的女儿女脩吃了后,生出来孩子,就成了秦的祖先,名叫大业,是为秦国和赵国先祖。以后,秦国好几代祖先都长不成人样,都鸟身人言。舜发挥其所长,让其辅佐驯化鸟兽。鸟兽多驯服,舜赐姓嬴,这才有了嬴姓。以后,夏、商、周时期,秦的先祖有好几位当过御者,曾经给商汤、太戊、周缪王驾车,后来周孝王因秦祖先善养马,因此将他们分封在秦,作为周朝的附庸,这才有了以后的秦国。

秦始皇不光在自己的陵墓中放了大量的兵马,还有许多养马人。贾平凹说:那些养马俑"高髻后挽,面目清秀,双手放膝,沉着安静。这些俑初出土时被认作女俑,但随着大量出土的同类型的俑,且一人一马同穴而葬,又唇有胡须,方知这也是男俑,身份是在阴间为皇室养马的'圉人'"。贾先生没说,秦的先祖就是地地道道的圉人,也是最早见于记载的圉人,并且是凭借圉人的身份起家的。秦始皇弄这么多圉人放在陵墓中,而且与兵俑造型不太相同,就不光是殉葬那么简单了,可能大有深意在其中。

后人言说秦始皇,都以统一六国,车同轨、书同文、度同制、行同伦为其历史功绩,连秦始皇本人可能也不会想到,他为自己营造的冥间帝国,同样也是一件功绩。因为,如此众多的兵马俑,让后人了解了那个时代,知道了秦国的虎狼之师是一支什么样的军队,我们的祖先是一副什么模样。可惜的是,在留下众多兵俑的时候,他没能为自己也塑出一尊像来,以至后人至今不知道残暴嗜血而又气势如虹的秦王嬴政到底长什么样。秦始皇造出这些兵马俑,本是为在阴间能继续高居九五之尊,让万民俯首,用心何其良苦。然而,后人看到的只有兵马,而无帝王,后人心目中的秦始皇,只能是司马迁在《史记》描摹的样子:"蜂准,长目,挚鸟膺,豺声,少恩而虎狼心,居约易出人下,得志亦轻食人。"即秦王嬴政的长相是鼻子很高,长眼睛,胸总像鸷鸟一样隆起(鸡胸),声音像豺狼叫一样难听,缺少恩典而具虎狼之心,困顿时还能谦恭待人,一旦得志就随便杀人。被如此丑化而无一尊塑像来证明自己,秦始皇可算是大亏。

秦始皇是中国的第一个皇帝,在长相上也为以后的皇帝开了个不好的头。历史所记载的开国帝王基本都是丑男,个个都气宇轩昂,气度不凡,个个又都奇人异相,从娘胎里出来就带着帝王气,汉高祖刘邦也是这样:"隆准而龙颜,美须髯,左股有七十二黑子。"以后宋太祖赵匡胤如此,明代的洪武皇帝朱元璋也是如此。

四

再看到的先祖形象，依然是从墓葬中发掘出来的遗物。

时间到了东汉，大汉民族的名号已经正式确立了。

从秦还没有一统六国开始，秦晋两国就年年岁岁地与游牧民族进行着无休止的战争，汉代，又与匈奴人进行了长达数百年的厮杀，不管是秦人，还是晋人，血管里早就混入了游牧民族的血液，从炎黄二帝那里得来的华夏血统，到这时早就不纯。那么，汉代的汉人又是什么样的呢？

汉代也有陶俑。按照艺术史家的说法，汉俑艺术水准远不如秦俑，如果说秦俑雕塑艺术在中国造型艺术史上是突起的奇峰，那么到汉代就又一下落入低谷。

汉代的先人形象，我是从著名的汉画像石上看到的。在陕西榆林汉画像石馆、米脂李闯王行宫和山西吕梁市汉画像石馆看到那些从汉墓中发掘出来的画像石，不能不首先想到石头。这种从人类开始出现，就注定与人结缘的物质，似乎总是以一种不动声色的姿态，伴随人类进步的旅程。从一开始作为工具，到成为建筑材料，再成为画像石材料，漫长的一百多万年过去后，坚硬冰冷的石头终于在人类进化过程中，变得温良驯服，当工匠的凿刀在光洁平滑的石面上雕刻出优美画面时，人类与石头的关系又进入了一个新时代。从此，这些被赋予了人类智慧的石头就不再是普通的石头，五彩斑斓，艳惊世人，像贾宝玉胸前那块通灵宝玉一样，刻满了神奇与灵性。当它从古老的汉墓中缓缓欠起身躯时，一千多年前的古人复活了，带着汉代的古风古韵重新出现在世人面前。就在这一刻，它们从一块块石头升华为稀世瑰宝。

陕西的汉画像石主要集中在陕北榆林市的绥德、米脂；山西的汉画像石主要集中在晋西吕梁市的离石、中阳，两地仅一河之隔，汉画像石同属一个时代，一个区域。东汉时期，这里是南匈奴人的主要活动地区，汉胡杂居之地。东汉建武年间，南匈奴人不堪草原灾荒和北匈奴人滋扰，内附归汉，在吕梁山左国城（今吕梁市北）建立单于王庭，与大汉王朝为敌几百年的南匈奴人，终于在吕梁山里有了一处固定居所；永和五年（140），汉朝廷将西汉初年就设置在平定县(今内蒙境内)的西河郡治所,"南徙五百九十里"(《汾州府志·沿革》),迁移到今天的山西离石。经东汉末年和魏晋南北朝的动乱,南匈奴人被打败,隐入吕梁山和陕北地区锄山为田,过渡为农耕生活方式后,匈奴这个名字再没有出现,全都融入到中华民族之中。学者一般把中华民族的第二次民族大融合定为魏晋南北朝时期。其实,若看看晋西、陕北出土的汉画像石,就会知道,第二次民族大融合从东汉就开始了。再经过所谓的"五胡乱华",汉民族的血管里,就混杂着胡人的血液。如果了解民族史,关中、陕北、晋南、晋西、晋北,谁也不敢言自己是纯种的汉人。

两地的汉画像石,真实地记载了汉代先民的生活,也描绘出了汉代先民的模样。

汉画像石是汉代人雕刻在墓室、祠堂四壁的装饰石刻壁画,艺术形式上承战国绘画古朴之风,下开魏晋风度艺术之先河。著名画家吴冠中看到汉画像石后感慨:"我简直要跪倒在汉代先民的面前。"历史学家翦伯赞说:"这些石刻画像,假如把它们有系统的搜辑起来,几乎可以成为一部绣像的汉代史。"更有专家盛赞汉画像石不仅为《汉书》配了插图,是"无字的《汉书》",同时也是连环画和陕北剪纸的滥觞。有这样原创性的古代艺术品,我们就可以看出汉代先民的大致模样。

西王母与东王公是中国古代传说故事中的一对神话人物。西王母即民间传说中的王母娘娘,住在西方昆仑山上,是西方仙境的女仙之首。据《山海经》记载,她是一副蓬头散发、张牙舞爪的凶神恶相。到了汉代班固所著的《汉武帝内传》中,就变成高贵美丽的绝世佳人,曾赐予汉武帝三千年结一次果的蟠桃。"着黄锦袙襦,文采鲜明,光仪淑穆,带灵飞大绶,腰佩分景之剑,头上大华结,戴太真晨婴之冠,履元璃凤文之舄。视之可年卅许,修短得中,天姿掩蔼,容颜绝世。"从这段描写中,我们可以看到一位高贵娴雅,光艳照人的少妇形象。

两地的汉画像石中,都有西王母与东王公形象,而且造型大致相同。正如史料上所记载的那样,西王母雍容华贵,凝重端庄,眉目清秀,头戴华胜,身穿大红斜宽袖长袍。东王公手持仙草,头戴羽冠,脚着黑色云头靴。两人周身祥云缭绕,仙气氤氲,呈现出宁静祥和的神态。

渔猎图也是两地汉画像石常见的题材。以前曾见过汉俑、唐俑中的仕女，也曾在唐代画家周昉、阎立本的绘画上见过古代女性，但是普通的古代乡村女性，却是在汉画像石中第一次见到。晋陕两地的汉画像石都有一种连版贯通的技法，即将人物、花鸟分别放在一个平面上，在众多的人物中，我注意到了一个女人，她双手持一根插着大鱼的木棒，扭身似与身后的人争辩，那脑后的发髻、长长的脸庞，不高的鼻梁，尖尖的下颏和健美的身材，都会让人想起温柔而不失厉害的陕北婆姨。更常见的"宾主叙谈图"则大多是男人形象，两个对饮交谈的男人对面而坐，那方正的头颅，扁平的脸颊，又会让人想起手持铁板，唱大江东去的关西大汉。

据专家介绍：所有的汉画像石墓葬，都是墓主健在时就开始制作。看来汉与秦的丧葬习俗基本相同，秦始皇为自己建陵墓，从 13 岁登基时就开始，历经数十年，才有了气势浩大的秦兵马俑。东汉官员健在时为自己建墓，亲自指导，亲自选材，才有了精美绝伦的汉画像石。略有不同的是，汉画像石墓葬建好后是允许别人来参观的。而秦始皇的陵墓建好后，最怕人发现，以至要将工匠就地掩杀，以便保守秘密，从而长期保有自己的冥间帝国。

令我感到惊异的是在汉画像石中，同样有鸡首人身、牛首人身、人首蛇身画面，从伏羲、女娲，到炎帝，到蚩尤，到商人的玄鸟，再到东汉，几千年过去了，无论帝王，还是草民，都成了实实在在的人，然而，中华民族的神还盘踞每个人的心灵，中华民族的自然崇拜一点也没改变。

春秋早期的秦晋

一

春秋战国时期(前770—前221),诸侯争霸,烽烟四起,为各种人物提供了广阔的用武之地,他们或纵横捭阖,或沙场鏖兵,或著书立说,在一个看似战火不息的年代,演绎出精彩华章,奠定了以后两千多年中华文明的基础,产生出大量杰出人物。在长达五百多年的纷争中,秦、晋两国一直充当主角,春秋五霸,秦、晋占其二,战国七雄,秦、晋有其四。若要从秦、晋大量杰出人物中,各选出一位分别作为秦、晋两地的代表,相信大多数人会选秦穆公和晋文公。

他们为两国的崛起奠定了基础。

他们分别确立了两国的霸主地位。

中国历史到了春秋战国时代,渐渐清晰可辨,各种事件、人物逐一出现在我们面前。在渐次展开的驳杂图景中,他们两位是一对相克相依的冤家,一个是豪爽的君主,一个是敦厚的长者。杰出的历史人物,都有相似的地方,两个人都被誉为名君圣主,将他们的特点调过来,安装到对方身上,也并非不可。

春秋时,秦国之主早就不再是鸟身人形,也不再是帝王的圉人、御者。公元前770年,西周因周幽王荒淫无道灭亡后,秦襄公以"西垂大夫"身份率兵救周,"战甚力,有功"。又护送周平王东迁,被封为伯爵,并许之"戎无道,侵夺我岐、丰之地,秦能攻逐戎,即有其地"。意思是只要能把戎狄从岐、丰一带赶走,就可以在那里建国。如若不能,只好听天由命了。当时,关中一带挤满了内侵的戎狄，渭水上游有"獂、圭、冀之戎"，泾水北有"义渠之戎"，洛水一带有"大荔之戎"，渭水以南有"骊戎"，陕北高原有"白狄"，此外，还有一些诸侯小国，如"梁"、"芮"。如此多的戎狄和诸侯，早把关中盆地挤得满满当当，哪里还有秦襄公的立足之地？周平王的话不过是一张空头支票，但是这张空头支票为秦以后讨伐戎狄，扩疆展土提供了依据，仅仅过了几十年，秦国就将周平王的话兑现。

秦襄公正式成为诸侯之后，又经过文公、宪公、武公、德公、宣公、成公和穆公，秦国先东进，占领周人故地周原，以富庶的关中盆地为基地，吞并亳国，接着西进，吞噬了无数西戎小国，又灭荡社戎，击败邽、冀两戎部，征彭戏戎，兵临华山，收复杜、郑之地，灭小虢，版图一直推进至关中东端。国都也从以前的犬丘（今甘肃省天水市清水县），移至关中平原西部的雍城（今凤翔县）。在西陲惨淡经营百年，秦国处偏僻之地，戎狄杂处，长期与中原国家隔绝，固然凶悍勇武，一身狼性，却不懂礼制，文化落后，被视为蛮夷之地。

秦穆公虽有觊觎中原之心，但东有强晋，南有秦岭，北有狄戎。雄心勃勃的秦穆公明白，要想让秦国与诸强抗衡，就必须接受中原文明。

秦国扩张虽暂时受阻，但可以看出，秦国的发展基本顺利，鲜有内乱，无储位之争，虽然在宪公时代曾发生过"三庶长之乱"，但仅限于宫闱之内，并不影响大局。因而，秦国在与戎狄的战争中节节胜利，疆土日益扩大。

二

晋国立国远早于秦，公元前 1042 年成为诸侯，等秦襄公护驾有功被封诸侯时，晋已立国 200 多年，但是晋国并没有取得较大发展，至东周以前，疆域仍然是唐叔虞被"桐叶封弟"时的"河、汾之东，方百里"。西周末年，周幽王荒淫无道，烽火戏诸侯，终使西周被犬戎颠覆。东周初期，周王朝二王并立。当时晋国的国君晋文侯率军入秦，与郑武公、秦襄公联合勤王，护卫平王东迁。晋文侯二十一年（前 760），晋文侯执杀非正统的周携王，结束了长达十年之久的二王并立局面，周室归一，史称"文侯勤王"。如此再造周室之功，晋文侯所得赏赐并不多。秦襄公仅护驾一功，得封伯爵；晋文侯却只得了些物质上的封赏,计:"秬鬯(专门赏赐诸侯的酒)一卣;彤弓一,彤矢百,卢弓一,卢矢百,马四匹。"尽管如此,对于晋国来说,却是莫大的殊荣。因为这是晋国立国二百多年来,第二次得此荣誉。前一位是开国之君唐叔虞,晋文侯为其二,以后开创霸业的晋文公重耳为其三。公元前746年,晋文侯去世,儿子晋昭侯立,却将叔父成师封于曲沃,自己居住在都城"绛邑",这样,晋国与东周初年的周王室一样,也出现了二君并立的局面,从此埋下了晋国祸乱的种子。晋内乱长达67年,一次次的血腥杀戮之后,齐桓公称霸那年,"曲沃武公伐晋侯缗,灭之,尽以其宝器赂献于周釐王。釐王命曲沃武公为晋君,列为诸侯,于是尽并晋地而有之"。这就著名的"曲沃代绛",晋国旁支取代公室,成师的后代晋武公成为晋国君主。春秋一代,列国内乱弑君篡位之事多不胜数,而像晋国这样,内乱长达67年之久的,绝无仅有。而此时,秦国接连兼并小国,扩张疆土,卓然已成气候。至晋献公即位,晋国疆土只有现在晋南的一部分,周围诸侯小国林立,光晋南就有20多个。公元前672年晋大夫郭偃说:"今晋国之方,偏侯也,其土又小,大国在侧。"(见《国语·晋语》)正当晋国内部血雨腥风之时,东方之齐国,南方之楚国,西方之秦国,都已成地方千里的泱泱大国,就连与晋毗邻的郑国也因成就"郑庄小霸"风光一时。

与秦国一样,晋国未崛起前,同样也是戎狄杂居四周,被视为西陲之国,是个默默无闻的角色。但是,秦国是在与戎狄不断征战中扩疆辟土,晋国则是不断受到戎狄滋扰,深受其害。

丧乱之余,晋国举步维艰,国力衰弱,在诸侯霸业中根本没有一席之地。公元前677年晋武公去世,其子诡诸,即晋献公即位了,这绝对是一个应当被记住的人。他是晋国的一代雄主,后来称霸诸侯的晋文公的父亲,秦晋之间的三次交好都与他有直接或间接关系。

就在晋献公即位后,大河对面的秦国并没有停止东扩,晋献公即位当年,秦都由平阳(今陕西眉县)迁至雍(今陕西凤翔)。秦穆公继位当年(前659),就亲自带兵讨伐茅津(今山西芮城东)的戎人,势力已到晋国的心脏地带晋南了。

三

两千多年后，我站在山西新绛县槐泉村旁的山坡上，远望简陋失修的晋献公墓，怎么也想不明白，为什么献公故去后，会受到如此不公的待遇。墓地旁，山楂树连成一片，正当深秋，压弯了枝头的山楂果红彤彤，在蓝天白云下，显得格外耀眼生动。山楂树中间，立着一座高大巍峨的碑楼，全部用石料建成，翘角飞檐，精致华美，上前看，乃知是为一位清代商人所立，碑文中，溢美之词充斥字里行间。不禁再次为晋献公悲哀，堂堂一国雄主，哀荣竟不及一位小商人。难道是当地人忘了这位开创晋国霸业的国君？问地里劳作的老汉：村里为什么不修献公墓？老汉一脸不屑，说昏君嘛，修它做啥。

原来如此！当地百姓并没有以晋献公为荣。他们不是不知道晋献公，而是没把他当明君看。这可能是传统道德的力量。乡间的戏剧和民间传说中，晋献公从来就是与曹操一样的白脸。于是，晋献公所做的一切都可以忽略不计了。问题是，在专制社会里，哪个君主晚年不昏庸暴虐，秦皇、汉武、唐宗、宋祖也一样，这是封建君主的痼疾，谁也不能幸免。

晋献公当政的前十多年，可以说是晋国开国以来，最有作为的君主。

献公继位的时候，正当四十岁上下。连年内乱，国力衰弱，他暂时还无力与诸侯争霸，眼睁睁看着身旁的秦国一天天壮大而无能为力。因为，他首先要做的是稳固君主地位。几十年来，为争夺君位，晋国各种势力若群狼般厮杀，现在，晋献公胜出了，在刚刚登上头狼宝座之际，不能不环顾四周，提防着任何觊觎君位的人。

已经没人知道晋献公长什么样，如果画一张像的话，肯定要有一双特别的眼睛，这双眼睛里放出的光，有时凶狠，有时睿智。

要保住君位，杀戮还得继续下去，晋国的土地上，还得鲜血横流，不过这一回，献公本人变成了操刀者。

他首先要诛杀的是桓庄之族。

桓庄之族是晋国的公族，所谓公族，就是诸侯或君王的同族。当年，晋昭侯封桓叔于曲沃，招来了67年的内乱，血雨腥风中，君主走马灯似的换，公族随着君主更替一批批地变为殉葬品,即使还有少数幸存,其地位也江河日下,与庶民无异。唯有曲沃桓叔、庄伯支庶后裔甚多,"曲沃代绛"之后,这些人又成新贵,威胁到了献公地位。献公未继位时,目睹过父亲武公与晋国公族的血腥厮杀。如今新贵又起,若不想重蹈覆辙,唯一的办法是再次流血,铲除桓、庄势力。

献公眼里放出了凶残的光。

从公元前671年开始,两三年时间内,献公用大夫士蒍离间之计,先赶走了公族首领富子,接着诛杀游氏二子和游氏全族,最后,发兵尽杀群公子于聚邑。至此,晋国所有的公族全部被献公消灭,晋国从此再无公族。

晋献公做的第二件事是扩建都城绛邑。地方城市过大,容易形成新的政治中心,产生与都城相抗衡的地方势力。晋国的曲沃就比都城绛邑规模大。献公灭掉"桓庄之族"第二年(前668),命心腹大臣士蒍为大司空,开始大兴土木,增城垣,扩宫殿,将都城向北扩大了二里之广,使绛都从规模上超过曲沃。前668年,献公又整顿军队,将晋国军队分为上下二军,上军由自己亲自统帅,下军由太子申生统帅,将军权牢牢掌握在自己手里。

杀异己,立权威,掌军权。至此,晋献公做完了专制社会所有君王该做的事。确立了自己的统治地位,晋献公就开始对外扩张了。早年,唐叔虞被分封于晋南前后,周王室还将许多贵族同时封在晋南,形成许多诸侯小国。卧榻之侧,岂容他人安睡?晋献公首先要做的就是兼并这些小国。

当时有记载的晋南小国有:霍、虢、虞、冀、黎、荀、董、韩、魏、耿、贾、杨。另外还有沈、姒、蓐、黄,这么多诸侯星罗棋布,拥挤在小小的晋南,难怪晋国只有方圆百里之地。除小诸侯国之外,戎、狄也是献公的心腹之患,他们世代居住在中条山麓、吕梁山间,茹毛饮血,披发衣皮,来去如风,不时袭击晋国。对这些小国和戎狄,晋献公照单全收,在短短十几年时间一个不剩地吞并,史称其"并国十七,服国三十八"。

兼并这些诸侯小国的过程中,晋献公最经典的战例就是"假道伐虢",这一战不光让晋国疆域扩大到黄河以南,还为后人留下许多文化遗产,如:"唇齿相依"、"唇亡齿寒"、"假道伐虢"、"将欲取之,必先与之"、"一之谓甚,其可再乎"等等成语,还让后人知道了屈产之乘、垂棘之玉这些春秋宝物。

稳定了国内,坐稳了君位,又将周围小国扫平,晋献公开始把目光投向更远的地方。下一步,他的主要对手就是黄河西岸的秦国。

公元前659年,秦穆公继位,当年,就亲自带兵讨伐茅津(今山西芮城东)的戎族,势力直逼晋国的心脏地带晋南。这是晋献公对外战争中的第一个真正对手,同时,又是他的盟友,以后还是他的女婿、亲家和孙岳丈。

历史上的"秦晋之好"从他们两人开始。

秦之霸始于晋人

秦穆公留给后人的感觉,是淳厚多于机智,仁慈多于勇猛。拥有一国之君的所有素质,又像以后的陕西农夫,淳厚的表象下隐藏的是宏图大志和勃勃雄心。

秦穆公,又称为缪公,嬴姓,名任好,秦德公之少子,秦宣公、秦成公的弟弟。秦人长期与戎狄杂居,崇尚武力,喜功敢战,君主立继并不像中原那样由嫡长子继位,而是"择勇猛者而立之"。公元前659年,秦穆公接替兄长秦成公成为秦国国君。此时,黄河对岸的晋献公已继位18年,晋国也早就由一个方圆不过百里的小诸侯国,变成能与任何诸侯争锋的强国。面对这样的对手,秦穆公用了两种手段,既战又和,在战与和之间寻找机会。战时,刀兵相见,血流成河;和时,奉以亲情,援以粮秣。这就是秦晋关系中的秦穆公。

在与晋国的战战和和之中,秦穆公最仁慈的事是"泛舟之役",在大灾之年无私地向晋国输送粮食。最辉煌的战绩是"韩原之战",俘获了他的大舅哥,同时也是他的亲家晋惠公夷吾。流传最广的事迹,是他一个人成就三次秦晋之好,身兼晋国一任国君的女婿、两任国君的岳丈。当然,影响最大的事还是他称霸西戎,成为春秋五霸之一。

在位39年,秦穆公扩疆掠地,使秦国由不为人注意的西陲之国,变为国

土广袤、国强民富的霸主之国。由不知礼仪的戎狄之国，变为国政修明的礼仪之邦。就连晋国称霸中原，也有秦穆公一份功劳。

有一则故事，最能说明秦穆公的品格。《资治通鉴》中记载："秦穆公亡马，岐下野人得而共食之者三百人。吏逐得欲法之。公曰：'君子不以畜害人。吾闻食马肉不饮酒者，伤人。'乃饮之酒。其后，穆公伐晋，三百人者闻穆公为晋所困，椎锋争死，以报食马之德。于是穆公获晋侯以归。"山民偷了秦穆公的名马杀了吃肉，依法当斩，没想到秦穆公知道后，反倒说，吃了马肉不喝点酒会伤身体，又送上美酒。什么叫以德服人，以德报怨，看过秦穆公这段故事就会明白。

但是，秦穆公最为人称道的并不是这些，而他的用人之道。秦穆公所用的著名贤臣有五位：公孙支、百里奚、蹇叔、丕豹和由余，这五个人都不是秦人，却都受到穆公重用，可以说是秦穆公的智囊团，没有他们，秦穆公不可能实现霸业。李斯在《谏逐客书》中说："昔穆公求士，西取由余于戎、东得百里奚于宛、迎蹇叔于宋、求丕豹、公孙支于晋。此五子者，不产于秦，而穆公用之，并国二十，遂霸西戎。"

翻阅史料就知道，这五个人中，百里奚原是虞国（今山西平陆县一带）人，后来是晋国奴隶，由余本是晋国人，后来逃到西戎，丕豹、公孙支是晋国贵族，只有蹇叔不是晋人，但他能来到秦国，却是晋国奴隶百里奚的引荐。

春秋时代，晋国可以说是个人才输出大国，越国谋士范蠡的老师计然是晋国公子；以直谏闻名的富辰，也是晋国公子，即被晋献公赶跑的富子。当然，最有名的还是为秦穆公所用的这几个人。

这几个人里，最早来秦国的是公孙支。

公孙支，又称公孙子桑，史籍中关于他的身世没有记载，但《史记》中一句"昔缪公求士，来公孙支于晋"，说明他原来是晋国人。民间有一种说法：公孙支原也是晋国公族，家道败落后，变成个沿街乞讨的流浪汉，被去晋国为秦穆公求亲的公子絷看到，用两个馍换到秦国拜为上卿。公孙支深谋远虑，《左传》以君子名义引用《诗经》给予很高的评价，"诗曰：'诒厥孙谋，以燕翼之'，子桑有焉"，就是说，公孙支把谋略留给子孙，安定和辅佐他们。公孙支的贡献除了在"泛舟之役"和韩原之战后如何处置晋君夷吾的决策上起重大作用外,更为重要的是他力举百里奚,并让贤于他,使秦穆公开创了招纳外来之士,以异国异姓为卿相的人才政策。百里奚来秦之前,他已位居庶长,实际就是秦国的相国。看到百里奚比自己才能出众,立刻把自己的庶长之位让出去。以后,迎流亡20年的晋公子重耳入秦,送重耳归国,也是公孙支所为。

秦穆公智囊团中最著名的人物是百里奚。他声名大噪的一个重要原因,是他是穆公夫人的陪嫁品,五张羊皮换来的治国大才。从名字看,这是一个奴隶。奚,在古代做奴隶讲。古语说:"有才能曰奚,无才能曰奴。"百里奚,即为一位姓百里的有才能奴隶。秦国能得到此人,缘于晋献公假道伐虢。史书关于此人有两种说法,一说是:百里奚原是虞国(今山西平陆)人,晋灭虞后逃走,以五张羊皮自卖于秦客,替人养牛,被另一位为秦所用的晋国人公孙支发现,向秦穆公举荐,受到重用。另一说是:百里奚饱读诗书,才能出众,但苦于家境贫寒,无人赏识。曾周游齐、宋两国,都得不到重用。后来靠朋友宫之奇引荐,在虞国做了官,但是好景不长,晋国灭了虞国后,又成为俘虏。适逢秦穆公迎娶晋献公女儿伯姬,百里奚又被当作陪嫁奴隶送往秦国,半路上逃往楚国。秦穆公得知他是个人才后,用公孙支之谋,以五张黑羊皮将百里奚赎回。《史记》中说,百里奚到秦国后,秦穆公连续三天与他交谈,相见恨晚,茅塞顿开。几天后,秦穆公与公孙支论政,公孙支曰:"君耳目聪明,思虑审察,君其得圣人乎?"公曰:"然,吾说(悦)夫奚之言,彼类圣人也。"公孙支十分高兴,祝贺秦穆公得贤才的同时,提出让贤,"公孙支乃致上卿以让百里奚……公不许。"公孙支再三以"进贤而退不肖,君之明也"相谏,并说若不应允,他将逃避异乡。最后"缪公大说,授之国政",世人称之为"五羖大夫"。"百里奚为上卿以制之,公孙支为次卿以佐之。"(见《说苑》)一样的人才,在晋国被当成奴隶,逃到楚国当了牛倌,到了秦国则委以大任。《东周列国志》中,楚国国君与百里奚的那段对话很有意思:"楚王召奚问曰:'饲牛有道乎?'奚对曰:'时其食,恤其力,心与牛而为一。'楚王曰:'善哉,子之言!非独牛也,可通于马。'乃使为圉人,牧马于南海。"百里奚说的表面上是养牛的道理,实乃治国箴言,楚王只看到牛马相通,就让他去养马。秦穆公看到的则是他的治国才能。

百里奚在秦国,"谋无不当,举必有功"。以其谋略"三置晋国之君","发教封内,而巴人致贡;施德诸侯,而八戎来服"。穆公时代,秦国能称霸诸侯,与百里奚不无关系。以至他去世后,"秦国男女流涕,童子不歌谣,舂者不相杵"。

百里奚在秦国的成功,还成就了秦穆公的爱才之名。以后,秦穆公成了中国历史上爱才惜才的典范。

蹇叔是秦穆公所用的五贤人中,唯一与晋国没有关系的人,垂暮之年由百里奚举荐给秦穆公。他本来是百里奚的朋友,《史记》中说:百里奚被秦穆公授以庶长之位时,"百里奚让曰:'臣不及臣友蹇叔,蹇叔贤而世莫知。'"秦穆公第一次向蹇叔请教国策,蹇叔提出了与百里奚相近的主张,秦穆公拜蹇叔为右庶长,百里奚为左庶长,两人同掌朝政。公元前628年,秦穆公欲袭郑,派百里奚之子孟明视、蹇叔之子白乞术、白乙丙率军出征。蹇叔加以谏阻,认为长途偷袭,军易疲劳,郑亦会有备。穆公不听,仍派孟明东征。看见秦国大军从东门出发,蹇叔失声痛哭,说:"吾见师之出而不见其入也!"断言秦军定在崤山为晋所败。结果,秦军至滑(今河南偃师东南),知郑已有防备。秦军无功而返,在崤山被晋军所伏击,全军覆没,"无一人得脱者"。孟明视、白乞术、白乙丙被俘,穆公深悔不听其言。

丕豹则是地地道道的晋国人,和其他人不同的是,其他几位都是秦穆公费尽心机请来的,唯有他是自己逃命来的。其父丕郑是晋国大夫,公元前651年,晋献公去世后,里克、丕郑想立公子重耳(晋文公),最后在邵芮、吕省的劝说下,立了公子夷吾(晋惠公)。公元前650年,晋惠公即位,杀死里克,派丕郑出使秦国。他对秦穆公说邵芮、吕省、邵称不同意给秦国土地,建议立重耳。事泄,晋惠公杀死丕郑,其子丕豹逃到秦国。据《史记》记载:泛舟之役后,丕豹曾作为秦军统帅率兵迎击晋军。

最后说由余。由余又称繇余。《史记·秦本纪》记载:"由余,其先晋人也,亡入戎,能晋言。"由余本是西戎的使者,戎王听说秦穆公贤明,派由余出使秦国"观秦"。秦穆公为炫耀秦国富有,领着由余看秦国宫殿、珍宝。没想到由余语出惊人,说这些东西"使鬼为之,则劳神矣。使人为之,亦苦民矣"。一番话让秦穆公直叹遇到贤人,再也不敢在由余面前炫耀,反以治国之策请教。由余说:"上含淳德以遇其下,下怀忠信以事其上,一国之政犹一身之治,不知所以治,此真圣人之治也。"就是说:君王怀着淳厚的仁德来对待下面的臣民,臣民满怀忠信来侍奉君上,整个国家的政事就像一个人支配自己的身体一样,无须了解什么治理的方法,这才真正是圣人治理国家的方法。这番话又让秦穆公佩服得五体投地。不由得担心:戎夷拥有这样的贤才,对秦国岂不是个威胁?与内史廖商量,用美人计败坏戎王心志,用离间计挖走了由余。至今,民间仍有秦穆公以十六美人换由余的传说。

由余确实有战略眼光。当时,秦国东有强大的晋国,南有刚崛起的楚国,北是气候干燥的不毛之地。但穆公却认不清这种形势,一味向东扩展,茅津之战、河曲之战、韩原之战、崤之战、报崤之战(又称彭衙之战),虽有胜绩,但始终被强大的晋国牢牢地扼住"桃林之塞",断绝了东进之路,势力从没有过函谷关。由余告诉穆公,要想开疆拓土,只有暂时向西发展。秦穆公三十七年,秦国采纳由余策略,转变进攻方向,全力攻伐西戎,灭掉十二个西戎小国,史称穆公"益国十二,开地千里,遂霸西戎"。当年周平王对秦襄公说过"秦能攻逐戎,即有其地",数十年后,秦穆公将周平王的空头支票变为现实。

有史家认为,秦国的强国之路就是从使用这五位贤臣开始的。若真按民间的说法,两个馍请来公孙支,五张黑羊皮换来百里奚,十六位美女换来由余,再加上一个子儿也没花的蹇叔和丕豹,秦穆公用最小的代价,为秦国换来了最大的利益;而且,这五个人中,四个原本都属于头号强敌晋国,在与晋国的周旋中,这五个人都发挥了重要作用。既能增强自己实力,又能削弱对手,秦穆公可谓双赢。

秦国的强大首先在于雄才大略的秦穆公的恢宏大度和励精图治。但是,这五个人确实为秦国开地千里,称霸西戎,建规章,开民智,兴礼仪,做出了巨大贡献,同时为秦国带来了先进的中原文化。有论者说,秦之霸始于晋人,确实有几分道理。

大河为媒结秦晋

　　黄河出龙门至潼关一段，河面宽阔，河水浩渺，雾霭缭绕，秦晋两省离得最远。这是我经常徜徉徘徊的一段河流，不同的时间站在河岸瞭望，黄河会在眼前展现出不同的景象，有时，薄雾若纱，对面山崖在若隐若现中，透着几分神秘。有时浓雾若幕，对面景物完全消失，显得异常遥远。有时，天朗气清，河水流光溢彩，对面景色仿佛伸手可触，逼真亲切得让人直想拥抱。

　　这是一段雍容大度的河流，在短短不足百公里之间，接纳了两条最大的支流——汾河和渭河，同时包容了两岸千百年间的恩恩怨怨，将历史的风烟融化为华夏文明中最灿烂的那一部分。

　　这似乎是一种象征，一个符号。

　　在历史长河中，地处这段河流两岸的秦晋两省同样表现出这种形态，有时离得最近，是一双情深意切的情侣。有时又离得最远，是一对拔刀相向的仇敌，就像一对说不清道不明纠结不已的冤家，时远时近，又始终不弃不离。

　　两千多年前，所谓的"秦晋之好"就发生在这一段河流两岸。

　　春秋战国之际，秦晋两国君主、使者和娇媚靓丽的女子以及呼号奔涌的兵马在大河之间来来往往，组成一段秦晋交往历史，上演出一幕幕历史大剧。

　　历史上，秦晋两省的往来，也多发生在这一段河流两岸。

　　雍容的大河像一位不厌其烦的红娘，将两个门当户对的人家结合在了一起，成为历史佳话。

　　中华大地上，相邻的省份何其多，唯有秦晋留下这样的佳话。中华大地上，流过的河流何其多，唯有秦晋两省被一条河流分隔得如此清楚，没有一寸土地毗连，却又始终形神相通。被这样一条大河相隔，是晋陕两省的幸运。用这样一条大河作省界，又是何等的气势。

　　对于外省人来说，"秦晋之好"可能只是一个典故，一段佳话，对于秦晋两省人来说，秦晋之好是一种传统，一个存在。无论从历史到现实，都实实在在。在晋南，几乎每个村庄都能找到许多与陕西人结过亲的农家；每个与陕西人结过亲的农家，说起陕西来，都带着几分骄傲与自豪。生意人做买卖，首先要去的大都市是西安，若是即将高考的学子填报志愿，不用问，首选的一定是西安，第二才是省城太原。我的乡亲们头脑中有一种固执的印象，仿佛去了陕西与在家乡没什么区别,一切都是那么似曾相识。一年前,我去西安参加一位表妹孩子的婚礼,令我没想到的是,到场的亲戚竟有三四十口之多。才仅仅两代人,他们从口音到举止,已然完全陕西化,而山西对于他们来说,仅仅是一个模糊的记忆,值得回味,却不必挂念。

大河连接了两省的同时,也将两省的文化、民俗趋于一致,从这个意义上来说,秦晋之好,其实是大河为媒。

穆公与伯姬:利益的交好

秦晋之好在汉语中是一个美丽动人的语汇,又称为"秦晋之匹"、"秦晋之偶"、"秦晋之盟"、"秦晋之约",现泛指两家联姻。在现代汉语中,专指男女之间结为婚姻。因而,经历过秦晋之好的,会产生出幸福回忆,没经历过的,则会产生出美好的憧憬。

历史上在秦晋联姻交好之前之后,其他地方也多次发生过两国以联姻形式交好的故事,但是,后人只记住了秦晋之好。

创造出这个词汇的是秦晋的三个国君和两位女人,因为这个词汇,他们的故事流传千古,至今不衰。伴随着这个词汇一起流传的,则是秦晋争霸的故事。

其实,齐晋之好更早于秦晋之好。齐国是周朝开国功臣姜尚(姜子牙)的封地,似乎是个盛产美女的地方,西周王室基本每隔一代就有人娶齐姜女子为妻。各诸侯国贵族也以娶齐国宗室女为荣。齐姜女子以内外兼修、秀外惠中备受时人称颂。《诗经·郑风·有女同车》赞美齐国女子:"彼美孟姜,洵美且都……彼美孟姜,德音不忘。"中国文学史中描写美女的著名诗句:"手如柔荑,肤如凝脂,领如蝤蛴,齿如瓠犀,螓首蛾眉,巧笑倩兮,美目盼兮……"(《诗经·卫风》),写的也是美貌动人的齐国女子。更重要的一点,是齐国国力强大称霸诸侯,依托强齐既可增强本国影响,又可免遭他国欺凌。因而,当时社会上流传着这样的诗句:"岂其娶妻,必齐之姜。"(《诗经·陈风》)齐姜女子已成为各国公认的佳偶。

晋献公的祖辈、晋国第九任国君晋穆侯曾娶过齐国宗室女,《史记》中说:"穆侯四年,取齐女姜氏为夫人。"这位姜氏夫人既美丽贤惠,又能辅佐夫君治理国家,为晋国第九任国君晋穆侯生下太子姬仇和少子成师。姬仇就是晋国的第十一任国君晋文侯。晋穆侯死后,晋文侯又娶齐女,名为晋姜。这位晋姜也是位贤淑美丽的女性,陕西韩城出土的"晋姜鼎"(或称韩城鼎),就是晋姜去世后,晋文侯为夫人制作的,上面铸有铭文记录晋姜事迹。

几代过后,晋献公父亲晋武公姬称也娶齐国宗室之女。献公之子重耳(晋文公)流亡齐国时,"齐桓公妻之,有马二十乘"。按照各诸侯国对齐女的习惯称呼,晋文公所配齐女也叫齐姜,小两口在齐国度过了五年恩爱日子,以至晋文公乐而忘忧,忘记回国大计。齐姜是个识大体、明大义的女子,与文公随从将其灌醉后,才使文公离开齐国成就霸业。《列女传集注》称赞"齐姜公正,言行不怠,劝勉晋文,反国无疑,公子不听,姜与范谋,醉而载之,卒成霸基"。直到春秋晚期,晋平公还娶齐女少姜,少姜不久病死,又从齐国娶一位公室女作继室。

细数,齐晋两国至少五代联姻,然而,历史上却没有"齐晋之好"佳话,秦晋联姻仅三次,而且其中还有两次是一女二嫁,交好佳话却在史上流绪不绝,甚至妇孺皆知。所以如此,一则是齐晋联姻始终是单向的,只有齐女嫁往晋国,而无一晋女嫁往齐国,而秦晋之交则是双向的,两国互为嫁娶;二则是秦晋两国风俗相近地域相邻;三则是"秦晋之好"包含了太丰富的内容,闪烁出的历史光华远比"齐晋联姻"更加绚烂。

春秋诸侯之间的联姻与政治利益关系密切,世代通婚的甥舅之国往往在政治上是关系稳定的盟国;连年交兵的敌国为缓和关系,往往会采用两国国君联姻的手段化干戈为玉帛。秦晋之好兼具这两种作用。

公元前655年,晋国一位美丽的女子注定要成为秦晋之间这段佳话的开创者。她叫伯姬,是晋献公的女儿。

晋献公姬诡诸一生,妻妾子女甚多。他的妻妾主要靠三种方式得来,一是明媒正娶,二是先奸后娶,三是兴兵强抢。晋献公还是太子时,父亲晋武公为他娶妻贾姬,贾姬无子,不能满足诡诸传宗立嗣的愿望。晋武公晚年娶齐桓公女,也称作齐姜。齐姜青春年少,不久就和姬诡诸勾搭成奸,武公死后,诡诸干脆把他的庶母娶了过来,做了夫人,还生了两个子女。男的是太子申生,女的就是伯姬。

晋献公娶继母为妻,在春秋时代并不罕见。当时各诸侯国婚姻制度都没有严格的辈分之分,有几种在今人看来不可思议的婚姻形式,名为"烝"、"报"和"下纳子妻"。这几种形式为中国历史上几段著名的帝王婚姻都做出了解释,如唐高宗娶武则天即为"烝",唐明皇娶杨贵妃即为"下纳子妻"。所谓"烝",就是子继父妾。在当时,这是寻常之事,晋国国君与贵族"烝"父妾之事时有发生,晋献公"烝"了齐姜,儿子晋惠公又"烝"了他的夫人贾君。所谓"报",古籍解释说是"淫季父妻谓之报",就是娶叔父的妻子,这已是题外话,不细究。

晋献公另外四位妻妾都是强抢来的戎狄女,为献公生了四个混血公子。献公曾伐狄国,抢来两个狄国女子,年长的曰大戎子,年幼的曰小戎子。大戎子生子重耳,小戎子生子夷吾。后来,献公又兴兵讨伐骊戎(在今陕西临潼),再抢来骊姬姐妹,二人各生一子,骊姬生奚齐,其妹生卓子。

《史记》中说:"四年,迎妇于晋,晋太子申生姊也。"《左传》中说:"献公之子九人。"除此,史书中再无晋献公其他子女记载,伯姬应该是晋献公唯一的女儿,也是晋献公的长女。

晋献公当政初期正是晋国的多事之秋。当时,晋国的环境是"景、霍以为城,而汾、河、涑、浍以为渠,戎狄之民实环之,汪是土也。"加上东有已成霸业的齐国,西有正在崛起的秦国,晋国就像一座风雨飘摇中的孤岛,随时都有可能被淹没。献公继位后,杀异己,立宗庙,作二军,刚刚确立统治地位之际,前656年,晋国发生了骊姬之乱,"申生以骊姬说,自杀,重耳奔浦,夷吾奔屈。"好容易安定下来的晋国又充满血腥气。当此时,献公环顾而自保,稳国内,和邻邦,尤其需要安抚虎视眈眈的秦国。

正在这时,秦穆公派庶长公子絷带重礼来晋国求亲了。这一年,伯姬最多不会超过18岁。

伯姬未来夫君秦穆公嬴任好的秦国也好不到哪里。前面说过,秦国地处西隅,"僻陋戎狄",民风彪悍,经济、文化、礼仪均落后于晋国,四周同样有戎狄威胁。秦穆公虽然是个雄才大略的君主,但是无奈秦国文化落后,晋国灿烂的中原文化对他产生出天然吸引力,同时,他也明白,要想图霸只有先笼络晋国,使秦国先有个友好的东邻。而与晋国交好最直接的办法就是联姻,让两国结为姻亲。

两国都需要一个相对安定的环境,以图未来霸业。秦穆公与晋献公一拍即合。

中国历史上,两国联姻首先与两国之间的利益相联系,秦晋的这次联姻也是赤裸裸的政治联姻。正值青春年少的伯姬不会想到这么多,在两国交往中,她只不过是父亲与夫君之间的一个筹码,两国利益的交换物。以后,两国之间就有了纠缠不清的关系,不过这次联姻确实为以后两国的发展都带来了好处,对后来历史的进程也起着很大作用。

从这次联姻中立刻得到好处的是秦国。

在这次联姻之前,晋国"假道伐虢",一举灭掉虢、虞两个诸侯国,获得大量战利品,俘虏了两国贵族和臣子,百里奚就是其中一个。后来,百里奚以媵臣身份被当作伯姬陪嫁带到秦国,成为秦国的贤臣良相,为穆公的霸业出谋划策,这已是后话。

伯姬初到秦国为人新妇,即无意中给穆公带去一份重礼。

这份嫁妆,成就了秦穆公开地千里、称霸西戎的伟业。

伯姬嫁到秦国后随夫姓,被称为穆姬,秦穆公的大儿子嬴弘即穆姬所生,继位后称秦康公。

这次联姻并没能让秦晋友好维持多久。姻亲间的亲和力到底不敌两国间的利益,当年秋天,"秦穆公自将伐晋,战于河曲",秦晋之间又一次兵戎相见。

子圉与怀嬴：诱惑中离别

一

秦晋之间第二次联姻是在献公去世多年后，婚姻的两位新人一个叫怀嬴——秦穆公的女儿；一位叫子圉——晋惠公的儿子。但他们都不是这次婚姻的主角，促成这次婚姻的还是秦穆公。围绕着这次婚姻，秦晋两国共同演出了中国历史上最精彩的一幕。

事情缘起于另一位美丽女子，诱因是前面说过的"骊姬之乱"，史称"骊姬倾晋"。

献公五年（前672），晋国出兵打败骊戎，将骊戎首领的两个女儿骊姬姊妹掳回，做了献公妃子。长女骊姬，生子名奚齐；次女少姬，生子名卓子。骊姬应该是个貌美无比的女人，"入门见嫉，蛾眉不肯让人；掩袖工谗，狐媚偏能惑主"。两千年后唐人骆宾王说武则天的这些话，同样适用于骊姬。如同所有封建帝王一样，晋献公年迈时也昏庸暴戾，有美人在怀，献公已没有了当年的英锐之气。很快，骊姬就以美色得到专宠，博取晋献公信任，被立为夫人，妹妹少姬为次妃。前656年，骊姬为让儿子奚齐取代太子申生，设计将申生害死。献公的另外两个儿子重耳与夷吾担心遭到陷害出逃。重耳逃往母亲故国狄国，夷吾逃往靠近秦国的梁国。

公元前651年9月，在位26年的晋国一代雄主晋献公去世。晋国上卿荀息立15岁的奚齐为国君，骊姬终于如愿以偿，没想到还没过一个月，晋国大夫里克杀了刚刚即位的奚齐，立奚齐的弟弟卓子为国君。这时晋献公还没有安葬。11月，里克又杀了卓子，骊姬、少姬同时被杀。

当年，晋国公子夷吾逃往梁国，就是想得到秦国支持获得君位。《国语·

晋语》中记载了夷吾的这种心态,"不若去梁,梁近于秦,秦亲吾君"。献公故去,夷吾的机会首先来了。秦穆公控制晋国的机会也来了。

与上次联姻相比,两国的形势略有改变,秦国得到一批佐国良才后,励精图治,发展生产,兼并西戎小国,国力与以前已不可同日而语。晋国则在"骊姬之乱"后陷于混乱,尤其是晋献公去世,奚齐、卓子接连被杀,强大的晋国竟需要外力介入才能解决继立问题。秦穆公的心态变了,由第一次联姻时对晋国的依傍,变为要通过继立君主,控制晋国,让晋国国君为己所用。因而,在晋国的两位逃亡公子之间,秦穆公选择了才能平平的夷吾,而不是才华出众的重耳。《国语》中同样揭示了秦穆公的心态,"秦诈立惠公,不置德而制服也"。也就是说,为了控制晋国,秦穆公故意扶持无德之人夷吾为国君。而夷吾为了得到君位,答应秦穆公"既得入,请以晋河西之地归秦"。当时,晋国在黄河以西有八座城池,夷吾答应送给秦国的就是这些从戎狄手里夺来的城池。

秦穆公不光得到了想要的结果,而且额外收获河西八城。公子夷吾还没继君位,就以国土拱手相让,表现出的无耻连秦穆公也感到意外。

公元前651年11月,秦穆公发兵送夷吾回国,立为国君,是为晋惠公。

秦穆公很快就尝到扶持无德之人的恶果,他绝不会想到晋惠公的无耻首先用来对付秦国。惠公即位以后,立刻背信弃义,派人到秦国致歉,说:"始夷吾以河西地许君,今幸得入立。大臣曰:'地者先君之地,君亡在外,何以得擅许秦者?'寡人争之弗能得,故谢秦。"晋惠公自己反悔了,不愿意将河西八城送给秦国,却轻描淡写地把责任推给手下大臣。

晋惠公的无德之行还在继续,其卑鄙程度出乎所有人预料。

公元前647年,晋国发生灾荒,向秦国求援,穆公不计前嫌,组织了浩浩荡荡的船队运粮入晋,史称"泛舟之役"。没想到,第二年,秦国发生饥荒时,反过来向晋国求助,竟遭到拒绝,一身霸气的秦穆公岂能长期受晋国羞辱?他被彻底激怒了,两国由此交恶。

公元前645年9月,秦国刚度过灾荒,秦穆公即亲自率兵大举伐晋。晋惠公整军抵御,两军战于韩原(在今山西万荣县),晋军大败,惠公被俘。这时,秦晋间的第一次联姻的作用显示出来。秦穆公的夫人、晋惠公的姐姐穆姬以自焚要挟穆公,为弟弟求情。穆公答应放回晋惠公,却有一个条件,晋国必须割让曾经作为诱饵的河西之地。晋惠公不得不答应,"河西八城人秦",秦国势力一下子渗透到黄河沿岸。

秦穆公放回晋惠公的另一个条件是"太子子圉质于秦",将晋惠公的儿子子圉扣押在秦国当人质。秦穆公这么做的原因,一则担心晋惠公反复无常,二则是怕"子思报父之仇,臣思报君之仇"。

在这种情况下,秦晋之间又迎来了第二次联姻。

二

这次为秦晋两国利益做出牺牲的女子怀嬴是秦穆公的女儿,男子就是晋惠公在梁国逃难时生的儿子——晋国君位继承人公子圉。一边是青春美貌的秦国公主,另一边是少年英俊的晋国太子,看似美满的婚姻,从一开始就隐藏着悲剧,因为,他们的婚姻并不着眼于男女双方的幸福,而是关乎国家利益,是两国国君政治交易的结果。

秦穆公企图用一根温柔的丝线将强邻晋国紧紧捆住,这根丝线就是他的女儿怀嬴。

在这场交易中,晋惠公处于被动地位,同时再次显露出现实势利的一面,只要能回国,坐稳君位,割城质子与敌国联姻在所不惜。秦穆公想的则长远得多,将女儿嫁给子圉,一是为稳定子圉之心;二是要缓和一下秦晋之间的对立情绪;第三点最重要,就是要用婚姻的形式控制晋国。因为,秦国无论图霸西戎,还是称霸中原,都必须避免与晋再次发生冲突,再者,如果女婿将来当上国君,岂不是秦国傀儡?而得到这一切的赌注仅仅是女儿怀嬴的幸福,秦穆公再次看错形势,认错了人。

两国之间的利益之争,决定了这必将是一次悲剧型的婚姻。

这桩婚姻只维持了不到七年。

公子圉被扣押在秦国当人质,本身就是晋国的屈辱。怀嬴再美貌动人,小两口也不可能过上恩恩爱爱的美好生活。作为晋国太子,子圉想得最多的是回到晋国继承君位。公元前641年,秦国攻破梁国国都少梁城(今陕西韩城以南的夏阳镇、芝川镇一带），灭掉梁国。梁国是公子圉出生的国度，也是他以后登上君位最有力的后援。"梁，我母家也，而秦灭之。我兄弟多，即君百岁后，秦必留我，而晋轻，亦更立他子。"（《史记·晋世家》）公子圉这么想，哪里还能再与怀嬴恩爱？公元前638年，晋惠公病重，公子圉在秦国呆不住了，丢下美貌娇妻和近七年的婚姻生活，不顾一切地渡过黄河逃往晋国。第二年九月，"惠公卒，太子圉立，是为晋怀公"。潜逃回国的子圉终于达到了目的。

　　毕竟是近七年的夫妻，子圉在逃回晋国之前，曾和怀嬴商量，想偕同妻子一起回晋国共享富贵。《左传》中记载了夫妻离别的场景。

　　　　（子圉）谓嬴氏曰："与子归乎？"对曰："子，晋大子而辱于秦，子之欲归，不亦宜乎？寡君之使婢子侍执巾栉，以固子也。从子而归，弃君命也。不敢从，亦不敢言。"遂逃归。

　　夫妻离别之际，怀嬴先替夫君着想，说子圉贵为一国太子，而被秦国扣留作人质，是一种屈辱，现在要逃离秦国，没什么不对的。接着道出了这次婚姻的目的，就是"以固子也"，即不让子圉因不安心而逃离。此时此刻，她既为人女、又为人妻，不想耽误夫君前途，又不能违抗父命，最后，还是父亲的权威在她心中占了上风，她要为国家牺牲自己，因而"不敢从"，因为子圉逃归，就无法完成父亲交代的任务，有违父亲的意愿。"不敢言"则是怀嬴念夫妻之情，不敢违背丈夫的意愿。"不敢从，亦不敢言"，寥寥几个字，道尽了怀嬴心底的苦楚，一边是曾经卿卿我我的丈夫，一边是有养育之恩的父亲，怀嬴在左右为难，进退失据之间，流淌了多少泪水。我想，怀嬴在说这番话时，一定泪眼婆娑，心如刀割。

　　秦晋之间的第二次联姻，就是以这种方式宣告失败。秦穆公的老谋深算，公子圉的屈辱成仇，换来的是一位女子的眼泪和两国之间的重新交恶。

　　在这桩失败的联姻过程中，所有的人都没有错，包括强势主动的秦穆公和背信弃义的晋惠公。

　　他们所做的一切，都是从各自的国家利益出发。秦穆公想控制晋国，发展秦国没错；晋惠公不愿意割让城池，让晋国免遭损失也没错，尽管他违背诺言,背信弃义。包括"泛舟之役"后,他不愿意援助秦国,也是从晋国的利益出发。我们只能说他无耻,不能说他做得不对,史书上对他的评价也只是"晋侯无亲,外内恶之"(《左传》)。他所缺少的只是一国之君的气度,受到的指责只是道德层面上的,最后为秦穆公俘获,受到的惩罚也是道德层面上的。反过来说,惠公如果同意割让土地,按照国人现在的理解,岂不成了个丧权辱国的卖国贼?

公子圉也没有错,且不说作为一国之储君,即使是一个血气方刚的男儿,被敌国扣为人质,那该是怎样一种屈辱。在父亲病危之际,即使不是着急回去继位,也应该尽人子之孝,去见父亲最后一面。想想,秦穆公所以将宝贝女儿嫁给他,就是想扶持他为晋国国君,有强秦作援而急于逃离,只能说他着急回去,是想尽儿子床前之孝。两千多年来,子圉所以受到人们的指责,多从穆公的恩惠出发,似乎穆公在生活上对子圉的照顾,即可抵消一个儿子对父亲的思念,可抵消一位储君对故国的关切。

国人被中国传统的道德观引入歧途,昏昏然中,大家都错了,只有子圉没错。

弱女子怀嬴更没有错。在这桩婚姻中,她始终是最被动的一个,要结婚是奉父亲之命,出于国家利益。要分离,是夫君之需要,她无可奈何。在这桩婚姻所涉及的几个人中,她是最通情达理的一个,但她只是一种工具,一条捆绑晋国的绳索,一根温柔的红丝带,一个唯一做出牺牲的人。这难道是两千多年来中国古代妇女逃不脱的宿命?

在权力、道德与爱情的对决中,权力占了绝对上风,爱情成为附庸,被紧紧捆绑在权力上,或者说成为权力的华丽招牌,两者之间,道德是评判者,然而,正如"春秋无义战"一样,春秋时期的两国交往也不适合用"道德"标准考量。利益、谋略与智慧永远是较量的依据。

以前的女婿,现在成为仇敌,秦穆公并不甘心,他还有机会。

于是,秦晋间的第三次联姻出现了。

秦穆公想起了另外一个人,他就是晋公子重耳。

重耳与怀嬴:妥协的姻缘

一

晋公子重耳自骊姬之乱被追杀,与身边的几位谋臣一路逃亡,先在翟(狄)国一呆就是十二年,翟国是重耳母亲的国度,以外甥身份住在这里,重耳得到很高礼遇。其间,翟国攻打戎族,俘虏了两个貌美少女,大的名叔隗,小的名季隗,一起献给重耳。重耳不敢独享,将叔隗让给表弟兼谋士赵衰,自己娶季隗为妻,后来生下两个儿子。躺在温柔乡里,重耳乐不思晋。后来,被继位的弟弟晋惠公派人追杀,才不得不再次匆匆走上逃亡路。这一路,重耳与追随者颠沛流离,忍饥挨饿,先卫国,再宋国,最后到达目的地齐国。重耳在齐国一住又是五年,再次享受优厚待遇。齐国国君将女儿文姜许配给重耳,并赠送马车二十乘,重耳又一次进入温柔乡,忘记归国大计,直到被贤淑明理的文姜灌醉塞进马车拉离齐国,才不得不离开齐国国都临淄。到达曹国后,被曹国国君曹共公一番羞辱后,不得不再次离开。在宋国又一次受到优厚礼遇,重耳小住数日,途经郑国,来到楚国。这时已是公元前 637 年,公子圉不辞而别逃离秦国,已当上晋国国君,成为晋怀公。恼怒的秦穆公要再次插手晋国朝政,考虑用重耳取代晋怀公。得知重耳已经入住楚国,派使臣公孙枝赶往楚国邀重耳共商大计。

来到秦国的重耳,再次享受到优厚待遇。秦晋联姻的第三幕大戏正式开演了。

这次联姻的策划者和操纵者都是秦穆公,最后尝到好处的是重耳,和上次联姻一样,尝到恶果的仍然是秦穆公。

秦穆公要将女儿怀嬴再次出嫁,这一回,对象是年过六旬的重耳。

怀嬴又一次成为父亲称霸中原的一枚棋子,一根绳索。捆绑对象还是晋国,捆绑的人却换成了老迈丑陋的重耳,前夫的伯父,自己的舅舅。

一年前,与公子圉的那场痛苦离别还历历在目,转眼间,新人不变,又换旧人。

重耳所以叫这么个名字,是因为他重瞳骈肋,也就是说眼睛里有两个瞳仁,肋骨连在一起,按现在的说法,这几乎是生理畸形。从 43 岁开始逃亡,到现在整整 19 年过去,重耳已变成个 62 岁的老人,而且分别在翟、齐两国娶过两任夫人。怀嬴虽然有过一次失败的婚姻,但也不过 20 多岁,夫君还在,而且贵为一国之君。但是,父亲秦穆公不喜欢他了,因为他背叛了秦国。她是秦国人、国君的女儿,必须放下儿女私情,服从父亲,服从国家利益,再次充当两国争霸的牺牲品。

重耳也不想娶怀嬴,怀嬴是他的侄媳妇,按人伦礼制这是禽兽般的乱伦行为。然而,他清楚自己需要什么,也清楚秦穆公将女儿嫁给自己的意图。

秦穆公在女儿怀嬴身上寄托了太多的东西,这个嬴弱的秦国女子能承受得了吗?

《左传》载:"秦伯纳女五人,怀嬴与焉。"秦穆公自己也不好意思公开将女儿嫁给重耳。因怀嬴先嫁子圉之故,秦"不敢以礼致之",而是将怀嬴作为其他女子陪嫁品,以"媵"的身份送给重耳。以前,晋国曾在伯姬嫁给秦穆公时,将虞国老臣百里奚以媵臣的名义随伯姬出嫁,而这次被当作媵的竟是穆公自己的亲生女儿。古语中,媵是"送"的意思,送的人中有男有女,有婢妾,有从臣,百里奚陪嫁,是当从臣用的。怀嬴则是以妹妹或侄女的名义陪同出嫁,共侍重耳的。《仪礼·士昏礼》中说:"古者嫁女,必娣侄从之,谓之媵。"也就是说,堂堂国君之女就因曾经嫁给重耳侄子公子圉,只能以这种身份连同其他几位秦国美女一起送给重耳。为了控制晋国,秦公只好让女儿受委屈了。

娶与不娶,对重耳来说也是一道难题,娶,有违伦理,不娶,则有可能失去秦国帮助。逃亡 19 年,他无一刻不想回国为君,现在机会来了,秦穆公却给他出了这么一道难题。

两个胸怀大志的男人各有各的打算,受屈辱的只能是怀嬴。

《左传·僖公二十三年》记载了怀嬴、重耳和秦穆公在这桩婚姻中的尴尬。

秦伯纳女五人，怀嬴与焉。奉匜沃盥，既而挥之。怒曰："秦晋匹也，何以卑我！"公子惧，降服而囚。

一场"洗脸盆风波"骤然而起。"奉匜沃盥"即捧着类似洗脸盆的器具侍奉人洗手。

一场风波，三个人的言行，清清楚楚地写出了怀嬴的委屈、重耳的畏惧和秦穆公的老辣。一个秦国公主，一个晋国公子，本来门当户对，然而，因为有前面怀嬴与公子圉的婚姻，才使秦晋之间的这次联姻从一开始就怪怪的，让两位新人都不能接受。重耳让怀嬴"奉匜沃盥，既而挥之"，符合怀嬴"媵"的身份，表现出他对怀嬴的鄙薄。怀嬴打出"秦晋匹也"的金字招牌，怒斥重耳，则表现出怀嬴的委屈。其实重耳又何尝没有委屈，只有秦穆公清楚这桩婚姻的目的，短短几句话可谓软硬兼施，既向重耳挑明了怀嬴的过去，又向重耳说明怀嬴是他喜欢的女儿，把她嫁给重耳固然是自己不对，但怎么对待她，重耳你看着办吧。

一桩婚姻还没有做成，当事的三个人心里都充满苦涩，对于重耳和怀嬴来说，这是一颗强扭的瓜。当政治利益充斥到婚姻中时，两个人都得把这根苦瓜含在嘴里，让它慢慢变甜。

据《史记》记载，即使秦穆公把话说到这份上，重耳仍不愿接受怀嬴。他看不起这个曾经嫁给自己侄儿，现在又要嫁给自己的女子，几乎要辞了她。幸亏随从司空季子头脑清醒，劝重耳："其国且伐，况其故妻乎！且受以结秦亲而求入，子乃拘小礼，忘大丑乎！"就是说，你连侄儿的国家都要夺取，还忌讳他以前的妻子吗？不如接受秦国的联姻进入晋国，你难道要拘泥小节，耽误大事吗？一番话说得重耳如醍醐灌顶，这才接纳了怀嬴。

秦穆公目的达到，对重耳"益礼厚遇之"，自然是不亦乐乎，大办宴席款待重耳。宴席上，重耳和他的随从们举止得体，谈吐文雅，大得秦穆公赏识。

随后，翁婿二人赋诗言志，对酒而歌，现在想想那种场面，真佩服古人的风度。

《左传》记载："公子赋《河水》，公赋《六月》。"

"沔彼流水，朝宗于海。……"重耳以河水入海为喻，暗示自己思归晋国心切。

"六月栖栖，戎车既饬，四牡骙骙，载是常服。玁狁孔炽，我是用急，王于出征，以匡王国……"秦穆公以尹吉甫辅佐周宣王北伐胜利为喻，表示自己愿意以武力帮助重耳登上晋君之位。

最后，秦穆公赋一首王赐诸侯命服的小雅《采菽》，将自己的心迹表露无遗：

> 采菽采菽，筐之筥之，
>
> 君子来朝，何锡予之。
>
> ……

诗中描写了诸侯朝见周王，周王给予很多赏赐，大家高兴，万众和谐的场面。秦穆公委婉地告诉重耳，晋国对待秦国应该如诸侯对待周王室一样，知恩图报，绝不可做出像晋惠公那样不信不义之事。

听了这些柔中有刚的话，重耳走下台阶，面对岳父拜了再拜。

至此，一切都按秦穆公的意愿进行。

公元前636年，秦穆公派兵护送重耳渡过黄河。这时，秦晋之间的第一次联姻已结出果实，秦穆公与穆姬的儿子罃（后为秦康公）长大成人，贵为秦国太子，听说重耳要回晋国，亲自送舅舅到渭河南岸，并做诗曰："我送舅氏，曰到渭阳。"留下一段舅甥佳话，以后，像以"秦晋之好"喻两家联姻一样，后人以"渭阳"喻甥舅关系。只是罃忘了，此时，重耳的真正身份应该是他的姐夫。

"二月，重耳立为晋君，是为晋文公。"（《史记·秦本纪》）这时，秦穆公的前女婿晋怀公即位才刚刚五个月。

即使到这时，怀嬴还不能说是重耳的正式夫人，史书上称她"班在九人"，也就是说与她一起成为晋文公妻妾的还有另外八个女人。其中有为重

耳生过两个儿子的狄戎女季隗和深明大义的齐女文姜。谁能当上夫人，要取决于谁的娘家对晋国更重要。

晋公子重耳结束了逃亡生活，终于登上君位。从前655年开始，他辗转八国，流亡19年，"艰难险阻，备尝之矣，民之情伪，尽知之矣"，可以说积累了丰富的治国经验，深知秦晋关系的重要。派人杀侄儿晋怀公于高梁，稳定了国内局势后，当年夏天，亲自来到黄河边，"迎夫人于秦，秦所与文公妻者卒为夫人"。（见《左传》）

这就是秦晋第三次联姻的全过程。表面看，这是一次成功的婚姻，怀嬴（嫁给晋文公后改称文嬴）与文公一起生活了九年，直到文公去世。但是，若从穆公嫁女儿给晋文公的初衷看，这是秦穆公一生最大的失误。他想东进称霸，盘算与晋国结盟后，能实现这种战略意图。没想到，晋文公是个比他更有韬略的人，归国后，励精图治，改革图强，拔擢贤能，施惠百姓，使晋国很快出现了"政平民阜，财用不匮"的局面，又作三军，扶周室，晋楚城濮一战后，会盟诸侯，"楚威稍挫，中国得以安枕者十五年"，晋国先会于温，再盟于翟泉，连周天子也被召来狩于河阳，并策命晋文公为伯。由此，晋文公成为真正意义上的霸主，一时间，"天下翕然宗晋"。晋文公独霸中原的同时，等于在自己岳丈的面前竖起了一道坚不可摧的墙，将秦国死死挡在关中一隅，不能向东扩展一步。

如果说，秦穆公第二次与晋联姻，失误在于没有认清人，错把女儿嫁给子圉。第三次联姻，则是战略上的失误，为晋国扶持了一位明君英主，自己一生的宏图大志最后就毁在这个女婿手上。

秦穆公一生，为问鼎中原，称霸诸侯可谓费尽心机，娶献公之女，数靖晋乱，救灾输粟，扶持公子夷吾与重耳入嗣晋国，目的都是想控制晋国逐鹿中原，然而，只因最后扶持晋文公，便棋输一招，彻底葬送了自己的称霸梦想。

二

公元前628年，一代霸主晋文公与世长辞。晋文公在位仅仅九年，却为晋国长达100多年的霸业打下坚实基础，奠定了春秋第一强国的地位。以后晋襄公接霸、晋景公与楚庄王争霸、晋悼公复霸、以诸侯身份立周天子(入襄王、立匡王),霸业达到顶峰。厉公之后,悼公以魏绛而九合诸侯。直到公元前506年,正卿范献子依然以霸主之命召集17路诸侯会盟。在此期间,秦国不能东向一步,战国初年,200多年过去,堂堂秦国竟不敌三晋之一卿,多次被魏文侯击败,不仅没有向东扩展,反而被占了河西之地。据陕西《靖边县志》记载,"周敬王八年(前512),晋人灭翟,直到周烈王七年(前369),县域一直属晋。晋灭后,属魏。魏惠王后元五年(前330),魏秦雕阴之战后,魏将上郡15县献于秦,今县境归秦。"也就是说,自晋文公以后,从公元前636年晋文公当上国君,到公元前330年,300多年时间,秦人不仅被强大晋国压制在关中,而且被三晋之国占领了河西大片土地,连如今的陕西腹地靖边一带也属三晋疆域。

整个春秋时代,齐桓公称霸一世而息,秦穆公称霸仅在西戎,楚庄王称霸时间更短,而宋襄公的霸业仅有象征意义。唯一能长期称霸且会盟中原的只有晋国。这一切不能说全拜秦穆公主导的"秦晋之好"所赐,至少秦晋之间的三次联姻,为晋国霸业起到了相当重要的作用。

秦穆公可能很后悔为晋国扶持了一位明君圣主,等女婿晋文公一死,不等发丧,就急不可待地出兵进攻晋国附庸国郑国,结果晋军在丧出师,在崤函之地力挫秦军,使秦军全军覆没,孟明视、西乞术、白乙丙三帅被俘,匹马只轮无返。这一战被史家认为是秦晋之好的终结点,两国从此反目成仇,以后秦国虽有报崤之战小胜,但彻底丧失了与晋国争霸的资本。秦穆公也意识到秦国并非晋国对手,再也不存向东称霸之想,转而向西图取西戎,也成春秋霸主。

公元前621年,秦穆公死后,安葬于雍(今陕西凤翔东南)。

秦穆公以后,秦国渐渐走向衰落,再也不能与晋国抗衡,直到300多年后,商鞅变法,秦国才走上了强国之路,最后灭六国,完成统一中国大业。

文嬴东嫁晋国后,在史书上仅露过一次面。与第一次秦晋联姻时嫁到秦国的伯姬一样,她也是利用自己的身份,解救故国亲人,使崤函之战被晋军俘获的三位主将孟明视、西乞术、白乙丙得以获释回国。《左传》中较详细地记载了这一段史实:得知秦国崤之战失败,三帅被俘,文嬴以庶母的身份对襄公说:"这三人挑拨我们两国国君的关系,穆公对三人恨入骨髓。你何必自己去杀他们呢? 不如放他们回去,让穆公去将他们煮死!"晋襄公同意了。孟明视三人生怕晋襄公变卦,拼命往回赶。果然,晋襄公被大将先轸提醒后悔了,派阳处父去追赶。阳处父追到黄河边,孟明视等人乘的船刚刚离开岸边,阳处父急中生智,解下拉车的马说:"这是我们国君送给你们的千里马,请三位回来接受。"三位秦将哪里还敢上岸?阳处父无奈,眼看着那只船朝对岸划去。孟明视、西乞术、白乙丙三人在文嬴的帮助下回到了秦国。

在秦晋两国对立的情况下,弱女子文嬴不可能完成父亲的宏图大志,只在父亲失败时,为秦国收拾了一次残局,总算没有白嫁到晋国。

黄河之水滚滚流淌,两国在大河两岸穿梭往来,费尽心机结成的"秦晋之好",又像河水一样流逝。纵观秦晋三次联姻,没有一次不是从称霸目的出发,在利用与反利用,控制与反控制的争夺中,秦晋两国都获得了利益。秦穆公迎娶伯姬,秦国得到了中原文化,国力大增。公子圉娶怀嬴,混乱的晋国得到喘息之机。晋文公被迫娶侄媳怀嬴,晋国得到的利益最大,奠定了百年霸业基础。

尽管两国联姻始终在明争暗斗中纠结,秦晋之好还是为后世树立了楷模,也成为一种象征。抛开其中所含的政治意味,谁想起来都会充满柔情。秦晋之后,封建社会两千年间,每当两国交恶,有一方处于相对劣势时,总会用这种方式交好另一方,取得暂时的安定,以求自保。著名的有汉之昭君和亲、唐之文成出塞,还有汉武帝嫁宗室女解忧公主于乌孙,东汉宗室女嫁北匈奴胡邪尸逐侯鞮单于,隋宗室女光化公主嫁吐谷浑首领世伏,武则天侄女嫁吐谷浑青海国王慕容曦光,唐代安史之乱以后金城公主入蕃,仅汉、唐两代和亲的宗室女就有数十位。连少数民族政权也学会了这一招,辽兴宗即位之初就把兴平公主(辽兴宗姐姐)许配给西夏的元昊,西夏遭到蒙古进攻时,西夏王也将女儿嫁给成吉思汗。直到清代,康熙皇帝还将公主嫁给葛尔丹。历代和亲从来都是国势较弱时的一种怀柔绥靖之策。一旦国力强盛,双方最常见的则是刀兵相见,在专制时代,交好往往是交恶与战争的前奏。

河道上，相望不绝的舟楫

一

从秦晋之间的纠葛中走出来，我又想到了黄河。

春秋时代的"秦晋之好"，早已曲终人散，然而，他们留下的这个美好词汇还在，每当走到黄河边，望着对岸雾霭缭绕的土地，我会由不得想起这个词来，仿佛河对面，又一位女子正在踏浪而来，与这边的男子结成良缘。

伴随着两千多年前那三次婚姻一起留给黄河岸畔的还有许多事件，在为历史增加厚度的同时，也给这条古老的河流增加了许多内涵。如：骊姬倾国、退避三舍、韩原大战、崤函之战，给我印象最深的是"泛舟之役"。

在战火纷飞的春秋时代，一场大战往往决定一国命运，即使与前面说的几件事相比，"泛舟之役"都算不上大事件，史籍中记载也不多，但是，有此一役，决定了秦晋之好的性质并非只有称王争霸中的利益交换，还有人道、真情在其中。有此一役，秦晋之好就不光是两国联姻男女婚配，还被赋予了道德内容。有此一役，秦国、秦穆公就永远站在了道德制高点上，居高临下地俯视晋国君臣，在历史的深处闪烁着人性的光芒。对我来说，感兴趣的原因还因为"泛舟之役"发生在黄河上。河水滔滔，不舍昼夜，在两千多年前，古老的黄河和它的两条最大支流——渭河、汾河就曾为两岸百姓带来福祉。

"泛舟之役"是"秦晋之好"的附带产品，没有秦晋之好，不可能发生"泛舟之役"，而"泛舟之役"的发生，不光促成了秦晋之间的第二次联姻，还给秦晋之好增加了婚姻之外的内容。

公元前651年，夷吾以河西之地许诺秦国，回国坐上君位后，连续做过几件背信弃义的事，背弃对秦国的割城许诺，是为保全晋国疆土，说得过去。

杀害曾帮他回国为君的大夫里克、丕郑，是为稳固统治，也说得过去。最无耻的就是泛舟之役后，拒绝借粮给秦国。

公元前647年，晋国发生大旱，五谷不收，仓廪空虚，出现了饥荒。当时的晋国北面是戎狄之地，东南两面是郑、陈、卫等小国，要度过饥荒，只有向西邻秦国购买粮食。

一般现代读物，多把"泛舟之役"说成是晋国向秦国借粮，或者秦国无偿向晋国百姓提供粮食，其实秦穆公不会那么高尚，白给晋国粮食，晋惠公也不可能无耻到那种地步，向秦国白要粮食。

《左传》记载："冬，晋荐饥，使乞籴于秦。"籴者，买入也。

不过，这并非一次简单的交易，其中包含着政治家的智慧。晋惠公的多次出尔反尔，已证明了这是个厚颜无耻之人。这次向秦国购买粮食，连他自己也感到不好再开口。三年前，他刚刚赖掉许诺给秦国的河西五城。这次再乞求秦国，他的亲家翁兼姐夫会答应吗？

在晋国处于尴尬位置时，秦穆公表现出来的气度，确实值得称颂。左丘明用寥寥数笔，将这次购粮中的各个人物表现得淋漓尽致。

> 秦伯谓子桑："与诸乎？"对曰："重施而报，君将何求？重施而不报，其民必携，携而讨焉，无众必败。"谓百里："与诸乎？"对曰："天灾流行，国家代有，救灾恤邻，道也。行道有福。"郑之子豹在秦，请伐晋。秦伯曰："其君是恶，其民何罪？"秦于是乎输粟于晋。

与秦穆公对话的三个人都曾是晋国人。子桑即公孙支，原系晋国落魄贵族，故国发生饥荒之际，公孙支虽然劝秦穆公卖粮，却从秦国的利益出发，说出一番大道理。百里即百里奚，原系虞国奴隶，他劝穆公卖粮给晋国，是从道义角度出发。丕豹是刚刚被晋惠公杀害的丕郑之子，逃到秦国，本来就是想报杀父之仇。晋国断粮，报父仇的机会来了，便心情急迫地请求穆公趁机讨伐晋国。丕豹的狭隘差点泯灭一段历史和一段佳话。秦穆公开始也犹豫不决，听了三个人的话后，只讲出一个朴素的道理，"其君是恶，其民何罪"。战国后期秦国以虎狼之国著称，但是，不能不说秦穆公太可爱了。不趁火打劫，不落井下石,不讲大道理,用最简单的话语,做出了最人性的决定。

这可能是没有被中原文化浸淫过的单纯,是一种原始的人性。秦穆公的憨厚、淳朴、仁爱,放到今天国与国、人与人之间,简直不可想象。

二

渭河、黄河、汾河上最壮观的一幕出现了。《左传》中的说法是"自雍及绛相继,命之曰'泛舟之役'"。《史记》中的记载略微多点:"以船漕车转,自雍相望至绛。"

这可能是中国历史上最大的一次仁爱巡礼。秦穆公用这样一次行动,无意中将他的仁义慈爱宣扬开来,在秦晋两国家喻户晓。仅此一役,就注定他必将战胜晋惠公。古语说"春秋无义战",此役却是春秋期间少见的义举。

这可能是黄河历史上最大规模的漕运,也可能是中国最早的漕运。以后,汹涌的大河将会百舸竞帆,成为联结秦晋两地的主要水道。

这可能是黄河将秦晋两国百姓感情拉得最近的一次,其作用远比两国国君联姻更大。

雍是秦国都城,即现在的陕西凤翔;绛是晋国都城,即现在山西翼城县,两地相距何止千里,而且隔着高山大河。"自雍相望至绛",就是说,千里之内,到处能看到运粮的车船,首尾相连,络绎不绝。陆地上,车声辚辚,水道上,船帆熠熠,这该是多么盛大的场景!看来,秦穆公是倾一国之力来帮助晋国,古老的黄河,何曾有过这样的盛景?滔滔河水,何曾承载过这样的义举?

"泛舟之役",用三条河水将两块盆地连在了一起,用车轮和舟楫将两国连在了一起,用道义和善行将两地百姓连在一起,从此,秦晋之好就有了实实在在的内容。

雍邑地处关中平原西部,紧靠秦岭;绛邑地处晋南盆地东部,紧靠太行。也就是说,"泛舟之役",等于是由西往东穿越了整个关中平原和晋南盆地。

从雍邑至渭河河口一段,运粮船队顺流而下,过关中,经华山,可借风扬帆,可随波逐浪;出渭河河口,从风陵渡至汾河河口一段,就需逆流而上。这一段正是现在水利术语中的小北流段,从风陵渡至禹门口,全程132公里。

船队要走完其中的近100公里，从现在万荣县庙前村前的后土祠旁进入汾河。

"泛舟之役"只能出现在这一段黄河上。再往上不过40公里，是狭窄逼仄波涛汹涌的龙门，往下，进入晋豫峡谷，不过百余公里，即是险象环生的三门。只有这一段黄河河面宽阔，河水流速缓慢，最适合漕运。

三

我就生活在这段河水旁。在我的记忆里，直到二十世纪六七十年代，河边的船工还以驾船运货为生。从禹门口装上货物，顺水下到风陵渡，再把风陵渡的货物装上船，溯流而上，运到沿河渡口卸船，这一来回，一般需要一个月左右，若碰上枯水或涨水，时间会更长。曾听艄公们讲过行船途中的艰难。一副纤板套在肩上，纤绳连接着大船在人与船间颤动，身体绷得像拉紧的弓，头几乎扎进水里，在阳光暴晒中，酱色的身子裸露，浑身脱得赤条条一丝不挂。伴着喘息声和河水涛声，一步一步走在大河旁，河滩上，留下一串串脚印，一滴滴汗珠，在铿锵的号子和悠扬的船歌声中，将身后沉重的大船向上游拖去。

在黄河岸边，每听到老艄公们讲行船事，我都会在激动之余，产生出一种悲壮苍凉的感觉。现在回想，春秋时代，一条条运粮船首尾相继，一声声号子响遏云天，一位位拉纤汉子弓身抵地前行。河道上，河水奔腾，云烟缭绕，两岸沟壑肃穆，山崖垂首。这该是多么让人动容的场景！

如今，再站在这段大河旁，瘦弱的河水枝枝叉叉，疲软地流淌在河道里，再也不可能承载起那么沉重的历史，也不可能托负起那么多的期望。向河里望去，竟看不到一条船，一片帆。不远处，一座大桥高架在黄河之上，各种汽车呼啸而过。雄壮的黄河，在现代社会竟成为流通障碍，让人望之而不胜唏嘘。

去过汾河口就会知道：汾河水进入黄河的巨大冲击波，令所有船工都为之变色，不知当年的秦国船工是怎样将船拉过那疾速的流水。从现在的汾河河道看，汾河水流入黄河之前，有一段与黄河并行，汾河其实流在黄河滩上，一面是黄河水浩淼,一面是汾河水湍流,夹在两河之间的是著名的汾阴脽,传说中黄帝扫地为坛,祭祀后土大帝的地方。历代船工到了这地方,一般都会歇歇脚。至此,应该是进入晋国的领地了。

从汾河口到晋都绛邑,还有至少300里的路程。这一路,又是逆流而上,秦人扳船拉纤的号子声,会在晋国的土地上飘荡,一直响到晋国祖庙所在地曲沃。然后泊在汾河岸边,将一斛斛粮食卸下,车载人扛运往都城绛邑。

到这里,"泛舟之役"在我的想象中结束。我不明白,为什么左丘明、司马迁都对这样一次重大事件记述得那么简单,难道是因为发生在两国之间的这次事件不值得大书一笔?

再看《史记》《左传》就明白了,这次事件的结局不美好,在晋惠公与谋臣的无耻行径中,这样一次美好事件,最后演变为一场战争的导火索。晋惠公以怨报德,秦穆公则挟恩寻仇,无耻与仁义的双方共同把这次义举演血肉横飞的不义之战。

四

仅仅过了一年,秦国也发生灾荒,而晋国五谷丰登。晋惠公的行为正好相反。

《左传》和《史记》中都记载了这件事,《史记》的记载还是那么简洁,还是看看《左传》是怎么说的。

> 冬,秦饥,使乞籴于晋,晋人弗与。庆郑曰:"背施无亲,幸灾不仁,贪爱不祥,怒邻不义。四德皆失,何以守国?"虢射曰:"皮之不存,毛将安傅?"庆郑曰:"弃信背邻,患孰恤之?无信患作,失援必毙,是则然矣。"虢射曰:"无损于怨而厚于寇,不如勿与。"庆郑曰:"背施幸灾,民所弃也。近犹仇之,况怨敌乎?"弗听。退曰:"君其悔是哉!"

这段对话中出现的是君臣三人,决策人晋惠公隐居幕后,对话的是晋国大夫庆郑与虢射两位臣子。会商的结果是不仁不义。三人之中，只有后来被惠公杀掉的郑庆属仁义之士。一番话说得入情入理，但是，晋惠公更愿意听虢射的话，以怨报德，决定不帮助刚刚帮助过自己，正处于灾荒中的秦国。

本来，中国历史上还可能出现第二次"泛舟之役"，但是，本该完美的结局被晋惠公活生生地毁了。

《左传》僖公十五年："晋饥，秦输之粟；秦饥，晋闭之籴，故秦伯伐晋。"秦晋两国终于撕破面皮，再次刀兵相向。

春秋诸侯之间没有长久的和平共处，只有利益上的暂时调和，一旦出现机会，另一方会毫不犹豫地将对方撕裂。这次出兵晋国，仅仅因为晋惠公忘恩负义，秦穆公师出有名，无所谓义与不义。

这次战争史称"韩原之战"，发生在晋国的土地上。双方的战斗过程极具戏剧性，本该获胜的是理亏的晋国，秦穆公已经负伤，眼看被俘，却因晋惠公马陷泥淖，加上众叛亲离，反被秦国俘去。《史记》记载了这极富戏剧性的一幕："缪（穆）公与麾下驰追之，不能得晋君，反为晋军所围。晋击缪公，缪公伤。于是岐下食善马者三百人驰冒晋军，晋军解围，遂脱缪公而反生得晋君。"岐下食善马者三百人的出现，是秦军由败而胜的转折点。司马迁仿佛要用三百野人的出现，从另一面印证秦军的师出有名。

韩原之战的结果是晋惠公可耻地当了俘虏，儿子子圉被押在秦国当人质，以前许诺的河西五城，尽归秦国。

这就是"泛舟之役"的结果。但是，事情并没有完。一场恶战后，两国本该交恶，然而，却又出现喜剧化的结果，这就是秦晋之间的第二次联姻，即前述之怀嬴与子圉的成婚。

"泛舟之役"过后，黄河还在一如既往地流淌，如此大规模的漕运却再没有出现过。春秋时代还有百余年才结束，秦晋两国还要在纠结中继续交往。战国时代，秦国仍然与三晋争斗不息，然而，再也不可能出现两国联姻、"秦晋之好"，也不可能出现"泛舟之役"。

再往后，进入大一统时代，史上唯一有记载的黄河漕运，发生在隋朝初年。当时，隋朝刚刚定都长安，国内局势尚不稳定，长安粮食供应不足，隋文帝诏令：西起蒲（今山西永济市蒲州镇）、陕（今河南三门峡市）、东至卫（今河南省汲县西南）、汴（今河南省开封市）等 13 州，募丁运米，以供京师粮食无缺（《通典》卷十《食货·漕运》）。通过漕运"转相灌注"，将"关东及汾晋之粟"，"以给京师"。

所谓运米丁，即黄河上专门运输粮食的船工。他们要做的事是漕运河东以及太原一带的粮食到京城长安，与泛舟之役走着正好相反的路径，粮食在河东的汾河岸边装船以后，沿汾河进入黄河，再顺流南下至渭河口，转从渭河溯流而上，西运长安城，一直运送到东渭桥仓。河东一带的漕船究竟都在哪些地方泊靠，现在已经无法考索，不过，当时汾水可以直接与黄河通航，所以，这一段的通航河道，起码可以包括汾河口以下的全部河段。这可能是"泛舟之役"后，秦晋之间的黄河上再次出现的一次大规模漕运，以后再看不到这样的记载。

在划河而治的割据时代，如南北朝时期的北齐与北周，唐代安史之乱后的大唐与回纥，宋夏时期的大宋与大夏，不可能再有类似"泛舟之役"的事情发生，势同水火的割据王朝，有的只是兵戎相见和大河两岸的刀光血影。唯有秦晋，在说不清道不明的纠葛中，才可能这样既仇恨又亲和，既交恶又联姻。

春秋时期的中国历史最使后人难解，"秦晋之好"是一例，"泛舟之役"亦是一例。

孔子西游不入秦晋

一

春秋晚期，诸侯间的战争烟云更加浓烈，当年"秦晋之好"的几位主人公早就随着秦晋交恶和晋国的强势灰飞烟灭，秦穆公也与殉葬的臣子在地下躺了百余年，两国还依偎在大河旁，汾河之水与渭河之水一样，昼夜不息，泛着泥沙汇入黄河。两国的君主换了一代又一代，除了充满仇恨的对峙与杀伐，再没有出现过当年交好的一幕。

这百余年，晋国独霸诸侯，势力扩展到了黄河以西。

这百余年，秦国逐渐衰落，固守关中一隅，还需再等二百余年，另一个强人秦献公出现，才能与三晋对抗。

晋国一家独大，秦国仍是最大的对手，秦晋两国失去了再度联姻的基础。

就在晋国继续强大，秦国继续衰败时，一位老人和他们的弟子们正在诸侯列国游走。春秋战国时期，周游列国似乎是每一位不得志政治家的必修功课，晋文公周游八国，返回晋国时已是一国之尊。晋公子计然周游列国，到越国后成范蠡之师，终成其计，灭吴兴越。以后还有伍子胥、吴起、商鞅、苏秦、张仪等人，也都是游历多国后，才得到用武之地。周游列国诸多人物之中，这位老人的游历过程最艰辛、最落魄，最终却一事无成。但是，他的列国之旅对后世影响却最大，成为中华文明中最精粹的那一部分。

他就是孔夫子，儒家学说的创始人，中国至圣。

孔夫子名丘，字仲尼，鲁国人。孔子年轻时"博学好礼"，曾去齐国寻求机会，不为所用，后在鲁国做过大司寇，却始终不能实现抱负。公元前497年，孔子离开鲁国,开始了他长达14年的周游列国之旅,这一年,孔子55岁。

长路漫漫,孔子在众弟子簇拥下,疲牛敝车,书卷为伴,开始了他们的行程。他可能没想到,这次离开故国后,要14年之后才能回来。这一路,他们颠沛流离,往返于卫、曹、宋、郑、陈、楚之间,四处碰壁,经历过匡地被围,卫国困厄,陈国绝粮,宋国受辱,惶惶然如丧家之犬。69岁时,被迎回鲁国,已是垂暮老人,但仍被敬而不用。73岁时泰山倾颓,孔夫子溘然长逝。

孔子列国之行,带着一双仁义礼乐的眼睛,脚步始终在礼乐氛围浓厚的地方转,范围不出如今的鲁豫两地,即使已经走到秦晋两国边缘也不肯迈进一步。

因而,历史上有孔夫子终生不入秦晋之说。

二

春秋时代,晋国是个有影响的大国,称霸诸侯长达一个半世纪,但是孔夫子始终对晋国君臣持一种否定态度。公元前513年(鲁昭公二十九年)冬天晋铸刑鼎,将晋国刑律铸在鼎上公之于众,这种做法即使放到现在也是一种进步的表现。在此之前,按照周礼之制,"刑不上大夫"。晋国这样做,是要用法律的手段治理国家,用自己制定的刑律取代周室刑律。这种做法僭越礼制,引起了孔子的不满,愤愤然说道:"晋其亡乎?失其度矣!"从孔子的话里,可以看出他并不赏识晋国君臣。"失其度",就是孔子认为晋国君臣的行为超越了礼乐之制,而超越礼制的国度与禽兽之地无异,这样的地方孔夫子怎么可能去?

晋国又是个内乱不息、内讧不止的地方,杀亲灭宗,僭越犯上之事时有发生。曲沃代绛,以小宗代替大宗。尽杀群公子,使晋国再无公族。骊姬之乱,则开创了晋国史上废嫡立庶之先河。这些都与儒家的尊尊、亲亲理念相悖。孔夫子虽无直接论述,但对于奉行"非礼勿动"的他来说,这些都是绝对不能容忍的。

连晋国的一代明君晋文公也为孔子所不齿。对于晋文公,孔夫子的总体评价是"谲而不正"。晋文公之母为戎狄之女,被父亲献公追杀时,晋文公在戎狄之地一住就是12年,深受戎狄文化熏染,所行所为皆不符合周礼之规。秦晋之间的第三次联姻,晋文公娶侄媳怀嬴为夫人,分明不合人伦。孔夫子倡导:"非礼勿视,非礼勿听,非礼勿言,非礼勿动。"晋文公的这种行为根本谈不上礼。当上国君后,晋文公选贤任能,发展生产,城濮败楚,践土会盟,为晋国百年称霸开启基业,可谓功绩赫赫。也许在孔夫子看来他的韬略与手腕,恰恰是他不守礼制,"谲而不正"的表现。

晋文公做了秦穆公的女婿后,与老岳丈第一次斗法,就以高明灵活的手段,让秦穆公吃尽了苦头。公元前636年,即晋文公重耳迎娶怀嬴当年,周襄王胞弟叔带和其嫂通奸事发,与襄王发生火并,叔带联合金狄人军队攻周,大败周军。周襄王逃往郑国的氾地,向各路诸侯求救。晋文公、秦穆公都收到了周王的告急文书。对于两国来说,发兵勤王是个称霸诸侯的好机会。秦穆公很快调兵遣将,屯兵于黄河岸边。这时,晋文公刚刚获得君位,晋怀公余党还伺机而动,晋国政局并不稳定。但是雄才大略的晋文公怎能放过这一个千载难逢的好机会?他先与秦穆公相约出兵勤王,又听从大夫赵衰建议:"求霸莫如入王尊周。周晋同姓,晋不先入王,后秦入之,毋以令于天下。方今尊王,晋之资也。"晋文公听取了赵衰的建议,采用非常规手段,不走函谷关,另辟蹊径,"乃行贿于草中之戎与丽土之戎,发启东道"(《国语》),撇开秦穆公,亲率大军向王畿腹地推进。自周邑阳樊(今河南济源西南)分兵两路,一路赴氾迎襄王,一路从温(今河南温县西)攻叔带。很快,叔带叛军在晋国部队大举攻击下溃不成军。四月,败狄人,杀叛党叔带、隗后、颓叔等。周襄王被迎回王都。

这件事使刚刚经历了继立之变的晋国赢得称霸主动,周襄王将阳樊、温、原、欑茅四个农业发达的城池赐予文公,晋国南部疆域一下扩展到今太行山以南、黄河以北一带,为日后图霸中原提供了有利条件,逐鹿中原的大门顿时大开。

然而,晋文公独占勤王之功,将事先有约的老岳丈秦穆公丢在一旁,未能礼让,并不符合孔夫子所倡导的周礼,正是"谲而不正"的表现。

公元前632年,晋楚城濮之战,晋国大胜,晋文公玩起"挟天子以令诸侯"的手腕,胁迫周天子一起会盟诸侯于践土(今河南省境内),"召王,以诸侯见,且使王狩"(《国语》),参加会盟的有晋、鲁、齐、宋、蔡、郑、卫、莒等国,周襄王命令王室大臣尹氏、王子虎和内使叔兴父策命晋文公为"侯伯",还赏赐给晋文公许多东西,其中有"大辂"、"戎辂"两种车辆及车辆上的服装和配备、红色的漆弓一件和一百个红色箭镞、一千个黑色箭镞。此外,另赏赐"虎贲"勇士三百人。周襄王给晋文公的命辞是"敬服王命,以绥四国,纠逖王慝",意味着让晋文公恭敬地服从天子的命令,以安抚四方诸侯,惩治不忠于王室的邪恶之人。对于周天子的恩宠,"重耳谨再拜叩头",接受了周天子赐命。

孔夫子对此事更为反感,说:"以臣召君,不可以训,故书曰'天王狩于河阳',言非其地也,且明德也。"(见《春秋左传》)

其实,晋国从来就不是个讲求礼制的国度,戎狄环居的环境,使晋国君臣身上都沾染了不少游牧民族习性。晋国的不少名臣都是戎狄出身,如跟随晋文公逃亡的狐偃、狐毛、狐射姑都是狄国人。晋国的强盛得益于讲究法度,而不是孔夫子所说的礼。

孔子时代的晋国出现了"政逮于大夫"的局面,韩、赵、魏、范、中行及智氏六卿专政。公元前493年,晋国大夫范氏、中行氏联合郑国和齐国进攻赵氏,发生了所谓"铁(在今河北濮阳西北)之战"。赵氏战胜范氏、中行氏,独擅晋国大权,将六卿专政变为四卿专政,为以后的三家分晋打下基础。此时,晋国的当权者是赵鞅(赵简子),即跟随晋文公流亡的赵衰后人。这是晋国后期一个有作为的正卿,对晋国在秦秋晚期崛起起到关键作用的人物。

孔子所游列国之中,卫国是他进出最多,逗留时间最长的诸侯国。55岁开始周游列国时,首先进入的就是卫国,14年间几进几出,被迎回鲁国之前,最后离开的也是卫国。其间,拜见妖冶美丽的卫灵公夫人南子后,发出过"吾未见好德如好色"之叹,赌咒发誓"予所否者,天厌之!天厌之!"说明孔夫子在卫国过得并不愉快,治国主张在卫国不能得到实施。强大的晋国离得并不远,孔夫子动了去拜见晋国正卿赵简子念头。

失意落魄的孔夫子率众弟子来到黄河边,眼看渡过黄河就到晋国境内。这时,传来一个令孔夫子十分不愉快的消息,晋国的两位大夫窦鸣犊、舜华被赵简子杀死。兔死狐悲,孔夫子望着滔滔河水却步不前,感叹不已,心情忧伤。《史记·孔子世家》记载了当时的情景:"孔子既不得用于卫,将西见赵简

子。至于河而闻窦鸣犊、舜华之死也,临河而叹曰:'美哉水,洋洋乎! 丘之不
济此,命也夫!'"

在孔夫子看来,窦鸣犊、舜华这样的有德之人被赵简子杀死,说明赵简
子是个不仁不义性情残暴的人,晋国自然不能再去。他的学生子贡并不明白
老师的意图,"趋而进曰:'敢问何谓也?'"

孔夫子说出了一番道理:"窦鸣犊、舜华,晋国之贤大夫也。赵简子未得
志之时,须此两人而后从政;及其已得志,杀之乃从政。丘闻之也,刳胎杀夭
则麒麟不至郊,竭泽涸渔则蛟龙不合阴阳,覆巢毁卵则凤皇不翔。何则? 君子
讳伤类也。夫鸟兽之于不义也尚知辟之,而况乎丘哉!"

意思是说:窦鸣犊、舜华,是晋国有贤德的大夫。赵简子没有得志时,须
仰仗这两个人取得执政地位。一旦得志,却将二人杀死。孔丘听说,剖胎杀人
则麒麟不接近城郊,竭泽而渔则蛟龙不现身尘世,破巢毁卵则凤凰不再飞翔
降临。为什么呢? 君子忌讳伤害同类。鸟兽尚且躲避不义之举,更何况我孔
丘呢?

在这段话里,孔夫子把自己比作麒麟、蛟龙、凤凰,将窦鸣犊、舜华视作
同道,把赵简子的行为视为不义之举。孔子最讲究义与礼,既然赵简子如此
不义,还到晋国做什么? 于是,孔子回转车辕返回自己的家乡鲁国陬乡。《史
记》中说:"乃还息乎陬乡,作为《陬操》以哀之。"

孔子既为两位被杀的贤大夫悲痛,也对自己不为列国所用的遭际心伤
不已。恂恂然之际,作一曲《陬操》(又称《盘》《盘操》),抒发胸中郁闷:

> 干泽而渔,蛟龙不游;
> 覆巢毁卵,凤不翔留。
> 惨予心悲,还辕息陬。

孔夫子终生不入晋,成为历代儒生憾事。孔夫子对窦鸣犊、舜华的看法
流播至今,两位晋国大夫因此被贴上标签,成为永远的贤人,而赵简子无论
怎样有作为,也是诛杀贤良的暴虐之人,与后来的曹操一样,被称为"治世之
能臣,乱世之奸雄"。前些年,笔者在太原北郊上兰村游览窦大夫祠时,只见

有楹联写道："太行峰巅,孔圣为谁留辙迹;烈土山下,普贤遗泽及苍生。"其中上联就是孔子不入晋的典故,下联则是对窦鸣犊的赞美。祠内殿堂巍峨,绿树森然。因为孔夫子的肯定,两千多年来,晋国大夫窦鸣犊已然成神,施雨降泽无所不能,被平常百姓高供于神龛之上,享受着冉冉香火。

孔子不入晋国,实际上表达了孔子对晋国的态度。后人也能从孔子的态度中,读出晋人性格。从两千多年前的春秋战国时代,晋人就以一种重实际、近功利的观念操持人生。这种个性在以后的两千多年间,仍在晋人的行为中时隐时现。

三

孔夫子不入晋,尚且关注晋国局势,毕竟晋国在春秋时期称霸时间最长。秦国虽然在秦穆公时代也称霸一时,但是,孔夫子却在他的讲论中对秦国几乎不著一字,更别说西游入秦了。

孔夫子之后千余年,唐宪宗十四年(819),一代儒生,昌黎人韩愈任监察御史时,上书阻谏宪宗皇帝兴师动众奉迎佛骨,被贬官到粤海之边任潮州刺史。马过当年秦国边界时,面对前路漫漫,感慨系之,留下了一首长诗,名《石鼓歌》,其中有:"孔子西行不到秦,掎摭星宿遗羲娥。嗟余好古生苦晚,对此涕泪双滂沱。"从此,"孔子西行不到秦",便如"孔子西游不入晋"一样,成为历代儒生之殇。

早期的秦国地处西陲,与戎狄无异。西周各诸侯均出身显贵,齐为周之元勋姜尚封地,晋为周成王弟唐叔虞封地,鲁为周武王弟周公旦封地,就连虢、虞、陈、卫这样的小国之君,也出身高贵,而秦国的先祖造父只因御马一日千里,有功于周穆王才得以分封,说穿了,秦国的先祖就是一位车夫,怎能与列国之君相提并论?以后,秦国长期居于边陲之地,闭塞落后,虽凶悍勇武,能征善战,但民风鄙俗,被诸侯视为"戎狄之邦"。也就是说,秦国是周礼不至的野蛮国度。

秦穆公为控制晋国一女二嫁,而且分别嫁给叔侄二人,非礼仪之邦所为。即使到了二百年之后的秦惠文王时期,秦国的这种风俗仍没有变。《战国策·韩策》中的一段话最能说明当时秦国礼制的原始程度:"宣太后谓尚子曰:妾事先王也,先王以其髀加妾之身,妾困不支也;尽置其身妾之上,而妾弗重也。何也?以其少有利焉。"这段话如果译成白话,具有赤裸裸的色情成分,是明显的性挑逗:"我当年侍奉惠文王的时候,如果他坐在我身上,我会受不了,如果整个身子都趴在我身上,我却一点都不觉得重,为什么呢?是因为这种姿势我比较舒服啊。"将房事感受用于外交辞令,也只有不懂中原礼仪的秦国太后才能说得出来。直到两千多年后,清人王士禛还对宣太后的这段话大发感叹:"此等淫亵语,出于妇人之口,入于使者之耳,载于国史之笔,皆大奇!"不过这一番话,让人不由得想起飘拂在沟梁之间的原生态陕北民歌。直到老之将至时,这位宣太后依然风流放荡,她喜爱大臣魏丑夫,常常以商议国事为幌子宣其入宫,以尽鱼水之欢。病重将死时传出命令:"为我下葬时,一定要魏丑夫殉葬。"多亏另一位大臣庸芮劝她,若将情夫带入地下,先王会发怒。宣太后才打消让魏丑夫殉葬的想法。

秦国民间礼俗也为儒家所不齿,儒家讲究"男女授受不亲",男女结亲要有"父母之命,媒妁之言",而秦人则"不媒不聘",甚至"仲春之月,令会男女……奔者不禁"(《周礼·媒氏》)。以后,稍有进化,仍然"父子乃同穷庐而卧",儿媳"抱哺其子,与公并倨"(《汉书·贾谊传》)。这岂不大大有伤风化?

孔夫子西游,是要"克己复礼",以宣扬周礼为己任,恢复周朝的礼乐制度,到这样的国度岂不是自讨苦吃?

秦穆公时代,秦国引入了一批中原能臣,如百里奚、蹇叔、由余等人,但是,这些人在中原诸国不过是失意之士,到秦国也不过是帮助穆公出谋划策,争霸诸侯,与礼乐无关。秦国的人殉制度让各国人才望秦却步。用活人殉葬,大约滥觞于原始社会后期,殷商和西周都盛行人殉,春秋中期之后,人殉制度受到诸侯各国普遍谴责,然而,在秦国仍持续不衰。据专家统计,秦国在献公禁止人殉制度,"止从死"以前,共有十八君用活人殉葬,因此而死者何止千人?秦穆公死后,以"三良"和177个活人殉葬,连秦人也怨声载道,外国贤士怎么敢来?此后,直到战国中期,很少有中原贤才入秦,秦国开始走下坡路。虽曾"益国十二,开地千里,遂霸西戎"。但终春秋一世,势力从没有东出崤函一步,春秋期间秦国一直是个西陲之国。这可能也是孔子西游不入秦的另一个原因。

秦穆公之后，秦晋之间再也没有出现联姻交好的局面，双方多以兵戎相见，秦国则经常以惨败收场。晋文公重耳去世当年的秦晋"令狐之战"，秦军大败，致使秦国十余年间无力东向。以后，秦国君臣衔崤山之恨、负令狐之败，屡屡袭击晋国，又屡屡失败。公元前580年，秦桓公与晋厉公虽然有过短暂的"夹河之盟"，但是墨迹未干，双方即发生"麻隧之战"，晋厉公联合齐、宋、卫、鲁、郑、曹、邾、滕八国军队攻秦，秦军再度惨败，晋国联军直入秦国腹地侯丽（今陕西省礼泉县境内），只此一战，使秦国数世不振，不再对晋国西部构成威胁。公元前559年，秦景公联楚伐晋，本以为胜券在握，却被晋悼公再度联合宋、齐、郑、卫、曹、邾、滕、小邾等国反击，秦军殊死抵抗，不惜在河水中投毒，还是被晋联军渡过泾水，攻至棫林（今华县），秦军再度惨败。

秦军所以一败再败，固然与军事指挥不当有关，但秦穆公之后，中原之士不入秦土，秦国人才匮乏，才是屡战屡败的根本原因。纵观春秋一代，秦国可谓成也穆公，败也穆公。说成也穆公，是因为他招引贤才，称霸西戎。说败也穆公，是因他死后，以活人殉葬，致使有志之士心不向秦。

面对这样的国度，孔夫子即使已经到了郑、陈，离秦国仅一步之遥，也未曾踏入秦国一步。

所以如此，还因为孔夫子的学说不适合秦国，秦国也不需要孔夫子的学说。秦统一六国后，秦始皇一声令下"焚书坑儒"，数百儒生瞬间成为坑中之鬼。不过，孔夫子创立的儒家学说到底还是进入了秦地，而且成一家独尊之势。西汉年间，儒生董仲舒提出"罢黜百家，独尊儒术"的主张，为汉武帝所接受，冥冥之中，孔夫子终于用他的学说占领了秦国，使他的学说成为中国文化的正统和主流，不光统治了秦人，而且统治了所有中国人，直到现在，华夏大地仍然在儒家思想的笼罩中。

秦晋两国，一个"戎狄环之"，一个"戎狄杂处"，风俗相同，思维相同，难怪这两个诸侯国能结秦晋之好，也难怪孔夫子偏偏不入秦晋。但是，秦晋礼俗并非败俗，反而更优于中原诸国，两国君臣行事中的经世致用，急功近利，好勇斗狠，性格中的淳厚、朴素、简洁等特点，都在两国开疆拓土中发挥了重要作用。晋国长期称霸中原，秦国最后一统六国，就是最好的证明。

王于兴师 修我戈矛

WANG YU XING SHI XIU WO GE MAO

迎着干燥的西北风在晋陕两地行走，经常会与两千多年前的那些事那些人不期而遇，走进一个普普通通的小村或一个古旧残败的小镇，不用深入了解，光听名字，就感觉古风习习扑面而来，恍若来到那个烽火四起的年代。沧海桑田，斗转星移，多数村名、镇名已在漫长的时光中换过多次，但稍加了解，晋韵秦风还是在历史的烟云中若隐若现，若将大河两岸的古镇、村落一个个都还原成本来的名字。走过几个村镇之后，会觉得《春秋》《战国策》里的那些人还在这片土地上争名夺利，打得不可开交。

从春秋到战国，历史的角色换了一茬又一茬，晋文公、晋襄公去了；秦穆公、秦惠王也去了。魏文侯、魏武侯来了，秦献公、秦孝公也来了，都还是那么咄咄逼人，野心更大，出手更狠。但是，他们的脚步却长期在这块土地上盘桓，他们的思维久久被这片土地萦绕，似乎只有在这里见出高低，才可赢得天下。

春秋时期，秦晋两国在大河两岸来来往往，为的是争得霸业，结果晋国赢了，秦国也没输。战国时期，秦魏两国又在大河两岸频繁往来，为的是吞噬对方，结果魏国先赢后输，秦国先输后赢，最后终于以这片土地为起点，兼并六国，完成大统。

这是一片并不富饶的土地，黄土厚重是它最大的特点。

这是一片古老的土地，悠久的历史是它永远的标签。

我所在的县城是个默默无闻的小地方。一天，有朋自远方来，我陪他们去寻觅历史。不等走出县城，他们便发现了郇城这个古老的地名，说是在《国语》《春秋》等古籍中都见过。前行不到十公里，一个平常的小村又吸引了他们，令狐——这不是秦晋"令狐之战"的古战场，秦晋"夹河而盟"的晋军屯军地吗？没错，是它。我告诉朋友：令狐村不远处，有个地方叫巍山，是个在地图上可能找不见名字的地方，但是，若踏上去却能找见鬼谷子、张仪等人的遗迹。再前行，是一个叫临晋的古镇。春秋战国以至秦汉，临晋可是个大名鼎鼎的地方，它不是在河对岸陕西的大荔县吗？怎么跑到山西？我笑了，我想这地方也在苦涩地笑。朋友可能不知道临晋的历史，县志中一句满含硝烟味的话——"秦筑高垒以临晋国"，会清楚地解释其原因。从现实中的临晋，到古籍中的临晋，中间隔着浓烈的战争烟火，相距两千多年；从陕西的临晋到山西的临晋,中间隔着一条汹涌的大河,相距却不过百余公里,不知蕴含着多少历史恩怨。

过临晋十余公里,跨过黄河是陕西合阳县地境,刚过河,一个小村再次吸引了他们的目光。夏阳,又一个散发着古风古韵的名字,令人不由得联想起春秋战国的战火烽烟,想起不远处古老的韩城。我对他们说,其实若仔细考证这里的每个地名,会写出一部春秋战国史。仅在附近,就还能找出羁马、刳首、少梁等古老地名。奇怪的是,他们在这里除了能听到不同的方言,竟感觉不出与河对岸的山西有任何区别,民风民俗是那样相近,地形地貌是那么相同。我告诉他们,这里是晋韵秦风交织之处,历史上时而属秦,时而归晋,秦秋战国时期,晋及魏拥有这片土地长达三百多年,晋文化在这片濒临黄河的土地打上了深深的烙印。

三晋:变法的策源地

一

公元前 455 年,内乱不息的晋国再掀血雨腥风,六卿(晋国的高级军事、行政长官,相当于以后的宰相)之一智伯瑶率韩、魏两家军队,将晋阳城团团围住,欲置赵氏于死地。晋国这次内乱持续了两年多,三家军队久攻不下,智伯瑶水灌晋阳城,眼看破城之际,却被赵襄子离间成功,韩、赵、魏三家联合,杀死智伯瑶,共分智氏领地。干旱的黄土高原上,一场水战后晋国又少了一位擅权者。

直到现在,许多人也理不清为什么晋国一直在内乱中生存,却能独霸诸侯一个半世纪之久。从曲沃代翼,到杀灭公族,再到骊姬之乱,到诛杀怀公,晋国先是诸公子为争君位你死我活。自晋景公开始设六卿,韩、赵、魏、范、中

行及智氏,六卿之间又打打杀杀,导致大夫专权,"六卿强,公室卑","政在私门"。后来又经历过范氏、中行氏之乱,一阵砍杀后,六卿变四卿,现在又三分智氏,四卿变为三卿。即使如此,晋国仍一直保持着对秦国的优势地位。

赵、魏、韩三卿独大,连国君晋幽公也畏惧三卿权势,反过来以君主身份前往朝觐。至此,晋国其实已名存实亡,除了绛和曲沃两地之外,晋之地尽入三卿之手。晋君已然成为傀儡,但是,正当亡国之际,晋幽公仍荒淫无度,放着宫廷之中众多美女不去临幸,偷偷溜出宫门,去勾引民女,结果正好撞上盗贼被杀。这可能是中国历史中唯一被小偷杀死的国君。君主荒淫到如此程度,强大的晋国灭亡已成必然。公元前403年,周威烈王册命赵、韩、魏为诸侯,承认了赵、魏、韩的诸侯地位。晋静公二年,魏武侯、韩哀侯、赵敬侯灭晋后三分其地,把晋君封于端氏。后来,赵肃侯又迁晋君至屯留,最终灭亡晋国。

在汾河岸边,涑水河畔兴起的晋国临近灭亡时,只剩下汾河边、涑水旁的两座城邑。当这两座城邑也被分掉时,曾经令各路诸侯闻风丧胆的晋国就不存在了,从此,晋国裂变为"三晋"。一千多年后的宋代,又一个生在涑水河畔的晋人司马光,将"三家分晋"的公元前403年,定为春秋与战国分界线。

历经三百多年的春秋时代结束了,华夏大地又迎来了更为喧闹的战国时代。

即使在晋国六卿窝里斗的时候,也还将西邻秦国死死捺在崤函以西不能东进一步。为什么?一是因为晋国实力强大,二是晋国内乱不息之时,秦国的日子也不好过,在下坡路上越走越远。自秦穆公以下到三家分晋,韩、赵、魏以诸侯的身份出现,秦国共经历了12位国君。其中仅有少数还励精图治心存称霸之想,多数则偏安一隅,无宏图大志,"忘穆公之业"。有的甚至荒淫无道,政事荒废,在与晋国的战争中败多胜寡。连秦国百姓也开始怀念穆公时代的美好生活。说他们以前"夏屋渠渠"、"每食四簋",现在却连饭也吃不饱,"每食无余"、"每食无饱"。曾经称霸一方的秦国,到秦秋晚期已像个疲惫不堪的汉子,再也无力向晋国进攻了。即使晋国六卿斗得天昏地暗,无暇西顾,秦国也不能与其争锋。

强大的晋国纵然一分为三,也能在诸侯中称雄。战国七雄,三晋独占其三,韩、赵、魏三国显示出的实力令各国望而生畏。

然而,韩、赵、魏并不坐等秦国强大,稍有余力,出手的第一个目标便是秦国。

三晋之中,魏国占据河东,核心地区是如今的运城谷地,与秦国隔河相望。魏国的首任国君魏文侯是个有雄才大略的人,面对新诞生的国家,清楚地意识到,要想在诸强中生存,必须改革国政。于是,在诸侯中首先变法,改革政治,奖励耕战,不拘一格启用贤士,李悝、吴起、乐羊、西门豹、子夏、翟璜、魏成等人都在魏国找到用武之地。魏国迅速成为战国列强中的翘楚,拥有一支当时最为强大的军队。接下来,魏文侯就要开始向外扩张了。

当时魏国的形势是赵国在北,韩国在东,都是刚从晋国分出来的兄弟之国。只有西面的秦国世代与三晋为敌,魏文侯便把扩张的目标对准秦国。晋国之后,魏国又成为秦国的强劲对手。

公元前419年,魏国开始对秦国动手,西渡黄河,在少梁(今陕西韩城西南)筑城,建造进攻秦国的军事据点。秦军对魏国的入侵进行反击。几番较量,魏军占住了少梁这个军事重镇。

公元前413年,著名军事家吴起率领魏军在西河战场战胜秦军,冲破秦军西河防线,直扑渭河平原咽喉要地郑(陕西华县),秦国举国震怖。如果吴起攻破郑,进入渭河平原,就等于控制了秦国的粮袋子。而且渭河平原无险可守,吴起若沿渭河河谷向西一路推进,兵临秦都雍(今陕西凤翔),秦国就会有灭国的危险。

好在当时的秦国国君秦简公亦非平庸之辈,联合齐、楚,从侧面袭击魏国,才使秦国不至亡国,但是,秦国河西之地尽失。公元前412年,魏攻占庞繁(今陕西韩城东南)。隔了一年,吴起又率魏军夺取临晋(今陕西大荔东)、元里(今陕西澄城南)、洛阴(今陕西大荔西),郃阳(今陕西合阳东南)。面对势如破竹的魏军,秦简公竟没能取胜一次,节节败退至洛水,方才止住颓势。

以后,秦魏间又多次交战,秦国无一例外惨败。公元前389年,秦军为夺取被魏占领的河西地区,动用50万大军攻魏,在阴晋(今陕西华阴东)与魏军决战,吴起仅以5万兵力,将秦军击败,这是秦军败得最惨的一次战役,史称阴晋之战。

经过多次战争，魏国将秦国压制在洛水之西长达80余年。秦国别说争霸称雄，连与中原各国的交通也被割断，不得不蜗居关中。

二

魏国对秦国的胜利，表面上看是吴起治军有方指挥得当，军事上摧枯拉朽，其实是魏国先进文化在军事上的体现。

春秋时期，晋国文化就优于秦文化。从地理上说，晋国属于中原文化圈，更多接触中原文化，却不囿于不合时宜的周礼，更多地将礼制向实用化发展。而秦国则被视为戎狄之国，又被晋国长期阻挡在崤函以西，很难接触到中原文化。春秋时期，秦穆公第一次与晋国联姻，娶晋献公女伯姬为妻，更多的是对晋文化的向往与崇敬，就像如今农家小子娶了个城里媳妇一样高兴。

春秋战国时期，诸侯林立，国无一统，土无专属，为各种学说兴起提供了土壤。诸子百家各显其能，争芳斗艳。读那段历史，感觉连各国君主好像都文绉绉的充满儒雅之气。东汉班固在《汉书·艺文志》中说："凡诸子百家……蜂出并作，各引一端，崇其所善，以此驰说，联合诸侯。"儒家、墨家、道家、法家、阴阳家、杂家、名家、纵横家、兵家、小说家著书立说，广收门徒，高谈阔论，互相辩难。各诸侯为争地盘，打得不可开交，诸子百家为争思想上的正统，争得不可开交，这就是春秋战国时期的"百家争鸣"。

春秋时期，秦晋两国是文化上的异类。两国国君都在血统里混入了戎狄血液，文化中也融进了戎狄元素，灵活实用，不拘成法。就连被国人唾弃的晋惠公韩原之战被俘后，晋国也能"作爰田"、"作州兵"，使晋国几乎在一瞬间强大，令得胜的秦穆公不敢轻举妄动。晋文公当上国君后，又进行了一系列的改革，"轻关易道，通商宽农，懋穑劝分，省用足才"。因而，晋国能称霸诸侯。秦穆公以后，秦国国君偏安一隅，不图进取，晋国很快取得了文化上的优势，在战场上力压强秦，胜多输少。好在晋国六卿内乱，无暇西顾，秦国才跟跟跄跄走过了春秋余下的一段时光。

文化上的强大，使晋国即使有一时之败，也根基稳固，犹如一个体格强壮的人，被打翻在地后，能迅速跃然而起。良好的文化氛围则为晋国培育了一批治国能臣、疆场良将。如晋文公时期的赵衰、先轸,晋灵公时期的赵盾、郤缺,晋景公时期的荀林父、士会、郤克,晋厉公时期的栾书,晋平公时期的中行偃。晋国称霸一个半世纪,并非国君个个英明,而是他们身边都有一批能臣。不仅如此,晋国还能吸引大量外国能人,成语"楚材晋用",说的就是晋国利用外国人才的状况。

晋国政治文化的一个特点是卿族兴盛。出现这种状况的原因在于晋国国君论功行赏,赏罚分明。晋景公灭潞国,一高兴"亦赏士伯瓜衍之县"。这种办法,固然会使宗族力量越来越薄弱,战场上却屡屡奏效。试想想,如果打了胜仗好处都是国君的,将士们谁还会拼死以搏?晋国历代国君都尝到了论功行赏的好处,管理国家从不以血缘论,谁能力强谁来主政。这在讲究宗法关系的春秋战国时代,是一种超前意识,超前文化。以后,晋国六卿也学会了这一招。公元前493年,范氏、中行氏联合郑国和齐国进攻赵氏,发生了所谓的"铁之战"。战前,赵简子发布誓词:"克敌者,上大夫受县,下大夫受郡,士田十万,庶人工商遂,人臣隶圉免。"明确表示论功行赏。结果将士奋勇争先,大胜。

三家分晋之后,魏国继续用这种办法激励将士。

公元前389年,魏国能在"阴晋之战"以少胜多,也得益于赏罚制度。西河郡守吴起为激励军队士气,每次打了胜仗,都要请国君魏武侯摆庆功宴,立上功者坐前排,使用金、银、铜等贵重餐具,猪、牛、羊三牲皆全;立次功者坐中排,贵重餐具适当减少;无功者坐后排,不得用贵重餐具。宴会结束后,还要在大门外赏赐有功者父母妻子家属。对死难将士家属,每年都派使者慰问,赏赐他们的父母,以示不忘。此法施行了三年,魏军群情激昂士气大振。秦军进攻河西,魏军立即有数万士兵不待命令自行穿戴甲胄,要求作战。

进入到战国后,魏文侯任用李悝为相,在战国七雄中首先变法。李悝又称李克、里克。司马迁说:"魏用李克尽地力,为强君。"李悝变法涉及到多方面内容,他主张废除贵族世袭特权,"食有劳而禄有功,使有能而赏必行,罚必当"。在李悝眼里,无功而食禄者就是"淫民",要"夺淫民之禄以来四方之士"。李悝还是重农主义的开山鼻祖,以后经商鞅发扬光大,历代商人因此吃足了苦头。但是,不能不说,在战国时重视发展农业,对增强国力大有益处。

李悝的《法经》六篇,是为巩固变法成果,汇集各国刑典而成的一部著作。《法经》出现后,魏国一直沿用,后由商鞅带往秦国,"秦律"即脱胎于《法经》,汉律又承袭秦律,因而,《法经》可以说是中国古代法律著作的开山之作。

经过李悝变法,魏国改革政治,奖励耕战,兴修水利,尤其是礼贤下士,接纳贤才,一下使魏国占领了文化制高点,令群雄望而生畏,贤才闻而趋之。李悝变法后,各诸侯国开始认识到变则存,不变则亡,相继变法。此后又有吴起楚国变法、韩国申不害变法、商鞅秦国变法。但是,无论吴起,还是商鞅,都是从李悝变法中学到的经验,吴起是李悝变法的助手,商鞅则是李悝的学生。因而,李悝又可以说是战国变法的祖师爷。

三

魏文侯振兴魏国文化的另一个大手笔,是请来了当时的大儒卜子夏。

卜子夏名卜商,比孔子小 44 岁,孔子的 72 门生之一,生于公元前 507 年。魏文侯延请子夏来西河时,子夏已是百岁老人,加之老年丧子之痛,哭瞎了眼睛。真正在西河授业的是子夏的弟子齐人公羊高、鲁人谷梁赤、魏人段干木和子贡的弟子田子方。但是卜子夏对华夏文人的号召力是巨大的。请到子夏后,魏文侯敬拜为师,给国君做老师是儒生的最高荣誉,即所谓帝王师。子夏是第一个享有这种荣誉的大儒,连孔子生前也没有享受过如此崇高的荣誉。子夏被魏文侯的诚意感动了,决定亲自到西河授业。魏文侯对段干木、田子方,魏文侯也十分尊敬,"每过段干木之庐必式",即马车只要经过段干木门前一定要俯首行礼。

卜子夏在西河的象征意义极其巨大,对秦国、楚国、赵国这些外族文化占上风的国家怀化作用十分显著,魏国俨然成为中原各国的文化宗主国,华夏文化的重心转到了魏国,转到了西河,形成了著名的"西河学派"。

"西河学派"虽是儒家学派之一,培养的却是经世致用之材,其中有不少人成为魏国的治世良臣,如李悝、翟璜等人,有这些人做榜样,谋求进身的士人纷纷来西河学习。

卜子夏是孔子门生,却不像颜回、曾参辈那样恪守孔子之道。所以被尊为大儒，是因为他的独创性，他关注的问题已不是"克己复礼"（复兴周礼），而是当世之政，安邦之策，有很明显的法家倾向。因而，西河学派才能产生出像李悝那样的法家代表人物。

卜子夏在西河没有几年就去世了，但他在西河学派的象征意义却长期存在，魏国因此取代鲁国成为中原各国的文化中心。

西河学派在魏国出现，像一块磁场巨大的文化磁铁，为魏国吸纳培养了大批人才，文有李悝、翟璜，武有乐羊、吴起。沙场上战无不胜，攻无不克，开拓大片疆土；国内则群贤毕至，文风日盛，各诸侯国无不心向往之。刚刚从晋国裂变出来的魏国，很快称霸群雄，西邻秦国只能生望尘莫及之叹。

更值得一提的是，三晋之国俨然成为战国时期新思想的策源地，诞生出许多知名思想家，如法家代表人物李悝、韩非；名家代表人物邓析、惠施、公孙龙；纵横家代表人物公孙衍、张仪。

魏国强盛的同时，从晋国裂变出的另一个诸侯国赵国也不甘落后，经公仲连改革，实力大增。就连三晋中最弱小的韩国，也挟晋国之余风，打造出一支战斗力极强的军队，令群雄不敢小觑。

魏、赵、韩三国刚诞生时，尚无罅隙，动则联合作战，称雄中原；静则内修国力，倡言变法。而此时的秦国则内政不修，内乱不息，国势日颓，数十年内无力与三晋争雄。诸侯群雄也不看好秦国，甚至"诸侯卑秦"，中原会盟，看也不看秦君一眼。及至吴起仕魏，尽占秦国西河之地，更使秦人感到"丑莫大焉"。

栖身晋地的秦君

一

三晋的文化光芒刺花了秦国君臣的眼,恍然变为势不可挡的利器,眼看就要涤荡疲弊的秦地。面对这种情形,以虎狼之国著称的秦国,怎能坐以待毙?

战国诸侯最后是被秦人剪灭的,但是,此时的秦国要想翻身,还必须老老实实向中原诸国学习,尤其是向三晋学习,让三晋文化为己所用。

三晋生机勃勃,尤其是魏国已然越过秦界,尽占秦国西河之地。此时的魏国是中原霸主,不光拥有现在的山西南部、河南北部和河北部分地区,还在河西设立上地郡,领土扩张到现在的延安、子长一带。

"秦以往者数易君,君臣乖乱,故晋复强,夺秦河西地。"司马迁只道出了秦国败退的表面现象,政治文化落后才是秦国的病根。这时秦国最需要的是变革,而变革最好的榜样就是相邻的魏国。事实上,以后秦国变法复兴,就是借鉴了魏国的经验。

当时的秦魏两国,土地相邻,风俗相近,虽有大河之隔,却并不影响通行,两国人员往来频繁,按说秦国接受三晋文化最方便。再加上秦国民俗近戎,好勇强悍,一旦与三晋文化融合到一起,会爆发出巨大能量。

战国以前,将秦文化与晋文化结合最好的是秦穆公赢任好。他娶晋献公之女伯姬,为的就是接受晋国先进的文化,借鉴晋国的治国之略,因而,秦国当时能称并国十二,称霸西戎。以后,秦国逐渐衰落,在于穆公以后的历代秦君偏居一隅,不思进取。

三晋之国军事上能攻城略地,政治上有霸主之尊,都是文化优势带来的结果。秦人与三晋仅一河之隔,不管愿不愿意,都能感受到三晋文化的威慑力。

战国初年,秦国对晋文化的接受是被动的。

按照史家的说法,战国时代是中国封建社会的初期。与以后的帝王们一样,战国时的国君乃一国主宰,国家政令皆出自他一人,要接受三晋文化,最关键的是国君。

秦穆公时代,秦国国势强大,晋国公子发生危难,流亡他乡,首选栖身之地往往是秦国。到了战国初年,秦国内乱不止,废立无常,情况正好倒过来,秦国公子遇到危难,流亡地往往是魏国。这些秦国公子在魏国一住多年,不自觉地受到晋文化熏陶,一旦回国执政,会将魏国的治国方略运用到国事中。

较早流亡于晋国的是秦怀公,那时韩赵魏已三分晋国,只是还没有得到周室认可,晋国名义上还是一个诸侯国。

这位秦怀公自幼多难,被权贵们流放到晋地多年,即使后来贵为一国之君,在史书中竟连名字也没留下,便流星般从历史上消失。

秦怀公的父亲是秦国历史上著名的暴君秦厉公,公元前 476 年至公元前 443 年在位,执掌秦国长达 34 年,性情残暴,喜怒无常,行事果决刚毅,在位期间尚能弹压权贵,使秦国不至于像晋国一样被六卿专权。公元前 443 年的一天,秦国白昼天色昏暗,繁星满天。在古人看来这属于异兆,国家必发生重大变故,其实按照现在科学解释,不过是出现日食。果然在这一年,秦厉公去世。远在晋国的秦怀公并没有就此继位,他还有一个兄长秦躁公。怀公还要继续在晋国流亡。这一等又是十三年,前 431 年,秦躁公去世,本来,国君去世应由太子继位,不知是躁公无子,还是贵族操纵,总之,苦苦等待了十多年的秦怀公终于迎来了机会。像当年的晋惠公、晋文公一样,秦国庶长晁从晋国将怀公接回,坐上君位。

史书上没说怀公在晋国呆过多少年,也没说他回国继位时年龄有多大,从他死后由孙子灵公继位看,他回国时已是当了爷爷的人。也就是说,没继位之前,他呆在晋国的时间至少有十多年。这是一位和晋文公重耳有着相似命运的国君,但是,回到秦国后,却没有像晋文公那样的作为。他是个性情懦弱的人,公元前 425 年,仅仅当了四年国君便被庶长晁联合其他贵族逼迫自杀。

秦怀公死后,本应立太子为君,"怀公太子曰昭子,蚤(早)死"。权臣们立怀公孙子灵公继位,这仍然是一位连名字也没留下的国君,从侧面说明其任上庸碌无为,不过,灵公做过一件值得我们记住的事,他为中华民族确认了祖宗,他第一次将轩辕黄帝作为中华民族的共同祖先供奉祭奠,开创了黄陵祭祖的先河。

二

秦灵公只做了九年国君便去世,留下了九岁的儿子师隰(又称公子连)。由此,引出一场与春秋时期晋国一样的继立风波。夺取师隰君位的人叫悼子,是秦灵公的叔父,师隰的叔祖父,即前面提到的秦简公。《史记》中说:"简公从晋来。"从怀公死后众大臣放着悼子不立,而拥立怀公孙子灵公继位,可以看出,悼子当年可能受过一些磨难,不然他不会流亡晋国。这时,连比自己低一辈的灵公也死了,按照继立规则,接下来应该由君主嫡子师隰继位,但是,面对一个才九岁的小儿,悼子怎能甘心? 公元前 414 年,在秦国权贵的拥立下,悼子被从晋国迎回,是为秦国的第 21 代国君秦简公。

史书上没有说秦简公怎么跑到晋国,在晋国呆过多少年,然而,从秦简公以后的作为中,可以看出他深受晋文化的熏染。

秦简公作为国君值得记住的事,一是修筑了秦国东长城;另一件事是"简公六年,令吏初带剑"(《史记》),次年,又允许百姓带剑,也就是说允许官吏百姓佩剑防身。这是秦简公仿效中原礼制,进行的一次革新,事情虽不大,却开启了秦国改革礼制的先河,其意义不可小觑。再一件是实行"初租禾",按土地亩数征收租税,实则是承认了"私田"的合法性,表明秦国开始向封建制度转化。除了第一件事,后两件都明显带着晋文化色彩。春秋战国时期,佩剑的防身作用是次要的,主是作用是礼仪佩饰。《史记·吴太伯世家》记载了吴国公子季札挂剑的故事,公元前 544 年,吴国季札出使晋国,路经徐国。徐君对季札佩带的宝剑心生羡慕。季札考虑到出使的需要,暂时没有赠送,打算完成使命再送给徐君。没想到出使完毕返回吴国时,徐君已死,季札"乃解其宝剑系徐冢树而去"。从这一故事可以看到,季札在出使中佩剑,不但可防身,也是身份与地位的标志。允许官吏带剑,其实是说秦国通过佩剑打破了普通官吏与贵族之间的身份界线,这可能是秦简公首创,但是,三晋却更早地废除了贵族身份地位界线,"铁之战"中赵简子激励将士时所说的"庶人工商遂,人臣隶圉免"就打破了身份界线。而魏文侯以子夏、田子方、段干木为师,李悝、翟璜为相,乐羊、吴起为将,这几位在魏国享有崇高地位的人,都出身小贵族或庶民。因此,首先打破身份界线的还是三晋之国。

至于承认私田的合法化,则是从三晋学来的经验。秦晋两国本来都是公田制,即除了少数贵族拥有土地外,所有土地都属于国君,所谓"溥天之下,莫非王土"就是这个道理。公元前645年9月,韩原一战,秦穆公生擒晋惠公,晋国大夫为救国君,采取了两种办法,一是作爰田,二是作州兵。作爰田,就是晋国土地私有化的开始。这本来是危难之际的一种激励策略,后来发现对壮大国家有积极作用,便保留下来成为一种制度,到了卿大夫专权时,就写进了律典。

封建社会君王继立之变是常态。公元前385年,秦国再次因君位继承发生内乱。经过这次内乱,走上君位的是大名鼎鼎的秦献公。

三

秦献公(约前424—前362),又称秦元献公,名连,一名师隰,又称公子连,秦灵公之子。《史记·六国年表》:"秦灵公元年(前424)生献公。"父亲秦灵公去世后,庶长专权,立献公叔祖父秦简公为君,秦简公去世后,又将君位传给儿子秦惠公。公元前387年,惠公死,将君位传给时方二岁的儿子秦出公,这不知是不是中国历史上年龄最小的君王。秦出公即位后,秦国历史上第一次出现了女主专权局面。出公母亲主持朝政,史称小主夫人,小主指的是秦出公,小主夫人指的就是他的母亲。小主夫人听政期间重用宦官与外戚,弄得"群贤不说自匿,百姓郁怨非上",一场宫闱之变在所难免了。

公元前385年,秦国群臣发动政变,将小主夫人和秦出公杀死后沉入河中(一说小主夫人为自杀),迎立秦献公继位。可怜秦出公才四岁的小小幼儿,还不知道国君是怎么回事就死于非命。

其实秦献公与堂弟出公有着基本相同的命运,只是没有为争夺君位丧命而已。9岁时,父亲灵公去世,本来应该继承大统,却被叔祖父嬴悼子秦简公从晋国赶回来抢去君位,作为太子的公子连面临杀身之祸,为防不测,年仅9岁的公子连再蹈叔父悼子前辙,逃过黄河去晋地避难,开始了长达29年的流亡生活。不过,此时已三家分晋,公子连去的地方只能是魏文侯的魏国。

三晋裂变出来的魏国经魏文侯变革,已是当时中原各国中的超级强国。魏国的每一次胜利,对于以流亡者身份客居魏国的公子连来说,都是一次心灵创伤和感情震撼。吴起尽占秦西河之地时,他才16岁,祖国最险要的国防要地竟变为敌国的西河郡,对他来说,等于国耻国难,目睹魏国变法的成就,他受到许多启发,更多的是精神上的刺激。再联想自己的身世,公子连的心情一定十分复杂。

当年秦国为控制晋国,曾将晋惠公的儿子公子圉扣为人质,并导演了秦晋联姻的好戏。现在,公子连虽然是自己逃往魏国避难的,但尴尬身份与当年公子圉并无二致。老辣的魏文侯同样将控制秦国的筹码押在他身上。就像当年秦穆公对待公子圉一样,一面生活优渥,一面扣住不放,只差没将女儿嫁给他。

公子连是个有心人,漫长的流亡生活,不知归期的客居身份,为他提供了学习研究魏国之法的机会。在这29年中,他无时不在关注着秦国动向,无时不在研究强国之法。

从公子连的返国志向和以后的作为看,公子连更像以前晋国的公子重耳,秦国当时的遭遇也很像秦献公去世后的晋国。

公子连在魏国期间,魏文侯寿终正寝,儿子魏武侯继位后,公元前393年(武侯三年),大败秦军于注城;前391年,与韩赵结盟,再破楚军于大梁(今河南开封)、榆关(今河南中牟西南)。前389年,又用吴起为将,以5万之兵击败倾巢而出的50万秦军于阴晋。战场上接连胜利,将魏国的霸业又推向新高度,连齐国的田和想求封诸侯都得通过魏武侯向周天子说话。秦出公元年(前386),田和被正式列为诸侯,田氏代齐在法律上得到了周天子的认可。由于魏国帮了田和这样一个天大的忙,魏国和齐国出现了短暂的和平。但也在这一年,赵国与魏国、韩国产生了利益纠纷,把都城从易受魏国攻击的中牟(今河南鹤壁西)北迁至邯郸,准备与韩、魏决裂。此前,韩、赵、魏经常在一起行动,先后打败过齐国和楚国,夺取了楚、郑、宋等国的大片土地。这些土地因为与南面的韩魏接壤而多为两国所占,北边的赵国经常是跟着魏韩白忙活。而且魏国对赵国的南进中原非常抵制,引起了赵国的强烈不满。赵敬侯决定把都城迁往更利于防守的邯郸,以便同魏国展开对土地的争夺。邯郸西、南、东为漳河环绕,西边更有太行山为防魏、韩的天然屏障。中牟突入魏国的势力范围,处境危险,不利于同魏国这样的强大对手作战。赵敬侯迁都邯郸后,主要的攻取对象是卫国的土地,这就会威胁到控制卫国的魏国的利益。而且赵国与离魏赴楚的吴起联系紧密,赵楚联合,就将对魏国占领的重要城市大梁形成南北夹击之势。而西面的秦国是魏国的死敌,与赵、楚联系也很紧密。如果秦、赵、楚联合进攻,魏国就将处于南北西三面受敌的不利局面。魏武侯决定利用秦国内政不稳的机会,把颠覆秦政权作为魏国冲出三国包围的突破口。尽管秦是三国中最弱的,但解决秦国不能靠战争。如果魏国攻秦,赵、楚必定会趁势南北夹攻。魏武侯决定采用一个既省力又省事的办法,把公子连送回秦国,建立一个亲魏政权。而且,即使公子连夺权失败,秦国也必将陷入混乱,无暇东顾。魏武侯的这个办法可谓两全其美。

历史往往重复着同一个故事。魏武侯犯了一个比当年穆秦公更严重的错误。只此一举,秦国便奠定了霸业,而六国将从此走进万劫不复之路。

这时,秦国在两岁的小主秦出公与太后小主夫人的统治下,政局不稳,正好为公子连回国提供了机会。

秦出公二年(前385),公子连一行取道郑所之塞(今华县附近)入秦,被守将右主然阻拦,只好绕道北翟改由焉氏塞(今宁夏固原东南)入境,守将菌改将公子连放入。听到消息后,小主夫人大惊,派军队前往迎击,不想军队中途哗变,由讨贼寇变为迎主君。公子连回到雍城后,小主夫人自杀,公子连顺利坐上君位,是为秦献公。

《吕氏春秋·当赏》记载秦献公回国的经历:

公子连亡在魏,闻之,欲入,因群臣与民从郑所之塞。右主然守塞,弗入,曰:"臣有义,不两主,公子勉去矣!"公子连去,入翟,从焉氏塞,菌改入之。夫人闻之,大骇,令吏兴卒。奉命曰:"寇在边。"卒与吏其始发也,皆曰:"往击寇。"中道,因变曰:"非击寇也,迎主君也。"公子连因与卒俱来,至雍,围夫人,夫人自杀。公子连立,是为献公。

一个封建专制国家的强弱,往往取决于君主,君主英明则国强,君主昏庸则国弱。秦献公夺得君位前的经历,决定了他是一个英明的君主。在位短短十几年时间,他大胆地将魏国所学的政治经验用于秦国,内修国政,外对强敌,很快使秦国走上富强之路。

四

在魏国生活20年,秦献公深受三晋文化熏染,他的许多改革举措都带有明显的三晋文化痕迹。

秦献公元年(前384),献公登上君位头一年,做出的第一个举动,是废除了秦国实行数百年的人殉制度,史书上称为"止从死"。作为殉葬制度的变通措施,秦国的奴隶主贵族开始以陶俑代替真人殉葬,这才有了以后举世震惊的秦始皇兵马俑。殉葬制度与阶级社会同步,《墨子·节葬篇》中说:"天子杀殉,众者数百,寡者数十,将军大夫杀殉,众者数十,寡者数人。"春秋中晚期,这种野蛮的丧葬礼俗在晋国等中原国家已逐渐消失,秦国的丧葬制度落后中原诸国至少百年。《左传·宣公十五年》讲了一个有趣的故事:公元前594年,秋七月,秦桓公出兵伐晋,与晋军在晋地辅氏(今陕西大荔县)交战,晋将魏颗与秦将杜回相遇,杜回是秦国有名的大力士,骁勇无比。二人厮杀在一起,正在难分难解之际,一位老人突然抛来一根草编绳子,将杜回套住,秦国大力士站立不稳,摔倒在地,当场被魏颗俘获,魏颗大败秦师。

原来,晋国大夫魏武子有两位爱妾无子。魏武子生病时嘱咐儿子魏颗说:"我若死了,你一定要选良配把她们嫁出去。"后来魏武子病重,又对魏颗说:"我死之后,一定要让她们为我殉葬,使我在九泉之下有伴。"等到魏武子死后,魏颗并没有将二女杀死陪葬,而是把她们嫁人。其弟责问为何不遵父临终之愿,魏颗说:"人在病重的时候,神智是昏乱不清的,我嫁此二女,是依据父亲神智清醒时的吩咐。"

晋军获胜收兵后,当天夜里,魏颗在梦中见到那位白天为他结绳绊倒杜回的老人,老人说,我就是你所嫁出去夫人的父亲,你违背父亲临终之命,没有让我女儿陪葬,所以我结草套住杜回来报答你!

这就是成语"结草衔环"的来历。这则故事说明,晋国早在秦献公改革丧葬制度200多年以前,就有意摈弃人殉制。

献公改革人殉制度后,取而代之的是木俑、泥俑、陶俑和铜俑,以后,秦国再不会出现"三良"殉葬举国悲痛的情形,民心归,士心回,存活了大量劳动力的同时,也增加了君王的亲和力。

秦献公二年(前383),献公将国都从雍城迁栎阳。早在公元前583年,晋国就有过同样的举动,史称谋去故绛,迁都新田,目的就是为了离开卿大夫私家势力盘踞的绛都。整整200年后,秦献公迁秦都,目的与当年的晋国几乎完全相同,就是为了摆脱旧贵族势力的束缚,同时向国人显示收复河西之地的决心。献公此举,明显受到晋国影响。

献公的第三项改革措施是"为户籍相伍",将农户五家为一伍,编入国家户籍,实际是用军事单位来编户籍,便于战时征兵作战。这种作法也是从三晋借鉴而来。早在春秋时期,晋国就实行这种户籍编制办法,规定农户都要登记在户籍上,只有商民或从事手工业者可免。

秦献公的第四项改革是推行郡县制,公元前379年一次便设栎阳、蓝田、善明氏三县。而晋国早在春秋时期即实行郡县制。更近的实例则发生在三家分晋后,公元前409年,吴起率兵尽占秦河西之地,设立西河郡,下设15县,吴起任郡守。秦献公推行郡县制时,这件事才刚过去不到30年,秦国河西地还在魏军手里,魏国的西河郡还在。献公做公子时流亡魏国,很长时间即生活在西河郡,与出子争夺君位时,正是从西河郡入境,这次实行郡县制,很明显受到魏国郡县制启示。

秦风晋韵交织融合,很快增强了秦国实力,仅仅十多年后,便从战场上得到验证。秦献公对魏战争的第一个目标是重新夺回西河之地。

西河之地在战略上有着十分重要的意义,隔黄河东望,汾水和涑水流域是三晋政治、经济、文化和人口的中心;西边是洛水和渭水下游平原。无论从军事、经济角度看都是秦魏必争之地。

经过秦献公变革,秦国在对三晋战争中取得了一连串的胜利。公元前366年(献公十九年),秦在洛阴大败魏、韩联军,这是秦国数十年来对三晋首胜。公元前364年(献公二十一年),秦军深入河东,与魏军大战于石门(山西运城西南),斩首6万,大获全胜。公元前362年,秦献公派庶长国将兵伐魏,再次获胜,生俘魏将公孙痤,夺得繁庞。

司马迁曾对献公之后秦国连战连捷大惑不解,说"……秦始小国僻远,诸夏宾之,比于戎翟,至献公之后常雄诸侯。论秦之德义不如鲁、卫之暴戾者,量秦之兵不如三晋之疆也,然卒并天下,非必险固便形执利也,盖若天所助焉"。其实助秦的哪里是天,分明是秦国容纳四方文化的胸怀和对三晋文化的融入影响了战争结局。

秦怀公、秦简公、秦献公,百年之间,秦国三位国君相继流落三晋,又都从三晋回国争夺君位。每一位都受到三晋文化影响,每一位都在秦国进行了不同程度的改革,由秦国母体嫁接成的大树,终于在献公时代开花结果,秦国一改衰势,接下来,就要开始剪除六国,一统天下了。

战国时代是中国历史上的大变革时代,秦献公的变革是初步的,只具开创之功。秦国要想完成统一大业,还有许多未竟之事需要更多的英杰,更伟大的举措。

孝公:得商君而秦国兴

秦献公拉开了秦国变革的大幕,但真正使秦国变成国富兵强虎狼之国的,是其儿子秦孝公通过一位外国人实现的,对于三晋之国来说,这是一种悲哀。这位外国人叫卫鞅,来到秦国后又叫商鞅。本来商鞅可以为魏国所用,阴差阳错,却成了三晋之国的掘墓人。

秦献公之后,秦国张开了宽厚的怀抱,接纳四方之士。现在的国人一定很羡慕战国时的文化环境。当时的士人,也就是知识分子享有充分的择业自由和思想自由,哪怕是面对一国之君,合则留,不合则去,此处不留爷自有留爷处。而秦国开放的姿态,成为士人的最好去处。当时三晋之国魏、赵、韩占据着战国文化高地,因而,秦国对三晋人才倍加青睐,从三晋去秦国的士人络绎不绝。

若说三晋之国失误,此为最大失误,若说秦国高明,此举最为高明。

商鞅,又名公孙鞅(诸侯之孙曰公孙),卫国(今河南安阳市内黄梁庄镇一带)人。当时的卫国在诸强夹缝中生存,国势衰弱,心怀宏图大志的卫鞅并无用武之地。卫鞅"少好刑名之学",专研以法治国,受李悝、吴起等人的影响很大。而晋国自春秋时代起,就以法制之国闻名,卫鞅走出卫国之后,首选之地便是强大的魏国。

公元前365年,卫鞅来到魏国。以魏国的文化氛围,当然不乏慧眼伯乐,魏国宰相公叔痤十分欣赏卫鞅的学识,先聘卫鞅为中庶子,并多次向魏惠王推荐。公叔痤病重,魏惠王前来探望,问公孙痤:"你的病若真不能好,以后国家社稷可怎么办?"公孙痤对魏惠王说:"公孙鞅年虽少,有奇才,愿王举国听之。"又对惠王说:"王既不听用公孙鞅,必杀之,勿令出境。"这位公叔痤先生是位实在人,过后,把对魏惠王说的这番话,原封不动地说给卫鞅,劝他赶快逃跑,以免遭到杀身之祸。没想到卫鞅并不惊慌,说:"彼王不能用君之言任臣,又安能用君之言杀臣乎?"公叔痤死后,魏惠王果然对公叔痤嘱托不以为意,最终留下魏国大患。

这时的秦国,献公已经去世。公元前 361 年,21 岁的秦孝公即位。为富国强兵,改变秦落后于关东六国的局面,即位初年秦孝公便下令求贤。秦国再次张开了怀抱,接纳中原贤士。在求贤令中,秦孝公说:"宾客群臣有能出奇计强秦者,吾且尊官,与之分土。"

在魏国郁郁不得志的卫鞅听到这样的消息,怎能不动心?从公元前 365 年到公元前 361 年,他在魏国已经呆了四年时间,始终无所作为,而且随时有杀身之祸。他要离开魏国了,这一离去,魏国将因失一人而万劫不复,而秦国将因得一人而国富兵强。离开魏国时,卫鞅带了一本书,这就是魏相国李悝的《法经》。渡过黄河抵达秦都后,卫鞅通过秦孝公宠臣景监推荐,三见秦孝公,提出了帝道、王道、霸道三种君主之策。

聪明的政治家都会猜度主子的真正心意,商鞅既来秦国,就不能免俗。司马迁在《史记》中对三次会面做了精彩描述。卫鞅第一次见秦孝公,尽管他滔滔不绝,"语事良久",但秦孝公不感兴趣,"时时睡,弗听。罢而孝公怒景监曰:'子之客妄人耳,安足用邪!'"景监责怪卫鞅。卫鞅说这次说的是帝道,孝公没有悟开。五天后,第二次会见,秦孝公对卫鞅的话仍不感兴趣,再次责怪景监,景监则再次责怪卫鞅,卫鞅说:这次我说的是王道,孝公没有听进去,请再让他见我一次。第三会见,孝公很满意,对景监说:"你的客人不错,我可以和他长谈了。"卫鞅对景监:这次我说的是霸道,我知道他想要什么了。所谓霸道,就是在三晋兴起的法家学说。卫鞅终于猜中了秦孝公的心思。再次会见,卫鞅纵横捭阖,侃侃而谈,秦孝公听得入迷,"公与语,不自知膝之前于席也。语数日不厌"。

在这次谈话中,卫鞅与三国时的诸葛亮一样,向秦孝公谈天下大势,在他为秦国策划一统的大略中,矛头首先对准了他刚刚离开的魏国。他说:"秦之与魏,譬如人之有腹心疾,非魏并秦,秦即并魏……魏不支秦,必东徙。东徙,秦据山河之固,东乡以制诸侯。"

长谈三天三夜后,秦孝公决定按照卫鞅的"治国之术"改革秦制。公元前

359 年, 卫鞅任左庶长, 开始变法, 不久升任为掌握秦国军政大权的大良造。

作为一个外国人, 卫鞅要在秦国变法成功, 先要得到百姓信任。

某日, 秦国国都南门高高竖起一根三丈长的木头, 引来不少人围观, 正当众人不解之时, 卫鞅宣布: 能徙置北门者予十金。众人更感到奇怪, 没人相信这是真的。卫鞅又宣布: "能徙者予五十金", 有个胆大的把木头移到北门后, 卫鞅马上兑现, 将五十金交给此人, "以明不欺"。通过"徙木赏金", 卫鞅取信于民, 为变法打下了基础。其实连这种小花招, 卫鞅也是从魏国照搬来的。以前, 吴起在魏国也使过这一招。

卫鞅在秦国的变法共有两次。

第一次变法始于公元前 359 年。内容主要有:

垦草令, 即使民开荒种地。

"令民为什五", 定连坐之法。(注意, 这项连坐法令最后使卫鞅本人深受其害。)即五家为伍, 两伍为十编入户籍, 一家有罪九家连举揭发, 若不纠举, 十家连坐。这项律令, 以后成为历代帝王治民的法宝, 直到清代末期还使用, 而户籍制度直到现在还使用。

卫鞅更厉害的一招是推行小家庭政策。"民有二男以上不分异者, 倍其赋。"为什么要这么做? 因为朝廷征收税赋以户为单位, 户多则税赋多。

再一项是重农抑商。所谓"本末"即由此而来, 本就是农业, 末就是工商业。重农抑商是魏国李悝变法时提出的一项国策, 但没有卫鞅来得严厉, 卫鞅认为"国之所以兴者, 农战也", "农者寡而游食者众, 故其国贫, 危"; 而且"农少、商多"的结果是"贵人贫、商贫、农贫", 因而极力抑制末业(特别是商业), 而使游食者群趋于农, 以达到"搏以于农"、"壹民于农"的目的。规定: 凡从事工商活动的, 全家一并没为官奴婢。称: "大小戮力本业, 耕织致粟帛多者复其身。事末及怠而贫者, 举以为收孥。"

还有一项是奖军功, 惩私斗, 定爵位。即将官爵分成若干等级, 根据士兵在战争上表现授爵, 斩敌首一个授一级, 斩敌首两个二级。如此, 士兵在战场个个奋勇争先, 舍身亡命。

第二次变法始于公元前 350 年, 主要内容有:

革除陋习, 禁止父子兄弟同室居住。

实行郡县制,将当时的秦国分成41县,每县有县令、县丞。这也是效仿魏制,从魏国学来的现成经验。

"为田开阡陌封疆"。就是要破除原来土地上的封疆界线,重设田界。实际是要土地私有化,准许土地买卖。

再一个就是著名的"统一度量衡"。现在使用的丈、尺都是那时候来的。

最后一项是"初为赋"。就是按户照人口收取税赋。

卫鞅两次变法,使秦国一举在诸雄中由落后变为强盛,"秦民大悦","乡邑大治","道不拾遗,民不妄取"。卫鞅因此被封商地,称为商鞅。

商鞅变法以前,无论秦国有多少明君良臣,多少战车兵马,在战场上始终被三晋压制,从春秋至战国中期数百年间,不得过崤函一步。秦国真正强大起来,在商鞅变法之后。汉人贾谊著名的《过秦论》说:"当是时也,商君佐之,内立法度,务耕织,修守战之具;外连衡而斗诸侯。于是秦人拱手而取西河之外。"从此,在与魏的争斗中彻底占据上风。商鞅在秦执政约二十年,"兵革大强,诸侯畏惧",百姓富裕,"家给人足"。更可怕的是,商鞅为秦国培养出一支真正的虎狼之师。《商君书》中说:"民之见战也,如饿狼之见肉。"有这样一支战斗力极强的军队,秦国从此长期凌驾于山东六国之上,为后来统一六国奠定了基础。

封建专制时代,多数治世能臣最后都难脱悲剧命运。公元前338年,秦国崛起的第一功臣商鞅走到了生命尽头。这一年秦孝公崩,惠文王即位,公子虔告商鞅谋反。商鞅逃亡至边关,欲宿客舍,店家并不知道他就是商鞅,说:根据商君制定的法律,客人住宿不验明身份店主要治连坐之罪。任商鞅怎样解释,店家都不敢让他留宿。商鞅仰天长叹,说:天啊!变法的弊端以至于此。不得已逃往魏国。这次,魏国再次因气量小错过了能臣,因商鞅曾多次大败魏军,魏国君臣恨死了他,明确加以拒绝。商鞅想逃往其他国家,魏国又向各国放风说:"商鞅是秦的叛贼,使秦国强大了又来祸害魏国,不能让他入境。"一代豪杰商鞅最后走投无路,只能回到自己在秦国的封地商邑。为抗拒秦廷,和其学生一起发邑兵出击郑地。秦廷很快出兵征讨,在郑地黾池将商鞅杀死。即使如此,秦惠王仍不能发泄对商鞅的仇恨,将商鞅尸身处"车裂之刑",并将商鞅家族满门抄斩。

商鞅是可悲的，一手建立起秦国法规，结果为法所拒；一手促使秦国强大，结果为强秦所灭；一手制定了秦国刑法，结果自己首先遭遇最残酷的刑法。

从衡强秦者，大抵皆三晋之人

一

　　商鞅之后，一大批三晋之士来到秦国，为秦国的强盛出谋划策。《史记》中说："三晋多权变之士，夫言从衡强秦者，大抵皆三晋之人。"在秦国的统一战争史中，另一位能臣同样来自三晋，这就是张仪。

　　与商鞅不同，张仪是纯粹的魏国人。此君乃鬼谷子高徒，饱读诗书，满腹韬略，以诡辩之术名满天下。当时，秦国虎视眈眈，觊觎六国，各国不得已采用苏秦的合纵之策，"合众弱以攻一强"，以防被兼并。秦国则用"连横"之策对付，"事一强以攻众弱"。张仪正是在这种情况下，凭其三寸不烂之舌游说秦王得到重用。

　　司马迁在《史记》中对张仪的舌头曾做过活灵活现的描写："张仪已学，游说诸侯。尝从楚相饮，已而楚相亡璧，门下意张仪，曰：'仪贫无行，必此盗相君之璧。'共执张仪，掠笞数百，不服，醳（释）之。其妻曰：'嘻！子毋读书游说，安得此辱乎？'张仪谓其妻曰：'视吾舌尚在不？'其妻笑曰：'舌在也。'仪曰：'足矣。'"

　　这样的人物一旦为强秦所用，爆发出的能量足以毁灭脆弱的三晋。战国时代，一国之士去另一国谋出路，为他国出力献计是很正常的事，没有叛国罪之说，也没有汉奸卖国贼等吓人的大帽子。好德者如孔夫子、孟夫子也逃出祖国，为他国出力。张仪初出道时，先游说的是魏国，曾任魏相，结果遭魏惠王弃用。又游说楚国,结果更惨,被诬为小偷,暴揍一顿,只差没割了舌头。最后,到底还是秦人的包容成就了张仪。公元前328年,秦惠文王任用张仪为秦相国。这是秦国第一次设相,好像专门为张仪所设一样,以前,商鞅尽管主持秦国军政大事,行相国职权,官名却叫大良造,更早以前秦国相国叫庶长——平民百姓的头儿。相国是张仪来秦之后,仿三晋制而设。张仪两次任秦相,前后共11年。

张仪做秦相的头一件事,就是率秦军攻陕,大败魏军。

奇妙的是,张仪凭着其狡诈之机和雄辩之术,在秦国当相国多年后,回到魏国又能被任为相国。并且说服魏惠王派太子朝见秦王,表示归顺。以后游说楚国,以片言只语竟得楚地六百里。这是连号称虎狼之师的秦军也难以做到的事,张仪的一根舌头足足可抵秦国十万雄兵。更奇妙的是,在魏国当了四年相国后,再回到秦国,秦国一样任用他为相。秦惠文王死后,因为即位的秦武王当太子时就不喜欢张仪,张仪逃出秦国,并出任魏相。两年后,生于魏国的张仪,又死于魏国。

仅仅在数十年之前还国力强盛称霸诸侯的魏国,硬是在张仪的舌关底下变得虚弱不堪,成为秦国附庸,灭亡只是迟早的事。

到三晋之国的另一个国家韩国,张仪依然摇舌鼓唇,说得韩王心里七上八下。面对韩王,张仪先以秦国暴力威胁,再以韩国利益相诱,好像韩国不顺从秦国只有死路一条。"先事秦则安,不事秦则危。夫造祸而求其福报,计浅而怨深,逆秦而顺楚,虽欲毋亡,不可得也。"(《史记》)一番话说得韩王只能"听仪计"。张仪因此得到五座城邑封赏,赐号"武信君"。

游说完韩王,张仪又去游说齐王,接着去游说三晋之国的另一个诸侯赵王,使的仍然是那根三寸不烂之舌,用的依然是离间之计。仿佛一切为赵国着想,实际处处为的是秦国利益。"约四国为一以攻赵,赵必四分其地。是故不敢匿意隐情,先以闻于左右。臣窃为大王计,莫如与秦王遇于渑池,面相见而口相结,请案兵无攻。原大王之定计。"一番话又将赵王忽悠得不敢与秦国为敌。直到"赵王许张仪,张仪乃去"。

在张仪的权变之术面前,所有的国君统统变成了傻瓜。

张仪用他的舌头,为秦国做出的贡献可比三军,李斯说他:"拔三川之地,西并巴蜀,北收上郡,南取汉中,包九夷,制鄢郢,东据成皋之险,割膏腴之壤,遂散六国之从,使之西面事秦。"

张仪、苏秦的雄辩术,都来自于纵横家,而三晋正是纵横家的摇篮。也就是说,张仪这样的权变之士本是三晋文化的结晶,而三晋之国却在张仪嘴里一个个土崩瓦解。为什么这样的人不能为三晋所用而在秦国大放光芒?一是秦国文化的宽容接纳了他,秦王的霸业需要这样的人。二是秦国这样缺少礼制约束的国度更适合纵横家发展。这是三晋之国的悲哀,也是秦国最后能统一六国的一个重要原因。

张仪与商鞅的不同处在于他是纯粹的魏国人,相同处是他与商鞅一样,对壮大秦国、统一六国起到决定性作用,同为三晋掘墓人。

二

张仪离开秦国之后,又一位魏国人来到秦国,同样被任为相国,这就是范雎。

范雎(?—前255),也叫范且,字叔,魏国人,也是纵横家出身,同样靠嘴皮子功夫谋出路,和商鞅、张仪去秦国游说相比,他的经历更复杂艰辛。

范雎家境贫寒,本来想跟随魏王建功立业,因贫穷无法见到魏王,只能投身大夫须贾门下。后来,须贾出使齐国,范雎跟随前往,凭着雄辩之才深得齐王器重。齐王想留他做卿客。并赠黄金十斤,牛、酒等物,均被范雎谢绝。回国后,须贾向相国魏齐诬告范雎向齐国出卖情报,才得到齐王馈赠。魏齐大怒,派人对范雎严刑拷打。范雎被折磨得肋折齿落,体无完肤,用席片裹卷扔进茅厕。魏齐又令下人往他身上撒尿。范雎装死,被抛尸郊外。返家后托好友郑安平将自己藏匿,化名张禄,让家人举办丧事,好像真死了,魏齐深信不疑。

这样的遭遇怎能让心怀鸿鹄之志的范雎继续留在魏国?半年后,秦昭王派使臣王稽访魏。郑安平设法让范雎暗同王稽会面,由王稽将范雎带到秦国。这时的秦国已不是被三晋阻于崤函的西鄙之国,经商鞅变法后,国力强劲,东击韩魏,南击强楚,已露出狰狞獠牙,就要吞噬六国。范雎来到秦国时,正值秦昭王三十六年(前271),权贵把持朝政。范雎先故意危言耸听,夸大自己的价值,让王稽对秦王说:"秦王之国危于累卵,得臣则安。"然而秦昭王好像看不上这个魏国人,"使舍食草具"。用素食招待。直到一年之后,范雎才被秦王召入宫中。谈话中,范雎慷慨直言,指出秦昭王心病,说:"国人只知有太后、穰侯,不知有秦王。"第二天,范雎便被任为卿客,从此跻身秦廷,开始施展他的全部谋略。

"远交近攻"之策是范雎对秦国的伟大贡献。所谓远交近攻,即与秦国相距甚远、一时还打不到的地方一律采用诱骗、贿赂和恐吓的手段,与之建立盟友关系,使其不与诸侯国联合;对于与秦交界的国家则猛烈攻击,坚决兼并。具体策略是先笼络齐、燕、赵、楚,把攻击目标集中到魏、韩两国,吃掉魏、韩再对付其他四国。范雎对秦王解释说:"王不如远交而近攻,得寸,则王之寸;得尺,亦王之尺也。"(《战国策·秦策》)以后,秦国正是凭借这一策略,将六国一点点蚕食,各个击破,一统天下。

李斯在《谏逐客书》中说:"昭王得范雎,强公室,杜私门,蚕食诸侯,使秦成帝业。"中国历史上最残酷的战役"长平之战",也是用了范雎的计谋,离间赵国君臣,坑杀赵卒40万。

对内,范雎向秦昭王建议"固干削枝",剥夺朝中贵族权力,树立君王权威,这种策略与商鞅加强中央集权的想法如出一辙。昭王四十一年(前266),范雎被拜为相国,封为应侯。此时,秦灭六国已成定局。

在范雎之前,另一位三晋之人也在秦国拜相。此人是赵国人,名楼缓。战国中后期著名纵横家,善为长短句。与商鞅、范雎不同的是,他在赵国贵为大臣,曾支持赵武灵王"胡服骑射"。公元前306年被遣入秦,事秦昭襄王,将赵国的变革之法,变易之观带入秦国。前298年出任秦相,显赫一时,任上致力于秦赵两国之友好。

三

最后一个向秦国传播三晋文化的是著名的韩非。与商鞅、张仪、范雎的能言善辩正好相反,韩非是个心慧口拙的人。

韩非(约前280—前233),又称韩非子。战国晚期韩国人,韩王室诸公子之一,《史记》记载,韩非精于"刑名法术之学",与秦相李斯都是荀子的学生。韩非口吃而不擅言语,但文采出众,连李斯也自叹弗如。战国期间,法家人物众多,如李悝、商鞅、申不害、慎到,韩非是法家思想的集大成者。以后,中国两千年封建统治的理论框架基本是由法家和儒家思想构成,儒家重礼义教化,法家重严刑峻法;儒家重理想,法家重现实;帝王们治国则外用儒家以树德,内用法家以立威。可以说,韩非为中国大一统思想提供了理论基石。

　　雄心勃勃的韩非不幸出生在战国七雄中最弱小的韩国,身为韩国公子,他目睹韩国日趋衰弱,多次向韩王上书进谏,希望韩王安励精图治,变法图强。韩王安置若罔闻,始终都未采纳。韩非的另一个不幸则是个人原因,即他的口吃。春秋战国诸子著述煌煌如韩非者很少,却或能游说于诸侯,或能为诸侯所用,唯独韩非既不能为君王所知,又不能为之所用,好容易被秦始皇赏识,却被同门所害,"终死于秦,不能自脱"。呜呼韩非!张仪被暴打后,问妻子自己舌头是否还在,韩非却有舌形同无舌。孔夫子说:"有德者必有其言。"为宣扬自己信念,乘牛车周游列国,会七十余君,明知不可为而为之。墨子上说下教,热衷到以"美女自炫"的地步。更有甚者的是名家、纵横家,如施惠、公孙龙、苏秦、张仪等人,仅凭一张好嘴,便博得帝王赏识。韩非所述乃帝王之术,最适合战国末年诸侯征战,却不能为人所知,难怪他愤而著《说难》。

　　反过来说,有个大思想家韩非,也是韩国的不幸,犹如一个贫弱之家藏着件宝物又不自知,迟早会因此遭到灾难。

　　韩非之文峭拔挺峻,气吞山岳,文采斐然。秦王看了《孤愤》《五蠹》之后,感叹说:"嗟乎,寡人得见此人与之游,死不恨矣!"秦相国李斯是韩非同窗,对秦王说:"此韩非之所著书也。"但韩非是韩国人,哪能说见就见。秦始皇不愧千古一帝,霸气十足,想见韩非心切,干脆发兵攻打韩国,向韩王安要人。为得一才而不惜兴兵攻邻,在中国历史上可谓空前绝后,绝无仅有。

　　韩王安从没有认识到韩非的价值,更没打算重用韩非,与秦国为邻多年,早被秦国打怕了,此时再因韩非被打,派韩非自己去秦国是最好的解决办法。秦王见到韩非十分高兴,却并没有重用,更没有信任韩非。因为韩非毕竟是敌国派来的人。但是韩非的才能还是遭到同门李斯、姚贾的嫉妒。在秦王面前诋毁说:"韩非,韩之诸公子也。今王欲并诸侯,非终为韩不为秦,此人之情也。今王不用,久留而归之,此自遗患也,不如以过法诛之。"这话和当年商鞅留在魏国时,宰相公叔痤说给魏王的话几乎一样,就是说,如果大王不用他,留得久了他就会回去,这就给秦国留下祸患,不如找个借口将他杀了。

韩非可能根本就不会想到,他胸怀韬略,被视为谋略家的鼻祖,自己却像一块放在案板上的肉一样,被人在背后密谋如何宰割。最后,秦王同意李斯的建议,将韩非下狱治罪,又派人送去毒药要韩非自杀。韩非当时还心想圣主会出手相救,多次要求见秦王,终没有达到目的。最后只能服毒身亡。法家一代宗师就这样为同窗所害。

韩非文章中,有个"宋人酤酒"的故事,说是宋国一位卖酒人放着好酒没人买,找到一位老者问原因。老者告诉他是因为他家的狗太凶,有人上门买酒,看门狗迓而龁之。韩非引申说:一个国家也有这样的狗,"有道之士怀其术而欲以明万乘之主,大臣为猛狗迓而龁之。"他没有想到,自己第一次走出韩国就被这样的狗活活咬死,而且这条狗还是他的同窗,曾一起就读于荀子门下。韩非从一开始就错了,酒卖不出去的原因不在狗而在人,若真想卖酒,把狗拴好不就得了吗?韩非其实是死于国之主人秦王之手,而不是国之狗李斯。

韩非悲惨地死了,他的学说却为秦王所用,最后发展为专制帝王的大一统治国方略。与商鞅不同的是,韩非还没有来得及为秦国出力,便"走狗烹"了。

三晋与秦国隔河对峙数百年,每当秦国危难,便有三晋贤士相助,每有三晋贤士相助,秦国便能击败三晋,最后,秦国终于在三晋贤士的帮助下,剪除六国,一统天下。在秦风晋韵的交织中,秦风最终占得上风,以后,秦地将成为华夏文化中心,不用再像秦穆公、秦献公和秦始皇那样惜贤爱才,三晋之士也将趋之若鹜。

魏长城　秦长城

战国中晚期,黄河西岸的渭北高原上矗立着两道长城。

今天所能看到的长城一律朝外,就连晋北的外长城、内长城,二道边、三道边也统一面向一个方向,这两道长城却是相对而立,一道向东,背靠关中面对黄河;一道向西,背靠黄河面朝关中。两道长城像两位相互较劲的壮汉般,暴起的青筋下,是不足的底气。

两道长城都起于华山脚下的华阴县,一道沿着起伏的渭北高原,依地势蜿蜒北上,直到龙门山下。一道同样沿着渭北高原,向西北蜿蜒,越过渭河,跨过洛水,北止于黄龙山麓。两条弧状的长城像两张拉紧了的弓,都铆足了劲,不定哪一刻就会射向对方。

按照现在的叫法,面向黄河的长城叫秦东长城,面向关中的长城叫魏长城。两道长城之间相距不过百里。如今,再走上这片土地,尚能在黄土丘陵之间,找见各自的遗迹。据史念海先生说,魏长城有一部分塌入黄河。如今在陕西韩城附近,还是能找见魏长城遗迹。只是当年巍峨的长城已矮如地垄,不仔细看,恍如看见黄土高原上常见的土梁。走近了,仍能感觉到这土梁散发出的气息,站在上面,仿佛丁当作响的金属碰撞声还在历史的深处回响,嘹亮而沉重,带着几分血腥与惨烈。

秦东长城又叫堑洛长城,修筑方法与一般长城不同。别的长城是筑土夯墙而成,堑洛长城则是沿着洛水,削崖掘岸,在无崖无岸处才夯起土墙来。魏长城与秦东长城地理状况相同,想来也采用过相同的方法。

在国人的概念中,长城是用来防御游牧民族的。这两道长城却是华夏民族之间的对垒。两道不同的长城,是两个标志,都面对着相夹的那片狭长地带,共同演绎出战国晚期那段血雨腥风的历史。

这片面积不大的土地,用相对的两道长城告诉后人:这里曾经是秦魏之间战火最密集的古战场,于敌对两方都有着至关重要的意义。这就是关系到魏秦两国生死存亡的河西地。

黄河就在这片土地边缘处流淌,看起来从容温驯的河水,不经意中,便冲出了三十年河西,三十年河东。战国中晚期,秦魏两国在这片土地上正好也表现出了这种形态,你来我往,你进我退,在长达百年的时间里,两国之争如同滔滔河水一样,时而浪花飞溅,时而惊涛骇浪,一番涌动之后终归大海。

这片土地又是战国年间归属变化最多的地方,时而属魏,时而属秦,在金戈铁马、战火烽烟中,两国争夺了两百多年。两道相对的长城就是两国征战的见证。

战国初年,刚刚从三家分晋中缓了一口气的魏国君主魏斯,不待当上诸侯,就开始与秦人在这片土地上征战。这时的魏国,呈现出蒸蒸日上的势头,文有李悝变法,武有吴起整军,以三晋之一卿,与立国数百年的秦国交手,魏国反倒完全占了上风。

公元前409年,吴起率魏军攻取秦河西地区的临晋(今陕西大荔东)、元里(今澄城南),并增修此二城。次年,攻秦至郑(今华县),筑洛阴(今大荔南)、郃阳(今合阳东南),尽占秦之河西地,置西河郡,吴起任西河郡守。这一时期的吴起所向披靡,"与诸侯大战七十六,全胜六十四","辟土四面,拓地千里"。此时,秦国的国君是秦简公,眼看魏军步步推进,就进入关中平原,与魏军周旋之余,举一国之力,在洛水西岸修筑长城,这就是秦东长城。中国人的一项伟大创举在秦简公时代诞生了,在冷兵器时代,这可以说是一项伟大的发明,矗立在渭北丘陵的高墙,足可以阻挡魏军的攻势和游牧民族的马蹄。有人说:长城是中国帝王惊恐的象征。从秦简公修长城就能看出来。

秦简公筑起的这道长城,南起今陕西华阴县,向东北越过渭河,沿洛河右岸北上,经大荔、蒲城、白水等县,一直延伸到黄龙山麓。

现在,已经没人知道秦东长城有多高,只知道它被称之为堑洛,依地势削掘而成,可见当时修筑之匆忙。就是这样一道长城,挡住了魏军攻势。以后数十年间,秦国蛰伏在这道长城内休养生息,积攒着力量。

魏国的失误在于没能趁秦国新败,一鼓作气进军关中。占领西河后,即使后来有所作为的魏武侯也沉浸于被山带河的小天地中，而无后来秦国君臣的戾气霸气。一年，魏武侯与吴起巡视西河地，乘船沿黄河顺流而下，望着两岸景色，对吴起感叹："美哉乎山河之固，此魏国之宝也！"得意之情溢于言表，他忘了洛水西岸的长城内还有一支如同洪水猛兽般的虎狼之师。吴起告诉他："在德不在险。若君不修德，舟中之人尽为敌国也。"魏武侯后来的作为，果然应了吴起的话。先是猜忌贤能。吴起自从来到魏国，屡出奇计，屡挫强敌，反遭妒疑，不得已离魏投楚。再于公元前370年攻赵，导致三晋联盟破裂。秦国建起了长城，魏国却在自毁长城，衰亡是迟早的事。

魏长城比秦东长城晚修50年。公元前369年，魏武侯去世，魏惠王继位。仅仅过了十年，吴起的话就得到应验。魏惠王继位初期，以公孙痤为相，虽一度破秦孝公于栎阳，迫使秦国重新将国都迁回雍城。但是，前364年，魏惠王却把都城从安邑迁至大梁，远离秦国，显示出比其父魏武侯更保守的心态。不久，商鞅来到秦国开始变法，秦国国力大增，魏国厄运来了。

就在秦国酝酿变法之际，魏惠王下令在西河修筑长城。

魏国修长城看似无奈，实际是一种无进取心的表现。所谓无奈，是因为吃了几场不大不小的败仗。公元前366年，魏国在"洛阴之战"中惨败。公元前364年，秦军渡过黄河，深入河东，在石门大败魏军，斩首六万。公元前362年，秦攻魏少梁（今韩城），破魏军，擒魏将公孙痤，夺得庞（庞繁）。虽经数败，然而，经魏文侯、魏武侯两代对秦的胜利，魏国实力仍远在秦国之上。就是在这种情况下，魏惠王害怕了，为防止秦军侵扰，公元前358年，魏国开始在黄河以西与秦交界处修筑长城。《水经注》中说：魏惠王"使龙贾率师筑长城于西边"。公元前352年，魏国再次大举工役，"筑长城，塞固阳（当为合阳）"，公元前351年长城初步修成。次年又进一步扩建。这一修就是8年。

公元前356年，商鞅开始第一次变法，魏国修长城8年中的6年，是秦国休养生息、变法图强的6年。

公元前350年，魏长城修成了，如此费时费力，一定是一道巍峨雄伟的长城。渭河之畔，洛水沿岸，出现了一道奇特的景观，秦、魏两道长城并峙，蜿蜒数百里。

从当时的情形看，魏国采取守势，修起一道长城，等于告诉秦人，此后可以放心大胆地在长城外变法图强,积攒力量。精明的秦孝公深知这一点,在秦国变法期间,尽量避免与魏发生冲突,甚至做出一副友好的样子,与魏惠王在彤(陕西华县西南)相会,商议休战结盟。新修的魏长城就颤巍巍立在不远处,强劲的西邻总算表现出善意,魏惠王此时大概还在暗自为修这道长城庆幸呢。

魏长城为秦国的变法提供了一种心理环境,秦国的变法在这种环境中大获成功。面对崛起的秦国,魏惠王和他修起的长城一定在瑟瑟发抖。

有人说:长城是中国先人最公开的心理。魏长城正是魏惠王心理的表现,从此,魏秦两王战略地位互换,魏国变攻为守,步步退缩。

然而,仅仅靠一道长城就能挡住势若洪水的秦国吗?

筑在黄河岸边的魏长城,就像潘多拉的魔盒,一旦被打开,六国的灾难就来了。

秦魏之间素来水火不容,"非魏并秦,秦即并魏",一俟商鞅变法成功,秦国马上开始对魏国动手。公元前342年,趁魏国被齐国打败,商鞅建议秦孝公趁机伐魏,迫其东徙,这样秦国即可"据山河之固,东向以制诸侯,此帝王之业也"。第二年九月,商鞅亲率秦军击魏大胜。

公元前332年,在秦国如狼似虎的攻势下,魏不得不把阴晋之地(今华阴市东部与潼关县境)割让给秦。第二年,秦派大良造公孙衍(又一个魏人)率军攻魏,两国军队在雕阴(今甘泉县南)展开激烈交锋,魏军八万余人(一说四万五千)被全歼,主帅龙贾战败被俘。雕阴之战决定了魏国的败局。魏国已无足够的兵力保守河洛间地,当年就"予秦河西之地"以求和,即割让了今澄城、合阳一带土地。公元前330年,魏又"尽纳上郡于秦"凡15县,即今黄龙、宜川、延安县东南部的地方。魏从此完全放弃了对黄河以西地区的统治。用时8年,耗费巨大的魏长城变成了秦国境内的一道高大绵长的土墙,成为魏国耻辱的见证,在秦兵的喊杀声中颤抖,只和秦长城对峙了不到20年就崩溃了。

但是,秦军并没有停止对魏国的兼并步伐,尽占河西之地的第二年,开始了对河东的攻势,汾阴、皮氏、蒲阳、封陵、蒲坂、晋阳、垣曲等战略要地数次易主,至公元前290年,经过近40年争夺,魏国精疲力竭,将河东400里地割让秦国。

至此，秦军若洪水猛兽般，扑向六国，秦军统一六国序幕拉开。

秦国自惠文王以后，经秦武王、秦昭襄王、秦孝文王、秦庄襄王，百年间不断吞食，到秦始皇嬴政继位时，魏国已不是百年前的魏国，河西地尽失，河东地尽丧，起于河东，雄霸一时的魏国，在如今的山西竟无一寸土地。失去河东，魏国等于失去根基，再也无本钱与秦国抗衡，只能节节败退，龟缩大梁（今河南开封），虚弱不堪，已呈落花流水之势。等雄才大略的秦始皇一声令下，秦国大军来袭，魏国便要亡国了。

商鞅死了，其法不废，魏长城还矗立在黄河岸边，却已经死了，直到今天，两千多年间，它就是黄土高原上的一道土梁，战国烽烟的一种回忆，保守失败的一个标志。

嬴政和他的战争机器

公元前 247 年，被明代思想家李贽誉为"千古一帝"、同时也是最残暴的一代君主嬴政登上王位，中国从此鬼神泣天地怨。这一年，嬴政才 13 岁，朝中大权由他的尚父吕不韦把持。

继位后的嬴政太强悍了，史家往往被他身上强烈的光芒刺得睁不开眼睛，忘记他还有个名字叫赵政，或者赵正，更不记得他也是个深受晋文化影响的历史人物。他身上浓烈的法家思想正是得自于三晋文化。

进入到战国后，晋文化的概念已发生变化，晋文化并非山西一地之文化，而是包括晋及三晋统治的所有疆域。同样，秦文化也不是陕西一地之文化，而是包括秦及三秦统治地区和以后行政区划中的其他地区。幼年时的嬴政曾长期生活在三晋之一的赵国。据《史记·吕不韦列传》记载：战国后期，嬴政的父亲异人（庄襄王）被秦国送到赵国当人质。时值赵秦两国交战，异人在赵国处境艰难。当时赵国商人吕不韦富甲天下，遇见异人的时候，以为"奇货可居"。吕不韦认为，只要为异人在秦国争取到国君继承人地位，他日异人为王，即可获利不计其数。用一国之君做生意，吕不韦可谓中国历史上最大的商人。一次，异人参加吕不韦的宴会，见一名绝色舞姬翩翩起舞，异人为之动情。精明的吕不韦看出异人心思，随后将舞姬送给异人。这名舞姬后来生了嬴政，被立为夫人，史称赵姬。《史记·秦始皇本纪》同样记载了这件事："秦始皇帝者，秦庄襄王子也。庄襄王为秦质子于赵，见吕不韦姬，悦而取之，生始皇。"嬴政直到少年时期仍生活在赵国。后来父亲异人在吕不韦帮助下回到秦国当上国君，立嬴政为太子，吕不韦为相国。三年后，嬴政继位。

从小生活在赵国的嬴政，耳濡目染，晋文化已深深植根到他的意识当中。

公元前238年，22岁的嬴政开始亲理朝政。用了两年时间，秦王嬴政剪灭了吕不韦集团后，缓过手来，自公元前236年开始，集中力量进行剪灭六国的统一战争。

嬴政亲政之前，赵国已被强秦杀得一败涂地。

赵国自三家分晋后，经赵武灵王"胡服骑射"，北灭中山，西破娄烦、迫林胡王献马西河，拓地千里，已拥有今山西北部、河北北部以及内蒙古黄河以北大青山以南的广大地区。

赵国君臣睦、将相和。肥义、楼缓、蔺相如、虞卿、赵胜、赵奢、廉颇、李牧等良相名将辈出。再加上赵国地处北陲，长期与游牧民族交往，民风剽悍、崇尚气力、慷慨悲歌之士甚多，又得兵法之教，迅速成为战国中后期的北方军事强国。其崛起速度之快，出乎天下人意料之外，足令六国为之侧目。东方三强（魏、齐、楚）相继衰落后，秦国之威独步天下，赵国时为中流砥柱，其作用可谓举足轻重。到战国中后期，赵国实力已在魏国之上，成为唯一能与强秦抗衡的军事强国。

公元前260年，韩国的上党成为烫手山芋，留下必为强秦所攻，归降秦国又为将士不容，最好只好白送给赵国。而赵国所以敢接手，就是因为有强大的军事实力为后盾。不料，长平一战，赵国40万士卒被坑杀，从此一蹶不振，与魏、韩一样成为秦国案上鱼肉、盘中之餐。

长平之战可谓当时规模最大,战事最惨烈的战争。双方投入的兵员有上百万人。从公元前263年开始,到公元前260年9月结束,时间有两年多。

　　战争的结果是45万赵卒有40万被活埋,上党17县尽归秦国。史载当时"血流淙淙有声,杨谷之水皆变为丹,至今号为丹水"。唯有240名年纪幼小的赵兵被秦军放归赵国以散布恐慌,震慑山东六国。坑杀赵卒的消息传入赵国,整个国家中"子哭其父,父哭其子,兄哭其弟,弟哭其兄,祖哭其孙,妻哭其夫,沿街满市,号痛之声不绝"。至今,在山西高平市附近,仍能找到累累白骨。

　　赵国是中了秦国的离间计,撤下老谋深算的老将军廉颇,换上只会纸上谈兵的赵括才兵败如山倒的。而兵败的直接原因,则是赵军被困46天,粮草不继,伤病饿馁无法再战,只得全体投降。

　　秦军为打赢长平之战也付出了惨重代价。据史家分析,既能将45万之敌围而歼之,秦国参战人数当在60万以上。《史记·白起列传》中说:当时为了保证长平之战获胜,秦国广招兵丁,河内地区"年十五以上悉诣长平",战争结束后,虽坑杀赵卒40万,己方也伤亡过半。但是,秦国取得了战略上的胜利,由此"得上党而望中原",各诸侯国尽在彀中。

　　嬴政亲政之后,秦国的兼并战争如同秋风扫落叶,仅仅用了短短10年时间。

　　公元前230年,先灭最弱小的韩国,前228年灭赵,前226年灭燕,前225年灭魏,前223年灭楚,前221年灭齐。战争的进程极为残酷,10年间,秦国消灭六国军队超过200万,孟子慨叹"争城之战,杀人盈城,争地之战,杀人盈野",以至这位老夫子激愤地呼吁"此所谓率土而食人肉,罪不容于死"。

　　六国之中,魏国的灭亡最具戏剧性。仿佛冥冥之中有天意,韩赵魏三家分晋前,用水灌晋阳城,灭了智伯。公元前225年,秦将王贲开黄河大堤,滔滔黄河之水从天而降,灌进大梁。坚固的魏国都城被攻破,魏王假出城请降,魏国灭亡。这个以水战之法兴国,其间又与秦国在黄河两岸征战了二百多年的诸侯国,最后终于被黄河水淹没亡国。

　　每灭一个诸侯国,每进行一次兼并战争,秦国都要动员大量兵员,使用大量物资。有专家奇怪,当时,秦国总共才不过区区 500 万人,像长平之战那样,一次投入 60 万以上兵员,包括以后灭楚战争中秦将王翦率 60 万大军出征,都说明秦军总数在百万以上,也就是说秦国每五人中就有一个士兵,除去妇孺,秦国国内几乎再无成年男子。战争还需要大量物力,如:军粮、兵器、铠甲、军马、军车和其他军需品。如此穷兵黩武,秦国是如何保证庞大的战争机器正常运行的? 关中之地虽肥沃富饶,也不过八百里秦川,难道能保障如此巨大的战争开销?

其实,早在兼并战争开始之前,秦国就不再是原来的秦国,被魏国压制在崤函以西时,秦国就先向南发展,公元前 316 年灭巴蜀,先有天府之国,到公元前 236 年发动兼并战争,秦国已有巴蜀之地 80 年,就是蜀郡太守李冰修都江堰(前 256),距此时也已过去 20 年。后来秦国又蚕食魏国,公元前 290 年有河东 400 里之地,此时,河东已被秦国统治了 54 年。蜀人变为秦人,晋人也已变成秦人,丁壮都以秦兵的身份出现在战场上。至秦始皇当政前,秦国已有天下之半。早在七十多年前张仪威吓六国时,就以秦国实力为后盾。看看他游说楚王的话就知道秦国实力有多强:"秦地半天下,兵敌四国,被险带河,四塞以为固。虎贲之士百余万,车千乘,骑万匹,积粟如丘山。法令既明,士卒安难乐死。主明以严,将智以武。虽无出甲,席卷常山之险。必折天下之脊,天下有后服者先亡。且夫为从者,无以异于驱群羊而攻猛虎。"如此实力,哪个诸侯国也不是对手。

而秦国所以有这样的实力,在于秦国君主贤明,用人得当,目标明确。自秦献公至秦始皇,百余年间,秦国历八任君主,个个心怀宏图大志,选贤任能,身边都聚焦了一大批有为之士。这些人虽非个个都来自三晋,但秦国每至关键时期,起到决定作用的都是晋人,如商鞅(卫人,久居魏国)、张仪、范雎、韩非。

按照《战国策》里的说法,战国时期"秦虎贲之士百余万,车千乘,骑万匹","楚带甲百万,骑万匹","赵带甲数十万,车千乘,骑万匹","燕带甲数十万,车七千乘,骑六千匹",韩"地方九百里,带甲数十万人",魏强盛时期,国力强于秦、楚,军队至少也在百万。各国拥有如此多的军队,几乎是全民皆兵,要支持如此巨大的军费开支,没有强大的国力支撑几乎不可能,而秦国首先做好了这方面的准备。

竹简中的秦卒

商鞅变法的结果，与其说是增加了秦国的国力，不如说是把秦国变成一架战争机器。为了吞并六国，秦国百姓的生活，就是"耕战"两个字，士兵出征，以血肉躯建功立业，是为打仗；百姓耕耘，以抵死之力耕作积粟，是为战争作后援。可惜正史中对秦国普通士兵和平常百姓没有记载，让后人不能了解当时的战争究竟是怎么回事。

1975 年，湖北省云梦县一段铁路旁，发现了一座战国墓葬。这座外表看起来并无特别之处的墓葬，还原了秦国兼并战争中普通士兵与草民百姓的日常生活。

在这座不大的墓葬中，并无金银珠宝，更无古董珍玩，主人尸骨以外全部都是竹简，头枕的是简，头两边是简，身上是简，手里按着简，脚底下还是简。多亏历代盗墓贼没发现这座墓葬，或者看不上墓室里的竹片，墓室才得以封闭完好，再加上棺材一直浸泡在地下水中，温度恒定，这些竹简没有腐烂，墓主人尸骨也保存得相当完好。竹简所记内容绝大多数是商鞅变法之后的秦国律典。另一小部分很像一部自传，在一根根竹简上，用秦国特有文字，粗略地记载了一个人的生平。这个人的名字叫"喜"。

这些竹简后来被称为"云梦竹简"，历史学家认为，"云梦竹简"与 1965 年山西出土的"侯马盟书"玉片具有同样重要的意义。

根据竹简年代计算，喜所在的湖北云梦，当时已经并入了不断扩张的秦国疆界。喜是个秦人，可能是从遥远的秦国过来的，也可能是在当地长大的，因为这个时候秦人占领这个地区已经有一段时间了。

我阅读这些两千多年前的秦简时，首先感叹古人的文雅，同时感叹，两千多年前的文字读起来,除了篆字的难辨之外,写成当代汉字后竟无太多阅读障碍,这大概是因为现代汉语与秦文字一脉相承。竹简上写道:秦昭王四十五年(前262),"喜"在12月某日早晨鸡叫的时候出生。喜出生那一年,秦军在对韩国的战争中取得了局部胜利。《史记》记载:"四十五年,五大夫贲攻韩,取十城。"

喜有个弟弟叫"敢",比喜小两岁,生于公元前260年。敢出生时,秦军正在长平和赵国决战。秦参战兵员为60万甚至百万。长平地处太行山间,距秦地在400公里以上,距秦新占的河东之地也有300多公里,如此漫长的后勤供应线,需要超过前线人数一倍以上的役夫穿山越岭输送粮草。以后,王翦伐楚,带去的兵员同样有60万之众。在战国的最后十年,秦始皇发动的兼并战争经年不息,秦国所有人都成为秦始皇用战争之鞭驱赶的虎狼,气势汹汹地扑向六国。如没有意外,喜和敢的亲人中一定有人参加了长平之战,或者是他们的父亲,或者是他们的叔父。

秦国实行普遍征兵制,凡适龄男子都必须在专门的名册登记,并开始服徭役,当时称此为"傅籍"。"傅籍"年龄从17岁开始,至60岁为止(有爵位者止于56岁)。汉儒董仲舒说:"秦则不然,用商鞅之法,改帝王之制。……又加月为更卒,已复为正,一岁屯戍,一岁力役,三十倍于古。"(《汉书·食货志》)就是说,入"傅籍"者,每年需在本郡县服徭役一个月,担负修筑城垣、道路及运输等任务,到期更换,故称"更卒",一生中还要服兵役两年,一年在本郡,一年去京师或边疆,统称"正卒"。

秦始皇登上王位那一年(前247),喜15岁,两年后,喜进入傅籍,开始作为兵源,随时可能被征召服役。现在已说不清喜是到傅籍规定年龄入伍出征,还是未到傅籍就被征了兵。因为秦国"长平之战"时,有过"年十五以上悉诣长平"的先例。但喜还是到了十八岁后才打了第一仗。竹简上记载:喜分别在秦始皇三年、四年和十三年的时候从军打仗。

我们不知道喜在军队中究竟干什么,也不清楚他每次在军队里服役多长时间。但既然喜从18岁到28岁的十年间,曾经三次参加战斗,就可以看出来,在秦国,一个人一生服几次兵役似乎没有严格的规定,并非傅籍所规定的两年。从17岁到60岁,甚至更小或更老,只要战争需要,所有的男子随时都要奔赴战场。

从竹简上的记载看,喜并没有参加十年统一战争,而是在地方上当了县长的法律秘书之类的小吏。喜大概是在这个位置上终其一生的,秦始皇三十年时喜的自传戛然而止,也就是说,那一年喜可能死了。如果真是这样,他卒年46岁。医学专家对墓葬中的骨骼鉴定证实,这确实是一个45岁左右的男性。作为一名兢兢业业的地方法官,喜抄写了大量的法律文书;同时,喜还书写了自己的传记。正是有了喜的自传,我们才得以走进两千多年前一个秦国士兵的生活。

当时世界上,再没有比秦国更为庞大的战争机器。伟大的亚历山大有5万人的军队;罗马军团最强盛时也不过几十万人。公元前149年,古代罗马与迦太基之间为争夺地中海进行的第三次布匿战争,罗马执政官孟尼留斯率领的军队不过8万步兵、4000骑兵。军队规模被限制的一个重要原因就是无法生产足够的粮食。在那个遥远的年代,纵观全世界,也只有秦国能负担得起百万大军连年征战。

所以如此,就是因为商鞅变法后,秦国有了延续135年的国策:耕战。都江堰与郑国渠的修成,以及秦对巴蜀和河东的兼并,也为秦军提供了充裕的战争物资。

在喜的墓旁不远,考古学家又发现了另一个墓葬,与喜的墓葬比,它显得窄小、寒酸。两块写满文字的木牍证实,古墓主人是战国晚期一个普通的秦人,叫"衷"。另外两块写满文字的木条竟然是他两位弟弟的家信。战国晚期,纸还没有发明,信就写在这种20多厘米长的木条上,这是目前考古发现的中国最早的家信。两封信让后人知道了秦国普通士兵在战争以外的人间真情。

写信的兄弟俩,一个叫"黑夫",一个"叫惊"。

战国末期,社会处在急剧的动荡之中,这两兄弟为什么离家在外?黑夫在信中说,淮阳发生了叛乱,他们在攻打淮阳。从淮阳前线到后方的家里,距离大概三四百公里。两千多年前,两封战地家信沿着古驿道,不知经过多少次车马传递,很幸运地到达了目的地。

公元前223年,秦国发动的兼并战争已经接近尾声,楚国可以说是秦国在诸侯六国中最为强大的对手。司马迁在《史记》中记载,为了消灭实力雄厚的楚国,秦始皇曾问大将李信:"吾欲攻取荆(楚),于将军度用几何人而足?"李信说:"不过二十万人。"问王翦,王翦说:"非六十万人不可。"秦始皇说:"王将军老矣,何怯也?李将军果势壮勇。"于是派遣李信和蒙恬率二十万大军伐楚,没想到楚军大破李信军。秦始皇不得不再召王翦,率60万大军征服楚国。苦战两年才将楚国大将项燕击败,秦国占领楚国江南地。

黑夫和惊参加的就是这次伐楚战争。在信中,黑夫和惊写了一些当时的生活琐事。战争已进行到第二年春天,二月的江南春暖花开,阳光明丽。眼看天气变暖,兄弟二人还身着冬装,他们不得不写信向家中要钱和衣服,显得十分着急。

黑夫在其中一封信里说:"二月辛巳,黑夫、惊敢再拜问中,母毋恙也?黑夫、惊毋恙也。前日黑夫与惊别,今复会矣。黑夫寄益就书曰:遗黑夫钱,母操夏衣来。今书即到,母视安陆丝布贱,可以为禅裙襦者,母必为之,令与钱偕来。其丝布贵,徒操钱来,黑夫自以布此。黑夫等直佐淮阳,攻反城久,伤未可知也,愿母遣黑夫用勿少……"

在这封几近口语化的家书中,黑夫先问了母亲平安,再报了他们兄弟平安,又说到,他们兄弟前段时间离别,现在已经相会。黑夫要母亲给他寄钱,同时把夏天穿的衣服也寄来,越快越好。如果家那边布贵的话,就多寄些钱。他自己买布做夏衣。可能出去的时候以为时间不长,穿的还是比较厚的衣服,现在天热了,没有衣服穿了,希望家里给他送衣服。

弟弟惊写给长兄衷的信中说:"……钱衣,愿母幸遣钱五六百,布谨善者,毋下二丈五尺……用垣柏钱矣,室弗遣,即死矣,急急急。"意思说:希望母亲给他送五六百钱,好一些的布二丈五尺,他借了一个叫垣柏的人的钱,家里不快点寄钱的话,他可能马上就会死了,最后连用了三个急字。

惊在信中还提到了很多人,除了让母亲尽快送钱来之外,还问候了母亲、哥哥、姐姐及其邻居,在信末尾,惊甚至写到很想念他新婚的妻子。"惊多问新负(妇),媭得毋恙也?"并且告诫妻子"新负(妇)勉力视瞻丈人,毋与……勉力也。"

可以想见,这本来是一个其乐融融的大家庭,若不发生战争,男耕女织,春种秋收,在关中平原上,他们也许会安安稳稳平平淡淡地生活一辈子。现在,战争来了,两个兄弟在外打仗,哥哥衷在家里奉养母亲,此外,还有姑、秭(姐)。

从信中可以看出,这个家里是老太太主政,老太爷要么与儿子一样还长期在外征战,要么已壮烈疆场。不然,惊在信中不会不提及父亲。这正好印证了前面说到的秦国兵役制度。按照兄弟三人的年龄,这位老太爷如果还在人世的话,年龄当在五十多岁,还在服兵役的年龄之列。如果已去世,以他的年龄,也会赶上三十多年前的长平之战。

通过竹简上的家书,我们终于看到了两千多年前秦地的一个普通家庭。

这两封普通的家信,透露着极其重要的信息。从黑夫和惊向家中要钱和衣服来看,秦国士兵很可能没有军饷,日常花销和衣服都由家中负担,士兵的口粮是否也是家庭供应呢? 关于这一点,家信上一点都没有提到。

黑夫和惊的家书是作为长兄衷的陪葬品被埋入了地下。在中国古代,陪葬品往往是逝者最珍爱的东西。哥哥衷为什么要陪葬这两封家书呢? 有专家推测, 很可能是当时黑夫和惊已经战死沙场,哥哥带上这两封信踏上黄泉路,表示对弟弟的怀念,寓意兄弟三人生死在一起,永远不分开。另一种可能是黑夫和惊也许并没有战死,只是在哥哥衷下葬时,兄弟俩仍驰骋疆场,无法送哥哥最后一程。因此,家人将黑夫和惊的信作为陪葬品同衷一同下葬。他们大概相信,有这两封散发着兄弟体温的家书陪伴,哥哥衷的灵魂或许不会感到孤寂和寒冷。

从这两封家书里,我读到了一种温馨的亲情。历史并非总是枯燥单调。概念化的表述往往让历史显得冷冰冰,缺少细节的真实与生动。其实每一段历史的背后,都有无数个生命的跌宕起伏,无数个家庭的悲欢离合。当我们拉开历史的帷幕,看到的应该不仅仅是抽象的历史过程,更应该体味到鲜活的生命和温暖的人性。这样的历史,才是有质感的历史,也是有温度的历史。但是,这样的历史很难记入正史中,只能长时间地深埋于地下。

正是有感于此,我试图从卷帙浩繁的史籍中找类似的晋人家书,好一番查找之后,大失所望。可能晋人类似的家书还深埋在地下,要真正看到,只有等考古工作者的新发现了。

秦国正是靠黑夫和惊这样的普通士兵吃苦作战,才打下了一统江山,但是穷兵黩武的秦国到底还是二世而亡。为什么?不是陈胜、吴广、项羽、刘邦有多么英勇善战,也不是秦二世有多腐败无能。杜牧在《阿房宫赋》中一语道明原因:"呜呼!灭六国者六国也,非秦也。族秦者,秦也,非天下也。秦人不暇自哀,而后人哀之;后人哀之而不鉴之,亦使后人而复哀后人也。"近日读书,看到现代学者林鹏先生也对此问题进行了深入思考,他说:"这一切的秘密,就在秦始皇的政策之中。仔细检查他的政策,就可以发现全是商(鞅)韩(非)的一套,就是富国强兵的一套,也就是霸道的一套,它既可以把国家引向强大,同时也可以把国家引向灭亡。商、韩的药方,不过就是强力的春药罢了。所有后来的帝王,在帝王思想的支配下,着了急都是这样饮鸩止渴而亡的。"(林鹏《平旦札》)商鞅、韩非之法得之于晋,用之于秦,最后也亡了秦。

惨烈的汉韵胡风

CANLIE DE HANYUN HUFENG

　　越过黄河大桥，就进入陕西境内了。眼望着桥下奔涌的黄河水，每次跨越黄河桥的一瞬间，心里突然都会有一种崇敬的感觉。这里是省界，而且是如此轰轰烈烈、气壮山河的一条省界，明显得让人不能不提起精神，去关注一倏而过的河水与河岸风景。若时光倒退几十年，连跨越省界的过程也会轰轰烈烈，一条老旧的渡船，一条苍凉的大河，被两岸沧桑的土地相夹，共同将人的心荡漾在浪涛之上，在波涛声和船工号子声中，把自己送往对岸。中国的行政区划，自从皇始皇统一六国起，就以山川划分。从那时起，就没有了秦晋，只是因为这条大河，因为那段历史，秦晋还固执地存在着，或许会成为永远。

　　快捷便利的现代交通工具冲淡了河对岸的神秘，踏进这片土地，眼望一样起伏的黄土，那份崇敬就逐渐变成亲切。等接近西安时，崇敬之意又会油然升起。走进去，望着那厚重的古城墙，高耸的钟楼、大雁塔，再看那充满古风古韵的街道名：朱雀大街、未央路，会感觉西安带给人的是厚重和大气，仿佛每一个旮旯都挤满沉甸甸的历史。与其他大都会比，西安并非以繁华名世，甚至有些土气。同为古都，南京让人想起的是秦淮河上的六朝粉黛，北京让人想起的是宫廷台榭中的骄奢靡丽，开封让人想起的是清明上河图式的从容悠然。西安让人想到的只有大汉雄风、大唐盛世。西安的大气和厚重是由汉武帝、唐太宗共同缔造，生在骨子里的。走在宽阔的大街上，同样是穿梭往来的车辆、纷纷攘攘的人流，却能感觉与蓝天白云一样飘拂在天空上的帝王气象，会突然想起它还有一个名字叫长安。

　　按照我的理解，长安从建城之初就是一座堡垒，是自信与霸气的体现。陕西因地理上的原因，在泱泱中国一直起着连接西域、牵制诸夷之作用。大汉、大唐帝国好气派，就在面临强敌的家门口，建立起了自己的国都。

　　如今的西安是一个巨大的遗址，大汉雄风、大唐盛世早已深埋在地下，眼前的城墙、鼓楼都不过是对那两个时代的刻意模仿。古都的气势是从地下升腾而起的，就浮现在古城的每个角落里，需要用心去体会。然而，若走进不远处的茂陵，走进五陵原，会有不同的感觉，帝王们本来都是深埋在地下，那种雄风霸气却直接显露在地上，不由分说闯入眼睑，造成强烈的视觉冲击。

　　出西安市区西北行四十公里，是西安的下辖市兴平，茂陵就坐落在这里的南位乡。走进去，会感觉天地似乎都被一股气势笼罩，一座高大的封土，似山丘，似土岗，突兀霸道地矗立，这就是茂陵——汉武的墓地。汉武帝早已埋在地下，却用如此巨大的陵墓，将他好大喜功的个性延续了两千多年。据说，这座陵墓整整修了53年，从他坐上皇位开始，直到他去世修成。陵内随葬珍宝无数。西汉末年，农民起义军打开墓道，成百上千人搬取陵内随葬品，数十天后，"陵中物不能减半"。与茂陵同在五陵原上的，还有高祖长陵、惠帝安陵、景帝阳陵和昭帝平陵。只有茂陵气派最大，气势最恢宏。汉武帝似乎要告诉后人，即使他死了，仍然要威震八方，震慑匈奴。

让人更感兴趣的，是在茂陵周围还会看到几位汉代英雄和能臣的陵墓。卫青、霍去病、崔光、金日磾，其中，卫青、霍去病墓冢形状会引起每个人注意，卫青墓"起冢像卢山（阴山）"，霍去病墓"为冢像祁连山"。两座墓冢本身就是两座高耸的纪念碑，把当年的历史图像高高托举在空中。

看见这些人，这些墓冢，会油然想起大漠征尘中，与匈奴人的厮杀；想起宫廷之中，权臣们的勾心斗角。秦始皇死了，用一支完整的地下军团殉葬，希望能在冥冥中继续征服世界。汉武帝死了，陪在他身旁的是一个完整的朝廷，文臣武将俱全，以图在冥冥中，继续用他的威仪统治华夏。两千多年前，汉武帝就是靠这几个人外树军威，击败匈奴，内修国政，树立大汉雄威的。两千多年后，站在这几个人的陵前，似乎仍能听到寒风呼啸，战马嘶鸣，刀枪撞击。

忽然想起，汉武帝振大汉雄风，所倚重的这四个人中，竟有三个是晋人，而另一个恰恰是匈奴人。

车夫的谏言

公元前202年，刚从楚汉之争中平静下来的关中焦土遍地，阿房宫灰烬尚温，百姓惊魂未定。早在十多年前，秦始皇暴政，连年穷兵黩武，已弄得民不聊生。加上三年楚汉相争，曾经富庶的关中，被折磨得像一个营养不良的人，亟待休养生息。

拼死打了几年仗，登上皇位的汉高祖刘邦面临的是秦朝留下的烂摊子。且不说百姓生活怎样，就是堂堂天子，出门连四匹同一颜色的马也凑不齐，王公大臣们更可怜，上朝时坐的竟是牛车。更让刘邦不能容忍的是：阿房宫被项羽烧了，咸阳城已为瓦砾，大汉王朝尴尬得一无京城，二无皇宫。好在栎阳（今西安市阎良区武屯镇官庄村与古城屯村之间）还留下秦始皇的"离宫三百"之一兴乐宫，刘邦勉强在那里接见朝臣，除了日理万机，甚至没有觉得当皇帝有什么好处。

大汉帝国需要一个能够振国威，立基业的国都，刘邦看不上破败的咸阳，秦国在这里建都，才十几年光景便二世而亡。他要将国都定在雒（洛）阳。因为那里居天下之中，又是周室旧地。刘邦的意思很清楚，就是要与运祚600多年的"周室比隆"，看谁兴旺发达，运祚更长。

这年初夏的一天，残破的洛阳城里阳光明媚，一位衣着破旧的人来到皇帝行宫，要觐见大汉皇帝刘邦。此人名娄敬，是齐国的一名车夫，被派往陇西戍边，听说皇帝临幸洛阳，而且想把都城迁到这里，托老乡虞将军疏通关系，要见皇帝说些事情。这位虞将军面子很大，不问娄敬想找皇帝说什么，只要求他换件体面衣服，以示对皇帝的敬畏。没想到娄敬连这么低的要求也不答应，娄敬说："臣衣帛，衣帛见；衣褐，衣褐见，终不敢易衣。"用现在的话说就是：我本来穿的是好衣服，就穿好衣服见皇上，本来穿破衣服，就穿破衣服见皇上。

就是这样一个人，刘邦见到后并不反感，先招待吃了饭，然后问有什么事。娄敬问刘邦是不是想在洛阳建都，刘邦说是。这下引起了娄敬的话题，他妙语连珠，滔滔不绝，为刘邦分析在洛阳建都的弊端，在秦地建都的好处，他说："且夫秦地被山带河，四塞以为固，卒然有急，百万之众可具也。因秦之故，资甚美膏腴之地，此所谓天府者也。陛下入关而都之，山东虽乱，秦之故地可全而有也。"最后，娄敬还怕这位老粗皇帝听不明白，打比方说："夫与人斗，不搤其亢，拊其背，未能全其胜也。今陛下入关而都，案秦之故地，此亦搤天下之亢而拊其背也。"就是说，和人打架，不扼住的他的脖子，光在背上捶，不可能获得全胜。在关中建都，立足秦国故地，就好比扼住了天下咽喉。这么一比喻，说得刘邦连连称是。再与谋臣张良等人商量后，决定将国都建在关中。

一件事关国运的大事，因为一位车夫的话而改变。汉高祖六年（前201），咸阳更名为长安。大汉帝国正式确立了国都。从此，华夏西陲，关中大地上有了一个宫阙壮丽、街市宏伟的帝都。

几年后，刘邦在金碧辉煌的未央宫内大宴君臣，端起玉酒卮，向太上皇祝酒，与老父亲开玩笑，和兄长刘仲力（名喜）比财产："你老以前常说我淘气，不会治产业，现在你看看，我和仲力谁的财产多。"得意之情溢于言表。"殿上群臣皆呼万岁，大笑为乐。"又几年，刘邦整顿朝纲后，初试朝仪，高坐殿堂之上，只见殿下礼仪庄重，场景肃穆，文武有序，百官悚然，皇帝威严顿现，面对此情此景，刘邦感叹："吾乃今日知皇帝之贵也！"

刘邦定都长安，关中再次成为京畿之地，天下大势骤变。以前，秦朝都城虽然也在关中，但是，一来秦朝运祚太短，二来秦朝统治时期，内乱并没有真正停止，关中并没有获得真正统治中心地位。长安成为汉朝政治经济文化中心后，原来经济文化最为发达的中原腹地，顿时变为外省，要向关中聚拢，各地儒生纷纷来到长安，以展才学，以事帝王，关中很快变为华夏大地上人口最密集、文化最发达的首善之区。

战国时期，秦国屡屡攻打三晋，为的就是图取中原。现在一切都变了。晋地由原来与秦国对峙，互为攻取，变成秦地拱卫，表里山河变为京都屏障。早在秦时,分天下为三十六郡,晋地占其五,从南到北依次为河东郡、上党郡、太原郡、雁门郡、代郡(部分)。汉承秦制,在秦代五郡外,又增加了西河郡(部分)。除了河东郡与关中隔河相望,后来被汉文帝称为"股肱郡"外,其他五郡一下子变为边陲之地。虽然天下已无秦晋,更无秦晋之人,普天之下,都是大汉疆域、大汉臣民。但是,从西汉创制,到东迁洛阳,二百多年的时间内,晋地晋人,与大汉帝国最休戚相关,最关乎大汉社稷安危。

大汉王朝的梦魇

一

就在大汉立国之初,秦晋的北方、大漠深处的一个民族正在崛起,他们高举弯刀,擎起狼旗,呼啸而来,倏忽而去,不时突入秦晋两地掳掠汉民,劫掠财富,大汉帝国还没有从动乱中恢复过来,就面临着亡国危机。

这个凶悍而且可怕的民族就是自称为天之骄子的匈奴。

追溯历史渊源,匈奴原本是中华民族的一员。《史记·匈奴列传》记载:"匈奴,其先祖夏后氏之苗裔也,曰淳维。唐虞以上有山戎、猃狁、荤粥,居于北蛮,随畜牧而转移。"他们的生存活动之地在蒙古高原,包括现在的内蒙和外蒙。当时把蒙古高原叫瀚海,又叫大漠,因位置不同,又有漠北(相当于现在的蒙古国)和漠南(相当于现在的内蒙)之分。从商朝开始,匈奴人就参与了中原各个部落之间的争斗。作为夏桀的后代,夏末商初,他们曾在陕北和晋西北度过一段时间,被称为鬼方,再次被打败后不得不每年给商王进贡。为了复仇,又帮周武王推翻了商朝,武王曾承诺将洛(水)、易(水)之北归匈奴人所有。以后,武王并没有兑现承诺,匈奴人也没有停止对周王朝的侵扰。《汉书·匈奴传》说:周懿王时,王室遂衰,戎狄交侵,"侵盗暴虐中国。中国歌之曰：'戎狄是应'，'薄伐猃狁'……"歌中的猃狁就是匈奴人先祖。后来匈奴又与申侯共同灭掉了西周，周幽王为博美人褒姒一笑，烽火戏诸侯，最后招来的犬戎族也是后来的匈奴。诸侯争霸时，秦为三晋所阻向西发展，"益国十二，开地千里"，击败的戎狄之族，其中一部分也是以后的匈奴。

战国时代，诸强争雄，匈奴人在北方大漠再次崛起，赵武灵王"胡服骑射"，学的就是匈奴人的作战方式，以后曾派大将李牧率军击败过匈奴。

秦帝国时代，匈奴人又成为秦始皇的心腹大患，如狼似虎的秦国摧枯拉朽般地灭了六国，却对来去如风的匈奴人没办法，不断南侵的匈奴人让雄心勃勃的秦始皇如芒在背。刚刚完成了统一战争的秦朝满目疮痍，百废待举，秦始皇并不想再进行一场战争。不巧的是一句谶语提醒了秦始皇。

《史记》记载，完成统一大业之后的秦始皇，除了做过许多让后人千古称道的大事，如车同轨、书同文、行同伦之外，专心做的还有两件事：一是巡幸天下以"镇王气"，二是寻求长生不老之术。两者几乎同时进行，也就在这时候，一位名叫卢生的方士成为秦始皇宠臣。始皇三十二年（前215），秦始皇派卢生入海寻找蓬莱山，以求得不死之药。卢生带回了一本神秘的《录图书》，这本谶书上记录着一个惊天秘密："亡秦者，胡也。"生性多疑的秦始皇断定"胡"就是不断南侵的匈奴。

要将帝位传诸万世的秦始皇，怎能容忍匈奴亡秦？

公元前215年，秦始皇命大将蒙恬为统帅，公子扶苏为监军，率领30万秦军北击匈奴，收河套，屯兵上郡（今陕西省榆林市东南）。"却匈奴七百余里，胡人不敢南下而牧马"（《过秦论》）。

蒙恬北击匈奴期间，同时兴建了两处举世闻名的伟大工程，一处是连接秦、赵、燕五千余里的秦长城，从此长城作为历代抵御游牧民族的屏障，成为中华民族象征。另一处是长达800公里的秦直道，这是两千多年前的高速公路，其意义不在万里长城之下。太史公司马迁曾走过"直道"全程。《史记》记载："太史公曰：吾适北边，自直道归，行观蒙恬所为秦筑长城亭障，堑山堙谷，通直道，固轻百姓力矣！"长城与秦直道一起，共同构成了秦国完整而漫长的防御体系。因而，蒙恬守北边十余年，匈奴慑其威猛，不敢再犯。

匈奴人退却了，秦始皇万万没有想到，秦朝的最后灭亡正应了那句谶

语,只是亡秦之胡并非胡人,而是他的儿子秦二世胡亥。

二

至秦汉之际,蒙恬死,扶苏亡,边塞废弛。"匈奴稍强,蚕食诸侯,故破走月氏,因兵威,徙小国,引弓之民,并为一家。"意思是说,匈奴统一了北方的游牧民族。从此,匈奴又自称胡人,或"天之骄子",《汉书》中说:"单于遣使遗汉书云:'南有大汉,北有强胡。胡者,天之骄子也,不为小礼以自烦。'"

这时的匈奴单于名冒顿。这是一位终生与大汉为敌,心狠手辣却又值得尊敬的匈奴枭雄。少年时冒顿命运多舛,他本来是匈奴太子,父亲头曼单于却将他派往月氏(西域游牧部落)做人质。冒顿根本没想到父亲心肠有多黑,为让阏氏(匈奴皇后)之子取代太子位置,明知儿子冒顿在月氏做人质,故意发兵攻打月氏,想借月氏人杀死冒顿。月氏中王正要杀冒顿之时,冒顿偷得一匹好马逃回匈奴。头曼单于见冒顿如此英雄了得,令其统领万名骑兵。冒顿心里明白父亲的意图,强压住仇恨,开始不动声色地训练一只绝对效忠自己的部队。他发明了一种响箭,名鸣镝。命令士兵:响箭射到哪里,如果谁不向同一目标射箭,斩之。出猎时,他射出鸣镝,随从有不随鸣镝射往同一目标者,立刻处斩。他用鸣镝射自己的宝马,左右有不敢射者,立斩。他又用鸣镝射自己的爱妻,左右害怕不敢射者,又被斩杀。后来,他以鸣镝射头曼单于的宝马,左右无一人不射,冒顿知部下绝对忠于自己了。在一次随父亲头曼单于出猎时,冒顿终于将鸣镝射向父亲,左右随从毫不迟疑一齐放箭,射杀头曼。随后,冒顿又诛杀后母及异母弟,尽杀异己大臣,自立为匈奴单于。

历史上,刘邦以狡诈诡谲著称,这一次他将面对的是比他更诡诈残忍的可怕对手。

冒顿当上匈奴单于后,对世界充满了野心,先用欲擒故纵之计灭了东胡。故意向东胡示弱,东胡王要他的宝马,他不顾群臣反对给了,东胡王要他美貌的妻子,他又力排众议亲自奉上,最后,东胡王要两国之间一块闲置土地,众臣中有人以为没用,不妨送给。冒顿大怒:"地者,国之本也,奈何予之!"将凡同意给东胡土地的人全部斩杀。跨上战马,命令全体将士出征,凡国内还留下后人的,杀无赦。匈奴人暴风骤雨般杀向东胡,东胡国轻视匈奴,根本没有准备,等匈奴兵至,连招架之力都没有便被灭掉。接着,冒顿单于又西击月氏,南并楼烦、白羊河南王(匈奴别部,居河套以南)。一举收复秦时被蒙恬所占的匈奴土地,夺取了大汉疆域中的朝那(今宁夏固原东南)、肤施(今陕西榆林东南)等郡县。当时,匈奴人的疆域之大远超大汉,面积达2000多万平方公里,他们才是当时东亚的主宰,土地平坦物产富饶的大汉疆域就在嘴边,冒顿怎能放过?

这次,冒顿要将他的响箭射往大汉王朝。

公元前201年,秋高马肥之际,匈奴大举南下,兵锋直指汉朝的燕、代等地。

这时的汉朝,刚刚从战乱中走出来。刘邦登上皇位后,大封功臣,战国时期韩襄王的庶孙韩王信曾响应刘邦起义,带兵攻打韩地有功,获封国于颍川一带,定都阳翟(今河南省禹州市)。公元前201年春,刘邦认为韩王信封地乃兵家必争的战略重地,担心韩王信日后会构成威胁,以防御匈奴为名,将韩王信封地迁至太原郡,以晋阳(今山西省太原市)为都,拥有31县,是为韩国。韩王信以"国被边,匈奴数入,晋阳去塞远"为由,上书请求把都城迁至马邑(今山西省朔州市朔城区),得到刘邦批准。同年秋天,匈奴冒顿单于攻马邑,刘邦怀疑韩王信暗通匈奴,致书责备,韩王信担心被诛,与匈奴约定共同攻汉,以马邑之地请降。随后韩王信与匈奴挥师南下,进入雁门关,攻下太原郡。

大汉定都长安,关中与山西滨河接境,晋地便成国都门户,匈奴人攻下太原,就可以沿汾河谷地长驱直入威胁长安。山西存亡事关汉朝安危,大汉王朝刚刚立国就面临危机,刘邦不能不坐视不顾了。

三

汉王朝早期的历史是男人们创造的,却总与女人们脱不了干系。这次为汉家王朝做出贡献的是汉、匈两位皇后和几位冒牌公主。

公元前200年冬,汉高祖刘邦倾全国之力,御驾亲征,率32万大军出征匈奴,同时镇压韩王信叛乱。山西顿时狼烟弥漫,血雨腥风,成为汉军与匈奴人角逐的战场。

当时,匈奴军已占领太原郡地,汾河河谷被阻塞。汉军不得不由河东绕道上党,在铜鞮(今山西省沁县一带)先与韩王信军队遭遇。结果还算令刘邦满意,韩王信手下大将王喜被汉军杀死,韩王信本人逃奔匈奴。汉军乘胜追击,在晋阳击败韩王信与匈奴联军,大将周勃、灌婴率兵乘胜追至离石(今山西省吕梁市离石区),再次击败韩王信与匈奴联军。匈奴人北逃至楼烦(今山西宁武县境)西北集结兵力,周勃、灌婴穷追不舍,占领楼烦三城。汉军节节胜利,匈奴人看似不堪一击。

刘邦到达晋阳后,天寒地冻,雨雪交加。匈奴兵十之二三被冻掉手指,冒顿佯装败退,驻兵代谷(今山西省繁峙县至原平市一带),引诱汉军深入。刘邦老谋深算,不敢冒进,先派人出使匈奴打探虚实。冒顿故意将精锐部队隐藏,把老弱病残列于阵前。十余批使臣回来都说匈奴不堪一击。刘邦再派刘敬(娄敬)出使匈奴,刘敬回来报告说:"两国相击,此宜夸矜见所长,今臣往,徒见羸瘠、老弱,此必欲见短,伏奇兵以争利。愚以为匈奴不可击也"。刘邦不听劝告,大骂刘敬说:"齐虏!以口舌得官,今乃妄言沮吾军。"将刘敬抓起来囚禁在广武城,准备凯旋后处罚。

刘邦认定匈奴不堪一击,举一国之力,尽发32万大军北上。汉军多步兵,刘邦先率部分骑兵先行。至平城(今山西大同市)屯兵,这里群山环绕,岗峦叠起,匈奴骑兵突然冒出来,漫山遍野,弯刀闪烁,足足有40万之众。汉军被团团围在城东白登山(今大同市城西马辅山)。此时,天寒地冻,冷霜肃杀,汉军一连七天得不到粮饷供给,人困马乏,士气低落。匈奴铁骑声势浩大,西面的全是白马,东面全是青鬃马,北面全是黑马,南面全是棕色马,冰天雪地间,战马嘶鸣,呼啸驰骋,40万匈奴兵喊杀声惊天动地,汉军心惊胆寒,溃不成军。

久经沙场的汉高祖刘邦束手无策、一筹莫展。楚汉相争时,项羽固然勇猛,与匈奴兵相比还是太善良,刘邦和他的大汉军队从来没有遇到过这样可怕的对手。

幸亏随军谋士陈平头脑清醒,为刘邦献上奇计,重礼贿赂冒顿阏氏(匈奴皇后),并献上美女图像,对阏氏说:汉有如图上一样的美女,今匈奴围汉主,汉主将献上美女求解。历史上对陈平多有诟病,只看他给刘邦出的这个不光彩的主意,就可以看出此人德行。他摸准了女人的心思,此计果然比刘邦的32万大军还有用。看见陈平献上的美女图后,阏氏妒意大发,对冒顿说:"两主不相困。今得汉地,而单于终非能居之也。且汉王亦有神,单于察之。"阏氏的话起了作用,加上冒顿与韩王信部将王黄、赵利相约共击汉军,两人逾期不至,冒顿怀疑两人与汉军勾结,与自己不利。这才下令放开一角,大汉军狼狈脱逃。

刘邦与冒顿之间的战争,是两匹头狼的较量,比的是谁更狡诈凶狠,结果刘邦被撕咬得遍体鳞伤,好多年都不得不蛰伏起来,舐吮伤口。

与匈奴人第一战,大汉帝王以惨败告终。一时间,煌煌大汉到处弥漫着对匈奴人的畏惧气氛,众大臣无不谈"胡"色变。刘邦意识到,汉朝初立,论国力还远非匈奴对手,需要韬光养晦,休养生息。

四

白登之围后七十年内,大汉无力进攻匈奴,只能用一种屈辱的方式讨好匈奴,以求得暂时安宁。这种办法就是和亲。

史家们认为:与游牧民族和亲始于刘邦。其实,刘邦的和亲不过是换了个对象,或者说扩大了范围。春秋战国之齐晋、秦晋之间的联姻交好,同样是国与国之间的和亲,刘邦不过是把联姻交好发扬光大。

给刘邦出和亲主意的,还是车夫出身的娄敬,不过此时娄敬早已被赐姓刘,成为刘敬了。刘敬是个精明的血统论者,对刘邦说:"陛下如果能将长公主嫁与冒顿为妻,再奉送丰厚财宝做嫁妆,这些蛮夷必定敬慕汉朝,将公主立为阏氏,生子必为太子。将来会当上单于。冒顿在时,他是汉朝女婿;死了,汉朝的外孙就是单于。谁听说过外孙敢对外公无礼?"刘敬显然是用汉家的伦理观念推论匈奴人,他并非不知匈奴人的天性,但是对于当时国力衰弱的汉朝来说,这是一种聊胜于无的办法。刘邦同意了,著名的和亲之策就这在这种情况下确立。不过,后来吕后舍不得独生女儿远嫁匈奴,刘邦只能选宗室女冒名长公主出塞和亲,并派刘敬为和亲使臣,与匈奴约为兄弟,结和亲之约,岁贡献,通关市。以后,匈奴侵扰"乃少止"。

和亲之策源于秦晋之好,确立于白登之围。和亲路线也取道山西北出平城到达匈奴。在大一统时期,秦晋又紧紧捆在一起,在帝国危难之机,忍辱负重,为以后的民族融合做出了贡献。

汉高祖刘邦死后,十六岁的刘盈登上皇位,是为汉惠帝,惠帝在位仅七年,便惊悚忧郁而亡,母后吕雉"临朝称制"。吕后骄横跋扈,不知诛杀了多少刘氏宗亲,偏偏对远在北方的匈奴人束手无策,甚至遭受侮辱也只能忍气吞声。

吕后统治时期,冒顿更不把汉朝放在眼里。他还要以和亲的方式羞辱汉朝,不过这次,和亲的对象是汉王朝至尊至贵的皇太后吕后。

冒顿派使者致书吕后:"孤偾之君,生于沮泽之中,长于平野牛马之域,数至边境,愿游中国。陛下独立,孤偾独居。两主不乐,无以自虞,愿以所有,易其所无。"(《汉书·匈奴传上》)对于吕后来说,这几乎是一种猥亵。书信意思是说:我多次来到中国边境,愿意到中国一游,你寡居,我独身,两国君主都不快乐,我愿意用我所有,换取你所没有的。这是明明白白的性挑逗,作为一国之母如何受得了?吕后大怒,想立刻发兵征讨匈奴,被季布劝阻。只能向冒顿回书致歉:"单于不忘弊邑,赐之以书,弊邑恐惧。退而自图,年老气衰,发齿堕落,行步失度,单于过听,不足以自污。弊邑无罪,宜在见赦。窃有御车二乘,马二驷,以奉常驾。"意思是说,我年老气衰,发齿脱落,走路不稳,单于没有必要污辱自己,再说,我们汉朝没有什么罪恶,请你们赦免吧。

大汉王朝竟对匈奴人畏惧到如此地步,仿佛仆役之于主人,附庸之于宗主。遥想当年,吕后心里该是多么屈辱!

吕后死后,汉文帝刘恒继位。刘恒能当上大汉第三任皇帝有些幸运,带几分侥幸。刘邦生前共有八子,吕后杀死其中四个,刘恒侥幸得免,因为他是八个儿子中最不起眼的一个。刘恒系刘邦四子,母亲薄太后原本是魏王豹宫女,汉将韩信击败魏王豹后,薄后被刘邦纳入宫中,生下刘恒。刘恒七岁时,被封于代国(今山西平遥西南),和母亲薄氏共居晋阳(今山西太原附近)。母子二人在晋阳生活了十七年后,汉惠帝崩驾。封建帝王讲究以嫡子继位,按说帝位无论如何都轮不到皇弟刘恒。刘恒的幸运来自一场血腥的杀戮。吕后死后,刘邦的旧臣陈平、周勃诛杀吕后势力,废掉吕后所立小皇帝刘弘,商议由宽厚仁慈的代王刘恒继位。这么一张天大的馅饼就这样毫无征兆地掉在刘恒身上,以至刘恒认为这是一场阴谋,弄得心惊胆战,先占卜吉凶,再派舅舅到长安打探虚实,才从晋阳起驾。离长安50里时,再次派人去长安探路,这才入城登上皇位。

汉文帝在位期间,大汉王朝来自外部的主要威胁仍然是匈奴人。汉文帝对付匈奴人的办法与刘邦如出一辙,克制忍让,和亲妥协。这是个有作为的帝王,在位23年,励精图治、躬修节俭,开创了中国封建王朝的第一个治世,为以后汉武帝征讨匈奴人积攒了雄厚的实力,史称"文景之治"。但是,汉文帝一世,包括以后他的儿子汉景帝在位的16年,这近40年的时间内,大汉王朝始终无力与匈奴抗衡。

公元前174年,匈奴一代强人冒顿单于去世。其子稽粥单于立,号曰老上单于。

既然匈奴有了新单于,按照刘敬要匈奴世世为汉家外孙的理论,汉朝就要再次嫁宗室女和亲。这一次派去和亲的仍然是个冒牌公主,选好宗室女后,汉文帝派宦官中行说赴匈奴陪待公主,没想到中行说怨恨文帝,进入北边后即投降匈奴,而且颇受老上单于重用。

有中行说出谋划策,匈奴单于更加骄横,连书信往来也要压汉朝一头。文帝书信长一尺,信中问候语说:"皇帝敬问匈奴大单于无恙。"匈奴单于信长必二尺,问候语说:"天地所生日月所置匈奴大单于敬问汉皇帝无恙。"在汉朝皇帝面前分明以天子自居。

汉朝隐忍不发,匈奴人不时南下攻掠汉地。如今的山西北部和陕西北部俨然成了匈奴人的跑马场,云中、代郡、雁门、上郡等地,匈奴人呼啸而来,又绝尘而去。铁骑已到达靠近长安的雍城(今凤翔),警报烽火不时传至皇宫。

五

这到底是怎样一个民族,竟有如此可怕的力量,能让大秦、大汉如此窘迫狼狈,一筹莫展?

司马迁笔下的匈奴人是一个野蛮剽悍的民族。他们生活在广袤的大草原,逐水草而居,没有文字,以射猎为生,儿童骑羊,引弓射鸟鼠,稍大些的孩子射兔狐当食物吃。成年人个个能弯弓射箭,所有人都是上好的骑兵。他们是天生的战士,没有城池需要保护,也从来不固守在一个地方。打仗时,有利则进攻,不利撤退,从不羞于逃跑,根本不懂也不屑于中原人的廉耻。除了单于,所有人都吃畜肉,穿皮衣,身披毡毛,若可怕的狼群般来去如风。

匈奴人确实也以狼的后代自居。狼是他们最崇敬的动物,茫茫大漠给了他们坚韧的性格,猎猎北风拂动着狼旗,也将他们的意志吹得坚强无比。这是一个值得尊敬的民族,正如西多尼斯·阿波林纳里斯所言:"当他们站在地上时,他们确实矮于一般人,当他们跨上骏马,他们是世界上最伟大的人。"(引自勒内·格鲁塞《草原帝国》)汉民族的中庸平和,碰上这样一个民族岂不一触即溃?匈奴成了立国不久的大汉王朝的梦魇。

匈奴又是个缺少国家形态的民族,他们的国土随着狼性的暴发和势力的强弱或大或小,他们的国都随着来去如风的迁徙不断转移,他们的法律基本就是单于等强权人物的意志体现。而他们的文明进步程度又远远落后于大汉王朝。因而,汉人把他们称之为蛮夷,西方人把他们称之为野蛮人。然而,仅仅凭借着身上的狼性,就让大汉帝国无宁日,无疑显示出这个民族的彪悍与顽强。他们没有农耕民族自以为是的道德伦理,常常毫无征兆地进入大汉民族的领地,无端地抢掠。他们的这种行为也极好理解,那就是生存的需要,像一群饥饿的狼,哪里有猎物就扑向哪里,撕裂一只羚羊根本不需要理由。一旦碰到真正的猎手,扭头便跑,根本不与你硬来。按照约翰·曼在《上帝之鞭·阿提拉》中的话说,他们就是一群打了就跑的袭击者。

在匈奴人风卷残云般的攻势中,现在的山西是关中门户,秦始皇苦心经营的长城是第一道防线。在匈奴铁骑的攻杀中,长城一次次被越过。山西境内的雁门关可谓大汉的第二道防线,一千多年后,明王朝曾在这里修筑第二道长城,史称内长城。但是,对于匈奴人来说,雁门关不过是一道小土坎,狼头大纛挥舞,险关即被踏平,三晋大地上空顿时会透出浓重的血腥气。在大汉立国最初的几十年中,匈奴人如同西伯利亚的寒流般,一次次南下三晋,铁骑所到之处,劫掠男女,抢夺财货,三晋百姓无时不处在噩梦之中。

但这次他们碰见的不是一只软弱待宰的羔羊,而是一个有着完整的国家形态的大汉王朝,帝王们和他们强大的国家机器就像一个运行自如的捕杀工具,当这架机器动力不足时,匈奴人还可以逞能,一旦正常运作起来,这架机器就是他们的绞肉机。

英雄不问出处

一

就在匈奴人横行无忌之时,公元前 140 年,大汉王朝的另一个皇帝登基了,他就是雄才大略的汉武帝刘彻。

对于匈奴人来说,汉武帝的登基是一个灾难,从这一天起,匈奴人的野性就被一点点剪灭,然后像一只困兽般被装进笼子里,用中华文明一点点驯服。

汉武帝时代,是中华民族精神锋芒毕露的年代,是野性昭彰的年代,又是英雄辈出的年代。自汉兴至武帝之初 70 余年,经文景二帝韬光养晦,以美女换和平,汉朝已有五位宗室女以公主的名义赴匈奴和亲。在中原王朝暂时积弱时,公主们唯一的作用就是用来和亲,用柔弱的身体换来王朝的安宁,凭娇艳的容颜消磨匈奴人的野性,以温柔的天性牵制草原民族的不羁,以女人的背井离乡来冲淡男人们的战争。这些公主,无论妍媸肥瘦,甚至于还在

褓褓之中的时候,婚姻就已经被预订。

这次,大汉王朝在五位弱女子和数不清的棉絮、丝绸、粮食、美酒庇护下,终于积攒起了力量。当时的大汉,已和汉初不可同日而语,经"文景之治",国力强盛,仓廪充盈。《汉书》记载"都鄙廪庾尽满,而府库余财",钱多得连穿钱的绳都已朽烂,"京师之钱,累百巨万,贯朽而不可校"。粮食太多,连仓库里也放不下,"太仓之粟,陈陈相因,充溢露积于外,腐败不可食"。当年大臣们上朝要坐牛车,现在连普通百姓也骑上骏马,甚至以骑雌马为耻,"众庶街巷有马,阡陌之间成群,乘牸牝者摈而不得会聚,守闾阎者食粱肉"。凭着这样雄厚的国力,雄才大略的汉武帝要向匈奴人发难了。

历史的轨迹往往难以预料,谁也不可能想到,大汉王朝对匈奴人的反击始于一位山西商人。明清时期,晋商富甲天下,但是,从来没有一位能够像这位商人一样改变国策,影响国运,唯一可与他相提并论的,可能只有春秋时期郑国那位智退秦师的商人弦高。

这位商人叫聂壹,是雁门郡马邑县的一名富豪。

公元前133年,匈奴派使者向汉武帝请求和亲,大汉宗室的又一位女子越过长城,成为匈奴单于阏氏。聂壹身为边关豪商,不知受过匈奴人多少次侵扰,深知匈奴习性,又与汉朝掌管匈奴事务的大行令王恢相熟。第二年,聂壹对王恢说:和亲之后汉朝已经取信于匈奴,只要诱之以利,必定能将之击溃。王恢将聂壹的想法上奏朝廷,一番争论后,武帝决定采纳聂壹计谋,动用32万步、骑兵,埋伏于马邑(在今山西朔州市)附近山谷。一场大规模的伏击战就要开始了。

史书上没有说聂壹到底是个什么样的人,从他以后的表现看,这是个有勇有谋的商人。汉武帝身边不知有多少猛将良臣,但是,这次伏击战却由一位商人提出,而且由同一位商人亲自去实施。等汉军四处埋伏好,聂壹出关与匈奴人交易,来到匈奴大营中,向当时的军臣单于称自己能斩杀马邑县令,迫使马邑举城投降,然后可尽得该城财物。单于相信了聂壹的话,立刻策划起兵。没几天,聂壹用一名罪犯的首级讹称马邑长吏之头,献给军臣单于,以示时机成熟,引诱匈奴军深入重地。

商人聂壹已经将一个间谍做得尽善尽美,只要汉军出动,大汉王朝就可一洗70年屈辱，打一场漂亮的伏击战。但是，问题偏偏出在汉军身上。匈奴10万铁骑进入汉境，来到离马邑百里处，只见牛羊遍地，却四野无人，连放牧的人也没有，军臣单于感觉奇怪，攻下一座边防瞭望台后，俘获了雁门尉史，审后得知汉军设伏，大惊失色之余，又欣喜异常，说："我得到尉史，不上汉天子的当，真是上天所赐。"封尉史为"天王"，下令立即撤军。汉军得知后全军追击，无奈一无所获，扫兴而归。

马邑之战虽未成功，却揭开了战争序幕，从此双方不再和亲，大汉王朝对匈奴人的战争开始了。

二

匈奴铁骑勇猛彪悍绝非汉王朝能轻易击败。以后的五年，双方你来我往，战场多在云中（山西大同）以南，雁门关以北，战争进入了拉锯状态，汉军败多胜少。匈奴兵更加肆虐，山西北部在匈奴铁骑的践踏之下，满目疮痍，民不聊生。大汉帝国实力雄厚，汉武皇帝雄心勃勃，面对匈奴人却一筹莫展。

两位平阳（今山西临汾）人的出现，彻底扭转了战场格局，汉、匈之间的攻守之势顿时易形。关中、长安因这两个人而歌舞升平，大汉的国运因这两个人而发生变化，汉民族因这两个人出现了第一次真正的治世。

他们是舅甥，史称"帝国双璧"。舅舅是卫青，外甥是大名鼎鼎的霍去病。

卫青出身贫贱，自幼命运多舛，父亲名郑季，在平阳当小吏，与平阳侯的一名小妾卫媪私通，生下卫青。卫青随母姓卫，年幼时以私生子身份跟随父亲郑季生活，郑季妻将卫青看作野种，当家奴使唤，放牧牛羊。卫青年龄稍长，进入平阳府，给平阳公主当骑奴，公主外出，卫青骑马跟随左右，没事则看家护院。

公元前139年，卫青的命运发生变化。这年春天，汉武帝在霸上祭扫后来到平阳侯家中，与姐姐平阳公主一起饮酒时，一眼看中了平阳侯家的讴者（歌女）卫子夫。这一年汉武帝刘彻18岁，卫子夫年龄也不会太大。入宫后，卫子夫想起了她可怜的同母弟弟卫青，利用自己正受恩宠，将卫青带入皇宫，在建章宫当差。第二年，卫子夫大喜，怀上了龙种。此时的皇后是汉武帝姑姑馆陶长公主的女儿陈皇后阿娇,史上有名的"金屋藏娇",说的就是陈皇后与汉武帝的故事。阿娇入宫多年不育,渐渐失宠。她一把妒火发在卫子夫弟弟卫青身上,抓到卫青准备处死,幸而卫青以前在平阳府当骑奴的朋友公孙敖得到消息,组织几位壮士将卫青救出。武帝得知后大怒,严惩陈皇后,召见卫青,任命为建章宫监、侍中。卫青因祸得福,几年后,升任太中大夫,侍从皇帝左右,出入禁中,与闻朝政,才干深受武帝赏识。

公元前129年,入宫10年,年龄不足30岁的卫青升任骠骑将军,开始了他的戎马生涯。马邑之战失利后五年之内,匈奴人更加暴虐,不断兴兵南侵。这一年,武帝下决心北征匈奴,命四位将领各率骑兵一万,骠骑将军卫青直出上谷,轻车将军公孙贺师出云中,大中大夫公孙敖师出代郡,骁骑将军李广师出雁门。这是卫青作为军人第一次出征打仗,结果,其他三军皆败,李广为匈奴俘虏,中途逃脱;公孙敖惨败,损失7000余骑;公孙贺无功而返。唯独卫青率军直捣匈奴龙城(今蒙古境内),斩首七百。此役虽歼敌数量不多,却是大汉立国70多年来第一次在战场上击败匈奴。这70多年,高祖有白登七日之困,吕后有冒顿书信之辱,文帝有匈奴斥侯扰长安之惊,匈奴人成为大汉王朝挥之不去的噩梦,这一仗打破了匈奴不可战胜的神话,大大鼓舞了汉军士气。

现在看,卫青可谓难得一见的军事天才,他并非行伍出身,并没有受过正规军事训练,但是一出手,就能为汉家击败强敌,难怪汉武帝格外赏识。

这仅仅是小试身手。卫青的不世功勋才刚刚开始。

元朔元年(前128),卫青率3万骑,兵出雁门,斩杀匈奴数千人。

元朔二年(前127),匈奴集结大量兵力,进攻上谷、渔阳。武帝派卫青率大军进攻久为匈奴盘踞的河南地(黄河河套地区)。这是西汉对匈奴的第一次大战役。卫青率领四万大军从云中出发,采用"迂回侧击"战术,从西侧绕到匈奴军后方,迅速攻占高阙(今内蒙古杭锦后旗),切断驻守河南地的匈奴白羊王、楼烦王同单于王庭的联系。率精骑飞兵南下,进到陇县西,形成对白羊王、楼烦王的包围。匈奴白羊王、楼烦王见势不好,仓皇率兵逃走。汉军活捉敌兵数千人,夺取牲畜一百多万头,完全控制了河套地区。这一带水草肥美,形势险要,汉武帝在此修筑朔方城(今内蒙古杭锦旗西北),设置朔方郡、五原郡，从内地迁徙十万人定居，修复了秦时蒙恬所筑的边塞沿河防御工事。《史记》《汉书》盛赞此仗汉军"全甲兵而还"。卫青立有大功，被封为长平侯，食邑 3800 户。

元朔五年(前 124)，卫青率军 10 万，进入大漠后，疾行七百里，趁黑夜包围了匈奴右贤王营帐。右贤王正在帐中怀拥美妾，狂饮美酒。忽听帐外杀声震天，火光遍野，右贤王惊慌失措，什么也顾不得，急忙将美妾抱上马，带几百壮骑突出重围。卫青大军生俘匈奴右贤裨王(右贤王儿子)，男女一万五千人，牛羊百万头。这一仗彻底扭转战局，匈奴人从此由优势变为劣势。卫青声名大振，在汉军诸将中独领风骚，被汉武帝拜为大将军，加封食邑 6000 户(汉书 8700 户)，所有将领归他指挥。卫青的三个儿子都还在襁褓之中，也被汉武帝封为列侯。

家奴出身的卫青成了贵极人臣的大将军，朝中官员无不巴结奉承。这时，平阳公主的丈夫平阳侯曹寿病重身亡，平阳公主寡居，要在列侯中选择丈夫，许多人都说大将军卫青合适。平阳公主笑着说："他是我从前的下人，过去的随从，怎么能做我的丈夫呢？"左右说："大将军已今非昔比了，他现在是大将军，姐姐是皇后，三个儿子也都封了，富贵震天下，哪还有比他更配得上您的呢？"汉武帝知道后，笑道："当初我娶了他的姐姐，现在他又娶我的姐姐，有何不妥？"当即允婚。时迁事移，当年的仆人做了主人的丈夫。这样一来，卫青与汉武帝亲上加亲，更受宠信。

三

元朔六年(前 123)，卫青再度出击，兵分六路，浩浩荡荡，北出定襄，斩匈奴万余，史称漠南之战。

也就是这一战，汉朝的另一位绝世名将横空出世，他就是卫青的外甥霍去病。

英雄不问出处。与舅舅卫青一样，霍去病也是一个私生子。父亲霍仲孺原是平阳县小吏，与平阳公主府女奴私通，生下霍去病后，又另娶他女。这位女奴就是后来贵为皇后的卫子夫的妹妹，也是大将军卫青的妹妹。因为姨母的关系,霍去病来到皇宫,在卫青建功立业的同时,霍去病渐渐地长大了。在舅舅的影响下,他自幼精于骑射,虽然年少,却不屑于像其他王孙公子那样呆在长安城里纵情声色享受长辈荫庇。漠南之战开始时,霍去病年仅十八岁,任骠姚校尉,带领八百骑兵,脱离大军在茫茫大漠里奔驰数百里奇袭匈奴,斩敌两千余,杀匈奴单于祖父,俘虏单于的国相及叔叔。

霍去病一战成名,大汉帝国的又一位战神出现了。

元狩二年(前121)春天,霍去病被任命为骠骑将军,独自率领精兵一万出征匈奴。这就是历史上著名的河西大战。19岁的霍去病不负众望,在千里大漠中闪电奔袭,打了一场漂亮的迂回战。六天中转战匈奴五部落,一路高歌猛进,在皋兰山与匈奴卢侯王、折兰王打了一场硬碰硬的生死战。此战,霍去病惨胜,一万精兵仅余三千人。而匈奴损失更加惨重——卢侯王和折兰王战死,浑邪王子及相国、都尉被俘虏,8000多人被斩杀,连匈奴休屠祭天金人也成了汉军的战利品。

一场血与火的大战过后,汉王朝再也没有人质疑少年霍去病的统军能力。他成为汉军中一代军人的楷模、尚武精神的化身。此战后,汉武帝封霍去病两千户(《汉书》记载为两千二百户)。

同年夏天,汉武帝决定乘胜收复西河。此战,年仅19岁的霍去病成为汉军统帅,征战多年的老将李广等人只作为他的策应部队。事实证明汉武帝大胆启用霍去病是个英明决定。战役开始后,李广所部被匈奴左贤王包围,常跑大漠的"老马"公孙敖居然在大漠中迷了路,没有起到应有的助攻作用。霍去病孤军深入,过焉耆山千余里,再次大胜。在莽莽祁连山,霍去病所部斩敌三万余人,俘虏匈奴王爷五人以及匈奴大小阏氏、王子五十九人、相国将军当户都尉共计六十三人。汉武帝再次加封霍去病五千户(《汉书》记载为五千四百户)。经此一战,匈奴不得不退到焉支山北,汉王朝收复了河西平原。曾经在汉王朝头上为所欲为的匈奴终于也唱出了哀歌:"亡我祁连山,使我六畜不蕃息;失我燕支山,使我妇女无颜色。"汉军军威大振,霍去病成了令匈奴人闻风丧胆的又一位战神。

真正使霍去病有如天神的是"河西受降",时间是同年秋天。

两场河西大战后,匈奴单于想重处一再败阵的浑邪王,消息走漏后浑邪王和休屠王意欲投降汉朝。汉武帝难辨真假,派霍去病前往黄河边受降。霍去病率部渡过黄河时,匈奴降部发生哗变。霍去病英雄了得,只带数名亲兵冲进了匈奴营中,直面浑邪王,下令他诛杀哗变士卒。浑邪王被这位孤身犯险不惧生死的少年将军震慑住了。四万多名匈奴人也被霍去病的气势震慑住了,最终哗变被弹压。此战霍去病被再封一千七百户。

在以后的大战中,舅甥俩相映生辉,大汉帝国如虎添翼,取得一次次重大战役胜利。

四

元狩四年(前119),汉武帝举一国之力,发动对匈奴的第三次大战。挑选十万精壮战马,由大将军卫青、骠骑将军霍去病各率精锐骑兵五万人,分东西两路远征漠北。又动员私人马匹四万多,步兵十余万人运输粮草辎重,紧跟在大军之后。原计划远征大军从定襄(今山西定襄县)北上,由霍去病率骁勇善战将士全力对付匈奴单于。后来从俘获的匈奴兵口中得知匈奴伊稚斜单于远在东方,汉军重新调整战斗序列,汉武帝命霍去病从代郡出塞,卫青从定襄出塞。力战深入之士皆归属骠骑将军霍去病。卫青麾下李广为前将军,公孙贺为左将军,赵食其为右将军,曹襄为后将军。卫青大军北行一千多里,跨过大沙漠,与严阵以待的匈奴军遭遇。卫青临危不惧,命令部队用武钢车(铁甲兵车)迅速环绕成一个坚固阵地,派出5000骑兵向敌阵冲击。匈奴出动一万多骑兵迎战。双方激战在一起,异常惨烈。

黄昏时分,忽然刮起暴风,尘土滚滚,沙砾扑面,天地一片黑暗,两方军队互相不能分辨。卫青乘机派出两支生力军,从左右两翼迂回到单于背后,包围了单于大营。伊稚斜单于发现汉军数量如此众多,而且人壮马肥,士气高昂,大为震动,知道无法取胜,慌忙跨上马,在数十精骑保护下奋力突围,向西北方向飞奔而去。

夜幕已经降临,战场上双方将士仍在喋血搏斗,喊杀声惊天动地。卫青得知伊稚斜单于已突围逃走,马上派出轻骑兵追击。匈奴兵不见了单于,军心大乱,四散逃命。卫青率大军乘夜挺进。天亮时。汉军已追出二百多里,虽

然没有找到单于的踪迹,却斩杀并俘虏匈奴官兵 19000 多人。

卫青大军一直推进到真颜山赵信城(今蒙古乌兰巴托市西),获匈奴囤积粮草补充军用。大军在此停留一天,烧毁赵信城及剩余粮食,凯旋班师。

霍去病率领的东路军,北进两千多里,与匈奴左贤王的军队遭遇。经过激战,俘获匈奴三个小王以及将军、相国、当户、都尉等 83 人,消灭匈奴七万多人。残余匈奴兵逃遁,霍去病一路追杀,来到今蒙古肯特山一带。就在这里,霍去病暂作停顿,率大军进行了祭天地大典礼——祭天封礼于狼居胥山举行,祭地禅礼于姑衍山举行。

"封狼居胥"之后,霍去病继续率军深入大漠追击匈奴,一直打到翰海(今俄罗斯贝加尔湖)方才回兵。

这次战役,汉军一举击垮匈奴主力,匈奴元气大伤,再也无力南下窥视汉朝。从此,"匈奴远遁,漠南无王庭",匈奴对汉朝的军事威胁基本解除。

公元前 117 年,一代将星陨落,霍去病去世。

霍去病少年英武,骁勇善战,战必能胜。得如此少年英雄,实在是大汉之大幸,遇如此少年战神,实在是匈奴之大不幸。可惜,天妒英才,霍去病仅活了 24 岁。从 18 岁入军到 24 岁去世,六年间,霍去病六次远征异域,攻无不克战无不胜,灭敌 11 万,降敌 4 万,开疆拓土何止千里?战功比舅舅卫青还要显赫。对于整部世界军事史和中国史来说,霍去病是彪炳千秋的传奇,对于大汉王朝来说,他就是一根擎天柱,一只大漠苍鹰,一生以猎风为生。他来到世间,好像专为大汉王朝制服匈奴,战事结束,匈奴远遁,他的生命也就终结了。但是他留下那句"匈奴未灭,何以为家",永远是激励历代军人的座右铭,令血性汉子每当想起都会血脉贲张,他的"封狼居胥"永远是历代军人的梦想,令所有人都有荡气回肠的感慨。

卫青为大汉王朝多做了几年守护神,公元前 106 年去世。这位出身卑微的大将军,虽然以后位极人臣,但没有人知道他死时多少岁,也算英年早逝吧。如果说,大汉王朝早期的战争史就是一部对匈奴的征战史,那么,卫青、霍去病舅甥二人就是这段历史的主角。他们的赫赫战功,其实就是武帝时代对匈奴战争的辉煌业绩。

对匈奴人的战争,其实是一场大汉民族保卫战。在这场战争中,山西、山西人始终占据重要位置。由于地缘上的原因,大汉王朝处于守势时,山西是关中的屏障、厮杀的战场。处于攻势时,山西又是进攻匈奴的跳板和后方。云中、雁门、定襄、马邑,这些地名深深刻在对匈奴的战争史上。

与卫青、霍去病一起征战匈奴,并且建功立业、留名史册的还有两个人,一个是河东人(今山西运城市)张次公,另一位是太原人赵破奴,史称"从征二公"。与匈奴人的征战史中,受战争蹂躏最多的,是山西人,建功立业最多的也是山西人。

经过二十多年的武力角逐,匈奴国力衰退,已成强弩之末。《汉书·匈奴传》中说:"汉兵深入穷追二十余年,匈奴孕重惰殰,罢极苦之。自单于以下常有欲和亲计。"从汉王朝要求和亲,到匈奴主动和亲,双方的力量对比发生了根本变化,匈奴人已不是二十多年前令汉朝谈"胡"色变的匈奴。到汉武帝崩驾时,"漠南无王庭",匈奴人已不是大汉王朝对手。

与大汉一起湮灭

一

汉宣帝甘露元年(前53),匈奴发生内乱,一时间有呼韩邪、屠耆、呼揭、车犁、乌藉五单于并存,史称"五单于争立"。之后又有阎振、郅支加入。七单于混战之后,仅剩郅支和呼韩邪兄弟二人。兄弟相争,难分高下,哥哥郅支凶悍,占据漠北(相当于今天的外蒙古),弟弟呼韩邪仁善,占据漠南,曾经一统大漠的匈奴帝国第一次分裂了,南北匈奴时代开始了,匈奴由此走向衰落。

在与哥哥郅支单于的争斗中,呼韩邪单于兵败。公元前51年,这个"以上气力而下服役,以马上战斗为国"的民族,不得不归降大汉以求自保,数百年来,驰骋大漠草原的匈奴人终于被驯服。不久,呼韩邪单于带领匈奴人居

住在靠近汉朝边塞的地方,以求得汉王朝保护。为得到汉朝信任,呼韩邪派儿子右贤王铢娄渠堂入侍汉朝,实际是做汉朝的人质。这也开创了一个先例,后世每当汉人政权对暂时归附的少数民族不放心时,总会要求他们用世子做人质。后来起兵反晋的匈奴首领刘渊就以人质身份在晋朝都城洛阳呆了许多年。

汉宣帝甘露三年(前51),呼韩邪单于亲自来到长安,朝觐汉宣帝刘询。这是大汉与匈奴征战200多年以来,大汉天子与匈奴单于的第一次见面,也是匈奴单于第一次向大汉天子俯首称臣。汉宣帝极为重视,在甘泉宫接受朝拜,授呼韩邪玺绶、冠带、黄金、锦绣、缯絮等物。同意南匈奴人居住在漠南光禄塞(今内蒙古自治区包头市西北),又拨运米谷34000斛,供匈奴人食用。车骑都尉韩昌、光禄大夫张猛与呼韩邪单于盟约:"自今以来,汉与匈奴合为一家,世世毋得相诈相攻。有窃盗者,相报,行其诛,偿其物;有寇,发兵相助。汉与匈奴敢先背约者,受天不祥。令其世世子孙尽如盟。(《汉书·匈奴传》)"至此,汉与匈奴不光友好相处,而且俨然是盟国关系了。

汉元帝竟宁元年(前33),呼韩邪单于"愿婿汉氏以自亲",汉元帝将后宫良家女王昭君嫁配单于,这就是史上传为佳话的"昭君和亲"。王昭君与垂暮之年的呼韩邪单于成亲后,被封为"宁胡阏氏",生一男,名伊奢智牙师(后为匈奴右日逐王)。

昭君出塞后,汉匈两族和好,边境安定达六七十年,"边城晏闭,牛马布野,三世无犬吠之警,黎庶忘干戈之役"。汉匈之间长达百余年的冲突终于出现了一个美丽的休止符。

二

封建帝国有一种现象,一旦外敌退去,内乱必至。大汉王朝也逃不出这个怪圈。而一有内乱,首先乱的是王畿之地。作为王畿拱卫的山西也难逃厄运。

西汉后期,昏君迭出,宦官擅权,外戚恣纵,曾经威镇四夷的大汉王朝一步步走向衰落。汉元帝昏庸无能、性格懦弱、优柔寡断,对"君人之道一窍不通",史家认为,元帝时期是大汉王朝由盛而衰的分水岭,所谓"元、成、哀、平,一代不如一代"。元帝之后,汉成帝沉溺酒色,骄奢淫逸,宠信赵飞燕、赵合德姊妹,任用外戚,以致天下匮乏,百姓流离。随后的汉哀帝则是心理严重变态,有断袖之癖。吕思勉先生说:"汉治陵夷,始于元帝,而其大坏则自成帝。"由这样三位皇帝统治近50年,大汉帝国怎能不衰落。

西汉末年,外戚王莽(前45—23)主政,最终代汉而立,"定天下之号曰新",是为新朝。后世儒生多把王莽视为"乱臣贼子",其实王莽是一个书生皇帝,所为之事多不切合实际,连对匈奴人也不例外。先要匈奴单于将王昭君送回长安侍奉太后。接着又感到匈奴既降,就不能再持有玉玺,像个普通人一样,有个印章就可以了。"故印文曰'匈奴单于玺',莽更曰'新匈奴单于章'"(《后汉书·匈奴传》)。到后来,干脆把匈奴的称号改为"恭奴",单于改为"善于"。天之骄子的匈奴人竟被王莽轻侮羞辱到如此地步,虽慑于汉家声威,匈奴人只能忍气吞声,但爆发是迟早的事。

王莽不切实际的改制,首先激起的是汉朝民众的反抗,公元23年,绿林兵拥立汉朝的宗室刘玄为皇帝,年号更始。同年秋,王莽被杀。公元25年,刘秀取代刘玄,扫平群雄,统一全国,登上帝位,恢复汉朝统治,是为东汉。

三

东汉定都洛阳,天下大势再次发生变化。

西汉末年绿林军、赤眉军占领长安后,抢劫民财,焚烧民居,毁坏宫廷,繁华的长安城转眼变为一片废墟。城中饿死者多达几十万人,出现了人相食的惨剧。西汉鼎盛时三辅之地(京兆尹、左冯翊、右扶风,辖境相当今陕西中部地区)人口最密集,多达240万,至西汉末,仅余50余万,曾经富庶的关中满目疮痍、白骨蔽野,新政权根本无法再在长安立足,不能不迁都洛阳。三辅之地地位因之下降,由过去的京师所在地,沦为京城屏障,与河东一样,在东汉与匈奴、羌人之间起着缓冲作用。而河东也由拱卫关中,变为拱卫河南地。历经秦、西汉二百多年,山、陕两地又回到相同位置,要共同面对北方死灰复燃的匈奴人。

西汉中后期,匈奴人被强大的汉朝死死按在长城以北,置身大漠,几十年过去,汉朝与匈奴的力量对比发生变化。汉朝经王莽篡权,国内大乱,国力受损。而匈奴自呼邪韩单于后,一直没有出现大的动乱,休养生息,国力大增。

在东汉王朝忙于平息内乱之际,南匈奴单于又与汉朝叛乱势力联手,屡屡犯边,以致汉朝北方边境连年被侵,岁无宁日。史念海先生说:被排斥在境外的蛮族,往往被描述为骚扰者、进攻者和入侵者。这次,匈奴人又成为大汉王朝的入侵者。

东汉王朝的前几十年,山西几乎成为保护京师的军事要塞,境内城垒相接,烽燧相望,一旦狼烟升起,兵荒马乱,顿时会被惊恐笼罩。公元39年,因为匈奴滋扰,东汉王朝不得不把山西北部之民悉数迁往常山关(今河北唐县西北)、居庸关(北京市延庆县北)避难。匈奴人乘势占据山西北部,接着马蹄踏进河东、上党,与京城所在的河南仅隔一座太行山。朝廷急令扬武将军马成修筑障塞,形成两道防线,南障塞由黄河岸边直达安邑,北障塞由太原直抵太行山里的井陉关。这样,山西境内至少有四条屏障阻击匈奴,除了新修的这两条之外,以前还有最北端长城一线的平城、马邑。再靠南则有雁门、代郡。

一道道高墙,连接着一座座城堡,从北到南,横亘在山西这片土地上,仍然难以阻挡匈奴人南下的步伐。

为稳定局势,光武帝刘秀采取了与西汉前期相同的办法,与匈奴通好。匈奴人并不领情,汉朝派使者带着大量财物,想笼络匈奴,"而匈奴单于骄倨,自比冒顿,对使者辞语悖慢。"(《后汉书·南匈奴传》)至此,南匈奴又重新成为汉王朝的心腹大患。

建武十三年(37),匈奴再次寇犯河东(现晋南),州郡不能禁,匈奴气焰日盛,把居住地从塞外迁到塞内。正当匈奴呼都尔尸单于咄咄逼人,对汉王朝恣意侵扰,汉王朝又疲于应付之际,形势突然发生变化。呼都尔尸单于长期飞扬跋扈,引起部属强烈不满,矛盾终于在传位问题上爆发,匈奴内部大乱。公元46年,呼都尔尸死,一年后,又遇天灾,"连年旱蝗,赤地数千里,草木尽枯,人畜饥疫,死耗大半。"(《后汉书·匈奴传》)

这是自呼韩邪单于以来匈奴所遭受的最严重的天灾。

匈奴人向来过的是逐水草而居的游牧生活，对自然灾害的抵御能力本来要比农耕民族强，即使遇到天灾，匈奴人也可以赶着牛羊去其他地方生存。但这次外部条件却不允许南匈奴人这么做。因为，在南匈奴人的南边，有宿敌汉王朝重兵防守，北边，反目成仇的兄弟北匈奴虎视眈眈。这时的南匈奴真可谓天灾人祸，内忧外患全都凑到一起，素以"天之骄子"自称的南匈奴人，被逼上了绝境。

牛羊成群死亡，百姓在饥饿中哭号，眼看就要亡国，新任单于日逐王比走投无路。他是呼韩邪单于的孙子，遇到这种情况，又想起了祖父的法宝——"依汉得安"，于是因袭"呼韩邪"称号，再次归服汉朝，遣使者诣汉奉藩称臣。光武帝为安抚匈奴，显示浩荡皇恩，向匈奴输河东米粮300万斤，牛羊3.6万头，以后每年都为匈奴人提供米粮牛羊及丝帛援助，南匈奴单于则要将儿子质于洛阳。并让南匈奴诸部入居塞内沿边八郡，包括北地、朔方、五原、云中、定襄、雁门、代郡、西河，这些地方，除一部分在内蒙南部外，其余全在山陕两地。东汉王朝所以将南匈奴人安置在这些地方，是因为连年战乱，这些地方土地荒芜，人烟稀少，众多归降的南匈奴人驻扎于此，一可为汉朝抵御北匈奴，成为一个缓冲带，二可垦荒种地，发展生产。

一时间，山西中北部、陕西北部到处都是匈奴人。比起以前呼韩邪单于与汉朝结盟，这次南匈奴是心甘情愿地做汉朝的藩国臣子。双方关系的变化，很快反映到交往过程中的礼仪形式上，据《后汉书》记载：汉使出使匈奴，令小呼韩邪单于跪接皇诏，已完全是对臣下的态度。此后几十年，"野无风尘"，山陕两地北部都得到暂时平静。

光武帝的这种处置办法为以后匈奴再次动乱留下了隐患。归降的匈奴人都还有成建制的军队，一旦大汉内乱，时机成熟，这些桀骜不驯的匈奴人又会将野性释放出来，重新杀向汉朝土地。

四

　　安定下来的匈奴人在山陕两地与汉人杂居，平静地生活着。与中原相比，他们所住的地方自然环境并不好，多数是沟壑纵横山丘连绵的荒芜之地，但是，与大漠黄沙相比，无疑还是好了不少，重要的是他们不必再受战争之苦，凶悍的匈奴人像一只遍体鳞伤的狼般，无力地躺卧在这荒凉之地，舔舐伤口，像被关在了笼子里。

　　在伤口没有养好之前，他们不光是大汉王朝的子民，同时还是汉朝的一支生力军。公元 73 年，东汉永明帝讨伐北匈奴人，已归汉 20 多年的南匈奴单于派一万余骑随汉军出征，面对大汉和同胞兄弟的攻势，北匈奴已是强弩之末，只能远遁沙漠。又过了十多年，公元 83 年，北匈奴内部衰耗，党众叛离，四面受敌，加之再遇天灾，草原上飞蝗蔽天，人畜饥馑，北匈奴人再也无路可走，神秘地消逝在茫茫大漠，留下的十万匈奴人被鲜卑人兼并。直到三百年后，当他们出现在欧洲的罗马城下时，人们才惊呼“上帝之鞭”来了。

　　公元 140 年，在北边八郡的南匈奴人蛰伏了数十年之后，渐渐缓了过来。一身的野性让他们再也不能忍受汉人的压迫，更不能忍受归顺了汉人的单于。匈奴人内部再次发生了大规模叛乱。他们包围了匈奴单于王庭美稷（今内蒙准格尔旗北部），杀死管理匈奴事务的朔方、代郡长史。攻取并、凉、幽、冀四州，忍受了大汉民族几十年的匈奴终于再度爆发了，山陕两地再度陷于战乱。

　　和以往与匈奴人交战一样，战争初期，东汉王朝仍然是一败涂地。不得不把西河郡治从平定县（今陕西府谷北）“南徙五百九十里”（《汾州府志·沿革》），迁移到今天的山西离石，南匈奴单于王庭也同时南徙，迁到距离石不过 20 公里的左国城（今山西方山县南村）。面对南匈奴人的叛乱，东汉王朝等于放弃了黄河以北的大片疆域。这是一次足以改变历史的决定，当年，大汉王朝就尝到了这次西河郡南移的恶果。这年十二月，南匈奴各部纷纷叛乱，与乌桓、鲜卑人一起侵扰代郡、雁门等北边九郡。被压抑了数十年的南匈奴人把怒火全部发泄出来。当时的山陕两地北部血雨腥风，有些地方“丁壮一空,孤儿寡妇,嚎哭空城"。如此景象,竟长达六十余年,一直延续到东汉末年。

公元 183 年,黄巾起义爆发后,各路军阀连年混战,内乱不止,东汉王朝已气息奄奄,根本无力控制局面。匈奴人趁机大量涌入,从边塞一直深入到中原内地,主要聚集在山西汾河流域,现在的汾阳、文水一带。被汉王朝历400 多年才打败的匈奴人转眼之间又迅速崛起。黄巾起义时,匈奴单于曾派匈奴兵帮助衰落的汉王朝,董卓之乱时,匈奴人又趁机攻进太原、河东,屯兵河内(郡治所在怀县,今河南武陟)。

东汉末年,是中国历史上最黑暗的时期之一,人祸天灾,疫病流行,民不聊生,人口锐减。曹操曾在他著名的诗篇《蒿里行》描述过当时的情景:"白骨露于野,千里无鸡鸣。生民百遗一,念之断人肠。"曹操抒发的虽是诗人情怀,当时中原的情况也确实和曹操所说差不多。

就在汉民族因为战争人口锐减之际,匈奴和其他少数民族却因为多年休养生息,人口大为增加。当时"关中人口百万,戎狄居半,匈汉杂居",兹氏(汾阳)竟出现了"胡多于民"的现象。并州、雁门、代郡等临边之地,匈奴、鲜卑等游牧民族数量,也远远超过汉人。汉民族祖祖辈辈居住的地方,一时之间,成了匈奴人进攻中原的根据地。

五

除非无能为力,任何王朝都不能容忍外族入侵,所谓睡榻之侧,岂容他人安卧。这一次,南匈奴人碰到的是以雄才大略著称的曹操。看到匈奴气势日盛,汉丞相曹操接受朝臣建议,对匈奴人采取了分而治之的办法,取消单于称号,分匈奴人为五部,即:左、右、南、北、中。分别安置在山西汾河流域。各部立贵族为帅,后又改称都尉。另外委派汉人担任司马进行监督。於扶罗之子刘豹任左部帅,统辖万余户,居太原兹氏县(今汾阳),右部六千余户居祁县(今祁县),南部三千余户居蒲子县(今隰县、交口),北部四千余户居新兴县(今忻州),中部约六千余户居大陵县(今文水县)。

五部共三万余户,近二十万人。各部编入户籍,受所在郡县地方官员管

理,平时耕牧,打仗时出兵出马,完全是汉朝的"顺民","……单于恭顺,名王稽颡,部曲服事供职,同于编户"(见《资治通鉴》卷第五十六),除了"不输贡赋",编户后的匈奴人和内地的汉族百姓基本没有太大的差别。

这次被曹操安置在汾河流域的匈奴人,共有十九种,每种皆自相隶属,各有族统,其中最著名的有屠各种、羌渠种、卢水胡等。这群人在日后的十六国时代大显威风,屠各种刘氏建立了刘汉、前赵(304—329),赫连氏建立了大夏(407—431),还有羌渠种建立了后赵(319—349)。此外,卢水胡中的沮渠氏也在西北建立过北凉政权(397—439)。

在山西众多的黄河支流中,汾河是一条历史最为悠久的河流,从管涔山发源后,一直流淌在吕梁山脚下。人类自出现起,就在这里繁衍生息,杀伐斯打,不知留下了多少故事。这次,经历了几百年战争的南匈奴人被曹操安置在这里,蛰伏在滚滚流淌的汾河水旁,像一群被斯打得遍体鳞伤的狼般,暂时收起了野性,舔着流血的伤口,养精蓄锐,随时准备腾跃起来,再次投入到斯斗中去。

匈奴人可能不会想到,汾河流域竟会是他们的福地。比起他们曾经纵横驰骋的蒙古大草原,这里有着更加优越的条件。

应该说,曹操确实为这些匈奴安置了个好地方。汾河流域自古就是富庶之地,这里土地平坦,气候温和,是山西最适合发展农业生产的地区之一。在草原上游荡了数百年的匈奴民族,在这里生产生活,应该会有一种从来没经历过的安定感。

东汉献帝二十七年(216),曹操自称魏王,四年后,即公元220年,曹丕称帝,汉献帝逊位,汉高祖刘邦创建的大汉王朝,历400多年后,终于寿终正寝。巧合的是,匈奴帝国也同时消亡了。

匈奴建国于秦末汉初之际,几乎和汉王朝同时建立。自建国之日起,两家就兵戈相向,较量了400多年,又同时消亡,而交战的主战场,就是山陕两地北部。汉王朝的对外关系史,实际上就是对匈奴的和亲与征战史,匈奴的立国史,实际上也是对汉王朝的侵扰史,兴于山西境内的白登之战,最后又亡于山西境内的汾河流域。两个民族,两个王朝,就像一对离不开,又不相合的孪生兄弟,更像一对天生的冤家,战战和和,共存共亡,在世界历史上,这样的巧合也很少见。

匈奴作为一个国家虽然不存在了，但匈奴人还在，以后，在山陕这两片土地上，他们还将掀起更大的波澜。

匈奴人的秦晋

一

黄巾起义后，迟暮衰弱的东汉王朝气息奄奄，华夏大地群雄割据，战乱骤起。从春秋战国起长达七百多年的乱世，到秦汉不足五百年的统一，中国又进入了长达二百多年的多事之秋。秦、晋两地戎马往来，战祸连绵，再度成兵家必争之地。

这是一个令秦、晋两地生灵涂炭，遍地焦土的年代。

中国历史每过几百年好像都有一个轮回。四百多年前，汉高祖刘邦立都长安，建立了大汉王朝。四百多年后，另一位乱世枭雄董卓再次将大汉国都立在长安，却毁灭了大汉王朝。公元 190 年，陇西豪强董卓从河东进兵洛阳，废少帝，杀太后，立陈留王刘协为汉献帝，独揽军政大权后，残暴本性大发，纵兵剽掠财物，奸淫妇女，朝堂之上，又严刑酷法残杀无辜，以致冤狱遍地，民怨沸腾。诸路豪杰纷纷揭竿而起，共同起兵讨伐董卓。这时候，三国时期的几位著名人物纷纷登场，袁绍、曹操、孙坚起兵讨伐董卓。进入洛阳仅六个月，董卓下令迁都长安，一把火将东汉经营了二百多年的国都洛阳化为焦土，挟裹汉献帝并百姓数百万迁往长安。长安再次成为名义上的汉朝国都。

董卓在长安的好景不长。公元 192 年春天，关中阴霾迷离，太阳不照，六十多天淫雨不断。司徒王允与董卓部将吕布设计将董卓杀死。在民间传说中，血腥的场面里，又夹杂着美女貂蝉与吕布的动人故事。董卓死了，在满朝

文武与长安百姓的欢呼声中,长安城再度陷入灾难,董卓部将李傕、郭汜与各路军阀长安城混战五个月,数万人死亡,昔日繁华的大汉之都成了恐怖与死亡的鬼域,富庶的关中一片凋敝,白骨露野。以至长安空城40天,"二三年间,关中无复人迹"。(《后汉书·董卓传》)

这可能是关中、长安最为悲惨的时期。

在各路军阀的打打杀杀中,魏、蜀、吴三国鼎立,公元280年,吴国灭亡,三家归晋,中国历史上的又一个王朝晋朝一统天下。从春秋时期的三家分晋,到三国时期的三家归晋,虽然此晋非彼晋,晋的概念已有根本区别,但是,中国毕竟在晋的名义下再次归于一统。

就在魏、蜀、吴三家为争夺正统打得不可开交时,被曹操在汾水流域画地为牢的五部匈奴人,过着基本平静的生活。潺潺汾水从身边的土地流过,他们与汉民错落杂居,不再像草原上那样逐水草而迁徙,《晋书·王恂传》中说:"太原诸部亦以匈奴胡人为田客,多者数千。"说明经过数十年,匈奴人已经开始被同化,躬耕而食,结庐而居,受到了汉文化的濡染。多数匈奴人已是"胡头汉舌",模样还是匈奴人,却说的一口汉话。

当时的陕北,也与汾河流域一样,汇集了相当数量的匈奴人。三国时期群雄争胜,战场主要在中原地区和长江流域,山陕两地的主要战场在河东和关中,陕北是谁也顾不上的荒蛮之地。于是,匈奴人、鲜卑人相继迁入,又相互融合,血缘混杂,形成了一个新的种群,后人称之为杂胡。

因为地理的原因,山陕两地是连接西北地区与中原的枢纽,进入西晋,又有大量的游牧民族涌入。

公元280年,晋武帝即位之初,匈奴大水、塞泥、黑难等二万余落内附,散居在平阳、西河(这时的西河郡治已在离石)、太原等六郡。

公元284年,匈奴胡太阿厚率部落二万九千三百人内附,居西河,总计北狄入居塞内者共19种,形成了"并州之胡"。

公元285年,参离四千余藩内附。

公元286年,匈奴胡都大博及萎莎(匈奴十九种之一)等各率种藩共十万余人内附,居雍州,即晋陕峡谷以西,今河套南,包括陕西渭北、陕北等地。

公元287年,匈奴郁督大豆得一育鞠等率种落一万一千五百人内附。

公元289年,奚柯男女十万人内附。

且不说别的地方,光汾河流域的匈奴五部居住地,原来三万余落(户)近二十万人,加上这几次进入的少数民族,总数至少有四十万之众。当时的汾河岸畔,恐怕是遍地有胡人,处处闻胡声了。而原来汉人多达数百万之众的关中,经过战争流徙和游牧民族的涌入,也是胡人随处可见,胡语随时可闻。《晋书·四夷传》中说:"魏初人寡,西北诸郡皆为戎居……渐徙平阳(山西临汾)、弘农(河南灵宝东北)、魏郡(河北磁县)、京兆(陕西西安)……"就是说不光长安随处都是游牧民族,连函谷关以南也随处可见匈奴人了。

在内乱不休的年代,中原附近藏着数量如此巨大,而且素以勇猛彪悍著称的匈奴人,无疑是一支可怕的力量。一百多年来饱受汉朝廷压制的少数民族,本来就是一座随时可能爆发的火山,晋王朝混乱的局面正好为这座火山凿开了爆发口,只待强有力的人物出现后,跃上战马,弯刀一挥,即可呈喷发之势。

二

公元290年,晋惠帝司马衷登上皇帝宝座,这个司马衷是中国历史上有名的白痴皇帝。当时"天下荒饥,百姓多饿死",晋惠帝司马衷竟问:"何不食肉糜?"游华林园,听见蛤蟆叫,问左右:"蛤蟆叫是为官,还是为私?"这样的皇帝当然是个傀儡。先由外祖父杨骏把持朝政。皇后贾南风不甘大权落在外戚手中,与宫中侍从暗中策划,密召都督荆州的楚王司马玮带兵进京(今河南洛阳),胁迫惠帝下诏杀死杨骏、杨珧、杨济兄弟3人,其亲族、党羽被株连而死者达几千人。接着,贾皇后又废黜杨太后为庶人,使其绝食而死。晋朝内部大乱就从这次宫廷政变开始了。

这就是改变中国历史的"八王之乱"。

战乱持续了16年,参战诸王相继败亡,贾后被杀,惠帝被毒死。战争给百姓带来了巨大的灾难,当时的山西百姓"流移四散,十不存二。携老扶弱,不绝于路。及其在者,鬻卖妻子,生相捐弃,死亡委危,白骨横野,哀呼之声,感伤和气"。(《晋书·刘琨传》)

这场战争的中心战场是洛阳与长安，各路兵马在关中与中原之间往来厮杀，不等战争结束，关中已是残败凄凉，荒无人烟。王粲说当时关中的惨相："出门无所见，白骨蔽平原。"

这只是山陕两地长达100多年灾难的开始，更大的浩劫还在后面。

中原王朝的混乱，给匈奴等少数民族提供了滋事的机会，或帮助王室平叛，或与乱军为伍，或自行举兵起事，烧杀抢掠，无所不为，整个中国陷入一片混乱。"北地(耀县、富平)、西河、太原、冯翊(陕西大荔)、安定(甘肃镇原)、上郡(陕北)尽为狄庭矣。"(《晋书·四夷传》)

中原大地动荡之时，汾水流域的匈奴五部也没闲着，蠢蠢欲动，准备起事。公元304年，西晋王室内部打得不可开交之时，刘渊的堂叔祖刘宣秘密召集五部上层贵族，鼓动众人说："晋为无道，奴隶御我……今司马氏父子兄弟自相鱼肉，此天厌晋德，授之于我。单于积德在躬，为晋人所服，方当兴我邦族，复呼韩邪之业，鲜卑、乌丸可以为援，奈何距之而拯仇敌！今天假手于我，不可违也。违天不祥，逆众不济；天与不取，反受其咎。愿单于勿疑。"一番话，说得众贵族群情激昂。刘宣的话道出了匈奴人长期以来的遭际。"奴隶御我"，正是匈奴人南归后的实情。"司马氏父子兄弟自相鱼肉，此天厌晋德，授之于我。"说的是当时的天下形势。刘宣的一番话声情并茂，慷慨激昂，有很大的鼓动性，立刻得到了响应，五部贵族上层就地盟誓反晋。在刘渊不在场的情况下，推举他为大单于。暗中派匈奴族人呼延攸到邺城，把五部盟誓的情况通报给刘渊。

长期被扣留在邺城(今河北临漳县)当人质的匈奴人刘渊得到消息后，费尽周折，回到滋氏(今山西汾阳)，立刻举起反晋大旗。

刘渊字元海，远祖是匈奴杰出的军事统帅冒顿单于。西汉初年，冒顿单于娶汉高祖刘邦的宗室女为妻，与刘邦约为兄弟，故其子孙遂以刘氏为其汉姓。汉宣帝甘露二年(前52)，呼韩邪单于率所部五千余落降汉。公元50年，东汉光武帝使单于入居西河郡左国城，因此，吕梁山里的左国城实际是刘渊的出生地。

史书记载：刘渊"姿仪魁伟"，仪表堂堂，身高八尺四寸，胡须三尺多长，中间夹杂着三根红色毫毛，长三尺六寸。姿器绝人，才干超群，回到南匈奴左部驻地滋氏城,无异于虎狼重入山林,蛟龙终归大海。这时的刘渊充分显示出果决干练的指挥才能,很快把五部人马拉上吕梁山,在离石举兵起事,国号汉,令旗一挥,一呼百应,仅仅二十天时间,拥兵五万。可以想象,当时吕梁山上的离石城,完全是匈奴人的天下,群情鼎沸,马声嘶鸣,只等刘渊一声号令,就会杀向中原。

与一味与大汉王朝马上厮杀的匈奴历代大单于们相比,受汉文化熏陶多年的刘渊显然更了解汉民族心理,刘渊接着对在座的匈奴五部贵族说:"以光复匈奴大业为名,晋朝人是不会响应我们的。汉朝享有天下日久,恩德结于人心,当初昭烈皇帝(刘备)以崎岖一州之地(蜀),也能抗衡天下。当初呼韩邪单于与汉朝约为兄弟,依名份讲,我是汉室之甥,兄亡弟继,合情合理。"这一番话,可以说是刘渊的立国宗旨,也是刘渊能够迅速扩大势力的基础。

在离石举兵起事不过几个月,刘渊建都左国城,几天之内,又有数万人归附刘渊。

晋惠帝永兴元年(304),刘渊率领群臣,仿效汉族皇帝的做法,在左国城南郊设坛登基,称汉王,"乃赦其境内,年号元熙,追尊刘禅为孝怀皇帝,立汉高祖以下三祖五宗神主而祭之。立其妻呼延氏为王后。置百官,以刘宣为丞相,崔游为御史大夫,刘宏为太尉,其余拜授各有差"。

这样,与汉王朝厮杀了四百多年后被征服的匈奴帝国,在吕梁山下居住不到百年,终于死灰复燃,接下来,刘渊和他的后代就要逐鹿中原,推翻压制了他多半生的晋王朝了。

刘渊封中国历史上一位白痴皇帝刘禅为孝怀皇帝的做法,后来一直受到汉族文人的耻笑,其实这些人根本不明白刘渊这么做的深意。中国历史上的开国帝王,无论是凭武力获取天下也好,凭宫廷政变登上龙位也罢,都想为自己找一个合法借口。在历史上找一位高贵的先祖,证明自己是一脉相承的真龙天子,是历代帝王最常用的方法。唐王朝的李姓皇帝为自己找的是老子李耳,宋王朝赵姓皇帝为自己找的是轩辕黄帝。刘渊在还没有真正夺取政权时,采用的方式要实际得多,他才不管刘禅是不是白痴,要的只是刘禅的帝王身份和正统地位,"兄亡弟继"的说法和被汉族认可的理由。

公元 308 年,刘渊迁都平阳(今临汾)正式称帝。因在汾河里得到一块玉玺,大赦境内,改年号为河瑞。

刘渊称帝后,大举攻晋。命其子刘聪与王弥进攻洛阳,遣刘曜等人率匈奴兵为后援。匈奴联军一路势如破竹,捷报频传,接连打败东海王司马越和平昌公司马模派遣的数支晋军。

永嘉四年(310),刘渊病死,在位六年,被谥为光文皇帝,其子刘和继位。一代枭雄终于结束了轰轰烈烈的一生。刘渊死了,他给中原大地造成的混乱才刚刚开始。

刘渊打着"兴汉"的旗号,借尸还魂,起兵之初确实很有政治头脑和政治手段。部将刘景攻克黎阳后,曾残暴地把三万多汉族百姓赶入黄河内淹死,刘渊闻讯后大怒,马上下旨把刘景降职。但是,由于他长期坐镇平阳,根本约束不了狼性勃勃的诸子和五部诸将,致使刘汉军队攻城略地时,百姓"流移四散,十不存二……生相捐弃,死亡委危,白骨横野"。统治末期,他已经看到匈奴和汉族人民之间的民族仇恨难以泯灭,"称汉以怀人望"的策略根本行不通,只得放弃他自小学来的那套"汉家儒法",恢复匈奴旧制,实行"胡汉分治",此举虽属刘渊"不得已而为之",但也成为日后十六国诸多少数民族政权进行统治的"法宝",纷纷仿效。刘渊命祚虽短,反晋的目的也确实是为了建立匈奴人政权,但在客观上起到了中华民族大融合的作用,刘汉王朝之后,匈奴这个名字再没有出现在中国历史中。

<h1 style="text-align:center">三</h1>

刘渊死后,儿子刘和、刘聪先后继任后汉皇帝,公元 314 年,攻陷晋都洛阳,俘获晋朝的第三位皇帝晋怀帝司马炽。为羞辱这位晋朝皇帝,刘聪命司马炽装扮成仆人的样子,身着青衣,捧杯斟酒。晋朝旧臣望见这情景,放声大哭。不久晋怀帝便被毒死。

公元 316 年 8 月,刘渊的侄儿刘曜围攻长安城。

三百多年前宫阙宏伟、街市繁荣的汉都长安,此时满目荒凉,当时城内"户不盈百",竟没有一个村子的人口多,"墙宇颓毁,蒿棘成林",公私算在一起,一共才有四辆车,太仓中只有数十个面饼,粮食只能磨成屑供晋愍帝食用。皇帝当到这个份上,还有什么指望?还没熬出三个月,西晋的最后一位皇帝晋愍帝司马邺实在受不了如此窘困,11月,"乘羊车、肉袒(割除袍袖露出左臂),衔璧(口中衔玉璧),舆梓(车上拉着棺木)出降",被送往刘汉都城平阳,西晋王朝彻底灭亡了。12月,刘聪在光极殿会宴群臣,也像对待怀帝那样,命令愍帝穿上青衣,替大家斟酒、洗杯,甚至在自己小便时,命令晋愍帝替他揭开便桶盖,同月晋愍帝被杀。

从左国城起兵,到俘获晋愍帝,灭亡西晋,刘渊和他的子侄们只用了12年时间。在马背上与汉民族厮杀了几百年的匈奴人,终于打败了汉民族,在中原建立起了自己的王朝。刘汉王朝,是少数民族在中原建立的第一个王朝,虽然疆域并不大,仅限于山西和陕西关中地区,但对于民族的融合,具有划时代的意义。

匈奴人刘渊起兵灭晋在山西称了帝,接下来,刘渊的养子刘曜趁刘汉政权宫闱之乱时,起兵收编"平阳士女一万五千人",公元309年,迁都长安,改国号"赵",史称前赵。建国后,刘曜继续实行胡汉分治,徙氐、羌等族数十万人于长安,保持其部落编制,在汉人统治区内恢复儒学。

在司马氏继晋国之名后,匈奴人又一次假三晋之国名字确立政权,不知是匈奴人与三晋渊源特别深,还是匈奴人特别喜爱三晋国名,总之,一个以赵为名的政权出现在了陕西的土地上,以前,晋文公、魏文侯、赵武灵王没有做到的事,竟让一个匈奴人做到了。由他们父子开始,中国进入一个被称之为五胡十六国的大混乱大融合时代。这一时期长达130多年(304—439),史称"五胡乱华"。

所谓五胡,即匈奴、鲜卑、羯、氐、羌。这五个游牧民族,都是中华帝王的宿敌,又都在晋陕两地驰骋,在晋陕两地建都,最后又都渐渐融入汉民族之中。其中匈奴人与汉民族征战了500多年,最令汉晋两朝帝王闻之胆寒。十六国指前凉、后凉、南凉、西凉、北凉、前赵、后赵、前秦、后秦、西秦、前燕、后燕、南燕、北燕、夏、成汉。由匈奴人创立的国度有刘渊的汉(前赵)和赫连勃勃创立的大夏。如果追根溯源,羯族也是匈奴的分支,因而,羯人石勒创立的后赵,也应算作匈奴政权。

与鲜卑人之魏、契丹人之辽、女真人之金、蒙古人之元、满人之清相比，匈奴人可以说是游牧民族在中原建立政权的祖师爷、先行者。不过，匈奴人也为这些后来的少数民族政权开了一个很不好的先例，即，肆无忌惮的杀戮与掳掠。无论是刘渊创立的汉（前赵），还是石勒创立的后赵都是这样，刘汉政权曾经因为杀戮将煌煌长安变为一座空城，石勒和他的儿孙们也曾将长安城掳掠一空。到了另一个匈奴人政权的创建者赫连勃勃手里，长安更加残破，关中百姓更加遭殃。

四

历史上把赫连勃勃的匈奴称为铁弗匈奴，也就是匈奴南迁后，与鲜卑人通婚混血后的匈奴。铁弗匈奴与其先祖一样善骑射，骁勇剽悍，赫连勃勃则把匈奴人的天性发挥到极致。

赫连勃勃（381—425），字屈孑，与汉朝以后许多南匈奴首领一样，原本也随大汉皇帝姓刘，后来才归了匈奴姓氏赫连。《晋书》载："勃身长八尺五寸，腰带十围，性辩慧，美风仪。"这是个既身高马大，又机智聪颖的美男子。赫连勃勃出生时，刘渊所建的刘汉政权已灭亡60多年，但匈奴人未灭，史书上称赫连勃勃是刘渊的族人。

勃勃两岁时，发生了著名的淝水之战，前秦皇帝氐族人苻坚被东晋打败，后被羌人姚苌擒杀，前秦灭亡。赫连勃勃的父亲、匈奴单于刘卫辰久居朔方（内蒙乌拉特旗东），兵强马壮，游移于各种势力之间。386年，姚苌攻取长安，正式即帝位，国号大秦，史称后秦。姚苌的另一个举动，是将长安改名为"常安"，希望国都常安，但却是古都长安众多名字中使用时间最短的一个。即位当年，姚苌命刘卫辰为大将军、大单于、河西王、幽州牧；后来刘卫辰背叛后秦，又被西燕皇帝慕容永命为大将军、朔州牧。391年，刘卫辰派军攻击北魏，反为北魏皇帝拓跋珪击败，逃亡途中为部下所杀，一族人除三子勃勃逃脱外，全部被魏军杀害，当时，勃勃才10岁，但灭族之祸给他埋下了仇恨的种子。从此，北魏成为刘勃勃不共戴天的仇敌。

逃脱后的刘勃勃先投奔鲜卑叱干部落，没想到叱干部族酋长他斗伏为邀功要将勃勃送给北魏,多亏他斗伏的侄儿阿利半路上将他救出,送到后秦贵族高平公没奕于处,勃勃因祸得福,几年后,成了没奕于女婿。

成年后的刘勃勃容仪瑰伟,英武绝人,很受后秦皇帝姚兴喜爱,被"拜骁骑将军,加奉车都尉,常参军国大议,宠遇逾于勋旧"。姚兴根本没想到,他这是养虎为患。几年后,刘勃勃势力坐大,公元406年,先杀了岳父没奕于,第二年,反叛后秦,起兵自立,自称天王、大单于,置百官。自以为匈奴是夏朝后裔,定国号为大夏。为与大禹创立的夏朝区别,史上称之为胡夏。此时的勃勃确实雄心勃勃,他要"继天为子","实与天连",再姓刘不足以表达他的野心,于是改姓赫连。

赫连勃勃心胸狭窄,睚眦必报。立国当年,先报当年叱干部他斗伏将他"献之于魏"之仇,"降其众以万数"。收拾了叱干部族后,开始进军后秦,"杀秦将杨丕、姚老生等"。数年之间,赫连勃勃洪水猛兽般地扑向秦晋关陇,成为秦晋两地百姓的梦魇。

赫连勃勃有匈奴人狼一般的天性,立国之初,作战方式如他的祖先冒顿一样,风驰电掣,倏忽而来,疾驰而去,从不固守一城。有部下进言:"大王欲得天下,需先经营关中,固其根本,使人心有所寄,而关中山川险要,土地富饶,可以定都。"赫连勃勃不以为然,说:"夏国大业草创,士众不多,秦王姚兴也一世之雄,且诸将用命,我不可立与之争锋,关中未可图也。如我固一城一地得失,彼必并力攻我,众非其敌,亡可待也。不如急骑风驰,出其不意,救前则击后,救后则击前,使敌疲于奔命,而我却游食自若!不出十年,岭北、河东尽为我所有!且秦王兴世子泓暗弱,待姚兴死后,我必取长安!"仅此一说,赫连勃勃可称之为世界战争史上的游击战鼻祖,这种战法,一千多年后被同样以陕北为根据地的共产党武装发扬光大,这已是后话。

赫连勃勃的作战方式,令当年极欣赏他的后秦皇帝姚兴疲于奔命,苦不堪言。在赫连勃勃铁骑的连番冲击下,后秦损兵折将,丢城失地,渐渐走向衰弱。413年3月,立国七年后,赫连勃勃开始修建都城,征秦岭以北各族劳役10万人,蒸土筑城,锥入一寸,即杀作城者,并重新再筑。这样修好的城池,坚硬如铁,可砺刀斧。勃勃自言:"朕方统一天下,君临万邦,可以统万为名。"此城因名统万城。

　　赫连勃勃生性残暴，杀戮无度。他要造"五兵之器"，要求"精锐尤甚"，"既成呈之，工匠必有死者：射甲不入，即斩弓人；如其入也，便斩铠匠"。经常自立城头，手执弓剑，谏者割舌，笑者决唇。以至"夷夏嚣然，人无生赖"。

　　赫连勃勃征战之地大多在秦晋两地，如此残暴之人，给两地百姓带来了巨大灾难。公元417年东晋围攻长安，后秦姚泓投降国亡。赫连勃勃乘晋军刘裕还军东返时，南下关中，占领长安。与其先祖一样，赫连勃勃特别喜欢人头，以前与后凉国作战时，"杀伤万计，斩其大将十余人，以为京观，号'髑髅台'"。这次进入长安后，又故伎重演，再次"积人头以为京观"。公元418年，赫连勃勃即帝位于霸上，改元昌武，又改为真兴，仍定都统万城，长安为南都，命太子赫连璝镇守，"领大将军，雍州牧、录南台尚书"等职。

　　赫连勃勃立国之初，曾派军进占吐京（今山西石楼县），随后又占蒲子（今山西隰县）。公元419年，赫连勃勃派军2万攻蒲坂（今山西永济市蒲州镇）。公元426年，再派兵4.5万攻蒲坂。前后两次，大夏国共占蒲坂长达8年时间。

　　与汉时的南匈奴一样，大夏仍亡于内乱。公元424年，赫连勃勃欲废太子赫连璝，立幼子酒泉公赫连伦。赫连璝从长安起兵7万，攻伐赫连伦。赫连伦率3万骑兵迎战，双方在高平激战，结果赫连伦兵败被杀。赫连勃勃的第三子太原公赫连昌也不甘寂寞，率骑兵一万，出其不意袭杀赫连璝，坐上太子位。第二年，残暴凶猛的赫连勃勃死去，赫连昌继位。

　　公元427年，拓跋焘派三万步骑兵再攻统万城。6月，拓跋焘亲临前线，设计将赫连昌引诱出城，围而歼之，赫连昌战败来不及入城，仓皇逃脱远遁上邽（今甘肃天水）。第二天，拓跋焘兵不血刃，不战而入统万城。谁也想不到，号称坚不可摧的统万城，竟以这种方式失陷。在两个同样勇猛的游牧民族交战过程中，彪猛凶狠成为其次，更具智慧的一方占了上风。

　　随着显赫一时的大夏国灭亡，匈奴，这个在马背上纵横驰骋数百年的民族，终于跌落在山陕两地的黄土地上，以后再也不知踪迹。

　　匈奴人与大汉交战四百多年，又被晋朝管制数十年，终没有灭族，一俟中原内乱，又能卷土重来，然而，最后，却被同为游牧民族，同在大漠驰骋的鲜卑人灭种，而且，在最后时刻，另一个游牧民族吐谷浑（鲜卑慕容一支）也加入进来,擒捉了匈奴最后一个帝王,这不知是宿命,还是巧合。

还有另一个巧合,公元432年,就在大夏国灭亡的当年,在遥远的欧洲,匈奴人却正在崛起,分散的匈奴各部,在鲁嘉的领导下完成了统一,又合成一股可怕的力量。三年后,大名鼎鼎的阿提拉弑兄继位,从此,欧洲人也像大汉初期一样,灾难降临了。

"阔脸、扁鼻、高颧骨、细眯眼、厚嘴唇、稀疏胡须、粗糙的黑发,被日光、风、霜染成的黝黑皮肤,五短身材,弓形脚支撑着粗壮笨拙的身躯。"英国人约翰·曼在《上帝之鞭·阿提拉》一书中描述的匈人,与司马迁笔下的匈奴人如同一个模子里倒出来的。这个凶猛的民族,在阿提拉的带领下,如同高山上消融的雪水一样,迅速冲向欧洲大陆各个角落,铁骑所到之处,摧枯拉朽,欧洲在他们的脚下残喘颤抖。在这段让欧洲人丧胆的历史中,阿提拉被形容为"上帝之鞭",他带领的匈人一度改变了世界。两次入侵巴尔干半岛,包围君士坦丁堡;远征至高卢(今法国)的奥尔良地区,最后终于在沙隆之战被停止了向西进军的脚步。却转攻意大利,公元452年攻陷当时西罗马帝国首都拉文纳,赶走了皇帝瓦伦丁尼安三世,使西罗马帝国名存实亡。极盛时期,其疆域东起咸海,西至大西洋海岸;南起多瑙河,北至波罗的海。其版图之广,足以和全盛时期的冒顿单于媲美。

一片混血的土地

一

阿提拉在欧洲攻城略地之时,中国的北方,鲜卑人拓跋焘正在进行着汉胡融合伟业,击败大夏国后,再灭北燕、北凉,屡败东晋,迅速统一了北方。此时,失败了的匈奴人失去了自己民族的名字,再没有人把他们称作匈奴,一个伟大的民族就此神秘消失了。与欧洲的匈奴人不一样的是,在农耕文化的同化中,他们消失的不仅仅是名字,连同匈奴人那种彪悍凶猛的血性也一并消失,更可怕的是,他们再也没有先辈那种抱成一团抗击外族的精神,只剩下了徒有其名的肉体,他们还能再度崛起,恢复匈奴人的雄风吗?

战场上的失败,让匈奴人不得不从马背上滚落下来,隐入人烟稀少的秦晋北部山区,将弓弩弯刀收起,荷锄而耕,绩麻而衣,与汉人和其他民族杂居在一起,结亲通婚,繁衍着下一代,形成了一种混杂了多种血统的新人群。《太平寰宇记》说这些匈奴人"胡头汉舌,其状似胡,其言习中夏"。因而,他们不再被视为匈奴,在汉人歧视性的称呼中,他们被叫作稽胡、步落稽、步落坚或者山胡,也有人称他们为匈奴的别种。然而,在他们一脉相承的信念里,自己始终是南匈奴人刘渊的后代,冒顿、刘渊永远是伟大的祖先。

《周书·稽胡传》中说:"自离石(今山西吕梁市)以西,安定(今甘肃定西市)以东,方七八百里,居山谷间,种落繁炽。"这就是北魏时期稽胡的居住范围,实际包括如今的山陕两地自然条件最恶劣的地区。在这样的生活环境中,稽胡过着与农耕民族一样的定居生活,在汉人的歧视中,尽管生存艰难,仍能平静地生活。一旦不能忍受统治者的残暴,他们心管里流淌的匈奴人血液会被再次激荡起来。

从北魏到东魏、西魏、北齐、北周,近200年的时间内,稽胡的暴动、起义从来没有中止过。

公元434年,还沉浸在剿灭大夏喜悦中的拓跋焘就差一点死在稽胡手里。没有了刘渊、赫连勃勃那样的强势人物,稽胡虽是匈奴后人,却是一盘散沙,与山里的毛贼无异。大夏灭亡后,有个叫白龙的稽胡部落酋长在西河作乱。拓跋焘御驾亲征,先抵达美稷(西汉置县,东汉中平年间徙汾阳),又前往隰城(今山西柳林县),下令皇子阳平王拓跋它督率各路兵马进攻山胡部落。这位后来统一了中国北方的雄才霸主,根本没把稽胡放在眼里,经常带着几十名骑兵,登上山头察看地形。没想到白龙在山间十多个地方伏下精兵,出其不意冲杀过来,拓跋焘大惊,从马上跌落,差点被生擒活捉,多亏大将代州人陈建奋不顾身,受伤十余处,拼死相搏,杀山胡多人,才保护大魏皇帝平安脱险。九月,戊子(二十八日),北魏军大败山胡部落,斩杀了稽胡酋长白龙,屠杀全城居民。冬季，十月，甲午(初五)，北魏军又攻克白龙余党据守的五原(今内蒙五原县)，诛杀数千人，将被杀稽胡部落士卒的妻子女儿赏赐给军中将士。

北魏末年，国中大乱，先爆发了北边六镇起义，各路豪强并起，契胡人尔朱荣、鲜卑人宇文泰乘势而起，掌握国政。汾州(治今山西汾阳市)稽胡首领刘蠡升趁中原动荡之机，在云阳谷(在今山西右玉县东北云阳堡)聚众举兵反魏。《北史·齐本纪上》中说："初，孝昌(525—527)中，山胡刘蠡升自称天子，年号神嘉，居云阳谷。西土岁被其寇，谓之胡荒。"当时北方各地叛乱四起，北魏朝廷剿不胜剿，一时腾不开手征剿威胁并不算太大的刘蠡升。与刘渊、赫连勃勃相比，刘蠡升致命的弱点是既胸无大志，又缺少匈奴人应有的彪悍骁勇，仅在山西中北部小打小闹，骚扰北魏，因而得以偏踞一隅，一晃就是近十年。

十年工夫，沧海桑田，北魏政权也走到了历史的尽头。公元534年，称雄北方、立国149年的北魏帝国一分为二，高欢立清河王元亶之子元善见为帝，迁都于邺城，是为东魏；宇文泰毒杀魏孝武帝，立南阳王元宝炬为帝，定都长安，史称西魏。

东魏建立的第二年正月，东魏丞相高欢发兵袭击刘蠡升。

十年没有遭受战火袭扰的稽胡人早已失去了应有的警惕，首领刘蠡升也是高枕无忧，疏于戒备，结果被高欢的突袭得手，刘蠡升只得率众退守云阳谷中。高欢见云阳谷地势险要，易守难攻，遂使用和亲诡计，遣使与刘蠡升约和，并许诺将自己的女儿许配给其太子为妻，刘蠡升太过实在，相信了高欢的话，派太子到邺都迎亲；高欢对这个假女婿厚礼相待，却借故推迟婚期，暗中调兵遣将图谋奇袭。

刘蠡升见双方讲和，又结成姻亲，失去了戒心。高欢见刘蠡升中计，麻痹无备，出其不意举兵攻袭。失去警惕的刘蠡升大败，无力支撑，亲率轻骑外出征调兵马，被部将趁其不备斩下首级。

刘蠡升的余众仍坚持斗争，复立其三子南海王为帝，继续反抗朝廷。高欢不肯养虎遗患，进兵攻击，生擒了继任皇帝，并俘获了皇后、诸王、公卿以下四百余人，得汉胡五万余户，建立十年之久的稽胡政权灭亡。

二

一条黄河将中国北方分成了东魏、西魏,两个割据政权隔河对峙,同时,也将散居于大河两岸的稽胡人分开。黄河西岸的稽胡同样让西魏不得安宁。公元 539 年,黑水(今宜川)部稽胡先发生叛乱。两年后,稽胡统帅、夏州刺史刘平伏占据上郡,连年暴乱,西魏"遣开府于谨讨平之"。西魏大统十四年(548),延州稽胡狼皮叛乱,西魏文帝派大将韩果出征讨伐。"胡地险阻,人迹罕至,果进兵穷讨,散其种落。稽胡惮果劲健,号为着翅人。太祖闻之,笑曰:'着翅之名,宁灭飞将'。"(《周书·韩果传》)。

北齐年间,大部分稽胡由于"与华民错居",已转入定居生活,"其俗土著","分统郡县,列于编户"。但毕竟仍"有异齐民",故不得不"轻其徭赋"。一部分居于"山谷阻深者",则犹"未尽役属"。土著列于编户的,"亦知种田"(《周书·稽胡传》)。也就是说,这些稽胡会种田,不过种田并不是他们的主要生产活动。至于"山谷阻深者",仍以畜牧为生,不接受北齐王朝派下的徭役。

台湾学者柏杨在《中国人史纲》一书中说:"假使世界上有疯子建立的国家,北齐帝国就是了。"北齐的第一位皇帝高洋就是柏杨所说的疯子,昏庸无道,杀人为乐,奸淫奢侈,历代帝王们所有的劣行,几乎都在高洋身上得到体现。

高洋的残暴在一次讨伐稽胡的大屠杀中得到充分体现。"(天保)五年(554)正月癸巳,帝(高洋)讨山胡,从离石道。遣太师、咸阳王斛律金从显州道(今原平市),常山王演从晋州道(今临汾市),掎角夹攻,大破之,斩首数万,获杂畜十余万,遂平石楼(今山西石楼县)。石楼绝险,自魏世所不能至。于是远近山胡莫不慑服。"

还是这次对山胡人的大屠杀,《北史·齐本纪中》的记载比较详细:"五年春正月癸丑,帝讨山胡大破之。男子十二已上皆斩,女子及幼弱以赏军。遂平石楼。石楼绝险,自魏代所不能至。于是远近山胡,莫不慑伏。是役也,有都督战伤,其什长路晖礼不能救,帝命刳其五藏,使九人分食之,肉及秽恶皆尽。自是始行威虐。"把十二岁以上的男子全部杀掉,妇女儿童作为赏品送给有功军士,这简直是一次种族灭绝。石楼县至今人口也不过十万,一千四百多年前,人口当更少,一次就被屠杀数万,可想而知,当时的石楼可真是万户萧瑟了。与石楼相邻的临汾市永和县人口则更少,直到现在仅有六万余口,是整个山西省人口最少的县份之一。也就是说,从高洋屠杀到现在,这一带的人口一直没能恢复。

中国历史上这种"屠城灭种"行为本不鲜见,更令人发指的是后面的描述,因为那个叫路晖礼的十户长没能及时抢救受伤的北齐都督,高洋气急败坏之下,竟命人挖出他的五脏,逼着其余的九户人家,连人肉带秽物一起吃下去。这可能是高洋当上皇帝后,第一次暴露出残暴狂虐的本性。

其实封建专制时代,所有的帝王都一样,不过残忍的方式不同而已,只要统治地位受到威胁,不惜使用任何手段。

三

魏晋南北朝时期,大多数进入黄河中下游地区的胡人已经汉化,史家根据汉化程度的不同,将接受农耕文化较少,生活习俗与汉民族相差较大的胡人称之为"生胡"。这部分胡人,也就是稽胡。《周书·稽胡传》曾提到:"离石生胡数寇汾北,勋州刺史韦孝宽于险要筑城,置兵粮,以遏其路。"这些生胡居住地多在山间,"其俗土著,亦知种田,地少桑蚕,多麻布。其丈夫衣服及死亡殡葬,与中夏略同;妇人则多贯蜃贝以为耳颈饰。又与华民错居。其渠帅颇识文字,然语类夷狄,因译乃通。蹲踞无礼,贪而忍害。俗好淫秽,处女尤甚,将嫁之夕,方与淫者叙离,夫氏闻之,以多为贵。既嫁之后,颇亦防闲,有犯奸者,随事惩罚。又兄弟死,皆纳其妻。虽分统郡县,列于编户,然轻其徭赋,有异齐民。山谷阻深者,又未尽役属,而凶悍恃险,数为寇乱"。生胡的汉化过程很漫长,直到唐朝,还没有完全与汉人融合。

汉化较深的胡人就不一样了,除了长相略有区别,几乎与汉人无异,不光从形式上列于编户,交纳赋税,充支徭役,而且都有汉族姓氏,北魏时期的屠各族(匈奴别支),大多姓刘、李、金、董、梁。这些人不光接受了汉文化,有的甚至已入朝为官。唐人李吉甫《元和郡县图志》中所说的"胡头汉舌,其状似胡,其言习中夏",就是当时汉化胡人的写照。这些汉化较深的胡人多居住在关中一带。公元558年,北周明帝宇文毓即位第二年,曾下诏书说:"三十六国,九十九姓,自魏南徙,皆称河南人,今周室既都关中,宜改称京兆人。"就是说,自北周以后,汉化的胡人就都是关中人了。

历史上把魏晋南北朝时期胡人的汉化,称之为第二次民族大融合。经过这次融合,匈奴人不存在了,鲜卑人不存在了,羯人也不存在了,汉民族的血管里从此流着胡人的血液,成为一个成分复杂的民族。千百年来,彪悍、凶猛,如同狼一般的动物习性,时常在汉民族的行为中表现出来,这可能就是胡人血缘的反映吧。

了解了这段历史,再看晋陕这两片黄土地,就会有一种异样的感觉,因为我们谁也不敢说自己是个纯种的汉人,谁也说不清自己到底是不是匈奴人、鲜卑人、羯人的后裔,因为,当年这几个民族,尤其是匈奴人就消失在这两片土地上,成为汉民族大家庭中的一员。当我们听到陕北高原悠扬的信天游、晋西北高原上的山曲儿时,也许会想到匈奴人狼一般的冲天嚎叫,想到我们的祖先也曾在草原上如狼一般奔跑。陕北,多么粗犷豪放的土地,然而,又是最倔强最有个性的地方,谁能说以后杀人如麻的李自成、张献忠、王嘉胤与刘渊不是同脉同根?也许,从如今陕北、晋西北人的长相中,就能找到匈奴人的影子,唯有如此,才能解释为什么这里的人,从来就与中庸的儒家文化格格不入;才能解释为什么这里的人与生俱来个性叛逆。正是这种个性,为中华民族注入了活力。正如陈寅恪先生在《金明馆丛稿二编》所言:"取塞外野蛮精悍之血,注入中原文化颓废之躯,旧染既除,新机重启,扩大恢张,遂能别创空前之世局。"以后,中国将会进入一个生机勃勃的伟大时代。

兴衰唐王朝

读史书多了，走进山西省城太原，会不由得想起它的另外几个名字，并州、晋阳、龙城，都沉甸甸的，承载着厚重的历史。每当大一统王朝建都长安时，太原就有了特殊位置，或者是长安的威胁，或者是长安的堡垒。兴也太原，亡也太原，太原安则帝国安，太原危则帝国危，刘邦的大汉是这样，杨坚的大隋是这样，李渊的大唐也是这样。

太原又是个被神秘的古代堪舆术毁灭的地方。

南北朝时期，汉化的鲜卑人高欢就苦心经营晋阳城，建立晋阳宫，名大丞相府，史称"霸府"，坐镇太原遥控北魏，以后，其子高洋当上北齐皇帝，也多坐镇太原。隋朝的第二任皇帝杨广曾封爵于太原，称为晋王。再往后，李渊自太原兴兵建立唐朝，这个游牧民族经常放马厮杀的地方，又成为所谓的龙兴之地，好像谁能在这里独霸一方，就可沾上帝王之气。五代十国，李克用、李存勖从太原起兵建立后唐，石敬瑭从太原起兵建立后晋，刘知远从太原起兵建立后汉，刘崇在太原建立北汉。连远在巴山蜀水的后蜀政权，也因为孟知祥当过太原尹、北都留守才得以建立。

今天的太原城，是宋太平兴国四年(979)，宋太宗赵光义火烧晋阳城，又引汾、晋之水夷晋阳城为废墟后，宋朝大将潘美在距古晋阳城北四十余里的唐明镇一带修建的，为了钉破"龙脉"，全城只修丁字街，为拔龙角，削去了系舟山的山头。沧海桑田，斗转星移，如今走进太原已很难看出与这样的历史有什么关系，现代街市和现代人群将太原装扮成一个现代城市。要想寻找太原曾经的厚重，只有到幸免于焚毁之灾的几个地方去。

晋祠就是这样一个地方。在这里，能找到帝王的足迹，看到历史的积淀。

来到晋祠，最吸引人的是秀丽的风景和精巧的建筑。悬瓮山、宋代铁人、对越牌坊、难老泉、鱼沼飞梁、圣母庙让人目不暇接。建筑学家如梁思成、林徽因来了，看到的是建筑；诗人如李白、白居易、范仲淹来了，看到的是如画风景；书法家如傅山来了，看到的是丹青妙笔。唯有帝王们来了，目光会刺到晋祠所在的地表下，看出这里的帝王之气。

晋祠之内古柏森森，带给人一种寒意。我徜徉其下，猛然想到，这里曾发生过一场阴谋，大唐王朝差点儿还没出世，就胎死腹中。公元617年5月，在隋王朝风雨飘摇之际，太原留守李渊准备起兵反隋，适逢天旱，副留守王威、高君雅想以到晋祠祈雨为名,诱杀李渊,多亏晋阳乡长刘世龙报告李渊,才免除一场灾祸。王威、高君雅反被李渊所杀。同年7月,李渊在晋祠誓师,起兵晋阳,一路南下,势如破竹,攻入长安,以唐叔虞封地为国号,建立唐王朝。晋祠可以说是李唐王朝的龙兴之地。

立于晋祠贞观宝翰亭内的《晋祠之铭并序》,是晋祠的镇祠之宝,又称贞观宝翰碑,系唐太宗李世民御书。当年,李世民再度来到晋祠时,已不是意气风发的"太原公子",而是神勇圣明的大唐天子。兵起太原而得天下的李世民,深感叔虞先王之庇荫,晋阳城民之厚拥,晋水福泽之惠布,故一气呵成这一千二百零三字的铭文,字字珠玑,笔笔雄健,盛赞晋阳风范。时隔一千多年,赏读这篇美文,李世民的音容笑貌如在眼前,讨檄声、号令声、马蹄声,历历如绘。"南有兰亭序,北有晋祠铭",贞观宝翰,不单是一件书法杰作,更是盛世晋阳元气淋漓的气韵所在。二十世纪五六十年代,郭沫若先生曾经参观了贞观宝翰碑,慨然赋诗:太原公子自无双,戎马生涯未肯降。在大唐王朝的发祥之地,唐太宗祭山、祭水、祭天、祭地、祭祖宗。在他看来,晋祠的山是那么富有帝王之气,"悬崖百丈,蔽日亏红,绝岭万丈,横天耸翠。"晋祠的水是那样的源远流长,若大唐的基业一样永续不绝,"日注不穷,类芳猷之无绝,年倾不溢,国上德之诚盈。"

大唐基业起于晋地,大唐之名来自晋地,大唐帝王衷情晋地,大唐的一统江山把秦晋两地连在一起,秦文化中最自豪的莫过于唐文化,有了晋祠,就可以看出,唐文化其实是以晋地为起点,融会多种文化元素,宽容、博大、璀璨夺目的盛世文化。

共孕混血文化

魏晋南北朝时期,由匈奴人、鲜卑人,包括铁佛人、羯人建立的北方政权,远比汉人建立的南方政权更值得记忆。这些粗犷彪悍而又趾高气扬的胡人为中华文明带来的是一股雄浑大度之气,而隅居南方的汉政权,虽然也英雄辈出,才俊云集,但是,帝王们似乎只承继了汉文化中最萎靡的那一部分,"江雨霏霏江草齐,六朝如梦鸟空啼。无情最是台城柳,依旧烟笼十里堤",骄奢淫逸的六朝帝王,留下的好像只有迷离若梦的靡靡之音。可惜的是,那些胡人枭雄一接触汉文化,立刻被从马上拉了下来,安坐宫廷,以胡人的彪悍享受着汉文化的萎靡,一点点消磨着身上的野性,还没有来得及在历史的长廊中舒一下腰,便匆匆离去。然而,他们并没有就此消亡,迅速融进了汉文化,以另外一种方式继续影响着中华民族。

南北朝以后,游牧文化在汉文化中占据的份额更大,胡人文化的存在,使得汉文化更加健康阳刚,从此成为一种混血文化,诞生出更强健的体魄。

魏晋南北朝时期的北方游牧民族,多起于大漠,兴于秦晋,立于中原。秦晋两地是中华民族第二次大融合的中心地带,中华混血文化的孕育中心,以后,逐步向外扩展,地处边陲的陇地也加入进来,这样,就诞生了北魏至盛唐时期的关陇贵族集团。

所谓的关陇贵族集团,其实是鲜卑政权的政治遗产,多名北魏贵族世世相因,无论王朝更迭,时事变迁,他们始终稳坐王朝的顶端。所以如此,是因为他们用婚姻的形式,使利益共同化,关系姻亲化。以后的东魏、北周建立,隋、唐王朝诞生,都与这个姻亲圈里的核心人物有直接关系。如北周皇帝宇文泰、隋朝开国皇帝杨坚、唐朝开国皇帝李渊,以至创造出贞观之治的唐太宗李世民。在中国历史上,从来没有一个姻亲圈能如此改变历史,影响国运。

与春秋时期的秦晋联姻相比,这类联姻不光是政治联姻、地域联姻,至少从形式上看,还是胡汉联姻、民族联姻。与汉魏以来的公主远嫁、胡汉和亲相比,这类联姻又是一个统治集团内部的政治联姻,政治成分又大于民族成分。在这样的联姻中,看不见大漠孤烟中,汉家女凄凄哀哀,远赴塞外的悲情。只有一位位楚楚动人,娴静文雅的女子在君王们的政治交易中,一面忍辱负重,一面享受着贵妇之尊。与她们结成血亲的男人们则在北周、隋、唐的政治舞台上纵横捭阖,创造中国历史上最辉煌的一幕。

这个姻亲圈的形成过程一方面冷漠残酷充满血腥气,另一方面又温情脉脉充满人情味,对中国大局影响时间之长,前所未有,在长达百余年的时间内,这个姻亲圈的成员一直稳坐在权力巅峰,开创出中国最辉煌的历史时期。

鲜卑人是首次统一中国北方的游牧民族,拓跋王朝建都平城(今山西大同市)初期,北方边关狼烟四起,警声不断。从秦汉时期起平城就是个深受战争困扰的地方,汉高祖刘邦正是在这里受困于匈奴,以后,又是大汉王朝北入大漠的前沿阵地。东汉至北魏,匈奴人、鲜卑人、柔然人、高车人在这里金戈铁马,你来我往,厮杀得天昏地暗。国都建在这里,等于建在边关。为拱卫京都,外御柔然,内制高车、山胡,北魏王朝自东而西设怀荒(今河北张北)、柔玄(今内蒙古兴和西北)、抚冥(今内蒙古四子王旗东南)、武川(今内蒙古武川西)、怀朔(今内蒙古固阳西南)、沃野(今内蒙古五原东北)等军镇,史称北镇或六镇(孝文帝末年,又于怀荒镇东今河北赤城西北增置御夷镇,实为七镇)。

北镇不设州郡,以镇、戍领民,号为镇民,主要是鲜卑拓跋部民。公元494年,孝文帝拓跋宏迁都洛阳后,京城远离边地,六镇地位一落千丈。文成帝拓拔浚以后,北魏朝廷常将一些罪犯送去相关戍边,将六镇官兵等同罪犯。六镇军事力量因此削弱,加上柔然人频繁进攻,公元523年,六镇镇民不得不举兵起义。

镇民造反等于国门敞开,北魏王朝采取的办法是反过来联合柔然人镇压边民起义,将六镇镇民迁往河北北部。在迁徙过程中,镇民饥饿劳顿,至目的地后又遭水旱之灾,这些常处边关的镇民本来就彪悍勇猛,哪能忍受这样

的折磨,起义再度爆发。在这些迁徙的镇民中,有个名叫宇文泰的军官,就是以后关陇贵族集团的首领。

宇文泰(507—556),小字黑獭(一作黑泰),六镇起义时,他才16岁,即参加了鲜于修礼和葛荣的起义军。如此年轻,放到现在不过是个中学生,但是,就是这个毛头小伙,在以后的几年中,将改变中国历史。六镇起义失败后,宇文泰随军迁晋阳,隶属北魏枭雄尔朱荣部将贺拔岳麾下,随后又随军开往关中,镇压关陇一带起义军,其间机智勇果,显露出非凡的军事才能,迅速受到重用。贺拔岳被高欢杀死后,他统领贺拔岳部属,成为关中最有实力的军事首领。这一年宇文泰23岁。

北魏永熙三年(534),北魏孝武帝不愿做高欢傀儡,逃往长安,不料却成宇文泰手中傀儡,不久,宇文泰毒死孝武帝,另立元宝矩为魏文帝,建立西魏,北魏王朝就这样亡在一个20多岁的年轻人手里。宇文泰成为西魏的实际执政者,只待时机成熟,便可取而代之。

就是这个年轻的宇文泰,令一个新兴的贵族集团横空出世,一飞冲天,开创了一个前所未有的伟大时代,这就是纵横中国近二百年的关陇军事贵族集团。

关陇贵族集团起源于代北武川,初建于关中,共创造出四个王朝,分别是西魏、北周、隋、唐,在中国历史上,这是绝无仅有的奇迹。

宇文泰是兵农合一的府兵制开创者,府兵则由八柱国统率。所谓八柱国,就是西魏按照鲜卑人的部落组织制度受封的八位柱国大将军,史称"八柱国"。最初的八柱国分别是宇文泰、元欣、李虎、李弼、赵贵、于谨、独孤信、侯莫陈崇。这有点类似于以后的十大元帅。八柱国均起自代北武川,其中,宇文泰是最高统帅,其他柱国其实是由他分封的。元欣是皇族,有名无实。实际带兵的是其余六柱国。柱国大将军下设12位大将军,分别领兵四千。大将军下再设24名开府将军,开府将军又有48位同仪将军。六位柱国大将军共领兵不足五万。到北周灭北齐时,发展到20万,到隋朝统一全国时就发展到50万了。

八柱国胡汉杂混,除了鲜卑人,就是鲜卑化的胡人,或鲜卑化的汉人,长期身处边关与游牧民族打交道,性格中都带有游牧民族的豪放彪悍。他们手握重兵,地位高贵,来到关中后,与当地豪强大户结合,很快就形成了一个新的贵族集团,即大名赫赫的"关陇集团"。史曰:"今(唐)之称门阀者,咸推八柱国家。当时荣盛,莫与为比。"在兵连祸结的乱世,这是一支可怕的力量,既能创造历史,也能毁灭历史。

从这个贵族集团中首先获益的是宇文泰,利用八柱国的支持,他控制了西魏王朝,公元556年,正值盛年的宇文泰病死,其子宇文觉取代西魏,登上帝位,创立了北周王朝。以后,杨坚创立隋朝,同样离不开八柱国的支持。

杨坚也是个鲜卑化的汉人,史书说他是弘农郡华阴人。其五世祖杨元寿北魏初年曾在武川镇任司马。杨坚之父杨忠跟随北周太祖起义关西,因功赐姓普六茹氏,位至柱国、大司空、随国公,赐鲜卑复姓,称普六茹氏,因此杨坚也叫普六茹坚。北周初年,杨坚袭父爵,自己也当上了柱国将军,成为北周王朝中最有实力的八柱国之一。

到这里,不能不提杨坚的岳父独孤信。

独孤信(502—557)是一位地道的鲜卑人,本名独孤如愿,字期弥头,北朝武川镇(今内蒙武川西南)人,祖籍云中(今山西大同)。其相貌俊美非凡,风采绝世,被誉为"璧人",是中国古代著名的美男子,史称其"美容仪,善骑射"。少年时代喜爱修饰,讲究穿戴,故在军营之中享有"独孤郎"之美称。这样一位美男子,却是久经沙场,用兵如神,文治武功兼具的一代名将,官至柱国将军,大司马,进封卫国公。令他在史上留名的,还因他的三个女儿。独孤信生有六男七女,可能美男子的遗传基因使他的女儿个个美丽动人,其他贵族纷纷与其结缘,独孤信因此贵为三朝国丈,其中长女嫁给北周世宗明皇帝宇文毓,追封为明敬皇后;第四女嫁给李渊的父亲李昞,追封为元贞皇后;第七女嫁给杨坚,赐文献皇后。这三个家族以后都建立了各自的王朝,美男子独孤信用自己的血脉将北周、隋、唐联系在一起,同时,也将胡汉联系在一起,若追根溯源,这其实是春秋时代秦晋之好之后,又一次影响巨大的政治联姻。此时,虽已无秦晋之分,但若以籍贯论,分明又是一次秦晋之好。

独孤信三个女儿的婚姻,其意义并不在于成为三位皇后,也不在于将三个王朝的利益连在一起,而在于从此汉家帝王的血管里就流着胡人的血液,以后,胡人这个鄙视的称呼将不被轻易提起,中华文明将更具活力。这可能

才是独孤信这个鲜卑美男子对中华文明的最大贡献。

关陇集团诞生以前,山陕两地是民族成份最为混杂的地区。陕北、晋西北长期为游牧民族的活动区域,关中、晋南也时有游牧民族游弋,甚至建立自己的王朝。但是,从血缘上说,汉民族始终没有与游牧民族真正交融到一起。关陇集团的出现,彻底改变了这种局面,以后,连皇室、贵族血管里也流着几种不同血液,人种杂交的优势很快在统治集团的作为中显露出来。

杨坚娶独孤氏之后,公元580年,年仅八岁的周静帝继位,杨坚以大丞相身份辅政,独揽朝政,尽灭宇文氏,公元581年,取周而代之,自己登上帝位,建立隋朝。

与一派新气象的隋朝相比,当时地处江南一隅的陈朝已弥漫着没落之气,帝王陈叔宝骄奢淫逸,无所作为,隋灭陈,一统天下已成必然之势。开皇八年(588),50万隋朝大军一到,陈叔宝被俘,陈朝就灭亡了。

杨坚坐上皇位,隋朝一统天下,是关陇贵族集团掌握全国政权的一个标志。也是胡汉血液交融后取得的第一个胜利,以后的几百年内,中国固然还会有战争与挫折,但是,这段生机勃勃的历史,将会为中华文明添上最灿烂的一章。

太原:唐王朝的发祥地

一

隋朝立都长安,关中之地再次成为全国中心。可惜无论隋文帝杨坚,还是隋炀帝杨广,都忽视了山西重要的地理位置,以至隋朝来去匆匆,成为一个短命王朝。

不管哪个王朝,一旦建都长安,山西就是国都门户,占据山西,守可为国都屏障,进可成国都威胁,隋炀帝把如此重要的地方交给了一个最不该交给的人。这个人就是以后的唐朝开国皇帝李渊。

李渊(566—635)有着高贵的门第,系汉前将军李广、十六国时期西凉国开国君主李暠之后裔。祖父李虎原为西魏八柱国之一,死后被追赐唐国公,是关陇集团重要成员。父亲李昞曾任柱国将军,袭封唐国公。李渊出生时,与所有的开国帝王一样,紫气充庭,神光照室。也与所有的开国帝王一样身有异相,《新唐书》中说他"体有三乳,性宽仁"。公元573年,李渊七岁时,父亲李昞去世,李渊也袭封唐国公。此时的李渊虽贵为公爵,但父亲新丧,年幼无依,多亏姨母像对待自己孩子一样将他收养。他的这位姨母就是独孤信的女儿、杨坚夫人独孤伽罗。和他一起在姨母身边长大的,还有小他三岁的表弟杨广。以后,不论是姨丈、姨母,甚至那位小他三岁的表弟,无一例外地成了历史的缔造者。

长大成人后的李渊,先凭着姨夫杨坚的关系,当上了"千牛备身"(皇帝的亲身护卫),北周时历任御史大夫、安州总管、柱国大将军。隋炀帝即位后,李渊任荥阳(今河南郑州)、楼烦(今山西静乐)二郡太守。后被召为殿内少监,迁卫尉少卿。大业十一年(615),拜山西河东慰抚大使。李渊继承了先祖善射的技能,河东慰抚大使任上,镇压龙门(今山西河津)母端儿农民起义军,"射七十发皆中,贼败去,而敛其尸以筑京观,尽得其箭于其尸"。

镇压了母端儿起义军后,李渊又迎来了更可怕的对手——突厥人。

突厥人带有匈奴血统。《北史》记载:"突厥者,其先居西海之右,独为部落,盖匈奴之别种也。又曰突厥之先,出于索国,在匈奴之北。"其作战方式与匈奴人一样,善于骑射,兵士们长年身穿甲胄,打仗的时候有个特点,说打就打,不考虑什么天时、地利与人和,没有阵型。这样极具灵活性的军队曾让大汉王朝吃尽了苦头,北齐、北周时期,突厥已异常强大,"东至辽海以西,西至西海(里海)万里,南至沙漠以北,北至北海(贝加尔湖)五六千里",都是突厥人的势力范围。隋朝以后,突厥分为东西两部,相互攻杀,两边都曾一度降隋纳贡。隋朝末年,东突厥再度崛起,"控弦百万,北狄之盛,未之有也,高视阴山,有轻视中夏之意"。

大业十一年(615)八月,隋炀帝杨广以突厥人始毕可汗不来朝贡为由,率领三万大军北巡威慑,就是在边境上搞个军事演习,想吓唬突厥人,叫你知道我天朝大国的威严,以后年年进贡,岁岁称臣。杨广可能是中国历史上最能折腾的皇帝,在位14年,建东都、开运河、三征高丽、数伐突厥,又经常临幸各地,光山西一地就建了汾阳宫与晋阳宫,反倒在都城长安席不暇暖,总共呆过不到一年时间。这次杨广显然打错了算盘,因为对方是桀骜不驯的突厥人。杨广刚到边塞,得知始毕可汗率领十余万骑兵来袭。急忙退入雁门,毕始可汗率大军赶来,将雁门团团围住。杨广心惊胆战,抱着儿子赵王杨杲号啕大哭。这就是所谓的"雁门之变"。为解救皇帝危难,李渊派出兵马勤王,连自己16岁的儿子——年少英武的李世民也加入勤王军队中前往雁门救援。可是突厥人实力强大,隋朝此时已经风雨飘摇,勤王军实力不足,进退维谷。李世民向当时的主将云定兴出了一个主意,让隋军多带旗帜钲鼓,逶迤十余里,日夜大造声势,做出了一副大军来援的假象。云定兴依计而行。突厥人果然中计,以为隋朝大军开来,害怕遭到内外夹攻,撤兵解围。

大业十三年(617),李渊拜太原留守。太原军事地位重要,作为留守的李渊首先要做好两件事,一是防止突厥人南下,太原是长安的重要屏障,一旦被攻破,突厥人就可长驱直入,进攻关中。二是要镇压太原以南的历山飞农民起义军。他说:"历山飞不破,突厥不和,无以经邦济时也。"

李渊到太原时,隋末农民起义遍布全国,政局动乱,炀帝南逃江都(扬州),置天下于不顾,京城长安事务全交给年幼的代王杨侑(杨广的孙子)。这种混乱局面,令李渊夺取隋朝天下的野心骤然膨胀。太原地理位置特殊,李渊大业未举,便占得先机,因而"私喜此行,以为天授"(温大雅《大唐创业起居注》)。

史书中的李渊沉稳老辣、善于决断、既富远见、又善施行。从当上太原留守之日起,就开始不动声色地谋划反隋大计。

李渊后来能成功反叛隋朝,建立大唐,历代史学家多把原因归结为李渊的老谋深算。准备起事前,李渊先广纳人才,结交各路豪杰,招揽了如刘文静、裴寂、刘弘基、唐俭等有用之才;再招兵买马,从一开始当太原留守时的五六千兵马,到举义时,兵马已至三万。再一点是联合突厥,杜绝后患。其实,在隋末诸豪杰中,瓦岗军首领李密、河北义军首领窦建德、江淮义军首领杜伏威一开始都比李渊势力强大，就连山西境内被视为草寇的历山飞也比李渊兵马多，李渊所以能在混乱局面中脱颖而出，与其谋略有关，更重要的是他占据了太原这个战略要地。

二

李渊发兵反隋前，有两个细节值得玩味。

李渊任太原留守时，还有一个兼职：晋阳宫监。所谓晋阳宫，即隋炀帝的行宫，担任副监的是河东桑泉（今山西临猗县）人裴寂。当时，群雄相继造反，年轻气盛的李世民耐不住性子，想鼓动其父举兵反隋，无奈李渊就是不动声色。李世民想了个主意，自己拿出几百万私钱，买通龙山令高斌廉与裴寂赌博，叫高斌廉故意输钱给裴寂；李世民则借此机会，每天和裴寂同游同乐，趁裴寂赢钱高兴，谈了他的起兵计划，让裴寂说服其父兴兵反隋，裴寂当即许诺。接着，裴寂也如法炮制，从晋阳宫中选派宫人私侍李渊，自己每日陪同李渊饮酒作乐。一次，酒酣之际，裴寂向李渊进言，告诉他李世民已秘密组织兵马，准备起事，天下已是大乱之时，何去何从，应该当机立断。裴寂说："城门之外，皆是盗贼，若守小节，旦夕死亡；若举义兵，必得天位。众情已协，公意如何？"事已至此，不选择不行了。李渊将李世民召来，说了一句极经典的话："现在家破人亡也由你，变家为国也由你！"

这只是正史中的说法，为的是突出唐太宗李世民的功业，反衬李渊的无所作为。真正决定反隋大计的还是李渊。李渊所以迟迟不肯动手，是因为时机还不成熟，并非优柔寡断。他用的是"见机而作"之策，在反叛之前，首先扩大势力，命长子李建成"于河东潜结英俊"，次子李世民"于晋阳密招豪友"。

第二个细节是与突厥人说不清道不明的纠葛。李渊留守太原，就是要防御突厥人南下，若起兵南下反隋，最担心的是突厥人断其后路，首尾不能相顾。李渊蠢蠢欲动之时，马邑鹰扬府校尉刘武周杀了太守王仁恭，公然造反作乱，联合突厥人击败雁门的朝廷讨伐军之后，将汾阳宫（位于山西宁武县）宫女悉数俘获献给突厥始毕可汗，被册封为"定杨可汗"，国号定杨，刘武周自称皇帝。自此，刘武周与突厥人一样成为李渊反隋大业的掣肘。

　　隋大业十三年(617)五月十五日,李渊在晋阳宫东门诛杀王威、高君雅宣布举义。还没来得及起兵,先遇到一件麻烦事。十七日,突厥人兵临太原城下,数万兵马扎驻城外,从北进,东门出,耀武扬威,视城中军队为无物。李渊的老辣之处在于,他绝不和突厥人发生正面冲突。他下令打开城门,撤掉城头旗帜,守城士兵不许向外张望,不准高声说话。面对死一般寂静的太原城,突厥人害怕了,在一个宁静的夏天夜晚,悄悄撤退。李渊的这一招很像《三国演义》中诸葛亮的空城计,只是诸葛亮的空城计子虚乌有,李渊的空城计确是真实存在的。

　　经此一役,李渊更加明白,要想自己后院不起火,必须稳住突厥人。李渊采取的办法是"怀惠",即所谓以屈求伸,"屈于一人之下,伸于万人之上"。等突厥兵一退去,李渊便给毕始可汗写信请和。信的大意是说:"我今大举义兵,欲宁天下,远迎主上,还共突厥和亲,若能从我,征伐所得,子女玉帛,皆可汗有之。"封题署"某启",这是一种下对上的书写格式,李渊这么写,是向毕始可汗暗示自己会屈膝称臣。

　　李渊派往突厥与毕始可汗谈判的人是刘文静。按照李渊的意思,刘文静与突厥达成合作协议:起义军欲黜不当立者(指隋炀帝),愿与可汗兵马同入京师,人众土地入唐公,财帛金宝入突厥。其实是两家各取所需,瓜分隋朝。一百多年后,为平安史之乱,唐代宗也与回纥人做过同样的交易,攻下洛阳后,甚至允许回纥人大抢三天。

　　刘文静出使突厥前,李渊特别交代:"胡兵相送,天所遣来,敬烦天心,欲存民命。突厥多来,民无存理。数百之外,无所用之。所防之者,恐武周引为边患。又胡马牧放,不烦粟草。取其声势,以怀远人。公宜体之,不须多也。"大意是说,这些胡人不过是用来壮声势的,千万不能太多,有几百人就足够。等到出兵之时,李渊特别使用了红白两色旗帜,红色是隋朝标志,表示他依然是隋臣,此次起兵不过是匡扶朝纲而已,白色则表示向突厥臣服。李渊自嘲这是"掩耳盗钟"。

三

解决了后顾之忧,大业十一年(617)六月初五,李渊在太原宣告起兵,隋亡唐兴的历史大幕就此拉开。当天,裴寂利用晋阳宫副监之职,进宫女五百,米九百万斛,杂彩五万段,铠四十万首,为李渊举兵提供了巨大的物质支持。

大军进至河东,遇上隋军骁将屈突通,史载此人"性刚毅,志尚忠悫,检身清正,好武略,善骑射"。与弟弟屈突盖都以耿介严厉著称。当时长安人流传"宁食三斗艾,不见屈突盖;宁服三斗葱,不逢屈突通。"见李渊大军来袭,屈突通断绝桥梁,坚守不出,拼死抵抗。李渊久攻不下,只好留下一部分军队继续围攻河东,自己率主力绕道龙门,从梁山渡过黄河。李渊进入关中后,屈突通率师回救长安,留下尧君素固守河东,直到第二年年底,隋炀帝已死,大唐帝国已建立,李渊称帝七个月后,河东仍然不降。屈突通、尧君素共同演出了一幕悲壮的大隋挽歌,留下了一段忠臣佳话。

李渊兵至龙门时,还有一个小插曲。刘文静带着突厥柱国将军康鞘利统帅的500人,2000匹战马追上李渊大军。雁门之变后,隋军闻突厥色变,突厥骑兵参战,对隋军有威慑作用。李渊大喜,突厥人的到来正合他意,因为突厥军人数不多,而且迟来,既壮声威,又不会引狼入室。

攻克长安后,李渊并没有心急火燎地做皇帝,各路豪杰还在逐鹿中原,李渊先立代王杨侑为皇帝,遥尊远在江都的杨广为太上皇,自己任尚书令、大丞相,掌握实权。这样一来,既废除了杨广的皇帝资格,又能挟天子以令诸侯,避免成为众矢之的。

大业十四年(618)三月,宇文化及在扬州发动兵变,逼缢隋炀帝。四月,代王杨侑禅位,李渊几番辞让,又几番被劝进,上演了一出政治秀,终于登上帝位,是为唐高祖,大唐王朝正式建立。

李渊称帝建唐,只是形式上的改朝换代,大唐王朝还只是个雏形,李渊也不过是从太原转到关中,占有的地盘仍是一隅之地,与其他割据势力并无区别。直到李渊称帝两年后,割据河南的王世充还认为"唐帝关中,郑帝河南"。隋末唐初,中国豪杰并起,光称帝的就有20多位,影响较大的有窦建

德、萧铣、李轨、薛举、刘武周、王世充等人,李渊不过是众多豪杰中的一个,要想真正一统天下,必须将这些人统统打败。

登基第二个月,李渊还没等把皇位坐热,武德元年(618)六月,西秦的薛举亲率大军入侵关中。薛举,隋河东汾阴(今山西万荣县荣河镇)人,史称其容貌瑰伟,凶悍善射,骁武绝伦,家产巨万,交结豪猾,雄于边朔。先后自称西秦霸王、秦帝。这次大举入关,是看准了唐朝新立,想乘机夺取关中。

李渊命秦王李世民为元帅出兵征讨。恰巧李世民患疟疾,委托已任元帅府长史的刘文静与司马殷开山出战。没想到,大军才至浅水原(今陕西长武县北),便被薛举击溃,超过半数士兵阵亡,刘弘基、慕容罗睺、李安远等多名大将被俘。刘文静只好率余众撤回长安。薛举乘胜进占高墌(今陕西长武北),将唐军尸体堆成一座高台(京观),以炫兵威。

经过此役,李渊认识到关中的重要,为解肘腋之忧,当年九月,再派李世民率兵击西秦。此时,薛举病死,儿子薛仁杲继任秦帝。双方在高墌对峙60余天,最后,薛仁杲兵败被俘,被押往长安斩首。随后,李渊又不战而胜,夺取西凉,至此,关中西部全部为唐所有。李渊的这种策略,与春秋时期秦穆公为夺关东先霸西戎颇有几分相似。

几番鏖战后,李渊终于巩固了关中。

但是,李渊万万没料到,这边刚巩固关中,他赖以起家的老巢太原却失守了。

河东:大唐王朝的根基

对于李渊来说,太原是"王业所基,国之根本",又是关中屏障,长安堡垒。丢失太原,等于关中门户洞开,长安危矣。

两年前李渊刚从太原杀向长安,两年后,又不得不再从长安杀向太原。

山西,又一次成为决定大唐兴亡的战场。

占领太原的正是李渊视为心腹大患的刘武周。

李渊进攻长安前向突厥人称臣,就是为牵制刘武周。但李渊称帝后,突厥人并没有从李渊那里得到承诺的好处,转而支持刘武周。再加上易州叛军领袖宋金刚被窦建德打败,引4000余众投奔,刘武周实力大增。在宋金刚劝说下,刘武周顿起南下争天下之心。

李渊对其兴业之地太原十分重视。起兵夺取长安前,以其子"元吉为镇北将军,太原留守",入长安后,又封"寻封齐国公,授十五郡诸军事、镇北大将军,留镇太原,许以便宜行事"(《旧唐书·高祖纪》)。李渊的几个儿子个个天纵英才,长子李建成、次子李世民都是兴唐大业的得力助手,可是,李渊好像忘了,四子李元吉(603—626)此时不过是个14岁的孩子。将如此重任交给一个少年儿童,李渊可谓开了用人先河。李元吉也可能是历史上最年轻的元帅、都督。

武德二年(619)初,刘武周得突厥500精骑援助,兴兵南下,直逼太原,在久攻不下的情况下,绕开太原,攻占平遥、介休。唐军连吃败仗。李渊正在为此发愁,刚刚当上尚书右仆射的裴寂主动请缨出战,为君王分忧。李渊见殿前有人出战,而且是他最信任的裴寂,龙颜大悦;当即任命裴寂为晋州(今临汾)道行军总管,率大军讨伐刘武周。

裴寂领兵抵达介休时,刘武周派部将宋金刚固守。裴寂不知不觉间犯了一个与三国时期马谡同样的错误,将军队屯驻在高粱之上,以为这样可以居高临下,冲击敌军。刘武周一眼看出了唐军死穴,派兵将山涧水路切断。几天之后,唐军人焦马渴,支撑不住。裴寂无奈,只能起营拔寨,移兵就水。宋金刚趁唐军混乱之际,突然率兵掩杀。唐军大乱,兵败如山倒,溃不成军。裴寂一夜狂奔300里,逃入晋州城方才停住脚步。

关键时刻,镇守太原的李元吉得知裴寂兵败,竟放弃太原,灰溜溜逃回长安。

刘武周轻易占领太原后,命宋金刚率部继续南下,攻下晋州,逼近绛州,攻陷龙门,十月,又攻占浍州(治翼城,今属山西)。

裴寂又一次上表抗贼,李渊再次任命他镇抚河东。裴寂性情素懦,又无御敌之才,再次遭到失败。一时间,河东几乎被刘武周全部攻占。李渊仓皇失措,准备放弃河东。《资治通鉴》中说:"关中震骇,上出手敕曰:'贼势如此,难与争锋,宜弃大河以东,谨守关西而已。'"

此时,已是619年冬天,凄风萧瑟,天寒地冻,新兴的唐王朝上下弥漫着一派失望情绪,满朝文武无不震恐。

危急时刻,雄才伟略的李世民上表说:"太原,王业所基,国之根本;河东富实,京邑所资,若举而弃之,臣窃愤恨,愿假臣精兵三万,必冀平武周,克服汾、晋。"面对英姿勃发的儿子,李渊稍稍放下心来,决心孤注一掷收复太原。"于是,悉发关中兵以益世民所统,使击武周。"

十一月,趁黄河结冰,李世民率大军从龙门踏冰东渡,进驻柏壁(今山西新绛县南),与宋金刚对峙。李世民仍旧采取了他的一贯战略——坚守营垒,拒不出战,"闭营养锐以挫其锋",只"待其粮尽计穷撤退时,再行出击"。

武德二年(619)十一月到武德三年(620)四月,李世民与宋金刚从冬天对峙到夏天,半年时间按兵不动。四月下旬,宋金刚粮秣断绝,终于全线撤退。李世民抓住战机,一日一夜追出二百余里,二日不食,三日不解甲,督率将士奋进疾行。与宋金刚大小数十战,连战连捷,一直追到了介休。还没等宋金刚缓过一口气,李世民已经兵临城下。宋金刚带着少数轻骑再度北逃。李世民又追出数十里,至张难堡(今山西平遥县西南)才勒住了马缰。

宋金刚兵败,刘武周再无资本与唐军抗衡,不得不放弃太原,与宋金刚逃往突厥,后为突厥所杀。

众豪杰在山西的土地上,金戈铁马,各显其能,大战半年之久,终于将李唐王朝兴业之地平定。从此,李唐王朝以关中、河东、并州为基业,先后平复窦建德、萧铣、李轨、王世充,迎来了大唐盛世。

历代史家论及李渊建唐大业时,多以李渊、李世民父子雄才大略,抓住时机以及关中士人的支持,作为李唐王朝成功的主要因素。但是,他们往往忽略了李氏父子所占的地利因素和山西(河东、并州)官民的支持。

认真考量会发现,其实李渊父子是依靠山西,也就是当时的并州、河东孕育了唐王朝,从而使一千多年前的陕西再次成为中国政治文化中心。

李渊从任河东抚慰大使,到太原留守,共在山西呆了三年多时间,这三年,李渊从一个"纵酒纳赂以自晦"、只求保命的普通官员,变成一个觊觎天下,有"四方之志"的领袖,除了群雄四起的天下大势之外,毫无疑问地与他所处的并州关系甚大。李渊任太原留守,握有太原、雁门、马邑、楼烦、西河"五郡之兵"。这一带古为赵地,多出慷慨悲歌之士,又向为阻挡北方游牧民族南下的门户,民风悍劲,勇斗善战。太原为北方重镇,处"四战之地",周隋以来,号称"天下精兵处","士兵精强",这无疑是李渊信心膨胀的资本。

李渊起兵之前,虽有太原留守之名,手中却仅有兵马五六千,北不能御突厥兵,南不能敌历山飞。多亏刘武周在突厥人扶持下举兵马邑,才给了李渊招兵买马的借口,旬日之间,军队扩至三万,这三万人成为以后李渊进攻关中夺取长安的主力。李渊当时只有并州一地,加入李渊军队的只能是并州人,也就是说,李渊打下长安登上帝位,凭的就是这些并州人。冷兵器时代,骑兵往往在战场上所向披靡,李渊、李世民皆善骑射,手下军队也多骑兵,北上马邑抗击突厥时,曾训练了一支 2000 人的突厥式骑兵。起兵后又购买近千匹突厥战马。在太原招募的义士,大多善于骑射,而义士们都要自出家财购买马匹。

更重要的是,李渊身边聚集了一大批三晋义士。这些人或精于谋略,或能征善战,或生于三晋,或在三晋做官。如:裴寂是桑泉人,唐俭是晋阳人,温大雅是并州人,多谋善断的刘文静时任晋阳令,唐朝第一名将李靖时任马邑郡丞,以后大名鼎鼎的房玄龄,当时还只是一个小小的隰城(今山西隰县)县尉。骁勇善战的刘弘基则是个逃到晋阳的盗马贼。别忘了,还有个专门做政治生意的大商人武士彟(并州文水人)。除了这些以后成名的人物,不知还有多少三晋之士在唐军中出生入死,因为,李渊起兵之前,曾命长子李建成"于河东潜结英俊",次子李世民"于晋阳密招豪友"。李渊"大举义兵,以宁天下",义兵全是三晋之兵,而身边义士,也多为三晋之人。这些人日后都在唐朝地位显赫,将三晋习俗带入长安,说唐王朝是三晋孕育出来,大唐文化是以三晋文化为起点,并非全无道理。

也许因为唐代开国功臣多晋人的原因,有唐一朝,山西可能是唐代出宰相最多的省份,著名的如裴寂、裴度、裴休、裴矩、张嘉贞、张延赏、张弘靖、王缙、武元衡、郭子仪,当然还有武三思、武承嗣、杨国忠,粗算下来,至少有数

十人之多,巧合的是,唐朝一首一尾两位宰相,竟都是山西人,首任宰相裴寂、最后一任宰相柳灿(张文蔚、杨涉均任唐、梁宰相,故柳灿是真正意义上的唐朝最后一任宰相)。这些人虽然良莠不齐,忠奸有别,但他们对陕西的影响是毋庸置疑的。

大明宫里的河东佳丽

一

历史又一次把中华民族的统治中心选在了秦地。在封建专制时代,帝王之制往往决定一地之风,繁盛的唐王朝注定为秦地留下深深的烙印,以后,陕西人的刚毅寡言、自信大度,包括骄傲自大与固步自封,从大唐王朝定都秦地那会儿就扎下了根,成为永远不能割舍的情结。在陕西人的眼里,唐朝是陕西的唐朝,其他地方只不过是附庸,无论文士武将,统统都是来长安谋一碗饭的乞食者。

与其他王朝不同,充满雄健之气的大唐王朝偏偏带着女性色彩,在浑身上下充满胡风胡韵的男人们为王朝的繁荣殚精竭虑时,宫廷之中的女性们不光勾心斗角,往往还会成为王朝的主宰。山陕两地的黄土地,长出了吕布那样英俊威武而又好色无义的骁勇男儿,也生出了尉迟敬德那样粗犷强悍而又忠诚无畏的鲁莽汉子;开出了貂蝉那样美丽妩媚的花朵,更有杨玉环那样雍容娇艳的奇葩。由犬戎、鬼方、猃狁、匈奴、党项、羌、羯、鲜卑、氐等游牧部落撒落的种子,一旦与这片贫瘠的土地结合,生长出的禾苗好像格外健壮,男的骁勇,女的美丽,“米脂婆姨,绥德汉”是陕北人的骄傲,生长在晋北的婆姨也同样美丽,旧时曾有“扬州瘦马,大同婆姨”之说,苍凉寒冷风沙弥漫的晋北土地上养育出的大同女子,与秦淮河畔弱不禁风的扬州美女相比,也许美健盈腴、丰乳肥臀的大同婆姨更动人。

中国古代公认的四大美女:西施、王昭君、貂蝉、杨玉环,有两位生长在秦晋土地上,中国古代仅有一位女性皇帝,偏偏生长在秦、晋这两片黄土地上。武则天、杨玉环,恐怕在中国历史上没有哪位女性的影响力能超过她们,没有哪位女性像她们一样,能左右一个王朝,影响一国命运,改变一段历史。

中唐以前的唐王朝是男人们的王朝,也是女人们的王朝,这在中国历史上可能是独一无二的景观。大明宫内,宫闱深深,脂香馥郁,唐王朝的女人们已不再羁绊于高高的宫门,她们美丽的身姿亭亭玉立在繁纷的世界中,为单调乏味的历史增加了一抹亮色。

令人不可思议的是,中唐以前的唐朝后宫,也多是山陕女性,扶风窦皇后、太原王皇后、文水武则天、京兆(今西安)韦皇后、同州(今陕西大荔)王皇后、蒲州(今山西永济)杨贵妃。从唐高祖李渊到唐高宗李治、唐中宗李显、唐玄宗李隆基,皇后竟无一不是晋陕两地女子,不知是大唐王朝的帝王们特别钟爱这两地的女子,还是这两地的女子特别端庄娴淑,妖娆美丽,惹人怜爱。

进入唐王朝后,关陇贵族集团盘根错节的姻亲关系,仍然占据着帝国上层,连皇帝李渊也是关陇集团一员,主宰着唐室后宫的皇后,也多与关陇贵族有关。高祖李渊的皇后窦氏,是北周文帝宇文泰第五女,北周武帝宇文邕的姐姐;唐太宗李世民的皇后长孙氏,祖先为北魏宗室,父亲长孙晟是隋右骁卫将军,有"一箭双雕"之美誉。高宗皇后王氏,并州祁县(今山西省祁县)人,同样家世显赫,祖母同安长公主,为唐高祖李渊的妹妹。祖父王思政是西魏大将、尚书仆射。

皇后乃一国之母,讲究母仪天下,非名门望族不立。就是在这样等级森严的后宫里,一个懵懂的寒门小姑娘隆重登场了。

她就是中国历史上唯一的女皇帝武则天。

二

魏晋以来,中国社会形成了以门第身份选拔人才的士族门阀制度,所谓"上品无寒门,下品无世族"。宦吏铨选、地位高下,全凭门第。世家大族,凭借门第青云直上,可位列公侯。南北朝、隋朝以至唐初,门阀制度发展到登峰造极的地步;一般士子、商人被称为寒门庶族,无论才德如何,也难得重用,即使进入政界,不过以小吏混迹,极难升迁。即使偶以军功得到显位,仍被轻视,或置诸冷署,或被挤推台下。

武则天的父亲武士彟就是这样一位出身寒门的官员。武氏原籍并州文水(今山西文水县)。文水地处吕梁山脚下,文水河从吕梁山流出,汇入汾水。这里山平水静,土地、木材、矿藏资源都很丰富。文水毗邻交城、太谷、祁县、平遥,著名商业集团"晋商",就是凭借这块土地而发达,但他们都是后辈,无论名气还是财富都不能与武士彟相提并论。

武士彟,字信。兄弟三人中,他排老三。老大武士棱、老二武士逸都是种田汉,武士彟自幼聪明,不甘种田,读过书,挑担子叫卖过豆腐。隋文帝晚年渐趋骄奢,大兴土木。皇帝如此,官僚更以求田问宅为急务。文水周围多山峦谷地,木材资源丰富,武士彟见此机会,伙同友人许文宝做起木材生意,二人精打细算,勤苦经营,不久成为百里内的知名富户。

武士彟爱读书,又研究兵书,沉毅、坚定、善谋,又好结交。《册府元龟》记载:武士彟"才器详敏,少有大节,及长,深沉多大略,每读书,见扶主立忠之事,未尝不三复研寻,尝以慷慨扬名为志"。一个商人能如此,说明他不甘人下,胸怀大志。这些品格以后都悉数遗传给了女儿。

隋朝末年混乱的社会局面给武士彟提供了改变命运的机遇,武士彟借机出山,参加隋军,因立战功,当上鹰扬府队正。

李渊刚到并州,"行写于汾、晋",与"家富于财,颇好交结"的武士彟建立了联系,并经常"休止其家",武士彟是何等精明之人,自然抓住机会,百般迎合,盛情款待。第二年,李渊做了太原留守(太原地区最高长官),武士彟当上行军司铠参军,为李渊反隋募兵筹集资金,深受李渊信任。

大唐武德元年(618)八月六日,李渊建立大唐后论功行赏,分封太原"元从功臣",武士彟被封为二等"太原元谋勋效功臣",为大唐开国十六个功臣之一,后官至尚书省兵部库部司,掌管全国武器军备设施,列正五品,为大唐重要的军事装备长官,掌管唐朝后勤保障力量。武德三年(620)升正三品工部尚书,位列"八座"之一,同时以本官检校左相宿卫禁军,参加唐朝政令拟订,武德七年封一品应国公。

也就是这一年,武士彟原配夫人相里氏死,第二年(621)四月武德皇帝李渊亲自做媒,桂阳公主主婚,敕令武士彟与隋宗室杨达之女结亲。此时,杨氏已42岁,"阅史披图"、"明书习礼",是个贤惠知礼的贵族女子。但她并没有给武家生下宗脉传人,只生了三个女儿。武德六年(623),二女儿出生了,这位以后声震九州的女孩,当时并没有在史册上留下自己的名字,几十年后,称作武则天。

武德三年到武德八年,是武士彟人生最辉煌时期,位高权重,声名显赫,李渊对他深信不疑,不光为八大宰相之一,而且掌管皇帝禁军。武德九年(626),玄午门之变后,李世民即位为唐太宗,唐高祖李渊退位,朝中重臣全部换上了李世民的秦王幕僚,武士彟遭到排挤外放为官。当过扬州大都督府长史、利州都督、荆州都督。十年中,幼小的武则天跟随父母奔波各地,渐渐长大。

贞观九年(635),武则天迎来了她人生中最悲痛的时刻,父亲死于荆州任上,被唐太宗追赐为礼部尚书,赐谥"定",命葬家乡文水,委派并州大都督李勣护葬。武则天与母亲杨氏扶枢回乡,这可能是武则天一生中唯一一次回到家乡文水。母女俩在家乡过得并不好,同父异母的两个哥哥武元庆、武元爽和堂兄们"遇杨及后(指武则天)礼薄",年仅13岁的武则天从这段生活中学会了忍耐,同时也在心里埋下了仇恨的种子。

在官宦之家长大的武则天聪明自信,有主见,她的血管里同时流着商人和贵族的血液,两种血液混在一起,使武则天不光聪慧,而且美丽,这一点为她日后入宫打下了基础。

读新旧《唐书》武士彟传记以及众多关于武则天身世的著作,大家似乎都忘了一点,即武则天的血统。东汉末年,曹操曾把匈奴人分为东西南北中五部,分别安置在山西中部,武士彟的家乡文水正是匈奴中部被安置的地方,当时叫大陵县,共有六千余落匈奴人,至南北朝时期,这一带已是"胡多于民"。唐代初期,匈奴人已在这里生活了400多年,早就融进了汉民族中。生活在这样的地方,武家很难说没有匈奴血统。如果真有,武则天异乎寻常的美丽和以后的许多行为都很好解释。

安葬武士彟后,杨氏率女儿在文水武氏旧宅栖身,缁衣素食,诵经念佛,为亡夫守孝。然而,武士彟冢土未干,元庆、元爽二人便纠集武氏族人联合排挤杨氏母女。贞观十年(636)春,杨氏被迫带女儿投奔长安杨氏故旧,过寄人篱下的生活。

三

贞观十年(636),武则天改变命运的机会来了。唐太宗李世民听说武则天"美容止",要召她入宫。母亲杨氏涉世甚深,又是前朝皇亲,对宫中生活极为熟悉,知道后宫之中勾心斗角,女儿一去,不知何日才能见得天日。不由悲从中来,"恸泣与诀",年仅14岁的武则天却将入宫视为一个出人头地的机会,对母亲说:"见天子庸知非福,何儿女悲乎?"

入宫后,武则天被封为"才人","赐号武媚"。武则天第一次有了自己的名字。但她并不知道"才人"的意义,帝王后宫美女如云,等级分明,地位最高的是皇后,下来有四妃、九嫔、九婕妤、四美人、五才人。所谓才人,不过是宫中主管音乐、料理宴会的宫女。明白了才人的意义,武则天一定忧伤不已。父亲本是大唐开国元勋,但却出身寒门,再加上已经故去,武家地位一落千丈,女儿入宫,不能做嫔妃也罢,偏偏做了个地位最低的才人。

史书上的武媚天生丽质,隆鼻方脸,前额宽广,眉清目朗,顾盼生采。但是,即使再美丽的女子在帝王后宫不过芙蓉国里一朵花,要想得宠爱,没有过人的才情根本不可能。在这方面,武则天是个失败者,从14岁进宫,到26岁出宫为尼,始终没有得到太宗皇帝宠爱,一直是个才人,从她没有为太宗生过一男半女,就能看出太宗皇帝并不喜欢这位太过要强、过分张扬的宫女。

武则天自己也当了皇帝后,曾经解释过太宗皇帝为什么不喜欢她。她说:"太宗有马名狮子骢,肥逸无能调驭者。朕为宫女侍侧,言于太宗曰:'妾能制之,然须三物,一铁鞭、二铁挝、三匕首。铁鞭击之不服,则以挝挝其首,又不服,则以匕首断其喉。'太宗壮朕之志。今日卿岂足污朕匕首邪!"(《资治通鉴》)如此张扬,能则能矣,缺少的偏偏是帝王们最喜爱的温柔与妩媚。

从她身上,能看到胡风胡韵,偏偏看不到汉族妇女的温贞娴雅和娇羞柔媚。外表如此婉丽,性格却如此刚烈,手腕又如此狠毒,这样的女子怎能让人产生爱意?尤其是将后宫女子视为玩物的帝王们。叱咤风云的唐太宗,战场上喋血、朝堂上争斗,气魄宏伟,戎马一生,正因为如此,才更需要后宫美人的似水柔情和百依百顺。刚烈的武则天一点也不懂男人心思,以后,唐太宗不但没有给她以宠幸,反而离她更远了。

贞观二十三年(649),唐太宗去世。按照宫廷规矩,凡后宫未生子女的嫔妃等都要去皇家寺院为尼。嫔妃出家,再无世俗生活自由,青灯古佛,形同枯槁。想在宫中得到荣华富贵的武则天,不得不削去青丝,出居长安感业寺。十二年芳华在宫中悄然流逝,此时武则天已 26 岁,思虑前景,渺茫而可怕,刚强好胜的武则天,进入了人生最低谷。

继位的高宗李治是个仁厚柔弱的帝王,在储君之争中,稀里糊涂地被推到太子位。可能是性格互补的原因,他做太子时,就偷偷爱上了刚强好胜的武则天。当时,武则天为唐太宗侍女,太子李治常到父皇身边,可能就是那时,李治被那个叫武媚的侍女深深吸引,《资治通鉴》十分谨慎地写过一句:"上(指李治)之为太子也,入侍太宗,见才人武氏而悦之。"按照小说家言:她高高的发髻、舒展的两鬓、闪亮的前额、远山一样的双眉、紧揿着的小巧朱唇,面若春花,色如秋荷。尤其她的冷艳,冰山雪梅般高贵美丽。体态亭亭玉立,却洋溢着青春朝气,动人心魂。太子李治被深深吸引了。

一个男人若深爱一个女子,往往会做出疯狂举动,帝王更甚。

感业寺内,磬钵声声,香火袅袅,一群被遗弃的美丽女子正在面壁打坐,李治牵挂的只有一人。坐稳皇位后,李治便急不可待地去感业寺见心爱的人去了。《资治通鉴》中说:"忌日,上诣寺行香,见之,武氏泣,上亦泣。"现在分析,在众多的皇家寺院中,李治在太宗皇帝忌日选择去感业寺,应该是筹划已久。此时,武则天已青灯苦熬了一年。但是,她毕竟是太宗的妃嫔侍妾,又出家当了尼姑。几次幽会固然可以,李治不可能马上将她带回宫中。

宫闱之中的后妃之争,给武则天提供了机会。

李治的皇后王氏,出身高贵,是太原大姓王家之女,说来与武则天是同乡。高宗在感业寺与武则天相会时,她正为萧淑妃得宠发愁,得知皇上喜欢武则天，想出了一个让她后悔一生的主意，她想用武则天夺取萧淑妃的专宠，一面暗令武则天蓄发，一面劝高宗将武则天接入宫中。这主意正中高宗下怀，却成全了千古女皇武则天。

经过感业寺当尼姑的磨难，武则天深知宫闱险恶，收敛了以往的张扬，以她的聪慧与才智，博得了王皇后的喜爱，被封为"昭仪"。没过多久，又怀上了龙种。高宗皇帝将千万宠爱倾注于武昭仪一身，王皇后这才知道，她从感业寺带回的是一柄最锋利的匕首，早晚刺向自己，但是，悔之晚矣，她与萧淑妃很快便一并失宠。

旧时的朝野文人无不恶毒咒骂武则天，最为激烈的恐怕要数诗人骆宾王的那篇《为徐敬业讨武曌檄》，其中"入门见嫉，蛾眉不肯让人；掩袖工谗，狐媚偏能惑主"虽是咒骂，却能见出武则天讨帝王喜欢的一面。接下来又说"虺蜴为心，豺狼成性，"就是把武则天比作毒蛇豺狼。其实，她从进后宫的那天起，就等于进入了狼窝。要么被吃掉，要么吃掉别人。武则天选择了当那只最凶狠的狼。

《资治通鉴》这样记载武则天这段经历：王皇后"阴令武氏长发，劝上纳之后宫，欲以间淑妃之宠。武氏巧慧，多权数，初入宫，卑辞屈体以事后；后爱之，数称其美于上。未几大幸，拜为昭仪，后及淑妃宠皆衰，更相与共谮之，上皆不纳。"

帝王的宫闱之争往往比官场更为残酷。史书上武则天夺取皇后位置过程中有个令人发指的情节。"昭仪生女，后怜而弄之，后出，昭仪潜扼杀之，覆之以被。上至，昭仪阳欢笑，发被观之，女已死矣，即惊啼。问左右，左右皆曰：'皇后适来此。'上大怒曰：'后杀吾女。'昭仪因泣数其罪。后无以自明，上由是有废立之志。"掐死自己的亲生女儿，诬陷王皇后，以夺得皇后位置，这一招果然奏效。永徽六年（655），唐高宗下昭，王皇后和萧淑妃废为庶人，七天后，立武则天为皇后。从14岁进宫，历经挫折，武则天终于实现了自己的目标。这一年，她33岁，王皇后28岁。

两位并州女子的宫闱之争，武则天完胜。

四

当上皇后的武则天立即开始对国舅长孙无忌和褚遂良发起反击，凭借高明的手段和非凡的智慧，最终，褚遂良被流放，长孙无忌被逼自缢。《资治通鉴》评论这件事说："自是政归中宫矣。"表面看，这件事仍不出宫闱之争范畴，实际上，此事影响深远。长孙无忌与褚遂良二人都是关陇贵族集团的后人，也就是说，武则天此举，将北周以来盘根错节，延续一个多世纪的关陇贵族集团连根拔起，从此中国再无门阀制度，更无关陇集团，平民知识分子将会登上历史舞台。这一切，都是由一个弱女子、一个崛起的女政治家武则天策划和领导完成的。

此时，她还只在后台。站在唐高宗李治身后，就已显示了惊人的威力，让男权力量望风披靡。"秋风吹渭水，落叶满长安。"武则天的女性王朝即将出现了。

显庆五年（660），正当盛年的高宗李治身上出现多种疾病，"多苦风疾"、"头重，目不能视"，被大臣们围着争吵不休时，会头晕目眩，甚至一时看不见东西。皇帝身体不好，辅佐皇帝就成为武则天义不容辞的责任。这年正月，唐朝对朝鲜半岛用兵，高宗率领百官离开东都洛阳，前往北方就近指挥，拟于并州驻驾。洛阳到并州计八百多里，正月甲子由洛阳出发北上，至二月辛巳到达并州。

并州是当时的四大都督府之一，唐初北部重镇。车驾达并州后，设朝堂、内殿，统之曰"行在"，即朝廷的临时宫殿。高宗驻驾于此，处理朝政、指挥对朝鲜半岛的用兵。

并州又是武则天的祖籍之地。贞观九年，她父亲病故于荆州都督府，武则天随母扶灵柩回并州祖籍葬父，在这里度过一年孤苦伶仃的凄惨时日。高宗这次驻驾并州，就是有意让武则天衣锦还乡，向世人表示他对皇后的宠爱。

武则天衣锦还乡，自然感到荣光。三月丙午日，以一国之母身份在并州行宫朝堂上宴请亲戚故旧和邻里。按旧时规矩，应由皇帝接见群臣和百姓，皇后在内殿接待女宾。这次因高宗体力不支，故意让皇后显示身份，全权处理。武则天满面春风，向宴会上的群臣和百姓致意，并以高宗的名义宣诏：并州妇女年八十以上，皆颁授郡君。郡君是四品到五品的官衔。这不仅是武则天给故乡百姓的荣典，也是她提高妇女社会地位的一项举措。接着，皇上皇后又来到并州城西郊，登上飞龙阁阅兵，观看大都督府操练军队。直至四月才从并州返驾洛阳。

并州归来之后，唐高宗身体每况愈下，更放手让武则天参与处理朝廷政务。麟德元年（664）开始，"上每视事，则后垂帘于后，政无大小，皆与闻之，天下大权，悉归中宫，黜陟杀生，决于其口，天子拱手而已"，"朝臣朝谒，万方表奏，皆呼为二圣。"包括对外用兵大事，高宗悉"委以"天后。武则天深受唐太宗影响，内修政治，外扩疆土。在二圣共治时期，唐朝疆域面积达到极致。从当上皇后，到垂帘听政，再到走到前台，二圣共治，武则天只用了九年时间。对于武则天来说，这根本不够。她要登上皇位，完成自古以来所有女人都做不到的事。

五

弘道元年（683）十二月，唐高宗皇帝病死，临终前遗诏，令太子李显枢前即位，嘱咐"军国大事有不决者，兼取天后进止"。这位中宗皇帝是武则天的亲生儿子，见识短浅，又意气用事，视帝位如儿戏，竟然声称将帝位让给老丈人韦玄贞有何不可。被武则天派兵强扶下殿，废为庐陵王，另立豫王李旦为帝，是为唐睿宗。然而，对这个儿子，武则天仍不放心，自己"临朝称制"，"居睿宗于别殿"，不得参与政事，成为一个摆设。

公元690年，武则天登上则天门楼，宣布革命，改唐为周，改元天授，群臣尊称其为圣神皇帝，以洛阳为神都，皇帝李旦为皇嗣，并赐姓武氏。中国历史上出现了第一位女皇帝，这一年，武则天68岁，是中国历史上登基时最年长的皇帝。

武则天在位15年，为巩固帝位，一度纵容周兴、来俊臣等酷吏滥杀无辜，宠信薛怀义、张宗昌、张易之等无赖小人。长安城里，人心惶惶，血腥弥漫。不过,年老的武则天并不昏聩,任用酷吏只是为保皇位,一待皇位稳定,便结束酷吏政治,任用贤明,挟刑赏之柄以驭天下,明察善断,政治修明。武则天一朝号称"君子满朝",娄师德、狄仁杰等著名的贤臣均在其列,后来的"开元贤相"姚崇和宋璟也是武则天任用的官员。她认为自己好像日、月一样崇高,凌挂于天空之上,专为自己造一字,改名武曌。

神龙元年(705)正月,张柬之、桓彦范、崔玄、敬晖等人联合右羽林大将军李多祚发动政变,杀死二张兄弟,逼武则天退位,迎中宗复位,恢复唐朝旧制。同年十二月,武则天去世,享年82岁,遗诏"去帝号,称则天大圣皇后"。

武则天死了,对大唐王朝,甚至对中华民族的影响却长远地留了下来。至今矗立在乾陵的无字碑,用一种耐人寻味的形式,无言地记录着武则天的功过是非。对于历史上的山陕两地而言,武则天时代更留下了深深的痕迹。

从某种意义上说,武则天打破了关中独雄天下的格局。当皇后时,她彻底铲除了霸占政坛长达一百多年的关陇贵族集团,开科举,选贤才,使庶民阶层走上政坛。当上皇帝后,将洛阳定为全国政治中心,号称神都,15年女皇生涯全部在洛阳度过,致使王公大臣、知识精英离开长安,云集洛阳。唐太宗看见新进的士子鱼贯进入朝堂,说:天下英雄尽入吾彀中。至少从地域上而言,此彀中是长安,而武则天把它变成了洛阳。大唐开国所以能成就贞观之治,重要的一点是"关中本位"政策,武则天此举,不管出于什么原因,都背离了这个政策,失去了"居重驭轻"的优势,因而,以天后垂帘听政时,尚能将唐朝疆域扩大到极致,自己做了皇帝,反倒在边廷屡战屡败。所以然者何?与武则天背离关中本位政策,导致国力衰弱有很大关系。

武则天是以女性的刚毅果决,在历史上留下了自己的名字,在阴霾密布的男权社会里,为女性争得了一片蓝天,说她是中国历史上最伟大的女性也罢,最阴毒的女性也罢,都永存史册。

六

山西的另一位女性杨玉环,以女性的温柔妩媚博得帝王专宠,同样芳名流传。

杨玉环是个比武则天更具争议的女性，她为人所诟病的原因，是因为她无与伦比的美丽，为人所赞美的原因，也是因为她千娇百媚的美丽。

武则天因为她的美丽与才干，成全了一个平庸的帝王，而杨玉环却因为她的美丽与妩媚，使一位能干的帝王沉迷声色。两位山西女性以各自不同的魅力，在影响了中华文明进程的同时，也影响了秦晋两地的命运。一个从吕梁山里出来，带给长安以繁荣，一个从中条山里出来，带给长安以衰败。因为两位山西女人，长安有了不同的命运。

日本作家南宫博在《杨贵妃》(前言)中说：任何一个朝代有姿色的女人，倘若没有强烈的政治陪衬，便不会享大名，流传后世。历史上著名的美人几乎脱不了这种命运，大多以悲剧收场，于是乎，有所谓"女祸"或"红颜薄命"等等说法。有史以来，集其大成而又奇诡多变，故事流传最广最久的，要数杨玉环。

《新唐书·后妃传》中记载："玄宗贵妃杨氏，隋梁郡通守汪四世孙。徙籍蒲州，遂为永乐人。"据考证，如今山西省永济市的独头村即为杨贵妃故里，独头村又名杨妃村，《蒲州府志》杨妃村条记载："杨妃村在雷首山独头坡。唐贵妃杨氏，本弘农人，其父玄琰，家于蒲州之独头村，贵妃生其间。其入宫后，因号其村为贵妃村，今独头坡正唐时村也。"如今，登上独头村的黄土高梁，可见黄河浩渺，河对岸的陕西如在烟岚中，杨贵妃是不是就从这里走向对岸，以她的天生丽质，征服了唐玄宗，为繁华的长安带去了丰腴雍容之美？

历史中的杨玉环不管得到怎样的评价，始终都与美丽相连。17岁时嫁给寿王李瑁只是她人生中的一个简短的插曲。22岁时，迷倒56岁的唐玄宗，被送进道观，赐名太真，也只是她人生的开端，真正使她大放光华的，是她进入皇宫，被册封贵妃之后。自此，唐朝因为一个女性的美丽，开启了一个新的时代；长安因为一位女性的美丽，带上了亮丽的颜色。

中国历史上，因为美丽而载入史册的女性少之又少，杨玉环绝对是其中最迷人的一个。从寿王妃到贵妃，她并没有像武则天一样，动许多心机，耍些许手段，她太美了，以至位居九五之尊的唐玄宗要不顾一切地把她带进宫里。唐朝帝王血管里流着胡人的血，根本不在乎什么人伦之道，唐高宗李治以父亲宫女为皇后，现在轮到唐玄宗了，偏偏反其道而行，以儿媳妇为贵妃。

影响了中国历史的两位山西女性,在唐朝皇宫之中,都以有悖常伦的方式享受着帝王宠爱,影响着历史走向。

当风姿绰约的杨玉环进入皇宫时,巍峨宏伟的大明宫顿时氤氲着香艳的气息:"回眸一笑百媚生,六宫粉黛无颜色。"在美女如云的后宫里,她的美艳达到了极致,连李白、杜甫、白居易这些笔底生花的大诗人,也词枯语涩,目瞪口呆,只能借助帝王的神魂颠倒和百姓的倾慕来描述她的美。那是一种只属于唐朝的雍容富贵之美,如出水芙蓉,娇嫩欲滴,倾城倾国,在艳丽中带着华贵,中国历史上的著名美人在她面前无不黯然失色,天下佳丽无一能与她争艳。在中国著名的美女中,她又是唯一不靠心计,不靠勾心斗角,只以妖娆妩媚得到帝王宠爱的女性。她用美艳与大气深爱着所爱的男人,为此,施展出了一个女人所有的本能,"善歌舞,通音律","缓歌曼舞凝丝竹,尽日君王看不足"。一曲"霓裳羽衣舞",展示出的妙曼身姿,丰盈体态,令女神汗颜,天地艳羡。她是唐玄宗的至宝,又是唐玄宗的"解语之花",从这一点上说,她享受到的宠爱并不是单靠美丽。在后宫三千佳丽中,她是玄宗皇帝唯一的红颜知己。她温顺可人,从不参与国政,国政偏偏因她而改变。美,到了极致可能就会演变为一朵罪恶之花,因为她的美艳,开创了开元盛世的唐玄宗李隆基再也不像以前那样英明神武、励精图治。华清宫里,玄宗皇帝坐拥美人,纵情声色,醉生梦死。朝堂之上,经常看不到帝王的影子,皇上老了,皇上又好风流爱美人,杨贵妃就是他的至爱。

正如罪恶叠加到一定程度将会坍塌一样,美丽叠加到到一定程度也会坍塌。靠着她的美艳,堂兄杨国忠由一个普通小官吏,平步青云,一步登天,做上了唐朝宰相。她的三位姐姐与她一样天生丽质、国色天香,因为她也应召入宫,分别被封为韩国夫人、秦国夫人、虢国夫人。杜甫《虢国夫人》诗云:"虢国夫人承主恩,平明上马入金门。却嫌脂粉浣颜色,淡扫蛾眉朝至尊。"然而,姐姐的美貌同样是她以后的灾祸。终于有一天,大唐帝国因为她的美丽走向了衰落。

"渔阳鼙鼓动地来,惊破霓裳羽衣曲"。唐朝天宝十四年十一月初九(755年12月16日),几乎在一瞬间,一个丑陋的恶汉让大唐的美艳蒙上了尘埃。身兼范阳、平卢、河东三节度使的安禄山趁唐朝内部空虚腐败,联合同罗、奚、

契丹、室韦、突厥等民族组成 15 万大军,号称 20 万,以"忧国之危"、奉密诏讨伐杨国忠为借口在范阳起兵。一路南下,浩浩荡荡,绝尘千里,狂飙般向南袭去。承平日久的大唐帝国,几乎一夜之间崩溃。唐玄宗终于从软香梦里被惊醒,美貌绝伦的杨贵妃在帝王的怀抱中花容失色。

第二年六月十三日凌晨,唐玄宗携杨贵妃姐妹逃离长安,到了马嵬坡(今陕西兴平市西北 23 里)将士饥疲,六军不发,丞相杨国忠被乱刀砍死。这时,一路随玄宗逃亡的杨贵妃不知想到了没有,她将用她的美丽为大唐帝王的灾祸埋单。面对哗变的将士,龙武大将军陈玄礼告诉玄宗:"贼本尚在。"在男人的社会里,一个女子竟因为美丽成了灾难的根源,也成为胁迫玄宗的最好的理由。一场精心策划的哗变就这么以一个女性生命的终结收场。无奈的玄宗皇帝心如刀绞,只能命令宦官高力士缢死杨贵妃,逃向西蜀。没几天,玄宗的儿子李亨继位,是为唐肃宗。

"肃宗回马杨妃死,云雨虽亡日月新;终是圣明天子事,景阳宫中又何人。"她香消玉殒了,却背上了沉重的历史包袱,成为中国历史转折点的代表人物。让一个女人来承担有史以来最大的政治包袱,中国的男人们也把荒唐与无耻发挥到了极致。从夏禹开始到现在,没有一个女人身负的包袱有如此沉重,没有一个女人因为单纯的美丽而身负如此骂名!自霓裳羽衣舞至宛转蛾眉马前死,一个悲辛哀婉的故事中,包含了太多的内容。

也许,气象恢宏的盛唐气象,以这样一位雍容尊贵的女性香消玉殒为标志结束,更符合士大夫情结,杨贵妃走了,国人最为骄傲的盛唐时代便也结束了。

两位山西女性,从河对岸的黄土地,娉娉婷婷,仪态万方地走向长安,在秦地留下了一串串美丽的足迹,有了她们,尘土飞扬的三秦大地上,便有了香艳富贵之气,后人对长安的认知,也添了一份美艳。

同处边关

　　每次走过黄河上的桥，都有一种心向往之的感觉，虽然明知对岸是一样的黄土地，这种感觉还是一次比一次强烈。在现代社会，可能全中国再没有像晋陕两地这样，所有的地方都要靠桥梁连接，因而，桥梁对于晋陕两地似乎有着非同寻常的意义。有时候远望着高架在黄河上的桥，感觉那分明就是一道彩虹，格外炫灿。

　　黄河上的桥有时也给人以生分的感觉。前几年，当我走上连接山西保德与陕西府谷的那座大桥时，蓦然看到了一幕印象极深的画面。本来浑然一体的大桥被涂成了两种颜色，陕西一端是天蓝色，山西一端是白色。两种不同的颜色在河道中间截然分开，成为一个显明的标志，两色相连处是分界线，宛若国界。桥上，人来车往，两面百姓似乎并不在意大桥的颜色，川流不息地从桥上经过，那一刻，我突然意识到了大河两岸的不同。桥下，浑黄的河水仍在不舍昼夜地流淌，不分彼此，只有桥被人为地分开了。又想到，其实，在历史上，这一段河流，这两岸的土地最不分彼此，两岸有着基本相同的文化和习俗。

　　走过大桥，站在府谷城里，回望对岸的保德城，感觉两座老城都雄踞于高岗危岩之上，互相瞩望，若山崖间情意绵绵的恋人，高唱悠扬的山歌，渐渐走近，"执子之手，与子偕老"，河面上的桥梁就像伸过来的臂膀，将两地紧紧连在一起。

　　离这座桥不远，另外两座大桥上也是人来车往。有了这三座桥，大河间的船只看不见了，曾经繁荣的渡口寂寥落寞，只有望河兴叹。这其实是黄河上所有渡口的共同命运。历史上，黄河两岸船筏往来，古渡丛列。单由保德县城上游天桥峡口到下游花园村，就有大小渡口三十多处，若从晋陕峡谷口算起，渡口则多不胜数，如今，除了少数还在摆渡，多数都被桥梁替代。

　　从保德沿黄河往下，会看到许多桥梁，公路桥、铁路桥、高铁桥、浮舟桥，几乎每县必有一座或者几座桥梁通往对岸。山西永和与陕西延川隔河相望，两岸山势嵯峨，地形险峻。民间传说，旧时因两县县衙相距太近，曾有"延川击鼓，永和升堂"之说。如今，从连接东西的黄河大桥上走过，留下印象的是河两岸的山壁上各自崖刻的"山西"、"陕西"两个大字，"山西"两字是白色的，"陕西"两字却是红色的。在此地，秦晋分割得如此清晰，又连接得如此一衣带水。

再往下走，印象最深的要数晋陕峡谷出口处——陕西韩城与山西河津之间的几座桥了。那是黄河上难得一见的桥梁景观，汹涌奔腾的河水上，公路桥、铁路桥和铁索桥，三桥并驾，三座桥梁分别代表着不同的历史，现在不远处又新修了高速公路大桥、高速铁路大桥，以后该称之为五桥并峙了吧。

继续往下走，会看到山西临猗县与陕西合阳县之间的浮舟桥，一只只钢铁船泊并列在河水中央，凭栏看河，只见河水奔涌，仿佛伸手可触，汽车开过，桥面随水起伏，随波漾动，站在桥面上，可感到两岸交通之便利，两省连接之紧密。然而，若了解历史，便会知道，这样的浮舟桥在两千多年前，就在黄河上出现了。

往下50公里，是著名的蒲津古渡。《春秋左传》记载，昭公元年（前541），秦公子咸奔晋，造舟于河。《初学记》记载：公子咸造舟处在蒲板夏阳津，今蒲津浮桥是也。《史记·秦本纪》又载：秦昭襄王五十年（前257），初作河桥。张守节《史记正义》谓：此桥在同州临晋县东，渡河至蒲州，今蒲津桥也。东魏大统二年（536），高欢在黄河蒲津建三座浮桥，摆出强攻黄河之势，三面围攻关中。以后西魏丞相宇文泰、隋文帝都在这里建造过浮桥。唐开元十二年（724），唐王朝又倾一国之力，在黄河岸修建了著名的蒲津桥，于两岸各铸四尊巨大的镇河铁牛稳固浮桥。

行至风陵渡黄河大桥，算是走完了晋陕间的黄河，由不得感叹，如今，桥梁已将晋陕两地紧紧连接在一起，天堑变通途，滔滔河水再也不能成为两省之间的障碍。

几年后，再去保德、府谷，走的还是那座桥，却发现桥体已浑然一体，再也不见色彩分明的界线。分分合合的历史轨迹在这座桥上竟也得到如此鲜明的体现。

跨越天堑的行政区划

一

宋代,黄河中游唯一的桥梁蒲津桥时毁时复,早就没有了唐时的风光,晋陕峡谷更无一座飞架东西的桥梁,因为宋夏战事频繁,宋代却是秦晋两地联系最紧密的时期。

纵观秦晋两地的关系史,大一统的和平时期,两地在严格的行政区划中,反倒交往较少。普天之下莫非王土,率土之滨莫非王臣,两地文人、商贾虽往来不绝,但平常百姓还是在各自的黄土地上悠然度日,过着男耕女织的平常日子。只有当边务紧急,帝王利益才会把两地捆绑在一起,彼此呼应,共同应对来自游牧民族的威胁。

辉煌的大唐王朝使关中成为全国政治中心,然而,随着"一日看尽长安花"的黄巢造反,称帝长安,唐室南逃,长安地位便骤然降低。至唐朝末年,藩镇割据,一批赳赳武夫俨然成为神州主宰,关中已然游离于中心之外,成为边陲之地。此时的河东却是另一种景象,表里河山的地形使这里较少遭受战争之苦,在关中摧枯拉朽的黄巢起义军,竟绕过近在咫尺的河东而不入,使山西避免了一场战争劫难。20多年的休养生息,河东人多财足,兵马强盛,以至五代时期,后唐、后晋、后汉三个王朝都是由担任河东节度使的藩将所建。十国中,唯一的北方政权北汉,也是攫取了河东的人力才力,以太原为中心建国的。五代十国,大都武夫当政,残忍好战,杀掠成性,百姓因此吃尽了苦头。特别是石敬瑭割让幽云16州,使中原从此无险可守,河东也仅存雁门关一处险要。辽兵由幽云地区长驱直入,肆意杀掠,给中原地区和河东地区造成深重灾难。后来,女真、蒙古军队也是由此杀入中原、河东的。其遗害竟延存了 400 多年。

公元 960 年，赵匡胤在陈桥兵变，黄袍加身，大宋王朝诞生。这是中国封建专制社会中的一个特殊时代，一方面，它从没有真正统一过北中国，是大一统时期疆域最小的王朝，另一方面，又是中国历代王朝中，最繁荣发达的朝代，一幅《清明上河图》便是北宋繁荣的缩影。这一切，都与宋朝特殊的军事制度和行政区划有关。

公元 961 年，开封皇宫内，刚刚坐上帝位的赵匡胤心事重重，面对晚唐以来藩镇割据、武将自重的局面绞尽脑汁。一天，他召来亲信大臣赵普，问："天下自唐季以来，数十年间，帝王凡易八姓，战斗不息，生民涂地，其故何也？吾欲息天下之兵，为国家长久计，其道何如？"赵普答道："此非它故，方镇太重，君弱臣强而已。"一句话点醒了赵匡胤，大宋二百多年的国策由此确立，这就是延续了二百多年的文官政治。赵匡胤自己是军人出身，又是靠部将拥立"黄袍加身"当上皇帝，深知武将一旦拥兵自重会是什么结果。他对赵普说："五代方镇残虐，民受其祸，朕令选儒臣干事者百余，分治大藩，纵皆贪浊，亦未及武臣一人也。"也就是说，他要用文官做封疆大吏，而将武将排除在外。直接的办法是"杯酒释兵权"，这样一来，倒是克服了武将拥兵自重的危险，却使宋朝军队战斗力不强，一直难与北方游牧民族政权争胜。

削弱藩镇割据的另一种办法，是打破原有的藩镇格局，尽罢节镇统辖支郡，使各州直属中央，重新划分行政局域。至道三年（997）宋太宗赵光义按天下形势，将宋朝全境分为十五路。"边防、盗贼、刑讼、金谷、按廉之任，皆委于转运使"，转运使也就成为路的最高行政长官，以后又增设了两种司职，一为提点刑狱使，总揽一路司法，俗称"宪司"；一为安抚使，主持一路军政，也兼管民政、司法和财政，由本路最重要的州府长官兼任，俗称"帅司"。在并没有行使主权的幽云十六州地区，宋朝也空置了燕山府路和云中府路。

也就是从这时起，陕西这个名字正式出现在行政区划中，而长安地位一落千丈，再也没有唐时的荣耀，宋代有四京，首都东京开封府，陪都西京河南府（今河南洛阳），南京应天府（今河南商丘），北京大名府（今河北大名东北），长安虽名为京兆府，却从此不在京城之列，"周汉故事"再难寻复，关中也是求为"五日京兆"而不可得，只能居于昨日"京兆"之位，陕西远离中枢地

位已是令人叹惋的现实。正如宋人诗中所言:兴亡作古今,事往始堪悲,宫破黄山在,城空北斗移。……灞岸重回首,惟余王翰诗。

当时名为河东的山西,地理位置虽然重要,却成为宋太宗赵光义解恨撒气的地方。自晚唐以来,河东是地方割据势力最盛之地,后唐建立者李存勖、后晋建立者石敬瑭、后汉建立者刘知远、北汉建立者刘崇都是先拥有河东,才登基称帝。直到赵宋王朝建立19年后,才攻下太原城,占据整个河东。为化解河东的帝王之气,赵光义的办法一是毁掉太原城,二是肢解河东,将河东最富庶的河中府(现运城市南部)划归陕西路,而将黄河对面的陕北晋宁军(后称葭州,现陕西佳县、吴堡)、麟州(现陕西神木县)、府州(现陕西府谷县)、丰州(现陕西府谷县北)划归河东路。这样,河东路地盘东际常山,西逾黄河,南距底柱,北塞雁门,即今山西长城以南、闻喜县以北全境及陕西佳县以北之地,治并州(即今山西阳曲县治),统并、代、忻、汾、辽、泽、潞、晋、绛、慈、隰、石、岚、宪法、丰、麟、府等十七州,平定、火山、定羌、宁化、岢岚、威胜六军,永利、大通二监。若按现在的行政区划,陕西有吴堡、佳县、神木、府谷沿河四县归河东路管辖。而山西则有永济、芮城、盐湖、临猗、河津、平陆、夏县、闻喜八县归河对岸的陕西路永兴军路(治京兆府)管辖。

滔滔黄河隔断了秦晋两地,宋王朝通过一种带有战时特点的行政手段,将统治触角伸向了大河对岸,实现了跨河而治。

二

其实,这种跨河而治的做法,并非始于宋代。

早在春秋时期,晋国疆域已跨过黄河。战国时期,魏国的疆域也曾越过黄河,吴起任西河太守时期,尽占秦西河之地,临晋(今陕西大荔东)、元里(今澄城南)、洛阴(今大荔南)、合阳(今合阳东南)、少梁(今韩城)皆为西郡辖地,连远在陕北腹地的黄龙、延安、吴起等地也属西河郡所有。以后秦国变法图强,河东400百里又归秦国所有长达80余年。这是国与国之间的领土掠夺,暂且不提。到了汉代,在大一统国度里,仍然出现过隔河而治的情形。

西汉朝元朔四年(前125)为抵御匈奴人入侵,曾置西河郡,治所在平定

（今陕西府谷北），辖地跨今陕西、山西两省之间黄河沿岸一带地区，并拥有今内蒙古伊克昭盟东部，共 36 县，136390 户，698836 口（据赵文林、谢淑君《中国人口史》）。在可考定县址的 20 县中，河西 12 县，河东 8 县，跨河地带长达数百公里。两岸行政县属分布大体相当，人口也数量也不相上下，为黄河所分割的河东、河西两部分几乎没有主次之分，如今山西吕梁市的一多半县区，陕西延安、榆林市的部分县区当时都属西河郡。汉永和五年（140），西河郡治"南徙五百九十里"（《汾州府志·沿革》），迁移到今天的吕梁市离石区，改隶并州，仅辖 13 县，河西诸县尽为匈奴人所占，才结束了为期 200 多年的跨河而治。

同样，汉时的山西南部也与河西的陕西关中跨河而治。西汉征和四年（前 89），西汉设司隶校尉部，由司隶校尉监管，其监管地相当于现在的陕西中部、甘肃东部、山西西南部地区，司隶校尉部置河东、平阳、河内、弘农、河南尹等四郡一尹，下辖 55 县。管辖的范围是今陕西秦岭以北，陇县、彬县、黄陵、洛川、宜川以南，山西永和，汾西以南，霍县、沁水、阳城以西，河南西峡以北地区。但是，司隶校尉部并非行政区划，更非一级地方政府，仅算作监管部门。到了东汉，司隶校尉部成为正式行政区，治所在首都洛阳，管辖范围更大，包括京兆尹、左冯翊、右扶风、河南尹、弘农郡、河内郡、河东郡，相当于现在的河北南部、河南北部、山西南部和陕西渭河平原，并列为东汉十三州之一，故也称司州。西晋沿用汉代行政区划，仍治都城洛阳。五胡乱华后，晋室南迁，北方既失，因而废除。若不算西汉两地共在一个监管区，东汉（25—220）共有 195 年，西晋共有 51 年，也就是说，如今的山西南部与陕西关中两地曾经跨河而治，共在一个行政区域长达 246 年。

南北朝时期，晋南地区与关中地区又经历过一次较短时间的跨河而治。公元 534 年，曾经统一中国北方的北魏王朝分裂为东魏、西魏，两魏本来以河为界、隔河而治。东魏在河东，拥有今河南汝南、江苏徐州以北，大海以西，黄河以东的原北魏统治的东部地区；西魏在河西，辖今湖北襄樊以北、黄河以西，原北魏统治的西部地区。两国的统治中心，一个在邺城（今河北临漳西南），一个长安。公元 536 年，关中大饥，"人相食，死者十之七八"，东魏趁机讨伐西魏，东魏宰相高欢驻军蒲坂（今永济蒲州镇），造三座浮桥，欲渡河伐西魏。西魏宰相屯军蒲津与之对峙，又暗派军队偷袭封陵（今风陵渡），高欢首尾不能相接，"撤浮桥而退"，从此，河东诸郡尽纳入西魏版图，归属秦州。以后，双方多次争夺，河东诸郡仍在西魏手中。东、西魏灭亡，北齐、北周兴，河东诸郡仍是北周版图。两朝相加，西魏、北周共对河东实行跨河而治有40年左右。

西魏、北周对河东的跨河而治，是割据政权之间的疆土争夺，仅仅了满足帝王统治欲，大一统时期的跨河而治，就有着不同寻常的意义。

三

无论汉代，还是宋代的跨河而治，其实都是形势所需，情之所迫，汉代将河西河东合为一郡，实行统一管理，为的是对付匈奴人；宋代将河西河东归为一路，为的是对付西夏人，巧合的是，宋代河东路跨河统辖的河西三郡，正是汉代西河郡在黄河西岸的属地。每当游牧民族崛起，这一带就成为冲突激烈之地，汉、宋两朝面对这种情势，都采用了跨河而治的办法，对黄河两岸的临边之地进行统一行政管理。

北宋时期的河东，可以说是历代战略地位最重要的地方。因为石敬瑭将燕云十六州出卖给契丹人建立的辽国，北边，雁门关实际成了北宋王朝的北边堡垒。西边，党项人李元昊建立的夏国也虎视眈眈，不时向东进犯。北宋名臣范仲淹宣抚河东时曾说："今西北二方，复相交构，夹困中国。"河东路正处于夹困的前沿地区，要负起北抗强辽，西拒夏国的重任。既为抗击辽、夏二国提供后勤粮草，又要提供兵源。大量的河东人由此进入河西，也有大量河西人来到河东。由此出现了许多威震一时的名将。如折家将、种家将、杨家将、狄青。

北宋王朝所以将河西麟、府、丰三州划归河东，是因为三州地理位置极其重要。首先，在宋、夏战争中，它是宋河东路的重要障蔽。这里北控沙漠，山谷险隘，"黄河带其南，长城绕其北，地据上游，势若建瓴，实秦晋之咽喉，关陕之险要也"（韩荫晟《党项与西夏资料汇编》）。尤其是麟州"城壁坚完，地形高峻，乃天设之险"。这里与宋、辽、西夏三国交界，其西及北是西夏领地，东北隔河又与辽国的东胜州、武州相望。时任陕西经略安抚使、知永兴军陈执中就说："河东一路介于二虏，若首尾合而内寇，则其为患大于关中。"（李焘《续资治通鉴长编》）"国家备河东，重戍正当在麟、府，使麟、府不能制贼后，则大河以东孰可守者？故麟、府之于并、代，犹手臂之捍头目也。"（纪昀《四库全书》第 1104 册）其次，麟、府、丰一带宜农宜牧，山川回环五六百里，素为蕃汉居民耕耘之地，特别是麟州屈野河西多良田，土地肥沃，又能引河水溉田，是麟、府二州的主要产粮区。麟、府州守将若募民耕之，足以补充边防费用。另外，这里还出产良马，"马者甲兵之本，国之大用"，对于本不产马匹的中原政府来说，麟、府二州是一处重要的战马输入地。其三，陕北的羌兵悍勇善战。夏国虽在河外，"河外之兵，懦而罕战。惟横山一带蕃部，东至麟、府，西至原、渭，二千余里，人马精劲，惯习战斗之事"（李焘《续资治通鉴长编》卷一百四十九）。李元昊曾依靠这些蕃兵屡败宋军，而宋朝也把内属诸蕃部落组成蕃兵和弓箭手，以蕃制蕃，成为北宋抗击西夏的一支生力军。所以，保住麟、府地区是关乎北宋河东路安危的大事。为此，北宋朝廷对这一地区进行苦心经营。除了修建浮桥，还在三州大量筑堡立寨，派驻重兵。然而，西夏兵仍不时"泛舟践冰"，入侵河东，以至"终岁常忧寇至，沿河内郡尽为边戍"。

时至今日，从山西一侧黄河岸边经过，望着河对面高踞危崖、重峦叠嶂的吴堡、佳县和府谷县城，仍能想到当时的战火烽烟。但是，若再沿河下行，走过气势恢宏的乾坤湾，再经过汹涌奔腾的壶口瀑布，在陕西的清涧、延川、延长、宜川县行走，却会发现，这里的方言与河对岸的山西石楼、隰县、永和、吉县大为不同，风土人情也略有区别，读过宋代历史就会明白，原来，这两个地方从来就没有实现过跨河而治，宋代，陕西清涧等几个县属陕西路，而山西的石楼等几个县属河东路。

四

宋初的陕西路幅员极广，"东尽崤函，西包汧陇，南连商洛，北控萧关"，包括今陕、甘、宁、青以及豫西、晋南的大片土地，却不包括今天的陕南。到北宋中期王安石变法时，把陕西路一分为二，东为永兴军路，西为秦凤路，各以京兆(今西安)、秦州(今甘肃天水)为治所,并称陕西二路。现在的关中、晋南南部、豫西都被划在永兴军路。按照北宋行政区划名称,凡边陲地方,均称之为军,而当时的陕西是全国唯一以军命名的路级行政区域,从过去的"雍州"变为"永兴军",对历史上的陕西来说,极富象征意义。雍容揖让的文献之邦,变成了军兴旁午的戎马之地,雍容华贵的京畿之域,变成了兵马熙攘的重戍之区,唐时的统治中心地带,才经过百余年,一下子变成了临边之地,可怕的战争之火眼看就要烧到关中,宋朝疆域的萎缩可见一斑。

北宋时期的行政区划名称好像并不科学,路下有路,就像如今的市下有市一样。永兴军路下辖有永兴军路、鄜延路(辖延安府、鄜州、丹州、坊州以及保安军、绥德军,其帅司机构设在延安)、环庆路(辖庆州、环州、分州、宁州、乾州,即甘肃庆阳、陕西乾县一带)三个防区。永兴军路对宋朝地位重要,是宋朝都城开封的门户,西拒吐蕃,北抗西夏,东扼崤关,南连巴蜀,与河东路不同的是,永兴军路处于抗击西夏的正面战场,在与西夏王朝拉锯战中,这里惨遭战争蹂躏,同时又为战争提供后勤支援和兵源。以至造成当时的陕西"武盛文衰",再经过以后的频繁战事,陕西遂有了"天下精兵猛将咸出西北"的名声。

北宋跨河而治长达100多年,直到被金朝灭亡仍在继续。

难分彼此的民俗风情

长时间的行政区域交错,对以后的山陕两省影响巨大,以至于两省的文化、风俗都有许多相似之处。

在晋西北或者陕北的梁峁间行走,一曲民歌悠扬嘹亮从天地间传来,悠远得地老天荒。沟坡苍凉,遍地黄土,等一位放羊汉走到眼前时,你会分不清他是陕北人还是晋西北人。在雄浑的背景中,他们长着几乎一样的面孔,被阳光晒得黑红的脸面上,有着一样的长脸、高颧、浓眉、细眼。说着几乎一样的方言,唱着一样韵律的民歌。若往乡村里走,会发现更多相同的东西,住一样的窑洞,剪一样的窗花,吃一样的黄米糕,睡一样的大炕,门前有一样的磨盘,扭一样的伞头秧歌,连干活的家什也一样。

晋南,尤其是宋时划归陕西路的闻喜以南的运城一带,许多人都不明白,为什么这一带的方言与陕西方言十分接近,几乎到了外地人分不清,甚至连陕西人也分不清的地步,而闻喜以北,说话则是另一个腔调,明显属于另一个方言区。语言学家们的回答是:陕西话与晋南话同属于中原官话,但是更正宗典型的中原官话——河南话却与陕西话、晋南话有着明显的区别,语言学家没告诉我们为什么。从这里,我们终于找到了原因,原来,早在宋朝时(另有北周时期短暂的跨河而治),两地就属于同一个行政区域,隔河与关中连成一片,闻喜以北与晋南其他地方虽无大河之隔,却属于另一个行政区。

宋时,晋南人甚至被外人称为陕西人。如今,谁都知道司马光是山西夏县人,世称"涑水先生",但是,在宋代他却是地道的陕西人。宋人笔记《道山清话》中记载了这样一个故事:"司马君实(光)与吕吉甫(惠卿)在讲筵,因论变法事,至于上前纷挐。上曰:'相与讲是非,何至乃耳!'既罢讲,君实气貌愈温粹,而吉甫怒气拂膺,移时尚不能言。人言:'一个陕西人,一个福建子,怎生厮合得著?'"所以这么说,就是因为当时的晋南闻喜以南,已归入陕西路,夏县则属于陕西路陕州(治所在今河南陕县)。

同属一个行政区,又长期地处边陲,历史上匈奴、鲜卑等少数民族在这里纷争不休,至北宋,各民族拳服不定,河东、陕西重新成为王朝用兵重心之地,再加上大河苍凉,土地厚重,多元文化不断激荡,就造成了山陕两地强悍、质直的民风,这种风气不光受之于"地",成之于人,自古使然,更与宋朝的这种战时行政区划有着很大关系。陈忠实《白鹿原》中所描写的渭北民俗风情,在晋南也同样存在。如:祈雨问天的扎马角——将一根手指粗的钢钎从口腔刺入,将面颊刺穿,让自己变成马角神,以胁迫龙王降下雨来。这种粗犷彪悍的民俗,可能只有渭北、晋南这样的地方才能保留至今。

唐时,秦晋两地多文士,王勃、王维、王之涣、宋之问、白居易、王昌龄、颜真聊、阎立本、柳宗元……缺了秦晋文人，灿烂的唐代会失去许多光彩。到了宋代，秦晋文坛可谓星光寥落，地方多以风尚强悍著称，"以鞍马射猎为事，其人劲悍而质木"（脱脱等《宋史》），当时士人普遍认为："东南多文士，西北饶武夫，风声气俗从古则然。"

苏辙说得更直白："今夫秦晋之民，偢傥而无所顾，负力而傲其吏，吏有不善而不能以有容也，叫号纷怒，奔走告诉，以争毫厘曲直之际，而其甚者，至有怀刃以贼其长吏，以极其忿怒之节，如是而已矣。故夫秦晋之俗，有一朝不测之怒，而无终身不报戚戚之怨也。"（苏辙《苏辙集》）

这种风俗无疑影响到两地文人。史书记载，宋代的秦晋文人多慷慨任侠，乐于军事。南宋初的王庶言就说："臣生于陕西，其风气所渐染，耳目所闻见者，莫非兵事，祸乱以来，尝欲以气吞强敌。"有学者对当时陕西路科举出身的 58 位士人进行考察，发现其中 51 位都有过从军经历，有的人甚至还丧身军旅。他们的诗文既不同于唐时的雅致，更不同于五代文人的靡丽，带着一股慷慨悲歌之气。如清代文人陈匪石说："挟幽并之气者，迥异于南方之文弱。"

《宋史·地理志》中说：陕西路"其俗颇纯厚……其人劲悍而质木"。河东路"风俗素号忠厚"。两者是何其相似，加之行政区域的交错，就造成了以后山陕两地民风的难分彼此。俗话说"江山易改，秉性难移"，即使从现代心理学的角度看，山陕两地的士人科举入仕时，均已成年，人生观、价值观已形成，加上两地习俗相近，入仕后，山陕两地人很容易抱团扎堆儿，如宋代名相、陕西华州下邽（今陕西渭南）人寇准，一生挚友，非陕西人，即山西人。如毕士安（代州云中人）、宋湜（京兆长安人）、宋沆（京兆长安人）、李若拙（京兆万年人）、雷孝先（京兆合阳人），这些人对寇准或有举荐之功，或有知遇之恩，或受寇准提携，或一生追随寇准。他们在一起，或诗文酬唱，或雅集游宴，诉乡情，解乡愁，正是这些乡亲的帮助，才使寇准取得政治上的成就。

山陕士人抱团扎堆的习惯，直到明代仍余绪不绝。如万历年间，兵部尚书、蒲州人杨博与内阁大臣、陕西同州人马自强，内阁大学士蒲州人张四维，山陕总督、蒲州人王崇古就曾抱成一团，相互提携。这种习惯还影响到山陕商人。明清以至民国，山陕商人之间固然有竞争，但是一到外地，他们就是老乡,能够共住一个会馆,共守一种规则,共看一场大戏,既其乐融融,又能把生意做得风生水起。

元代,陕西属陕西行省,山西属中书省,两地以大河为界,截然分开,再没有发生过跨河而治的统属关系,但是,千百年形成的共同习俗已把两地人连在一起,如兄弟般亲密,如连理般难分。

黥面文身的将士

一

宋代的河东路位置特殊,北面要对付强大的辽国,西面要抗击强悍的夏国,既是战争前沿,又是后方基地;既要为战争提供粮饷,又要为战争提供兵源,还要应付越境劫掠的辽、夏兵。官吏承担战争之责,百姓饱受战争之苦。河东,一时成为战争机器,数十年间,开足了马力不停运转,仍不能满足战争需求。

北宋年间,宋朝的主要敌人,一是北方契丹人建立的辽国,一是东北女真所建的金国,一是西方党项人建立的大夏国。其中河东路一地面临两敌,自燕云十六州被石敬瑭出卖给辽国后,边界已迫近雁门关,距太原仅咫尺之遥,一旦雁门关被突破,契丹骑兵便可长驱直入,南下河东,越过太行山直逼中原。重关叠嶂,雁塞萧瑟,为守卫雁门关,老将杨业血洒疆场,儿子杨延昭接过父亲重任,与辽兵殊死拼搏,总算保得雁门不失,但是,终辽一朝,北宋与辽国的战争,始终处于守势。河东路西侧,是强悍的大夏帝国,自宋朝建立,将河西麟、府、丰三州划归河东路,这三州其实就是阻止西夏东进的屏障,隔着一条大河,三州孤垂河外,宋夏两国在这里你进我退,惨烈争夺。河东路不光要对战争上的胜败负责,还要为前线提供粮饷、物资,更主要的是,战场上不断减员的士兵,需要河东路源源不断地补充。

身处战争国度,陕西路同样也不轻松。

西夏国南进主要方向是关中,陕西路正当要冲。与河东路一样,每当大宋国力强盛时,要以大国之威进攻西夏,为朝廷扩疆拓土;当国力衰微时,则要以一路之力阻挡夏兵南下。宋夏之争六十余年,夏兵虽数度威胁关中,但始终没能真正进入关内。失去了统治中心位置,关中反倒相对平静,百姓休养生息,粮秣充实。然而,既为陕西路内一地,同样得为前线提供粮草,补充兵员。

西夏与北宋王朝争夺的主战场在如今的陕北、宁夏一带。风沙弥漫,沟壑连绵的黄土高原上,夏宋两军金戈铁马交战之际,总能看见许多黥首文身,如同远古神兵般的将士出现在阵中,他们或身上纹着刺青,或手上胳膊上纹着图案,身手矫健,勇猛彪悍,手持刀弓,经常令西夏兵望而怯之。

这就是宋代的乡兵,按现在的话说,他们是准军事部队,或者说是民兵,手臂上的刺青就是他们的标记。

在士兵身上刺青,来自于古老的黥面文身,是图腾崇拜的印迹。

远古时期,蚩尤的九黎部落战士就个个黥首文身,与黄帝的有熊氏部落大战。从西周起,刺青发展成为一种刑罚,是中国古代五刑中的一种,在犯罪人的脸上刺字,然后涂上墨炭,成为犯罪的标志,以后再也擦洗不掉,称为墨刑或黥刑。奴隶主贵族常用黥面者作守门人。奴隶稍有小过,也要被黥面。春秋战国时,各国常使用黥面的囚徒去做各种苦役。秦国商鞅变法时用法严酷,有一次太子犯法,不便加刑,将太子师傅公孙贾黥面,以示惩戒。秦始皇三十四年(前213),丞相李斯奏请焚烧《诗》《书》等儒家书籍,规定三十天内不烧者,要"黥为城旦"。"城旦",是一大早就起来修护城墙的苦役工。修秦长城的苦役中,就有许多被黥面的罪犯。秦汉时的大将英布就因为受过黥刑而被称为"黥布"。唐朝的上官婉儿因为得罪武则天而被黥面,在额上留下刺青,后来,灵慧的上官婉儿仿效刘宋寿阳公主的梅花妆,在额上刺字的地方以梅花形为装饰(一说为黥面时刺成梅花形),显得格外妩媚,并为其他女性模仿,成为唐朝流行的化妆之一。与劓、宫、刖、杀其他四刑相比,墨刑显然是最轻微的刑罚。但是,因为刺在明显部位,带给人的是永远的精神屈辱。北宋时,黥面之刑一律改用针刺,因而又称为黥刺,官员犯罪因此被称为刺配,送到军队里的便被称为配军。《水浒传》中的许多英雄都受过这种刑罚,林冲、宋江、杨志脸上的金印,就是黥刺的结果。

黥面,又称黵面、涅面。士兵涅面之制,始于唐朝末年,盛行于五代十国时期。直到南宋以前,许多士兵,还在额上,双颊或手腕,臂膀等处刺字或雕镂墨纹。这种现象在中国历史上流行了300多年。唐末,藩镇割据,争战不息。当兵打仗是一种高危行当,随时都可能付出生命代价。割据政权用兵打仗的目的,也无非是掠地守土,根本与民众利益无关。青壮被征从军,多数属不得已,少数混饭吃,与爱国保家无涉,没有什么可以凝聚人心的精神力量,士兵逃亡现象很普遍。为了制止士兵逃亡,就在他们的手背、胳膊或面额之上,雕刺花纹,以为标记。凡是身有刺纹而逃亡的,被捉以后严厉惩罚。篡夺大唐皇位的朱温曾执行过一种特别残酷的军纪:"凡将校有战没者,所部兵悉斩之,谓之拔队斩。"其结果是,士卒"多亡逸,不敢归",面对部众瓦解之势,朱温恼羞成怒,下令军中士兵每人皆在脸上刻字,记上所在军队的称号,并设立关卡检验盘查,凡潜逃军士,一旦被执,就将以脸上的记号送原单位处死。即令能逃回老家,因黥面为记,乡里怕连坐也不敢收留。

有宋一代,基本上沿袭了唐末五代的这一传统。北宋初期战争频繁,战事惨烈,宋军有时会成建制地被西夏或辽国歼灭,杨家将大战金沙滩的故事,虽带有传奇色彩,也基本反映出当时战事的残酷程度。为约束士兵,防止逃跑,北宋朝廷先在正规军里实行涅面之制,新兵入伍,即在脸部或手臂刺字,以标明军号,故招募又称招刺。乡兵是民兵,有平民身份,本不应该被刺字,事实上,除了陕西、河东两路,其他地方的乡兵确实不被刺字。陕西、河东二路所以享其特殊待遇,是因为这两路战事太频,乡兵太多,要有所标识,以示区别,以至"刺"成为被征乡兵的代名词。如:"三丁刺一,六丁刺二,九丁刺三",就是说有三分之一的男丁要刺上标识当乡兵。陕西、河东两路乡兵"涅面"不同于正规军,不刺在脸上,一般多刺在手臂。乡兵名目繁多,所刺位置和内容就不一样。如:"黥刺为保捷",是说番号"保捷"的乡兵还在脸上刺字;"义勇止涅手背",是说番号"义勇"的乡兵,只在手背上刺字;强人、砦户"涅手背,自备戎械并马"。而守护堡寨的乡兵,则"募土人善骑射者涅臂充"。蕃兵需要在右手虎口刺"忠勇"二字。乡兵中最多、最勇猛的是弓箭手,他们也

"刺手背为兵"。这样,如同部队的番号一样,各种乡兵都有了标识。

<h1 style="text-align:center">二</h1>

北宋正规军与西夏军交战多数以大败而告终。每次失败后,宋廷的补救办法,就是组织大量乡兵扭转颓势。乡兵都是当地人,勇敢强悍,熟悉地理环境,通晓西夏语言,又是保卫家园,利害攸关,战场上奋勇争先,战斗力远较北宋禁军为强。又能"人自为战,敌深畏之"。庆历元年(1041)的府川之战中,北宋禁军在元昊的攻势面前"藏头膝间",龟缩河东不敢出战,夏军切断汲道,危急关头,府州城内的弓箭手杀出城外,以弓箭射退夏兵,夺回全城的生命线。《宋史》记载这一战事说:"其时禁军数北(败),无斗志,(张元)乃募义兵敢战者,夜伏隘道,邀击夏人游骑,比明,有持首级来献者……"抗夏名将种世衡坚守清涧城,主要靠的也是乡兵,尤其是蕃族乡兵。"世衡常使属羌往击,往必破走,未尝劳(禁军)士卒也,故功多而费寡。"

也许因为乡兵的独特作用,王安石变法后,在全国范围内推行保甲法,大募乡兵,规定乡村住户,每五家组一保,五保为一大保,十大保为一都保。凡有两丁以上的农户,选一人来当保丁,保丁平时耕种,闲时要接受军事训练,战时便征召入伍。新法推行数年后,据熙宁九年(1076)统计,全国的保甲乡兵达693万多人。

河东、陕西、河北三路临近辽、夏前线,乡兵不光人数众多,而且训练有素。保毅弓箭手是陕西路最早的乡兵组织之一,北宋咸平四年(1001)正式令"陕西系税人户家出一丁,号曰保毅",算来有68775人。治平元年(1064),又组织陕西"义勇",采用全陕主户(商、虢二州除外)三丁抽一的办法,人数共有15.68万。河东路的"义勇"也不少,宋宝元三年(1040),宋朝廷下诏河东等路,登记居民为弓箭手、强壮(即义勇)。乡民年满20登记入册,60岁以上退役,由家人或他人代替,并自置弓弩,轮番训练,到庆历二年(1042),河东路义勇已近8万人。

乡兵名目繁多,有60多种番号。除"义勇"、弓箭手外,还有宣毅、保捷、强人、寨户等名目,其人数也不在少数。各路乡兵总数虽史无记载,但是粗算下来,陕西路恐怕在四五十万,河东路也在二三十万,规模已大大超过北宋驻两路的正规军,简直是全民皆兵。

乡兵的另一项使命是垦复边地,发展生产。北宋名臣范仲淹宣抚河东时,欧阳修曾建议:"代州、岢岚、宁化、火山军被边地几二三万顷,请募人垦种,充弓箭手。"范仲淹根据欧阳修的建议,在岢岚军北部草城川招募弓箭手耕种,应募者 2000 余户,"岁输租数万斛"。更令乡兵们苦不堪言的是修筑堡寨。为了对付西夏兵袭扰,北宋朝廷采纳了种世衡修筑清涧城的办法,"筑城迫城,移寨攻寨",步步为营,向前推进,逼着西夏后撤。数十年间,将陕北变成了一个寨堡密布,纵横成网的防御地带,最大纵深如从麟州到银川计有二百公里以上,堪称可与万里长城媲美的又一军事奇观。当年河东路向朝廷报告修筑城堡情况时说:"自前年复葭芦,去年筑神泉,仿年筑乌龙,通接鄜延,稍相屏蔽。今又北自银城,南抵神泉……斥堠所及,深入不毛,秦、晋士马更为声援,自此岚、石遂为次边,麟、府不为孤绝。"直到今日,陕北高原的山巅、河畔、谷口、塬上,仍能看到当年巍然雄峙的城堡遗迹,如白豹城、龙安寨、金汤城、义合寨。这些城寨的修筑,无一不渗透着乡兵的血汗。

现在回想,北宋时的山、陕两省该是一种什么样的景况,到处是手持弓箭或其他兵器的乡兵,他们出入于城寨堡垒,身穿朝廷配给的军服,却是一副乡民做派,个个手上或胳膊上都带着明显的刺青,相互见面打招呼,已不再是嘘寒问暖,而是战争状况。即使没有战争的日子,也是"带弓而锄,佩剑而樵"(《东坡奏议集》)。每遇警急,"顷刻可致千人"。公元十一世纪的大河两岸,肃杀之气弥漫,处处刀光剑影,俨然已是个军事重地。

三

这些身带刺青的乡兵,在宋夏、宋辽战争中,起到了官府正规军所起不到的作用。他们行动灵便,英勇强悍,战斗力极强。对于国家来说,从"兵不私将"到"兵归将有",在宋朝的政治环境中,可能只有乡兵制才能做到,但是,对于乡民来说,乡兵制实在是一种灾难,身上刺青其实是心灵的镣铐,从青年到老年,从人子到人父,一生都挣脱不掉,永远束缚着他们的自由。不仅如此,既为乡兵出征战场,就常有生命之忧。灵州、永乐城(又名银川砦,今宁夏境内)两战,宋朝以举国之力,出士卒役夫百万之众,结果损失士兵、役夫达60余万人,耗费军费无计。史称"灵武之役,丧师覆将,涂炭百万"。这些士卒多是河东、陕西二路之兵,役夫多是河东、陕西二路之民,在那惨痛的日子里,两地一定处处哭声,人人哀号。

乡兵制又是一种变相的徭役,对于河东、陕西小农来说,无异猛于虎的苛政,战争越旷日持久,他们越不堪重负。身处战争前沿,河东、陕西百姓既要向战争提供税赋,又要出征为兵。当时乡兵又分为教阅乡兵与不教阅乡兵,所谓教阅,即农闲时定期的军事训练。每年十月至来年正月,义勇保甲分批往州县参加教阅,每期"教阅一月"(《宋会要》)。后又将河北与河东的冬教时间改为每年十一月至明年二月。这同样给陕西、河东百姓造成深重苦难,不仅严重影响家庭生产,还受尽保正、保长、巡检、巡检部属的指使,提举保甲司的压迫、勾当公事等等的欺凌和勒索。有些保丁不惜自毁肢体,以求免于教阅,逃亡的事件更是层出不穷。终使百姓将无奈化为怨怼,《续资治通鉴长编》中说:"保甲一司,上下官吏无毫发爱百姓意,故百姓视其官司,不啻虎狼,积愤衔怨,人人所同。"欧阳修视察河东时,也看到乡兵的苦楚,"一家三两丁者,一人上州教阅,一人供送,一人或在州县执役,或远地输纳税租,所存但有衰老,或有全无倚托者,废业忘家,不胜其苦。"(欧阳修《河东奉使奏草》)在官府的多重压榨下,河东、陕西之民苦不堪言。至战争中期,河东、陕西两地已是田野荒芜,民不聊生。

宋嘉祐年间,欧阳修来到河东时,看到的是一片萧瑟景象,"一路百姓贫弊劳扰","河东岚(今岚县)、石(今离石)之间,荒山甚多,及汾河之侧,草地亦广"。此时,宋夏战争已打了数十年,比起河东路,陕西路的情景更惨。司马光知永兴军(治京兆府,辖陕甘各一部、豫西一小部)时,曾目睹过陕西当时的惨状。"及到关中,乃见凡百处置,皆为出征调度。""关中饥馑,十室九空,为贼盗者纷纷已多,县官仓库之积,所余无几。"

乡兵制还对两地造成了更深远的影响,这一带古来即有任侠之风,乡民好勇斗狠,乡兵制使得这里全民皆兵,尚武之风更盛,一旦在官府重压之下爆发,便势若洪水,"贼盗一年多如一年,一火强于一火"(《欧阳文忠公集》)。

北宋年间，起义者以"逃军"、"叛卒"、"军贼"为多，从府州庆历年间的"军贼"折留高，到太行山间号称拥兵七十万的"河东巨寇"金刀王善，所聚之众大多是曾经当过乡兵的百姓。他们以黥面涅臂之身，受乏粮困食之苦，冒矢石锋刃之险，又有军旅作战之历，一旦揭竿而起，聚啸山林，便成官府大患。至明代，李自成、张献忠农民起义，其爆发点正在宋夏长期交战的清涧城附近，而那里又是当年宋代名将种世衡率领乡兵抗击西夏的地方。

近年来，笔者在陕北、晋西考察，发现两地乡间仍存在着神秘的民间结社，称之为"会"或"社"，年轻人从十三四岁起开始结社，从此就是生死之交，一家有事，会里所有人都来帮忙，有红白事，出钱出力最多的，也是会里人。当然，若会里人受到外人欺负，就会形成一场众人参与的群殴。逢年过节，会里人都要聚一次，哪怕一家端一碗油，一盆面，也要在一起大吃一顿，以增加感情，晋南沿黄河一带把这叫"吃会子"。每个会，都有会首，成员叫会丈，会丈妻子称为"会婆婆"，聚会时，会婆婆也参加，携子带女，叽叽喳喳，如同一大家人般热闹。就是在外地工作，会丈之间也会相互提携，一人有事，大家都义不容辞。他们的结社不带丝毫宗教色彩，甚至与血缘无关，纯粹是同年龄人之间的亲情组织，连接他们的纽带，其实是中国民间的江湖义气。这是至今保留在晋陕两地黄河沿岸的一种特殊风俗。有学者认为，农耕社会中，一家一户的自然经济在天灾人祸面前极为脆弱，需要这种互助形式来抵御风险。也有人简单地把会、社的出现归结为贫穷。如果了解了五代和北宋的乡兵制，就会发现，流传至今的民间结社与战争也有很大关系。从唐代以来，民间结社为历代政府严加禁止明令取缔，能在山陕黄河沿岸流绪不绝，相传千年，北宋的乡兵制可能是其源头。所谓会丈，其实是没有文身的乡勇。

黄河并非天堑

一

宋夏战争期间,河东路不仅要按照朝廷旨意,跨河调度军队,将大量屯守在黄河以东的军队开赴河西战争前线,还需要将无数战略物资运往河西。这一段黄河正处晋陕峡谷中段,河深水急,如天堑般横亘在秦晋之间,但是,无论大军往来,还是粮草调运,官员行走,黄河天堑都好像不存在一般,从来没有成为通行的障碍。史书中不提,诗文中无涉,黄河滔滔,波浪汹涌,莫非古时的黄河与今天有什么不同? 秦晋之间的交通难道特别便利?

情况并非如此,无论宋代,还是宋代以前的各个朝代,黄河水仍像今天一样湍急,晋陕峡谷仍像今天一样险峻。

北宋对夏战争旷日持久,长达百余年,孤悬河西的麟、府、丰三州地处抗夏前沿,经常有大军屯驻,而当时三州总共才有居民 4877 户,12280 人,偌大的一片土地上,人口尚不及现在的一个普通乡镇。驻守的朝廷大军则常有数万之众,一遇战事,各种军队蜂拥而至,人数更多。宋代的鄜延路作为陕西帅司路之一,在宋钦宗之前,辖有延安府、鄜州、丹州、坊州以及保安军、绥德军。其帅司机构设在延安,长官以"鄜延路都总管、经略安抚使兼知延安府"系衔。宋徽宗崇宁(1102—1106)年间,有"户五万九百二十六、口一十六万九千二百一十六"。以地域与人口相较,也是个地广人稀的地方,同样驻有数万朝廷大军。当地如此少的居民,承担如此繁重的使命显然难以持久。北宋采取的策略是:以一国供一路,以一路供一隅。就是说以全国之力,供应地处宋夏前线的河东路、陕西路,河东路以全路之力供应地处河西的麟、府、丰三州,陕西路则以全路之力供应地处抗夏前沿的鄜延路。这可不是一年两年,而是困扰了北宋整整一朝,长达160多年。以熙宁年间(1068—1077)为例:光廊延路一年所需军粮即27万石,陕西路每年"支移沿边斛斗十万三千余石,草二十四万余束"。而且一路上不断受到骚扰抢掠,随时都有可能被夏军截去。河东路"岁认籴谷十万石,送鄜延路。"将如此多的军需用品运到前线谈何容易,从关中到陕北,从河东至河西,山高路险,不通舟车,全靠役夫背负肩挑或牲畜驮运,宋仁宗康定元年(1040),"诏开封府、京东西、河东路括驴五万以备西讨"。熙宁四年,种谔修罗兀堡及抚宁堡,朝廷一纸诏命,又调发河东4万民夫运送粮饷。

遥想当年,通往黄河西岸的山道上,驴骡迤逦,丁壮负重,会留下一路的苦难。运粮之途如此艰难,不光运费人工极为昂贵,而且,一遇大战,支徭役的百姓往往成为牺牲品。灵州、永乐城两战中宋军损失60万之众,其中有一半是役夫。

北宋官员为向前线运送军粮苦心孤诣,想尽了办法,一度想从河洛沿黄河溯流而上,改行水道运粮,经过考察发现,"山河峻急,石碛险恶,恐难以通漕",只好作罢。大中祥符七年(1014),北宋从河东路向前沿重镇麟州运粮,征发数万役夫之外,又派重兵护送,路线是从太原至武州(今山西阳方口),从保德过黄河至麟州。《续资治通鉴长编》中说:"河东民运粮赴麟州,当出兵为援。"就是说,为保证运粮队伍顺利抵达,驻守麟州的官兵还需要在黄河两岸接应。

渡过黄河更多的还是奔赴西夏前线的将士。宋夏战争期间,河东路屯驻着大量军队,完全是个大兵营,遇到战事,就要渡过黄河开赴河西战场。早在宋咸平四年(1001),元昊尚未称帝时,其父李继迁率两万骑兵围攻麟州,占据了城外水寨。守城宋军虽获小胜,但终不能缓解战局。只能飞书告急朝廷,宋真宗急令河东路并、代、石、隰数州发兵救援,一时,数万大军渡过黄河,方才解了麟州之围。

北宋朝廷在黄河以西垦耕屯田,也使大批边民往来于大河两岸。北宋初期,朝廷为防止西夏兵东进,令河东路边民内迁,空塞下田地不耕,号为禁地,边民举家从河西迁往河东。到英宗治平末年(1067),河东路为补充驻军粮草,又要开发河西禁地,发七州、军弓箭手7500人,加上家属两三万人前

往垦耕,这些人拖家带口,又从河东来到河西。与将士渡河相比,边民渡过黄河时的艰辛,又是另一种景象。

战事久拖不决,河东路的官员们也频繁往来大河两岸察看军情。范仲淹宣抚河东仅六七个月时间,就脚步匆匆,马不停蹄地在黄河两岸几番奔走,先后视察了战争前沿的汾州(今山西汾阳)、忻州、宪州(今山西静乐县)、宁化军(今山西宁武县)、岢岚军、火山军(今山西河曲县)、保德军,又渡过黄河,视察了河西的府州、麟州、晋宁军(今陕西佳县)等地。

北宋大军、民夫、百姓、官员如此不顾河深水急,频繁往来于黄河两岸,在于黄河的特殊地位。对于敌国,它是一道天堑;对于大宋,它是帝国的最后一道天然屏障,因而,河谷之险峻,水流之湍急,正是帝国的幸运。

<h1 style="text-align:center">二</h1>

从春秋至唐宋,再到以后的元明清各朝,帝王将相、戍卒征夫、文人骚客,都在黄河岸畔留下了匆匆脚印。

古诗曰:"公无渡河,公竟渡河,堕河而死,其奈公何。"道出的是渡河的伤悲,历史上,在黄河上东渡西渡,又留在史籍中的,往往维系军国大事,关乎国家兴亡。

北宋的九位帝王中,唯有畏敌如虎,与辽国订下澶渊之盟的宋真宗与黄河发生过关系。宋真宗赵恒不能算一位昏君,在位25年,还算勤于政事,北宋的繁荣就是他在位期间实现的。像多数帝王一样,宋真宗也好大喜功,在边患未平之际,他渡黄河与战争无关,更与体恤百姓无涉,他是要去汾阴(今属山西万荣县)祭祀后土,炫耀太平。

真宗以后,北宋再没有一位帝王真正渡过黄河,直到金人掳掠徽、钦二宗,北宋灭亡,宋高宗赵构渡过黄河,逃往临安建立南宋。之后,整个南宋一朝,黄河成了汉人政权可望而不可及的一道天河。

北宋晚期,新崛起的女真人联宋灭辽后,频频南侵,直逼都城汴京,腐败的北宋王朝已顾不得西面的夏国,拥有全国兵力40%以上的陕西路宋军,不得不暂且放下西夏人,抽出大量兵力四次东调勤王。名动一时的种家将、折家将死的死降的降,不到两年时间,陕西数十万大军尽失,关中大门洞开。建炎元年(1127),金军攻占河南、山西后,从晋陕峡谷出口禹门口踏冰过河,进入陕西,长驱直入,攻占京兆府(西安)。第二年十一月,麟、府、丰三州及九堡寨降金,北宋与西夏相争百年而不失的河外之地,转眼被金朝轻易得到。此后四年,金军每战必克,又随克随弃,金宋两军反复争夺,京兆府三次易手。建炎四年,南宋派重臣张浚,金朝派大将兀术,各率数十万大军决战富平,开始了宋金战争史上最大规模的一次战役,最后以宋军惨败收场。此后宋军再也无力北进,只能固守秦岭,偏安江南,宋、金隔秦岭对峙长达一个世纪之久。

金朝在与南宋、西夏并立期间,迫使西夏、南宋称臣纳贡,成为当时中国名义上的中央政权,山陕两地百姓则成了大金王朝的臣民。

山陕两地为金人占领后,唯有黄河岸边的晋宁军(今陕西佳县)仍在为大宋坚守。太原失守后,晋宁军已是一座孤城,也是河东路仅存的一块宋土。守将徐微言英勇善战,不光坚守城池不失,而且渡过黄河,东收岚(今山西岚县)、石(今山西离石)等州,北复麟、府之地,令陕西、河东两路金军为之悚然。《宋史·徐微言传》中说:"当是时,环河东皆已陷,独晋宁屹然孤堡,横当强敌,势相百不抗。"如此,竟以一座孤城坚守数月,其间,遣人泅渡黄河,召集逃往山间的河东民众数万人,乘木筏西渡黄河,与金人鏖战河上,"大小数十战,所俘杀过当"。最后,粮尽矢绝,水源被截,金人攻入城内,徐微言被俘,不屈而死。这座孤悬于黄河岸畔的城池终被金人占领。金朝尽占山陕两地后,将原河东路分为南北二路,晋宁军、麟、府、丰三州属河东北路。

公元十二三世纪的中国,是游牧民族与农耕民族大碰撞的时代,软弱的赵宋王朝在强悍的游牧民族铁骑冲击下,一败再败,先是契丹人的辽朝,党项人的西夏,再是女真人的金朝,最后是蒙古人的元朝,每次碰撞,山陕两地都是震荡最猛烈的地方,黄河都会成为一道屏障,延缓着前朝的生命,农耕民族死守着这条生命之河,游牧民族的铁骑则沿着这条大河两岸东渡西渡,黄河失守之际,也是江山易手之时。

三

公元十三世纪,另一个新兴的游牧民族蒙古人,在浩瀚的沙漠上再次举起了狼头大纛。对于汉民族来说,他们比当年的匈奴人更加可怕,在一代天骄成吉思汗带领下,他们暴风骤雨般席卷在欧亚大陆,开始了人类有史以来,最残酷、最大规模的对外征服。铁骑所到之处,皇冠落地,王朝覆灭,黎民罹祸,西至多瑙河,东及太平洋,南达爪哇岛,北抵北冰洋,几乎整个欧亚大陆,到处闪烁着蒙古人带血的弯刀。罗马帝国躲在阿尔卑斯山下瑟瑟发抖,哀叹之余,将他们与当年的匈奴人一样称为上帝之鞭。

从公元1210年起,成吉思汗的蒙古大军开始了征服中国北方的战争。此时,金朝统治北方已有百年之久,北中国百姓已成为驯服的大金臣民。女真人在接受中原农耕文化的同时,也被拉下马背,汉民族的中庸之道再次使一个凶悍的游牧民族坠落,变为纸醉金迷的贵族。完颜阿骨打时期能征善战的女真人,至金朝末年,连弓也拉不起。本来应该旗鼓相当的两个马背上民族之间的搏斗,变成了一边倒。成吉思汗率蒙古大军仅用一年多时间,就横扫金朝统治的中国北方,占领了河北、山东和东北。随即兵分左中右三路,旋风般来回涤荡,所到之处无不摧枯拉朽。其右路由成吉思汗之子术赤、察合台、窝阔台率领,劫掠河南后,跨过太行山,仅用三个月时间,便由南到北,连破泽、潞、辽(今左权县)、沁、平阳、太原、吉、隰、汾(今汾阳)、石(今离石)、岚(今岚县)、忻(今忻州)、代(今代县)、武(今五寨)。所过之处,"人民杀戮几尽,金帛、子女、牛羊马畜皆席卷而去,屋庐焚毁,城郭丘墟矣"。山西自古为征战之地,汉唐以来,先后经历过匈奴人、鲜卑人、契丹人和女真人的掳掠,但从没有见过如此迅猛野蛮的屠杀。

这还仅仅是第一次。1214年,蒙古军又从北到南再次扫荡山西,一路秋风扫落叶般打到黄河沿岸。

黄河西岸的陕西也不能幸免,与北宋、金朝强硬对峙了200多年的西夏,面对强悍残暴的蒙古人几乎无还手之力,迅速成为附庸,被蒙古人裹胁组成联军南下,劫掠关中,攻入潼关,再经函谷关进入河南,对汴京进行一番试探性进攻后,取道山西再一路掳掠北去。

几番掳掠之后,整个中国北方仿佛被乾坤颠倒了一样,变为蒙古人的南方。山陕两地又成为大金王朝的边关。

1217年,成吉思汗开始用主力进攻中亚,将南方事务交给大将木华黎。成吉思汗手下猛将如云,木华黎是个值得山陕两省都记住的人物。此人自幼为成吉思汗家奴,长大成人后,彪悍勇猛,为成吉思汗"帐下四杰"。成吉思汗曾对木华黎说:"国内平定,汝等之力居多。我之与汝犹车之有辕,身之有臂也。"(《元史·木华黎传》)成吉思汗大军西行后,木华黎受封为太师,国王,此后六年,南方事务均由其经略,总太行以南军政事宜。数年之内,木华黎率蒙古大军连克河北、山东、山西、陕西等地,其势锐不可当。

公元1221年10月,木华黎由西夏境内进攻地处黄河岸边的葭州(陕西佳县)。当年,金朝攻占此地时曾遭到顽强抵抗,蒙古大军占领这里却出乎意料地顺利。葭州是连接河东的战略要地,木华黎采用了金朝降将石应天的主意,在桃花渡列浮舟建桥,将河东的战略物资运抵河西,并留下5000兵马屯守。这是蒙古人用兵史上的一大转折,从此,不再使用那种春去秋来,得地不守的老办法。

令木华黎没有想到的是,进入陕西境内后遇到了大麻烦。洪水猛兽般的蒙古大军,席卷中原,势不可挡,到延安城下却碰到了硬骨头,围攻两个月不能下,木华黎只能留下部分军队围而不攻,自率大军绕道南下。进入关中,夺取京兆府,没想到占领的却是一座空城。京兆府官民百万之众由同知府事完颜霆率领,退入秦岭山谷避其兵锋。木华黎担心被袭,只好引兵退出。回军北上,再破鄜州,渡过黄河又一次攻入山西。

1222年,木华黎相继攻陷太原等地后,从禹门口渡黄河再次进攻关中。对面金朝的韩城驻军依据堡寨顽强抵抗。蒙古人激战十余天,才通过韩城。

蒙古大军进入关中后,金朝20万大军固守京兆府(今西安),木华黎转攻凤翔。凤翔乃金朝重镇,数十年来,金军隔秦岭与南宋对峙,凤翔城坚池深,粮秣充沛,为金朝在西北第一要塞。凤翔若失,西北不保。为此,金蒙双方各投入数十万大军,此后九年间连续在凤翔进行了三次大战,成吉思汗亲率蒙古大军的主要将领木华黎、窝阔台、哲别、拖雷出战。木华黎此次攻城为第一次凤翔之战。蒙古军倾南线兵力全力进攻,将凤翔城围得水泄不通,凤翔军民拼死相拒。蒙古军猛攻月余,死伤无数,徒劳无功。木华黎叹息:"吾奉命专征,不数年取辽西、辽东、山东、河北,不劳余力,前攻天平、延安、今攻凤翔皆不下,岂吾命将尽耶!"木华黎一语成谶,回军途中,果然病死。第二次是成吉思汗亲率大军攻城,仍然久攻不下,又担心金兵抄其后路,结果病死在清水(今甘肃清水县)军中。蒙古大军驰骋欧亚,所向披靡,木华黎作为攻金统帅,悍勇绝伦,几乎攻无不克,战无不胜;成吉思汗更若战神一般声震后世,却为一座凤翔城叹息忧郁。凤翔之役惨烈程度由此可见。

四

木华黎竭尽全力攻打凤翔时,身后黄河岸边的河中府(今山西晋南)遇到麻烦,更令木华黎想不到的是,占领河中要津的竟是一位津渡船工出身的汉人官员。此人名侯小叔,时任金朝河东路安抚副使,实际上手中无兵,仅是一个虚职。蒙古兵占领河中府后,守将为蒙古悍将石天应,此人善谋略,原为金将,投降蒙古人后曾为木华黎出主意占领葭州,转战南北,立下赫赫战功,时任陕西河东路行台兵马都元帅。他怎么也想不到,会被一个船工出身的无名之辈杀死在河中府。本来,石应天一番苦战后已占领河中府城。只要稳守城池既可无忧。但是,蒙古军从来不善守城。侯小叔败退中条山后,趁夜率各寨义军下山偷袭,攻入城中,石应天拼死抵抗,身中数创,至次日中午,被侯小叔击杀。堂堂蒙古大将,竟被一群乌合之众杀死,这在蒙古大军的征战史上实属少见。之后,侯小叔又火烧黄河浮桥,以断木华黎东归之路。

河中府乃黄河要津,三省之交界,贯通山陕两地,得到河中府即可由山西直入陕西,失去河中府蒙古军即被拦腰截断。意外丢掉河中府,木华黎大惊失色,急调镇守平阳的蒙古大将率军南下,"以军骑十万围河中",侯小叔寡不敌众,战死城中。河中府再次落入蒙古人手中。

1223 年 3 月,木华黎进攻凤翔失败,渡河退回山西,到闻喜西下马村,精力衰竭而死。可叹一代名将,殚精竭虑,费尽心机,终不能克山陕两地。他死后,陕西金军趁机收复关中和晋南,连同河中府在内的一些城市再次为金朝所得。

公元十三世纪的河中府，不可思议地复制了隋朝末年唐军久攻不下的惨况。直到山陕两地大部分土地落入蒙古人手中，历时九年的凤翔大战已结束，河中府仍孤悬黄河岸边，掌握在金军手中。当年，唐军已尽占山陕两地，只有蒲州（即河中府治）仍是大隋天下，直到大唐王朝建立七个月后，才走马换将攻下蒲州。在隋王朝灭亡之际，蒲州为大隋谢幕唱出了一曲悲壮的挽歌。这次河中府同样扮演了为一个垂死王朝唱挽歌的悲壮角色。

此时，一代天骄成吉思汗已死，儿子窝阔台即位，成吉思汗临终前已预料到河中府会有一场恶战，叮嘱窝阔台假道宋地伐金，先避开离河中府不远的潼关不攻。遵照成吉思汗的遗言，窝阔台采取的策略与当年李世民绕开河中府，直取关中的策略如出一辙，与其四弟拖雷率军先从蒲县（今山西蒲县）渡过黄河，拿下已攻了九年的凤翔府，尔后转攻洛阳，再回过头来，率领蒙古主力北渡黄河进入河中府。第二年（1231）九月，窝阔台率军包围河中府城。

对于金朝来说，河中府战略意义同样十分重要，与蒙古军开战后，金朝一些朝臣曾建议将都城迁往此地。这次面对凶悍的蒙古大军，金军守将阿禄带胆战心惊，自乱阵脚，不等蒙军来袭，先将河中府城变为一座胆怯的城池，"驰奏河中孤城不可守"。金宣宗听信其言，赐命放弃。阿禄带下令烧毁民户官府，正准备逃跑，又突然醒悟："河中重镇，国家基本所在，弃之为失策，设为敌人所据，则大河之险我不得专恃矣。"（《金史》）又下令重新修城，但为时已晚，"随修随破"。

窝阔台、拖雷大军进入河中府后，金朝皇帝派两名皇族将兵三万，增援河中府。这两人都叫完颜讹可，绰号分别为："草火讹可"、"板子讹可"。蒙古大军包围河中府后，金朝又派王敢为将，"率步兵一万救之"。

当时河中府的金军主将完颜德顺审时度势后，认为金军兵力不足，只能"截故城之半守之"，然而就是这半个河中府城，窝阔台、拖雷亲率大军猛攻两个月仍不能破。为攻打河中府，窝阔台、拖雷想尽了办法，"命筑松楼高二百尺，下瞰城中，土山地穴百道并进"。金朝"军士殊死斗，日夜不休，西北楼橹俱尽，白战又半月，力尽乃陷"（《金史》）。惨烈的战争从九月打到十一月，半个河中府终被攻破。

法国学者勒内·格鲁塞在《草原帝国》中提到这场战争时说:"在这个人口密集之地,处处是天然堡垒,于是战争退化为没完没了的围攻战。"城破后,金军与蒙军展开巷战,再败后,板子讹可率残部夺取船只沿黄河退却,蒙军"鼓噪北岸上,矢石如雨,数里之外有战船横截之,败军不得过。船中有赍火炮名'震天雷'者连发之,炮火明,见北船军无几人,力斫横船开,得至潼关,遂入阌乡(河南灵宝西)"。至此,河中府失守,一场惨烈的渡口争夺战在血与火中结束。对河中府的占领,是山西全境失陷的标志,蒙军从此连接大河两岸,完全控制了山陕两地。

五

兵祸不断的年代,更多的是平常百姓奔走亡命于大河两岸。

宋元之际,山陕两地是战争最为频繁的地方,每次战事一起,无论是金兵,还是蒙古兵,都从北往南一路烧杀掳掠,前面是溃退的败兵,后面是穷凶极恶的追兵,如同狼群一样驱赶着四面逃亡的百姓。每场劫掠过后,往往十室九空,城郭之内不见人迹,田野之间荒芜一片。随着兵燹之灾而起的,往往是"群盗蜂起,灾相四侵",面对这种情况,百姓只有三种选择,一是被乱兵杀死;一是被入侵者掳掠裹胁为奴婢;另一种是逃亡,成为无家可归的流民。

山陕两地历史上,每遇战乱,两岸百姓便渡过黄河躲避祸患。《后汉书·董卓列传》:"灵帝末,黄巾余党郭太复起西河白波谷,转寇太原,遂破河东,百姓流徙三辅。"至魏晋南北朝时期,山陕两地百姓遇到祸乱,与晋朝的王公贵族一样,一般选择南逃河南、湖北等地,但是拖家带口的草民往往行动不便,仍有相当一部分逃往河对岸。"东晋太元十一年(386),鲜卑族30余万人,由长安东迁闻喜,建'燕熙城',一年后又东迁长子。"(《闻喜县志》)北周建德六年(577)庚申(22日),北周皇帝宇文邕去并州,将并州四万户军民迁移到关中地区。

至宋代,兵燹之灾与自然灾害使百姓流徙不定。庆历三年(1043),"陕西饥,饥民相率东徙"。金皇统四年(1144)"陕西、蒲、解、汝、蔡等州岁饥,百姓流落典雇为驱……"(《金史·食货志》)

宋金战争期间,金兵所到之处,"惟务杀戮生灵,劫掠财物,驱虏妇人,焚毁舍屋产业。"山西境内大批败兵百姓河逃往陕西,建炎二年(1128)正月,"自两河(河北、河东)失守,官兵之败散者多,多在光(今陕西南郑县)、凤(今陕西凤翔)间,招集溃兵入蜀"。同年七月,金兵再次发动攻势,"是时,西北衣冠与百姓赴东南者,络绎道路"。威胜、隆德、汾、晋、泽、绛等六府、州、军居民渡河南奔后,"州县皆空"。

即使战争间隙,河东、陕西百姓也无安宁之日。中国古代战争中,百姓是重要的战略资源,战争双方往往将掳掠人口作为重要目的,女真人进主中原后,曾大量迁徙山西州县居民前往金朝的上京和浑河路做奴隶。天会八年(1130),为抓到更多的百姓,金朝下令,各州县同一天关闭城门,在路途中捉拿行人,共持续三天。那三天之内,凡汉人无论贵贱,只要不小心走出家门,都有可能被抓去当奴隶卖掉。女真人的办法很残忍,抓到百姓后先在身上刺字以为标记,用铁链锁住,押解到云中,再根据身体强弱标价出卖,有的则被驱赶到鹘诸国去换马。这样的做的结果是百姓大量逃亡,"相率上山,动以万计"。

蒙古攻金的战争过程中,山陕两地再次遭到极大破坏,蒙古军大肆劫掠财货、牲畜,到处掳掠人口,连年战祸迫使民众纷纷向南逃亡,致使两地乡野凋敝,荒残不堪。南宋史家李心传在《建炎以来朝野杂记》一书中说:"贞祐元年即崇庆三年至宁元年也,十一月至二年春正月,凡破九十余郡所过无不残灭,两河(河南、河东)山东数千里,人民杀戮几尽,金帛、子女、牛羊马畜皆席卷而去,屋庐焚毁,城郭丘墟矣。"李心传的话并不夸张,据著名历史地理学家葛剑雄先生统计,宋金之际,南宋和金朝的人口总数在一亿以上,到元统一全国时,仅剩下不到一千万。山西则是战争重灾区,以泽州(今晋城)所属6县为例,金时有59416户,金亡后只剩下935户。(李俊民《庄靖先生文集·泽州图记》)

蒙古军队进攻北方时,一路掳掠,滥杀无辜,凶残程度远超金朝,是史上罕见的大浩劫。陕西的人口也降到有史以来最低值。金朝末年,蒙古大将木华黎向山西南部挺进,金军准备渡河撤往陕西关中,因为关中当时人口稀少,十室九空,金朝甚至要将河中府居民集体迁往陕西,"徙其民以实陕西"。

进入元朝后,陕西每平方公里仅有0.29人,居全国9省第8位。唐代,关中是全国人口最稠密地区,仅仅不足千年,这里已是人口凋零,所过之处,罕有人迹,万户萧瑟。据元宪宗二年(1252)统计,奉元路26县33935户、271399人,县均1357.4户、户均8人。京兆府(今西安市境)为其中7县,推算有9500户、76000人,为整个封建时代西安最小的人口规模,仅为金代人口的六分之一。

十二三世纪,是山陕两地最悲惨的时期,宋辽、宋夏、宋金、金蒙、宋蒙之间的战争多以两地为主战场,连续的战争使百姓若牛羊一样,被驱赶屠杀,路有遗尸,四野凋敝。两块曾经富裕的土地满目疮痍,惨不忍睹。滚滚大河,在残酷的战争中,沦为一道屏障,变成一架战争工具,即使在以后的史家眼里,也不过是可用的地利。在流血的历史中,黄河异常凄惨,河水失去往日的从容,浪涛涌动得让人心悸。两岸百姓不可能像平时一样,从沿河的众多渡口上悠然往来,渡过黄河的目的,变成了逃命。

凑巧的是,也就是从那时候起,这条大河有了自己正式的名字——黄河,一条饱含泥沙,黄龙般奔腾的河流。也是从那时候起,黄河第一次人为改道,被裹胁进了战争,"以水代兵"淹没敌军,黄河并没有阻挡金军铁骑的脚步,却开始对人类造成危害,以后,黄河就不光是战争的屏障,还是战争的参与者。

六

公元十二三世纪的黄河,又是一条最繁忙的河流,逃亡的草民百姓,落魄的王公贵族,溃败的散兵游勇,不分昼夜地从黄河上经过。在人类失去理性,被战争裹胁的时候,滔滔河水,黄河天堑,俨然已不再成为障碍。

即使放在现在,不了解黄河的人也难以想象,在被称为天堑的黄河上,如此多的人,怎能频繁往来于大河两岸,莫非古代渡过黄河竟如此容易,或者说当时的黄河与现在有什么不同?

据有关专家考证,一千多年前的黄河确实与现在略有不同,起码山陕峡谷中河槽还没有拉得像现在这么深,沟壑还没有这么多,崖壁还没有现在这样高峻,河水还没有这么浑浊。史念海先生考证,宋代府谷一带的黄河河谷比现在高至少14米,水土流失也没有现在这么严重,沟壑要少一半以上。然而,这并非决定因素,真正使征战大军和逃命百姓能够频繁渡河的,是可怕的战争。那种场面,很容易让人想起恶狼捕猎羊群的情景,在不顾一切的追逐与逃亡中,滔滔河水已经不再可怕。

当年,黄河上的交通并不便利,从晋陕峡谷到潼关,有据可查的桥梁仅有两三座,而且都是临时性浮桥,随时都可能拆除。一座就是前面说过的唐代修于蒲津关上的浮桥,北宋时期,政治中心远离关中,黄河两岸交通似乎不像以前那么重要,这座著名的浮桥时修时撤,已不能与唐代时相比。至金蒙战争期间,这座浮桥则早已毁圮。石天应占领蒲州时,为方便蒙古军通行,又将浮桥修起,没过几天,河中府城被当地义士侯小叔攻取,他将浮桥烧毁,以断绝木华黎东归之路。再往上,北宋时期,地处晋陕峡谷的延水关(现陕西延川境内)也曾修过浮桥。金蒙战争时期,蒙军占领府州后,为得到河东粮草补充,也曾在府州桃花渡搭建浮桥。这些浮桥都是临时性的,且多用于军事目的。马荒马乱的年代,平常百姓很难使用。

连接秦晋两地的是渡口。黄河两岸渡口众多,沿河几乎每个大点的村镇都有渡口,小些的村子也有野渡,河这边有渡口,河那边也必有一个相应的渡口。从偏关至潼关,没人能说得清楚究竟有多少个渡口,据《山西通志·关梁考》记载,山西沿黄河各县都有多处渡口,以山西兴县为例,通往河对面府谷县的渡口就有:北会渡、南会渡、裴家川渡;通往神木县的有:黑峪口渡、巡检司渡、罗峪口渡;通往佳县的有:石灰口渡、大峪口渡。

凡有名的渡口,无不经历过战争的摧残,前面说过的蒲津渡,人称"河东、河北陆道进入关中之第一锁钥"、"关中之巨防",相对的是陕西临晋关(后称大庆关)。隋末李世民,金末窝阔台、拖雷都在这里进行过重要战役。与山西吴王渡相对的夏阳渡,秦末曾发生过韩信木罂渡河,奇袭魏军,生擒魏王豹的战事。与韩城相对的禹门渡,战事更多,直到明代末年,李自成还从这里造船渡河。更多的渡口则与调动军队、物资转运、人员往来有关。如柳林县的军渡、临县的碛口、河曲县的西口,这些渡口有的已发展为转运货物的水旱码头。

如此众多的渡口用各种船只,将山陕两省连在了一起,平时,小船悠然,在船工号子声中,两岸百姓从容渡过。一旦军情紧急,乱兵杀来,浪涛奔腾,河风凄然,渡口顿时会被血雨腥风笼罩,渡过黄河时的心情难免不同。

山陕两省毕竟隔着一条著名的河流,不可能方便地通行。不过也有例外,每到冬季,两岸霜挂露结,天寒地冻,奔流的黄河水会在一夜之间结冰,本来浪涛翻滚的河道转眼间变为坦途,河水在冰面下涌动,河面光滑如镜。若是晴天,冬天微弱的阳光会将冰面映成一条璀璨斑斓的大道。急于攻占河对岸的军队,会踩着坚硬的封冰,快速通过黄河。

黄河在山陕之间由南至北蜿蜒数百公里,南北温度不同,黄河冰封时间也有差异。府谷、河曲一带,黄河通常每年入冬冰封,第二年正月过后才解冻。出了禹门口至潼关与风陵渡之间,黄河流到纬度最低处,再往前就转身东行,黄河行进一路,这里是冬天气温最高的地方,虽然每年数九寒天也照样结冰,但是,历史上从没有过大批军队冬天过河的记载。踏冰过河次数较多的是禹门渡,隋末,李世民久攻蒲津渡不下,曾率军从禹门口踏冰过河。宋蒙战争期间,建炎元年(1127),金军攻了占了河南、山西后,也曾从禹门口踏冰过河。禹门口号称龙门,是黄河之水最汹涌处,竟也能结出厚厚的冰,让千军万马踏冰而过。

二三十年前,黄河两岸人家走亲戚,也有赶上驴车踏冰而过的,伴着车上的婆姨,迎着凛冽河风,高吼一曲信天游,那是想来都令人神往的景象。战争期间,两岸逃难的百姓可没有这样的好心情,在光滑的冰面上,只有不顾一切、跟跟跄跄地奔跑。

在奔跑中,北宋结束了,金朝结束了,元朝也结束了,秦晋峡谷两岸的百姓又用在河面上的奔跑迎来了一个新的王朝。

山陕商人　秦晋大贾

SHAN SHAAN SHANGREN QIN JIN DAGU

略翻中国历史,就会发现一个规律,越残暴的王朝运祚越短,如秦朝、西晋、隋朝,再一个就是元朝。与历史上任何一个朝代不同的是,元朝灭亡后,山、陕两省是以一场民怨沸腾的大移民进入新王朝的。

不能不提洪洞的那棵大槐树。"问我祖先在何处,山西洪洞大槐树。祖先故居叫什么,大槐树下老鸹窝。"如今,若寻根问祖,许多中国人都把洪洞大槐树下作为自己的故乡。

走近洪洞大槐树下,令千万人向往的那棵大槐树却远无想象中的那么虬干繁枝,甚至连应有的沧桑感也找不到,与常见的汉槐并无区别。在中国人脑中,它已然是一种象征,一个符号,带着浓重的宗教色彩和宗族观念。

在大槐树下,我想到了"庇荫"这个词。自唐代以后,较之中原人、江南人甚至河对岸的陕西人,山西人好像特别幸运,先是晚唐时期涤荡南北的黄巢军,绕过了山西,使百姓免遭了一场洗劫。元末,遍布各地的红巾军,即使全盛时期,也只是"东逾齐鲁,西出函秦,南过闽广,北抵幽燕",除大同等少数地方外,山西再次幸运地免遭劫难,在一个叫察罕贴木儿的蒙古人统治下,竟然躲过了元末战争的蹂躏,在相对安定,风调雨顺的环境中走进明朝。当时的情形是"河南全省三千余里,仅存封丘、延津、偃师、登封等三四县;两淮南北,大河(黄河)内外,燕、赵、齐、鲁旧境,一望荒凉,人烟断绝;关陕地区,保全无几"。(《中国通史简编》)"惟我河东,蕞尔而一方如故。……察罕贴木儿公之为蒲也(为元贼守此)……耆老相聚而语之曰:'当今天下,劫火燎空,洪河(黄河)南北,噍类无遗,而河东一方,居民丛杂,仰有所事,俯有所育。'"(元人钟迪《河中府修城记》)。莫非这表里山河真的能庇荫山西百姓?

山西百姓的灾难是在新王朝初创之时,以一种流离失所、远离故土的方式开始的,而他们遭遇灾难的理由,仅仅是因为在相对安定的环境中繁衍了相对稠密的人口。当他们聚集在大槐树下,步步回首,离开家乡时,就注定了成为异乡人。

看过几次大槐树,以后每到一地,尤其是遇到名门大户,都会注意他们的祖先是不是与大槐树有关,是不是曾经的山西人。

明初洪洞大槐树移民18次,没有一次是移往陕西的。在陕西各地游走,看到近乎相同的民俗和几乎相同的面孔,总怀疑官方记载有谬误之处。查阅史籍,终于看到了两条有关明代山西移民的信息。洪武九年(1376),明太祖下令"迁山西汾、平、泽、潞之民于河西,任土垦田,世业其家。"(《绥德直隶州志》)另一条相对含混,民国本陕西《横山县志》称:"横山地处塞上,明属边地,土著居民多属晋豫军籍防屯而来,故社会习尚简朴。"可见,陕西横山县一带居民大多来自山西、河南籍屯田军士。

其实,山陕两地隔河相望,地脉相连,人气相通,遇到天灾人祸,最容易去的就是河对岸,根本不需要官方有组织的大规模移民。与顾炎武齐名的清代大学者李因笃,先祖就是明代初年由洪洞移民到陕西富平的。陕西三原清代巨富李凤翅,其先祖也是明初洪洞移民。渭南孝义镇富商赵家、柳家、展家原籍都是洪洞县;渭北的板桥常家,大荔的八女井李家原籍也是山西。这只是因后人显达而留名的,没有留下姓名的山西移民不知还有多少。陕北,尤其是沿黄河一带,民间普遍流传着祖先来自山西的说法,陕北各地方志、村志、家谱的记载都可以证明这一点。吴堡县就把明以前的当地住户称为老户,明以后的移民称为新户。《吴堡县志》列出了该县主要姓氏的来源,其中1000 口以上的大姓薛、张、王、李、慕、宋、霍、冯、刘、丁、高,除慕、宋两姓来自河南,丁姓明代以前世居吴堡外,其余大姓都是明代以后从山西迁来的,光薛家就有一万人以上。(见《陕西历史人口地理》)

后来又去过陕西的两个著名景点,更加深了这种印象。党家村,一个坐落在厚重的渭北高原,舟船一样浮在黄土之上的古老村落,是令所有陕西人都为之骄傲的民居瑰宝。不等走进去,就有一种似曾相识的感觉,鳞次栉比的村舍,精美古朴的四合院,磨光棱角的石板道,还有那祠堂、牌楼、文昌阁,无不让人想起山西,想起晋商大院。回去查看资料,果然,党家村三姓人家全部来自河对岸的山西。据《党二门家谱》记载:公元1331 年,党族始祖党恕轩由陕西朝邑县逃荒播迁至此定居。再深入翻检会发现,原来,党氏祖宗原籍山西永济县陈村,南宋初年来到陕西朝邑。朝邑县(今陕西大荔县)位于黄河西岸,与永济县隔河相望,若无黄河阻隔,两县即可连成一片。

党家村的第二个大姓贾家也来自山西,凑巧的是,贾氏始祖就是来自洪洞县。《贾族家谱》记载,贾族始祖元代末年来韩城经商。也就是说贾氏始祖赶在大槐树移民前几年来到了陕西,要不然他可能会流落到河南、两湖或者

其他地方。党家村除了党、贾两大姓之外，仅有一户杂姓，这户人家姓耿，也从山西移民至此，原籍山西绛州。

知道了党家村三姓人家的来历，就明白为什么这里看起来似曾相识，也会明白为什么两地的风俗那么相似。

去过党家村不久，又去了陕西米脂县大名鼎鼎的杨家沟。这是一个隐于黄土梁峁间的村寨，因毛泽东和中共中央机关1947年至1948年在这里住过四个月而闻名天下。此村原名扶风寨，分新、旧两院，令我感到吃惊的是新院里那排被誉为中国窑洞经典之作的中西结合的窑洞。本来乡土味十足的窑洞，在马家后人马醒民手里，竟能处理得如此精致，而且洋气十足，哥特式的门窗，中式的窗棂，似乡间窑洞，又似西式别墅。令我没想到的是，马家仍然是山西移民。明朝万历年间，马家始祖马林槐从山西永宁州（今离石县）临邑（今临县）迁居绥德州之马家山，几经辗转，康熙末年迁到米脂县杨家沟村，历几代人奋斗，终成陕北巨富。

不经意间，陕西两处著名景点的主人竟都是山西移民。令人感到奇怪的是，山陕两地的移民总是一边倒：从山西移往陕西，陕西的百姓很少流往山西，这不知是与两地的地理环境有关，还是与两地百姓的个性有关？

明清两朝的山西人以精明善断、会做生意著称，从河东往河西，从山西到陕西，带去的首先是民俗风情和生活方式。且不说两地人都喜欢穿黑棉袄，包羊肚子手巾，住土窑洞，吃黄米糕。去过陕北绥德的人，都会觉得绥德话与太原话有几分相似。查过《绥德直隶州志》就会发现这种感觉没错，"绥德语言类太原、代州等处，与汾阳（今山西汾阳）永宁（今山西离石）虽接壤，却不相惟也"。简单的记载，说明来自太原、代州的移民已经影响了当地语言。山西人为陕西带去的还有精明和生意经。渭北、陕北之民多矣，唯党家村党贾两家、杨家沟村马家之富能彰显至今。就连以陕商为自豪的李刚教授所列的关中富商中，也有多人是山西移民。这些足以说明，即使在大河对岸，山西人不光能扎下根，还能将生意做得风生水起。

食盐的魅力

　　中国历史上的王朝多数是靠暴力手段夺来的，创建初期，首先要做的事，是要休养生息，用非暴力手段抚平战争的创痕。朱元璋的明朝可能是个例外，驰骋欧亚大陆的蒙古人并没有想象中那么强悍，明军争夺天下的战争也没有想象中那么惨烈，在中原坐了九十年天下的蒙古人，同样被儒家文化消浊了骨子里的野性，甚至比被他们消灭的女真人更不堪一击。和尚出身的朱元璋从入伍从军，到坐上龙位仅仅用了十几年时间。但是，历大明一朝，逃往大漠深处的蒙古人一直是心腹大患，明朝的北部边境始终停留在离北京不远的长城一线。明王朝不得不长年重兵驻防，与游牧民族打打杀杀，一直持续到明朝灭亡。

　　明朝建立后，朱元璋派兵深入大漠，除征讨元朝残余势力之外，还做了两件事，一是移民垦田，将百姓像牛羊一样，赶到人烟稀少的地方垦殖种地。另一件事是在大漠边缘，沿长城一线设立九个边镇，在中国北部边境形成一道铜墙铁壁，东起鸭绿江，西抵嘉峪关，绵亘万里，计有辽东、宣府、蓟州、大同、太原、延绥、宁夏、固原、甘肃九个边防重镇，史称"九边重镇"。

　　这是一道亘古未有的宏大防线，风沙强劲的沙漠边缘，丘梁起伏，长城蜿蜒，"峻垣深壕，烽堠相接"。九个边镇就是九个大军区，驻军总数达86万之众，战马34万匹，最多时曾达到120万人。这么多的兵马，军需供应成了大问题，朱元璋为此伤透了脑筋，用过历代王朝屡试不爽的屯田法，让边关将士垦荒种地，以求自给，因这一带自然条件恶劣没能成功。不得已又从各地调拨军粮，运往边关，由于路途遥远，光运费就超过了粮食本身价值。朝廷每年花费在边关的费用达上千万两银子，同时又让百姓苦不堪言。山西临近边关，受到的压力最大，损失最重。洪武三年(1370)，山西行省参政杨宪向朝廷上书,建议采用"开中制"(又叫开中法),用向边关输粮换取盐引的方式,解决边备之需。具体办法是将朝廷征收积储的"复行秋粮"即"官米",运输到朝廷指定边镇,可换取一份盐引,到指定盐场支取食盐200斤,在规定区域自主销售。洪武之后,"开中制"已不仅限于纳粮,根据军事需要,还曾纳马、纳铁、纳茶,以换盐运销。只要是朝廷需要的东西,都能够以盐引作为交换来吸引民间商人参与其中。

明初的山西行政区域与现在基本一样,陕西却比现在大得多,辖今陕西全省和宁夏、甘肃、青海的部分地区。明代九边重镇中,大同、山西二镇属山西,延绥、宁夏、固原、甘肃四镇属陕西。北宋之后,历史又一次把两省共同推向了边庭,首当其冲地应对着来自蒙古高原鞑靼人的袭扰。

战争的威胁同时也给山陕商人提供了机遇,整个封建社会,食盐一直由政府专卖,明王朝建国初期制定的《大明律》,对贩卖私盐制裁严厉,规定:"凡犯私盐者,杖一百,徒三年,若有军器者,加一等,诬指平人者,加三等;拒捕者,斩;盐货,车船……并入官。"实行"开中制"其实是朝廷的无奈,却给商人们提供了千载难逢的机会。这是个利润大得无法想象的行当,"本一而息恒六七倍"。抓住机遇,首先得地利之便,向边镇输送粮食换取盐引的就是山陕两省商人。这是因为山西南部的运城盐池离边镇最近,"道便费省",自汉唐以来就是重要产盐地。陕西关中厥土黄壤、沃野千里,加上明代初年遍地禾麦,收成丰稔,正好满足了输粟换引的需要。

"开中制"实行之初,门槛很低,任何人都可以介入。向边关运输粮食的商人都是些小商脚贩,有几辆独轮小车,几匹驮骡,在官道上长途跋涉,费些辛苦,把粮食送到边关,就能得到盐引。在盐利的滋润下,他们手里越来越有钱,脚步迈得越来越有力,运盐的车队、驮队越来越庞大,随着脸上露出的笑容,他们的财富在一天天增多,运输能力也在一天天扩大。

那些年,秦晋两地的山路上、河流旁,到处都是推着独轮车、牵着骆驼,赶着毛驴的运输大军。他们本是刚从黄土地里走出来的庄稼汉,丢下地里的庄稼不做,背井离乡,长途跋涉,是出于人的生存本能,因为他们从食盐开中制里看到了商机,同时看到了提高生存质量的希望。由此,他们中的一部分人变成了盐商、粮商,开创出山陕商人500多年辉煌。然而,输粟换引具有强制性,远非自由贸易,仅凭推车牵引运粮他们还成不了真正的商家,只能永远是靠苦力赚钱的小商贩。

任何一项制度,实行的时间长了就会出现弊端。"开中制"也是这样,从永乐年间(1403—1424)开始,朝廷屡次增加纳粮数量,商人望而生畏,不再愿输粮换引。还有一种情况是朝廷任意增发盐引,商人拿到盐引却领不出盐,有的商人从爷爷辈拿到盐引,到孙子手里还领不到盐。权贵包办也使开中商人受到排挤。明初开中规定仅限商民,四品以上官僚子弟家人不得参与。永乐时,官吏军民开中京卫,结果"勋贵武臣多令子弟家人行商中盐,为官民害"。

弘治五年(1492),户部尚书叶淇看到"开中制"的弊端,开始进行变法,把"开中制"改为"折色制",就是将纳本色(粮食)变为纳折色(银两),这样明政府就可以通过提高盐价来增加财政收入。商人也不必再千里迢迢纳粮到边关换取盐引,在内地就可以到盐运司纳银换引。开中纳银以后,商人资本运作形式从粮—盐—银改变为银—盐—银,免去了纳粮转输、长途跋涉的困累,从时空上大大缩小了盐商活动范围,加快了资本周转速度,也使商人节省了长途转输的费用,可以从中抽出一小部分加到引价上去,这样政府也增加了引价收入。

纳银换引扩大山陕商人的眼光,使他们的腿脚骤然加长,从此踏上一片生疏的土地。灰头土脸的老西们一批批地出现在繁华的江浙等地。据《明史》记载:九边各镇所发盐引相对应的盐场是:辽东镇对淮浙、山东、长芦、福建、河东、广东;宣府镇对两淮、长芦、河东;大同镇对淮浙、长芦、河东、福建、山东、广东;山西镇对淮浙、山东、河东;宁夏镇对淮浙、河东、灵州、山东、福建;甘肃镇对淮浙;延绥镇对长芦。也就是说,你送了粮,纳了银,他给你的盐引不一定在全国哪个盐场,而你,在盐场里领了盐,也不一定非要在当地卖,哪里利润大,哪里好销,就去哪里。就这样,山陕商人一步步走向了全国,逐渐成为腰缠万贯的巨商大贾。

会馆的凝聚力

一

崇祯十七年（1644），国祚 276 年的大明王朝在陕北汉子李自成的农民军和来自白山黑水之间的清军两线夹击中风雨飘摇，最后崇祯皇帝饮恨煤山，大明王朝轰然倒地。中国进入了由满人统治的清王朝，改朝换代之初，精明的山陕商人再次抓住了机会。

入清后，清政府在平定西域战争中，实行"随军贸易"政策，战事起时，沙海茫茫，路途遥远，物资供应极为困难。"清军以哈密为大本营，消费极多，有银无物，正以为苦……陕晋甘川之人闻风而起，争赴关外。"这些人或肩负竹篓，或驱赶骆驼，冒风沙，抵酷寒，不辞辛劳，随军转战，为的就是赚得辛苦钱。其中最有名的是山西介休商人范家兄弟，在平定准噶尔叛乱中，他们自费筹办军粮，"力任挽输，辗转沙漠万里，不劳官吏，不扰闾阎，克期必至，省国费以亿万计。"（嘉庆《介休县志》）至清代中叶，左宗棠用兵新疆，"消费者众，取用者宏……晋陕之人，闻风而起……兵商品，逐什一，往返于关外大军云屯之哈密，俗称赶大营"。（张绍鳞《新疆概况》）山陕之民表面上是在赶大营，其实是在追逐财富，在不断的追逐中，山陕商帮垄断了中西部贸易。他们以陕西的三原、泾阳，山西的蒲州、大同为中心，服牛格马，周流天下；肩挑车载，跨州越县，贩盐于扬淮，输茶于陇青，鬻皮于蒙疆，捆布于苏湖，伐木于秦巴，在中西部贸易中任意驰骋，打出了自己的一块天地。

有清二百多年，将商业发展到叹为观止的是山西介休、平遥、太谷、祁县一带的商人，著名的乔家、王家、常家、曹家、渠家都出现在这里。介休"百万之家以十计"，祁县"百万之家以数十计"，平遥侯家、介休高家"富各三四百万"，太谷则有白银谷之称，被誉为"中国的华尔街"，曹家、贾家"富各四五百万"。他们或服车远行，南下吴越，做茶叶生意；或精于计算，设庄开店，做汇兑生意。在地瘠民贫的黄土地上，开创了一代商业奇迹。难怪《龚自珍全集》中有"山西号称海内最富"之记载。

山陕商人经商 500 余年，当年他们栉风沐雨、含辛茹苦积累的财富，早已随着岁月被强劲的风沙湮没，留下的只有辛酸悲壮的故事和艰难跋涉的身影，另外还有的，就是留在各地恢宏壮丽的会馆。

见多识广的学者余秋雨看到苏州山陕会馆时感叹："说起来苏州也算富庶繁华了，没想到山西人轻轻松松盖了一个会馆就把风光占尽。"

余秋雨见到的只是众多山陕会馆中的一座，而且并非最宏丽风光的，若他将全国各地的山陕会馆看尽，如汉口山陕会馆、旗社山陕会馆、聊城山陕会馆、开封山陕甘会馆、海城山西会馆，将不知发出怎样的感叹？

会馆，本意仅为开会的房子。其会有开会、聚会的意思，馆乃旅居食宿之房舍。聚合其意，就是人们开会、聚会、居住之所在。最早的会馆始于明代永乐年间，兴盛于清代，衰落于近代。早期会馆多为居京官僚联络同乡所建，后来增添了一种用途——资助来京赴考士子，故又称为试馆或公车会馆。以后，才有商贾所建的工商会馆，还有移民会馆。三种会馆之中，工商会馆因为是商人所建，规模最宏大，建筑最精致。著名的戊戌变法就和会馆有着密切关系。康有为住在米市胡同南海会馆内，谭嗣同住在北半截胡同浏阳会馆内。康有为在会馆撰写《上清帝书》，成立"强学会"（会址在安徽会馆内），创办《中外纪闻》。谭嗣同也正是在会馆内被抓捕杀害的。中国现代许多著名文学家都住过会馆，1912 年 5 月，鲁迅先生来京后，住进南半截胡同的绍兴会馆；徐志摩、朱自清来北京时，也住过会馆。

最早的山西会馆产生于明代中期，由河东万泉人贾仁元创建。贾仁元是个朝廷官员，明嘉靖四十一年（1562）中进士，曾任兵部左侍郎。这是个喜欢广交朋友的热心人，看到来京的同乡没有个聚会场所，把自己崇文门外住宅南辟为三晋会馆，专供来京同乡聚会。不过，来会馆的多数是赴京赶考的举子，后来还有本乡单身官吏，会馆成为同乡集会、议事、宴客、娱乐的场所。陕西较早的会馆是由温纯于万历三年（1575）倡议修建的三原会馆，与贾元仁所修的三晋会馆一样，也是朝官辟馆以聚乡人的科举试馆，或者叫公车会馆。

明清时期，商人流寓他乡，路途遥远，人地生疏，如飘萍般流落，最能帮助他们的就是同乡。初来乍到之际，除了特殊环境中奇特的生存能力外，最难得的是同乡的帮助。天地苍茫，人流熙攘，当他们一头闯进一个陌生的集镇时，第一个念头就是找乡党，先落住脚再说。在家靠父母，出门靠朋友，人生地不熟的，到哪里去找朋友？乡党就是最好的朋友。那时候，同乡会馆一定会闯进他的脑际，因为在那里，不光有人会给他找事做，还会为他提供食宿。那里是山陕商人们在外地一个实实在在的家。

光绪年间，山西临晋县的贫苦汉子卫建唐一夜之间灾祸连连，先是妻子自尽，接着房舍田园被大水冲毁，走投无路之际，他想到了去口外迪化（今乌鲁木齐）做生意。一路上，艰难跋涉，风餐露宿，在玉门口被土匪洗劫一空，同伴身亡，只身一人来到迪化，人海茫茫，举目无亲，站在大街上形单影只孤立无援，他想到了会馆。在那里，他得到了住宿和食物，并且找到了活干。十八年后，他用几匹骡子驮着银子回到故乡，成为富甲一方的财主。

另一位耄耋老人曾讲述他初到西安经商时的情形：六十年前，我由山西来西安，先到东关山西会馆找了个落脚地。山西会馆在长乐坊街北，先在厢房登了同乡会录，然后去后堂关老爷像下敬香、磕头。有人领着读：尊敬同乡长辈，不坑人骗人，不吸鸦片，如违纪同乡会也要开除。过了三天，一位姓楚的管事介绍我到南街万盛行药堂当临时工……（宋伦《明清时期山陕会馆研究》）

兰州市民主建国会的雷志乾先生也有相同回忆："解放前山陕商人赴兰州做生意，先找同乡会馆，由会馆接待其吃住，然后由会馆为他在同乡商号中安排就业，若当学徒则由会馆出面找一个本籍商人作保，荐官有人身担保作用。"

即使在异乡站住脚，也很难融入当地环境，主客之间、客客之间经常发生冲突，做生意很容易与人犯口角，一句话，一个动作，都可能成为别人寻衅滋事的理由，最后受到无端欺凌。有了会馆，就有了一个解乡愁、发怨气的地方，在这里遇到的都是乡亲，碰上难办的事情会有人给出主意想办法。

这样看来,会馆就是商人们在异地的招待所、存货栈、交际所、议事厅、游乐场、夜总会、疗养院,更重要的还是他们的精神家园,灵魂栖息地。按照西北大学李刚教授的说法,还是他们的整合力量的指挥部。

　　据同治六年杨静亭编辑、张莜轩增补的《新增都门会馆》和光绪年间编撰的《顺天府志》记载及徐珂《清稗类抄》统计,清末,光北京一地就有会馆400多所,其中山陕会馆45所,占北京城会馆总量十分之一强。至民国,山陕会馆有增无减,1949年11月,北京市人民政府调查统计,当时北京尚存会馆391所,其中,山西38所,陕西24所。全国各地的山陕会馆更多,有人说:有麻雀的地方就有山陕商人。进一步说,有山陕商人的地方就有山陕会馆。

　　众多的山陕会馆在中国商业史上留下了一道灿烂的风景线,成为山陕商人在异地他乡的特殊驿站,是山陕商人在各地最靓丽的遗存。直到现在,在许多地方如苏州、河南社旗、山东聊城,山陕会馆仍是最值得夸耀的古代建筑。

二

　　会馆是集商人财富和智慧建造的精神家园,因而,各地的会馆都气势恢宏,豪华壮观,精美绝伦,每个角落都写着山陕商人的自豪,每个构件都闪烁着山陕商人的智慧。

　　苏州的"中国戏曲博物馆"就是一处晋商会馆。据《清高宗实录》卷139载:"吴越州郡,察其市肆贸迁者,多系晋省人。"为联络乡情,聚会议事,山西商人联合建了这座会馆。整个会馆占地6000平方米左右,坐北朝南,分东、中、西三路。中路由头门、戏楼、正殿组成,是会馆迎宾、祭祀、演戏酬神的场所,建筑为宏伟庄重的庙堂殿宇式样,具有明显的山西建筑特色。其中戏楼翘角飞檐,斗拱密致,看上去极具气势,连贝聿铭这样的国际建筑大师见了都叹为观止。据说民国时全晋会馆的名誉理事长就是"四大家族"之一的孔祥熙。

　　目前所知,河南上蔡山陕会馆,是山陕两地商人最早在外地商埠建立的联省会馆。《上蔡文史资料》记载,该会馆修于明嘉靖年间,院内有正殿、拜殿等多座建筑,拜殿东间挂口铁钟,重约三百余斤,系明嘉靖丁亥年(1527)造。

河南的社旗山陕会馆,其规模不亚于余秋雨所看到的苏州晋商会馆。此馆号称十最:会馆之最,琉璃照壁之最,铁旗杆之最,戏楼之最,石雕艺术之最,慈禧太后御笔亲书"龙、虎"二字之最,民间刺绣之最,道房院之最,商业道德规则碑之最。远望会馆,气势逼人,似庙宇,似宫殿,又似在山陕两地常见的富商大院。阳光下,琉璃屋瓦闪烁,铁旗杆高耸入云,不知道的人,哪能想到如此宏伟的建筑,竟仅是山陕商人为聚会、娱乐所建?走进去看,院内的每个角落似都散发着肃穆之气,随处可见泛出绿光的琉璃瓦。牌楼、山门、钟鼓楼、戏台、正殿、偏殿、春秋楼,所有的瓦都是绿色的。这些都因为关公生前喜穿绿袍,又因为关公是山西人,所有的瓦又都是专门从山西安邑运来。当年,山陕商人修建这么一座气势恢宏的会馆,除了祭拜关公之外,另一个目的就是要在异乡彰显山陕两地商人的气魄,会馆内《重修山陕会馆碑记》中说得清楚:修该会馆就是要"毅然蔚起,数十里外就望见之,诚社镇之巨观也"。寓居赊店的山、陕二省商贾就是要"盖压三江",因而不惜重金倾力投入,花费达 87788 两白银。"运巨材于楚北,访名匠于天下",其用材之优,延聘工匠之多,为斯时斯地建筑工程之冠。直到二百多年后,社旗山陕会馆还在以宏丽的气势,证实着当年商人们的自信。

据专家考证:河南各地山陕会馆众多,是各地会馆最密集的地方。其共同的一个特点,就是门外竖立一根高大的铁旗杆,因而山陕会馆在河南也被称为"铁旗杆庙",社旗山陕会馆门前的铁旗杆即重达五万斤,高 17.6 米,看上去高耸入云,蔚为壮观,被称之为霄汉铁旗杆。

山东聊城山陕会馆也是一座规模宏大、风格别致的建筑群。聊城地处京杭大运河畔,各地商贾云集,明清时期商业极为发达,"阅亲戚之情话,慰良朋之契阔"的会馆自然必不可少。当时,聊城规模较大的会馆共有八家,号称"八大会馆",山陕会馆为其翘楚,至今仍是当地最精美的古建筑。所以如此,是因为山陕商人修会馆往往不惜巨资,聊城山陕会馆竟花费白银达 60465 两。建筑材料、工艺无不求精求美。走进去看,能感受到建筑本身的巧夺天工,还能感受到一种浓浓的乡情。会馆始建于乾隆八年(1743),至民国百余年间,在不停地扩建。1845 年第五次重建时,当时的知县撰写碑文说:"斯役也,梓匠觅之汾阳,栋梁来自终南。积虑劳心,以有今日。今众聚集期间者,盹然蔼然,如处秦山晋水间矣。"当年的山陕商人看到这些,不知能不能想到建造者的良苦用心,感受到秦山晋水?

此外,现存著名的山陕会馆还有:陕西丹凤龙驹船帮会馆、自贡西秦会馆、张掖山西会馆、洛阳潞泽会馆、海城山西会馆、多伦山西会馆、亳州山陕会馆、开封山陕甘会馆。至于规模较小,藏于乡间保存完好的会馆,更是多不胜数。如垣曲县同善镇的商贾会馆地处中条山脚下,至今保存完好,其中关帝庙、戏台俱全。

这些会馆无一不凝结着山陕商人的心血,无一不显露着山陕商人的智慧。当年创造了大量财富的山陕商人,数年百年之间,用这样一种形式,既彰显出当年的辉煌,又给后人留下了一笔财富,从这个意义上说,山陕会馆实际上是商人们的纪念碑。

三

各地会馆最引人注目的建筑往往是关帝庙,汉口山陕会馆光一座春秋楼,就花费 249066 两白银。许多会馆往往是先庙后馆,或庙馆合一。民间因此又把山陕会馆称为关帝庙或三义庙。外地人识别山陕会馆,只需看有没有关帝庙,有的,一定是。湖北老河口人说山陕会馆:上会馆赛如金銮殿,下会馆门前铁旗杆。所谓赛如金銮殿,指的就是关帝庙。各地山陕会馆都祀奉关帝,清末民初,归化城内会馆共有 16 个,其中蔚州、京都、新疆三处分别崇祀关帝、天皇、马神外,其余 13 个山西同乡会馆,全部崇祀关帝。同时存在的商业行会有 38 个,其中有一半以上也供奉关帝。

关羽有"义薄云天,义利分明,义不苟取,信义昭著,言必忠信,信必笃敬"的美德,因而又被商人们奉为道德楷模,关帝的信与义其实就是做生意的准则。关公最令世人崇敬的品格是"忠义神勇"、"诚信仁义"、"义薄云天",在山陕商人看来,关公就是儒家文化塑造出来的公众形象,是信与义的化身。深受这种文化影响的晋商,把诚信、忠义当作他们最高人生准则,反过来,忠诚信义又成为他们成功的最大秘诀与法宝。在商业活动中,信义既是他们经商的基本理念,又是他们行为的规范。加上心目中关公的神勇威武,多数晋商都把关公精神自觉地融会到商业活动中,甚至把关公请到店堂之上,提醒自己,也让顾客知道,每做一宗生意,好像义薄云天的关老爷就站在身边,注视着他们的一举一动。可以说,西商文化的灵魂、精髓就是关公精神。蒲州商人王文显说的利以义制,名以清修,实际就是从关公的信义中得来的感受。正是凭借着这种品格,西商才能在明清时期取得"海内最富"的辉煌业绩。

在山陕商人们看来,关公还是他们的保护神、乡土神。封建社会商人地位低下,处于四民社会的最末一位,与倡优同列。中国从古至今都是个熟人社会,客居异地的商人,难免因风俗不同语言不通,受人歧视压榨。关公是山陕商人的同乡,是他们的骄傲,也是他们的精神支柱,可以为他们祛灾禳祸,能让他们获得心灵的庇护。社旗山陕会馆《铁旗杆记》中说:"帝君亦蒲东产,故专庙而祀加虔。"从这话当中,可以清楚地看出山陕商人为什么祀奉关公。明清时期,关老爷在各路神灵中最具神力,光清代就有20多次赐封加谥,各位皇帝无不视关帝为偶像,最后一次赐封竟多达26字——"忠义神武灵佑仁勇威显护国保民精诚绥靖宣德翊赞关圣帝君",把最美好的言辞都用上了。商人们身处凶险的商场,忠义神勇的关羽就是最可靠的保护神,可以庇佑商人们财源滚滚。因而,商人对关公的祀奉比其他神灵来得更加虔诚。

关公还是商人心目中的财神,其地位远超赵公明、范蠡、比干、管仲,在关公的庇佑下,可以生意兴隆,财源滚滚。北京关中会馆乾隆年间《重修会馆碑记》记载:"秦晋富商大贾,无不崇祀关壮缪(关公)者,亦谋利而不忘。"商人们到底说话直爽,一句话就道明了创立会馆崇祀关公就是为了谋利。

关羽还是公平公正的象征,他在山陕商人心目中无与伦比的道德权威,使他的公正带有威慑性和强制性。每个会馆中都有一件被视为圣物的"官秤"。这官秤与官府无关,是各商家齐集关帝庙,当着关老爷的面公议核准的一杆秤。"公议秤足十六两,戡依天平为则,公平无私,俱各遵依。"哪位商家若暗中私改秤戡,用这官秤核实后,罚戏三台,如不服气,就要报送官府惩治。在河南赊镇开肉行的山西芮城县商人王德寿,对秤有自己的解释,常对伙计说:"古人把十六两定为一斤,是把'北斗七星'算作七两,'南斗六星'算作六两,加上'福禄寿'三星,一共十六两,如果卖东西缺斤短两,不是无福就是少禄,再不然就要短寿。"

关公的忠义,又是凝结异地商人最好的精神纽带,山陕商人走秦陇、涉大漠、下吴越,牵车服贾,历经磨难,而能始终抱成一团,协作互助,成为十大商帮之首,除了坚忍不拔的毅力外,靠的也是关公精神中的义字。

因为这些原因,世上崇敬关公者无数,最崇敬关公的莫过于山陕商人,最信奉关公精神的莫过于山陕商人,对传播关公文化贡献最大的也莫过于山陕商人。

共同的梆子戏

一

无论走进哪处山陕会馆,除了祀奉关公的正殿,最引人注目的建筑就数与正殿相对的戏台了。如果说,正殿是神圣的,其作用多在商人的精神层面,那么,戏台虽是正殿的附属建筑,以酬神为名修建,其实更多意义在世俗层面,演给神的戏只是名义上的,更多的还是世俗的愉悦。因为有双重作用,山陕商人修建戏台往往也不惜重金,苏州全晋会馆中的戏台就占尽无限风光,是整个会馆建筑群的精髓所在。那势若大鹏腾跃的翘角飞檐,繁若星辰闪烁的缀饰浮雕以及斗拱旋榫、屋顶造型,无不让人动容。然而,当年在这座戏台上演奏的并非轻歌曼舞的江南丝竹,而是节奏铿锵、悲怆苍凉的山陕梆子,在台上表演的也是一群从遥远的秦晋之地赶来的演员,在这繁华的江南都市,高亢的山陕之声,会让人有不知何处是他乡的感觉。

戏台下,包厢舒适,视野宽广,演员一招一式尽收眼底。如今,戏台上常有戏曲表演,坐在包厢里的多是说着吴侬软语的苏州观众,他们可能不知道,当年,这座戏台可不是为他们修的,坐在包厢里的人,应该是头戴毡帽,一口秦晋之音的山陕商人。

全国各地戏台多不胜数,当年,国家建立戏曲博物馆,"要找一个南方戏曲演出的最佳舞台作为文物永久保存,找来找去,竟在人家山西人的一个临时俱乐部里找到了。"(余秋雨语)余先生说得对,会馆并非山陕商人的主要活动场所,仅是他们联络乡谊,听戏,聊天的地方,可就是这么不经意间,就将繁华的苏州风光占尽。

河南南阳赊旗镇山陕会馆,筑有一座高30米,东西宽18米,分上下三层的悬鉴楼,又称戏楼,楼后面是戏台,由四根大方柱把巨大的三层戏楼凌空擎起。戏台对面有可容纳万人的大院,院内东西厢房相向,分上下二层,为昔日看戏的包厢。当年秦腔蒲剧班社在戏台演出,院内可容万人观看。这样的戏台无论规模,还是建筑质量,都不会比苏州全晋会馆戏台差。两座戏台,一南一北,既显示山陕商人的气魄,又表现出山陕商人对戏剧的喜爱程度。

此外,陕西丹凤船帮会馆因为戏台构造宏伟,当地百姓干脆把会馆称作"花戏楼",安徽亳州山陕会馆也叫"花戏楼",名字也是从馆内戏台得来的。

山陕商人不光建戏台,看大戏,不惜重金邀请家乡戏班到他们所驻商埠演出,还出资举办梆子戏班。清嘉庆年间著名的云生班就是由祁县商人岳彩光创建的。岳彩光是个富商,酷爱梆子戏,爱拉爱唱,是个超级戏迷。嘉庆三年(1798),岳彩光从陕西买来30余名娃娃学艺,又从苏州买来戏箱10只,专门拨出一座院子,盖了戏台,上挂牌匾:秦妙更晋。第二年,瘟疫流行,艺童死者过半,岳彩光悲痛之余,又从陕西买回艺童20名,继续组班,谓之云生班,并聘老元儿红张世喜任教。

同州梆子著名的戏班德盛班则是由蒲州商人陈福儿组建。陈家在西安西大街设有"德福堂"商号,财力雄厚,陈福儿本人酷爱梆子戏,重金招聘名角李云亭、党金良、茂盛儿、十八红组成德盛班。因名角云集,加之财力雄厚,德盛班久演不衰,直到民国初年才因社会动荡解散。

西府秦腔四大名班之一的"永顺班"为陕西岐山富商高玢所办。高玢自幼好武术,爱戏曲,喜欢结交江湖艺人。光绪四年(1878)高玢出资,购戏箱,聘演员,以自家商号"永顺"为名组成戏班。该班也聚集了一大批秦腔名角,演员阵容强大，一度达70多人。为保证戏班日常开支，高玢专门划出50亩稻田，收入归戏班。由于高家长期资助，永顺班长盛不衰，1951年由政府接管改称"岐山县人民剧团"。

清代，由商人组建的戏班多不胜数，著名的还有祁县富商渠氏办的"三庆戏班"、榆次聂店富商王越办的"四喜戏班"。值得一提的是闻名山陕的名角"彦子红"本身就是商家出身。秦腔大师魏长生也是商人出身，他多次率戏班赴京演出，"在皇帝的鼻子面前手舞足蹈了五六年"。武功富商康海，每次演戏都亲操琵琶，被称为"琵琶圣手"，清初诗人吴梅村称他："琵琶声响多秦声，对山慷慨称入神。"

山陕商人还能将戏剧与人生、商业联系在一起，从戏剧中获得启迪。当年广传于山陕商人的《典当业须知·不足》中，就有商家格言："凡人处得意之境，就要想到不得意之时。譬如戏场上，没有敲不竭之锣鼓，没有穿不尽之衣冠。有生旦，有净丑，有热闹就有凄凉，净丑就是生旦的对头，凄凉就是热闹的结果。戏台上多净丑，商海中易得凄凉，通晓事理之人，须在热闹之中，收锣罢鼓，不可到凄凉境上，解带除冠。"（刘建生等《山西典商研究》）由此，山陕商人总结出，笃而不贪，见好就收，让利双赢，讲求人与自然、人与人的和谐相处才是商业经营的常胜法则。不是常看戏之人，怎能写出如此与戏剧联系紧密的话？

二

多数研究者认为，山陕商人喜欢梆子戏，是因为商旅寂寞，需要用家乡戏营造出一种浓郁的乡土气氛，以解乡愁，以消孤单。笔者以为，至少从现有的史料看不完全是这么回事。山陕商人对梆子戏的喜爱是浸在骨子里的，山陕两地自古就是一片艺术热土，两地百姓从小就带着天生的艺术细胞。

且不说远古时期的击石拊石，百兽率舞，仅有记载的乐事，山陕两地已得中华民族之先。听尧帝"击壤歌"知俗乐之豪迈；赏舜帝"南风歌"知雅音之悠扬，还有夏禹的大夏歌，《诗经》里的唐风、魏风、秦风。秦穆公所作"秦声"，取风西音，高亢昂扬，"歌呼呜呜"，泄情绪，抒胸臆，击瓮叩缶，风格粗野。至

今想象该是多么粗犷豪放。

秦、汉、唐，秦地成文化中心，前有汉宫乐府，后有唐廷梨园。汉代，"雅乐声律世世在大乐宫"。普通百姓则"田家作苦，岁时伏腊，烹羊炰羔，斗酒自劳。家本秦也，能为秦声……奴婢歌者数人，酒后耳热，仰天拊缶，而呼乌乌"（《汉书·杨恽传》）。

汉代人应劭注释这段话时说："缶，瓦器也，秦人击之以节歌。"初唐人颜师古解释说："李斯上书云：'击瓮叩缶，弹争搏髀，而乌乌快耳者，真秦声也。'是关中旧有此曲也。"

这是一段令人欣然神往的描写，敲击瓦盆，声和节奏，纵情而歌，这不分明就是现在的梆子戏吗？更让人难以置信的是，从两千多年前的秦汉时期起，就有了秦风、秦音、秦声的叫法。

按照史家的说法，这并不是戏曲，从这时起到山陕梆子出现，还需要等待漫长的一千多年。

戏曲是一种舞台艺术，综合了众多的艺术形式，具有夸张的人物、程式化的套路，还讲究唱、念、做、打，如王国维先生所言，一言以蔽之，"谓以歌舞演故事也"。戏曲演出的复杂过程，注定了它的出现需要一个特殊的社会环境。

单纯以儒家文化为核心的农耕文化不可能产生出慷慨激昂的戏曲，只有当游牧文化与农耕文化结合后，游牧文化的草原放歌与农耕文化中的诗人行吟杂交相融，才有可能产生出戏曲这一特别的歌舞形式，因而，戏曲最早只能出现在游牧文化与农耕文化融合较为彻底的山陕两省，也只能出现在中国北方被游牧民族占领后的金朝，兴盛在整个中国被占领后的元朝，而不是大汉族一统江山的汉、唐，也不是游牧民族占据主要位置的其他地方，如吐蕃或回纥。每当想起中国戏曲产生的源头时，不管别人怎么想，研究者们怎么说，我总会不自觉地想起，北齐老将军忽律金在玉璧古战场兵败时的情景。四野茫茫，雪花纷纷，齐师新败，士气消沉。军帐之内，老将军以刀磕地，慨而歌《敕勒歌》，"天苍苍，野茫茫，风吹草低见牛羊……"，那高亢悲凉的旋律，刀枪相撞的节奏，将士相和的气氛，不正是后来山陕梆子的基调吗？

蒙古人对中国统治长达九十多年，中华民族的文化融合达到了一个新高度。当蒙古铁骑唱着"壮伟狠戾"的军歌,以横扫千钧之势入主中原后,以内省、自敛、深微、柔婉为审美特征的中原文化必定毫无还手之力地受到冲击,如同一位娇弱的女子般,在被征服的同时,也被动地注入草原文化那种粗犷、豪放、精悍的血气。草原民族特有的粗犷豪放、率性任真、呐喊抒情、大气豪壮的精神风貌一旦与中原谐婉、和静、内敛的文风结合,便增加了无限的创作活力。两者经过融合升华,形成元朝富有阳刚之气的外露、粗犷、个性化的美学风范。

中国戏曲正是多种文化元素杂交后的产物。仅有汉文化的优雅根本产生不出戏曲,因为戏曲的精髓正在俗,在慷慨激昂,入耳上口,易于和也。最早出现的元杂剧,无疑是受到北方草原文化熏染的产物。北方草原民族一向以豪放、粗犷、坦诚、勇毅而著称,而"草原文学作为审美的客体,在内容与形式上常常相应地表现为一种健力之美,例如有高远阔大的境界,奔放昂扬的情感,刚健雄浑的气势,粗犷豪爽的文风等……它们在结构上往往大笔勾勒,大起大落,具有气势磅礴、波澜起伏的功效;在语言上词采豪壮,声调铿锵,遒劲朴质,追求力度和色调。"(奎曾《草原文化与草原文学》)

与汉赋、唐诗、宋词相比,元杂剧包括以后出现的戏曲,其特点便是俗,其灵魂也是俗,其元气也是俗,离开俗,便无特点,失灵魂,泄元气。正是靠这个俗字,元杂剧和戏曲才战胜了雅乐,使文化第一次得到百姓的认同并以空前的热情接受。正如蒲剧史家墨遗萍先生所言:"先民以来,总不外以'俗曲'战胜'雅乐',自古皆然……"

山陕梆子是现存最古老的剧种,被誉为百戏之源,有人说,山陕梆子是燕赵慷慨悲歌之遗响;有人说梆子戏源于唐代梨园乐曲。笔者非戏曲史研究者,还是固执地认为,山陕梆子只能源自于元杂剧,脱胎于民间的各种杂戏。山、陕两省,地处中原文明与游牧文明过渡地带,自古就有文化交融的传统,春秋时期,秦穆公为吸收中原文化,广纳各国豪杰。战国时代,秦献公为改秦国面貌,效仿各国变法。至元代,山陕两省再次以戏曲的形式,吸收外来文化,给农耕文明注入了活力。

三

　　山西的蒲州、平阳一带曾是北杂剧的发祥地,宋真宗时期的戏曲《关公战蚩尤》即出自这一带,位居元曲四大家之首的关汉卿是这一带人,《西厢记》的故事背景即蒲州普救寺。北杂剧正是从这时起步,然后一步步演变,才诞生出悲壮苍凉的山陕梆子。如墨遗萍先生所言:"把起自宋真宗时的安邑(解池)'铙鼓杂戏'(《关公战蚩尤》)和起自金、元间的平阳'弦索杂戏',以至起自元、明间的蒲州'梆子杂戏'(《文王哭狱》为首),联结起来,正是蒲剧(蒲州梆子)源流衍变的一条主要历程。"

　　墨遗萍先生所说的铙鼓杂戏,又叫锣鼓杂戏,诞生于宋代,兴盛于元代以后,比昆曲起源更早,至今已有千余年历史,被誉为中国戏曲的活化石,至今山西临猗、万荣一带仍时有人演唱。为写作本节,2012年元宵节前,笔者专程赴山西省临猗县黄河岸畔的孙吉村,邀请一班老艺人做了专场演出。

　　山陕黄河沿岸农耕文明传统悠久,农村至今还沿袭每天两顿饭的习惯,早饭九点多,午饭下午两点多,没有晚饭。我们到时,正是早饭时间,文化部授予的"锣鼓杂戏艺术传承人"李正勤老汉一家人正吃饭,孙子刚结婚三天,一家三代六口人围着饭桌其乐融融。得知我们来意,老汉先招呼我们吃饭,自己却放下饭碗立刻出去召集人,不一会,先在村头高音喇叭噗噗吹两口气,接着一个个点名:说上头来人了,要看锣鼓杂戏,都到李正勤家。不等话音落下,已经有人走进来,又过一会,院子里咣咣当当,鼓、铙、锣都拉来,开始有了响动。

　　演出剧目属《铜雀台》片段,三国戏之一种。演员共六人,执乐器伴奏者四人,正勤老汉年龄最大,已82岁,其他人也都在六七十岁。为增加演出气氛,正勤老汉提出要在村里戏台子上演,我执意让他们就在正勤老汉院里演。不一会,十位老人在院里拉开架势。背景是新媳妇洞房,门前大红对联还整齐如故,上联:吃个苹果早日结果;下联是:送枝小花天天开花。通俗的对联与大红门帘衬托出一种火热的氛围。不想戏还未开演,飘起漫天雪花,纷纷扬扬,不一会院内皆白。一阵锣鼓响得激烈,几位老人震天动地一声吼,曹操和他手下的四员大将：曹洪、夏侯渊、徐晃和许褚出场。只见平常装束的老人们在热闹的锣鼓声中，顿时化身三国猛将，一声吼，一阵唱，一个招式，无不入戏入味刚烈激昂，曹操之威严，曹洪之勇猛，夏侯之暴烈，徐晃之稳健，许褚之雄毅，都在唱念做打中显现，锣鼓时如炸雷骤响，时如排山倒海，在铿锵节奏中伴着昂扬唱腔，竟敲打得天上地下满是声符。忽然，鼓乐狂奏，又骤然停下，万籁俱寂，眼前只有大雪无声飘落，意犹未尽之时，再看，原来奏出如此热闹气场的，只有一鼓一铙两锣而已，无丝弦伴奏，无簧管和声。而几位老人尚在戏中，一身雪花，一脸热气，等回过神来，几人一齐大呼过瘾。

戏只演了十四分钟，看过后，方明白为什么山陕商人能与梆子戏结缘，山陕百姓为什么喜欢梆子戏，原来，他们都是参与者，都能置身戏里。

过去，山陕乡村每年春节期间，各村都闹家戏，从腊月农闲就开始排练，村里男女热情高涨，人人跃跃欲试，平时的庄稼汉瞬间会变为才子佳人、帝王将相。晋南乡村曾流行一句谚语："宁卖二亩地，也要闹家戏。"旧时，每逢庙会，必有戏班演出。那是山陕乡村的一大胜景，台上戏声高亢，台下人头攒动，"山乡庙会流水板整日不停，村镇戏场梆子腔至晚犹敲"，就是这种胜景的写照。

锣鼓杂戏可能是最简单的一种戏，最适合平常百姓，无需戏台，无需道具，不要装扮，连丝竹弦乐都不需要，随时可拉开架式，自娱自乐一番。我之所以为写一篇文章就敢兴师动众，让他们专场演出，就是这个原因。据李正勤老汉讲，过去，锣鼓杂戏无女演员，又叫光棍戏，穷人戏。想穷开心时，几个人搬出锣鼓就能弄出一场热闹。当地有谚："头戴金盔西瓜皮，身披铠甲两页席，腰缠玉带南瓜蔓，手拿长枪稻黍杆。要问我到哪里去，上庙祭神唱杂戏。"说得就是锣鼓杂戏道具戏装的简单。

看完锣鼓杂戏，又想起陕西老腔，无论从表演形式，还是演出效果，两者都有异曲同工之妙，一样形式简单，一样慷慨激昂，一样如痴如醉，一样血脉贲张。明代才子徐渭看过北杂剧后感叹其"壮伟狠戾"，能使人"神气鹰扬，毛发洒淅，足以作人勇往之志"。锣鼓杂戏与陕西老腔也有同样效果。

梆子戏无论分为多少种，嘹亮的梆子声都是其主要特征。当年，那个"截枣木为梆"的艺人，拿起两截枣木击打出动人节奏时，不知想没想到沙场上

的兵器撞击声,想没想到寒夜中突兀的打更声。锣鼓杂戏、老腔中虽无梆子声,但从那强壮激昂得蛮不讲理的气势中,分明能感受到梆子在响。

四

如今,关于梆子戏的源流众说纷纭,但是,起自山陕两地的北杂剧和杂戏是不容否认的一种,而能传承于世,以至流行于京津,闻名于吴越,则得之于山陕商人。

明代的山西蒲州(今永济)是个很特别的地方,出两种人,一为商人,一为乐户。而且一出手便是重量级的。商则巨商大贾,明代的著名晋商几乎全部出自蒲州,如王文显、张充龄、展玉泉、王海峰……多不胜数。乐则名角大腕,明代至清代数百年间,山西,包括陕西的名角几乎都来自蒲州,如张世喜、郭宝臣、彦子红,连梆子戏的念白都称之为蒲腔。

并非这里的人能得风气之先,环境时世使然也。明朝实行开中制后,蒲州地处解池附近,三省交界,又历来是山西富庶之地,因而能"持余缗受成算",最早从开中制中得利,产生出一批驰骋各地的大盐商。蒲州出乐户则纯粹是朝廷政治斗争殃及的结果。公元 1402 年,明朝的第二位皇帝建文帝朱允炆在皇位上坐了四年后,被叔父朱棣起兵推翻,史称靖难之变。朱棣当上皇帝,是为明成祖,年号永乐。废帝建文帝下落不明,永乐皇帝为确保皇位不失,开始排除异己,加害建文帝旧臣。中国封建社会残酷血腥,从来就有株连九族之说,永乐皇帝除了诛杀建文帝旧臣本人之外,还将他们的妻女罚入教坊司,充当官妓,世代相传,永袭贱业,永为贱民。其中山陕两地贱民丛集蒲州等地,编为"山西乐户",世世不得与良民齐齿。这些乐户平时吹弹歌唱,供人娱乐,又沿街歌唱敲梆乞食,"摘旧曲,拾俚调,采悟声,参野啸,重敲梆以节拍,乱弹弦以和声,渐次献身于舞台,遂以梆子腔顶替了元曲活动的地位而自成一家"。(墨遗萍语)这样,梆子戏就产生了。

蒲州乐户以梆子戏乞食谋生持续了 300 多年,使梆子戏闻名山陕,清时有谚"祁太的镏子,蒲州的戏子",话语里充满鄙视。直到清朝雍正元年(1723)三月,年羹尧之子、监察御史年熙上书请除豁山西、陕西乐户贱籍,蒲州乐户才得以从贱籍中解脱出来。年熙在奏疏中说他们是忠义之士的后代，沉沦至此，无由自新，请求雍正帝开豁他们的贱籍，准许他们改业从良。雍正帝恩准，雍正元年(1723)四月发出第一道"豁贱为良"谕旨。在下令山陕两地开豁乐户贱籍的同时，又令各省检视，如发现本地存在类似乐户的贱民，也准许出贱为良。

一个地方有这么一群人在长达 300 多年的时间里，以敲梆卖艺为业，而且，此地又是杂剧、杂戏的发祥地，想不让梆子戏在这里诞生都难。

在明代的四民社会中，处于士、农、工、商最末一位的商人，虽不称贱民，其实同属"末流"、"贱业"阶层，蒲州商人众多，乐户亦多，在同一个地方集中这么两类人，一个财力雄厚而需声乐以娱，一个演艺为生而需财力以资，两者不拍而合，似天作成，于是，黄河畔岸，涑水河边，除了有激昂河水滔滔流淌之外，又有了激越的梆子戏花木葱茏，草长莺飞，余音不绝。

五

梆子戏既出，始称秦腔，亦称乱弹、土戏。清朝乾隆年间，一位名叫朱维鱼的浙江商人从西安经临汾到汾阳，一路上，处处闻听梆子戏，于《河汾旅话》一书中记载说："本社演戏剧曰梆子，词极鄙俚，事多诬捏，盛行于山陕，俗传东坡所倡，亦称秦腔。"看来，这位商人喜欢风雅，一时还听不惯梆子腔。不管外地人评价如何，梆子戏还是迅速风靡山陕两地，甚至唱红京城，连皇室贵胄也喜欢看。

梆子戏节奏铿锵，唱腔慷慨激昂之余，带悲凉凄切余韵，尤其是那震撼人心的梆子声，一经响起，便勾人魂魄，再加之鼓乐激荡，丝竹悠扬，连路人听见都会加快脚步。即使是隔着一条大河，也会摇橹划桨，乘船去看。

山西临县碛口镇的黑龙庙矗立在黄河与湫水交汇处，庙内戏台与山门连成一体，戏台正中壁板上写"鱼龙出听"四字。鱼龙能不能出听不得而知，反正台上唱戏，河对岸的陕西百姓能听得清清楚楚。至晚间夜深人静之时，梆子清脆，唱腔高昂，陕西百姓坐于崖头，但见河水滔滔，湫水潺潺，一声声梆子腔勾人心弦，便再也顾不得什么，驾船渡过去汇入台下人群之中。有雅

人竹枝词为证:"卧虎笙歌天外声,山西唱戏陕西听,静夜一出联姻戏,百代千秋亦温馨。"

远在他乡异土的山陕商人们更受不了这清脆的梆子声,那种慷慨悲凉的旋律,与他们商路上的苍凉、独居异乡的寂寥相吻合,会产生出思念亲人的无限愁绪。山陕商人喜欢梆子戏,在剧情,在人物,更在那高昂悲壮的旋律,正因为这样,才有许多戏迷一遍又一遍地看同一出戏,一次又一次地吟唱着同一个旋律。正是在这一遍遍的吟唱中,山陕梆子成为商人们生活的一部分。

喜庆节日在会馆里看家乡戏,可能是山陕商人一年当中最愉快的事。戏班子一般是由富商请的,也有大家你三两我五两集资请的。演戏名义上是为酬神,求神灵保佑生意兴隆发财添福,实际是为大家提供一次相聚热闹的机会。一年四季,奔波在紧张的生意场上,大家的神经都绷得紧紧的,借此机会,听听家乡戏,会会家乡人,一番热闹,几番交谈,老乡见老乡,两眼泪汪汪,大家都放松一下,同时也慰藉自己浓郁的思乡情,当然更重要的是来看那勾魂魄、动心弦的梆子戏。按照会馆规矩,每次开戏前,会馆负责人都要先说几句话,对违犯行规的人进行批评,但是,这时候往往连他自己也急不可耐,便顾不得再说什么。戏曲理论家齐如山先生对北京山陕会馆演戏有过精彩描写:"每次开会,总要唱一天戏以敬祖宗。开戏之前先开会,会长登台问大家,我们会员来齐了没有?大家说来齐了,会长说凡犯行规的人都是王八蛋,随说开戏开戏。"(见《齐如山回忆录》)

这种酬神会戏一般非常隆重热闹,所请戏班必为当地名班,如果当地没有好的戏班,山陕商人常常不惜重金,千里迢迢将家乡的名班和名伶邀来出演。等戏台上那名扬晋陕甘的猗氏人"元元红"郭宝臣抖起胡子、蒲州商家出身的"彦子红"气势磅礴地吼出一声乡韵时,喊一声好,拍几下手,像喝了陈年美酒那么陶醉,由不得拿出大把赏钱。这样,山陕会馆客观上养活了戏班,捧红了梆子戏名伶。不然,没有经济基础,戏班和伶人在交通极为不便的情况下,不可能远离故乡在千里之外演出,梆子戏后来传播到全国各地也无从谈起。

戏剧史家们公认,梆子戏是我国最早兴起的剧种之一。正是在一次次的会馆演出中,山陕梆子裂变出东西秦腔和蒲剧、晋剧,再后来又有了河北梆子、卫(天津卫)梆子。

这么说来,位于四通八达商路的山陕会馆,实际就是梆子戏向全国各地传播的载体。山陕商人雄厚的财力则是梆子戏传播的基础,在山陕商人一阵阵的叫好声中,梆子戏逐渐与各地民间艺术融合,最后繁衍出了众多的地方剧种。

是不是可以这么说,中国戏剧的传播繁衍始于山陕梆子,山陕梆子的繁荣得益于山陕商人。山陕商人在用亲缘、地缘让自己获得物质财富的同时,一不小心,又为后人留下了一笔文化财富,从此袅袅不绝,唱响了几百年。

明长城上,那残破的关口

伴随山陕商人的不光有悲怆的梆子戏,还有一曲曲动人的民歌。

一曲《走西口》哀婉凄凉,唱出了山陕商人心里的痛。这几年,数次从山西右玉县的杀虎口经过,每当看见那道蜿蜒的长城,踏上那条崎岖的古道时,商人们沉重的脚步声似从历史的深处响起,一步一个回声,一步一声叹息,再望那座关口时,似看见戴毡帽、背褡裢的商人们,已缓缓湮没在关外漫天的风沙里。再看关内,似有个着红袄、穿绿裤的小媳妇,一脸情义,双眼盈泪,在挥动着白生生的手。

一瞬间,《走西口》那哀哀婉婉、缠缠绵绵的歌声似从四野里缓缓升起,优美凄切的旋律一点点刺疼人的心房。风沙、严寒、驼道和无穷无尽的思念,便成为一种意象,与惆怅的歌声一起,永远伴随着走西口的山陕商人。

山陕商人的西口之旅是从清朝初年开始的。

整个明朝276年,山陕两地虽与蒙古草原一墙之隔,两地百姓却从没有合法地进入草原一步。

封建社会中,农耕民族与游牧民族好像是天生的冤家对头,在统治与被统治中,共生共存了两千多年。自从兴盛的唐王朝被杂胡出身的安禄山、史思明弄得残破不堪之后,凡汉人建立的王朝面对凶悍的游牧民族都成了怯懦的王朝,如五代时期的汉人小朝廷,以后的宋、明。明朝虽不像宋朝一样积弱,但也同样对北方草原的游牧民族心怀怯意。立国之初,凭着战争余威,一鼓作气将蒙古人赶到草原深处,却从没有真正降伏元朝残余,多数时间只能与草原深处的北元、鞑靼、瓦剌对峙。

明朝皇帝对付元朝残余最有效的办法,是祭起历代汉人王朝的法宝——修长城。

农耕文化实际上是一种围合文化,百姓要修起院墙将家围起来,官府要修起城墙将城围起来,帝王自要修起国墙将国围起来。西方哲人伏尔泰说:"中国在我们基督纪元之前两百年,就建筑了长城,但是它并没有挡住鞑靼人的入侵。中国的长城是恐惧的纪念碑,埃及的金字塔是空虚和迷信的纪念碑。它们证明的是这个民族的极大耐力,而不是卓越才智。"如果了解历代修长城的目的,会发现这话不无道理。有明一代,从洪武帝朱元璋起,到崇祯帝朱由检,皇帝们一直在修修补补,不断地修筑国墙长城,并沿长城一线设置九个边防重镇,派重兵把守。企图用这种办法将凶悍的游牧民族挡在高墙之外。

明朝前期,主要是在北魏、北齐、隋长城的基础上修补,"峻垣深壕,烽燧相接"。要求"各处烟墩务增筑高厚,上贮五月粮及柴薪药弩,墩旁开井……"明中叶,明英宗朱祁镇在"木土之变"中与蒙古瓦剌部交兵中大败被俘,虽以后被放回去复辟重新当上皇帝,但从此对蒙古人更加害怕,开始大规模修筑长城,不惜动用举国之力,年复一年,终于使中国北方边境"高墙垣,深沟堑,五里为堡,十里为屯,烽燧斥堠,珠连璧贯"。在直接面向瓦剌部的山西镇更是不惜一道接一道地修,最多处竟有四道之多,试图用长城将王朝最危险的地方箍起来。因而除了有内、外长城之别外,还有头道边、二道边、三道边、四道边之说。

在今陕西境内,来自河套一带的蒙古人也不时犯境滋扰,榆林、神木、府谷、横山、靖边、定边六县距河套较近,蒙古人更是风一样掠来,掳得财物、粮食后,又风一样离去,时称套寇、套房。明王朝头疼不已,采用的办法只能是长城一次次被扒开后,再一次次补上。为保边境安宁,正统二年(1437),延绥都督王祯开始在榆林一带修筑城堡,设防备敌。沿边共修筑城堡25座,大致分布在榆林边区,今天的长城沿线,所谓"延绥二十五堡,东自清水营,西至定边营,俱系通贼紧阔处所"。仅过了20余年,成化元年(1465),再次发夫修筑一条东南起府谷墙头村的紫城砦,西北至宁夏花马池,长达一千七百余里横跨陕北六县的明长城(与西起嘉峪关,东至山海关的长城未能连成一体)。这样,陕北也有了两道长城,分大边与二边两道防线,大边位北,二边居南,两者相距10到30里不等,营堡均位于大边之南,二边墙则穿行于各堡之间。从此明军改守套(河套)为守边墙,长城外则为蒙古族占据。

即便如此,明长城仍然被一次次扒开,蒙古人每次出兵,扒开的口子都有多处,在彪悍的蒙古兵面前,被中华民族视为象征的长城如同纸糊的一般,一戳即破。明朝三边总制王琼在《北房事迹》中的说法印证了这些史实:"正德十年正月二十二日,套房二万余骑到,于花马池北镇边墩起,至石井儿墩止,拆开墙口一十二处,深入固原等地抢掠而去。本年七月二十二日,套房二万骑到,于花马池北柳杨墩起至青羊墩止,拆开墙口一十六处,深入平凉临巩,直抵陇州,大掠而去。总制右御史邓章调榆林等处官军分布固原要冲,不能御。"

长城说到底不过是一道竖立在边界的墙,在当时的确也叫边墙,终明一朝,各位帝王殚精竭虑不断修补,据有关史料记载,明代前后大规模修建长城达50余次,峻垣深壕,筑垒建隘,历时200余年,动用役夫不计其数。光陕西榆林一地,新修的长城墩台就达147座,明弘治十八年(1505)十二月壬申,巡抚延绥都御史文贵向上报告:"修过榆林城等处新式墩台凡百四十七座。先是各边墩台,多前代之旧,土脉深厚且坚实,砖石不如。"(见道光《榆林府志》)

如此固若金汤的长城到底没有挡住游牧民族铁骑的脚步。明朝灭亡300多年后,英国历史学家汤因比说:"边界就是一道人为修建起来的堤坝,结果是形成一个巨大的水库,随着水势的增加,堤坝不可避免地要崩溃,因而,需要修建一个水闸,建一个安全阀门,通过有控制地排泄是保护堤坝最有效的办法。"汤因比对长城的评价并不高,他说:"加固堤坝,以延缓厄运的到来,但这种更笨拙的办法只能拖延时日,而不能避开厄运。中国的长城就是一个标本。"(见汤因比《历史研究》)

其实,早在公元1570年,中国一位山陕富商的儿子,时任宣府、大同、山西三镇总督的王崇古就清楚地看到这一点,在给明朝廷的奏章中,多次请求息兵罢战,开关互市,等于要在万里长城之上修建安全阀门。果然,在王崇古与外甥张四维的运作下,隆庆议和成功,边贸一开,蒙古人长期"炊无釜,衣无帛"的日子结束,双方化干戈为玉帛,进行了200多年的战争终于停止,大明北部边境"东自海台,西尽甘州,延袤五千里,无烽火警","烽火不惊,三军宴眠,边圉之民,室家相保,农狎二野,商贾夜行"。(见明方逢时《大隐楼集》)府、大同,直到甘肃一线,不动干戈达二十年之久。"由上谷至河湟万里,居如渚,行如家,举沙碛而黍苗矣。"(见冯时可《俺答后志》),在和平的环境中,社会安定,民族和睦,人民乐业。王崇古息兵罢战的另一个结果,是在长城上开了许多关口,长城从此不只有单纯的军事功能,还兼具通商,开始向多元功能转变。长城沿线的百姓把这些关口叫口子。笔者在大同长城一线考察时,见过许多口子,知道口子又有大小之分,大些的口子壁垒森严,有关门、敌楼,还有盘查的士卒,两边百姓不得随便出入,如得胜口、张仲口、李二口、白羊口、水磨口、镇川口、拒墙口、拒门口、驻马口;小些的口子不过是周围百姓在长城上随便扒一道豁口。从口子通过长城虽只有几步之遥,却有口里、口外,关里、关外之分,俨然两重天。

即使开关互市,蒙族百姓也不能随意进入长城之内,必须按照明朝廷规定的日期,这才有了长城之上被扒开的豁口。至于口子内的汉民,则从不允许进入口外,这样,就谈不上互市,更无走西口之说。隆庆五年(1571)明朝廷规定,除九边各镇原有马市之外,又开设马市11处。其中"在大同者三,曰得胜口,曰新平,曰守口;在宣府者一,曰张家口;在山西者一,曰水泉营;在延绥者一,曰红山寺堡;在宁夏者三,曰清水营,曰中卫,曰平虏卫;在甘肃者二,曰洪水扁都口,曰高沟寨"。(见《大明会典》)。著名的杀虎(胡)口,反而不是这次所开马市。陕西开的红山寺堡马市,又叫红山寺墩马市,贸易对象是蒙古吉能等部,设在榆林城北。

明代长城沿线九镇各处所开的这些"马市"，又叫"关市"，或者"大市"，另外还有"月市"、"小市"、"官市"、"私市"、"民市"等等，不一而足。

　　大市像如今的广交会一样，这次朝廷开的 11 个马市都属于大市，一年才开一回，有时春秋各一次。这怎么能满足需要？于是又出现了民市，民市又叫月市，一月开放一次。后来，又有许多小市，隆庆六年（1572），明政府在各镇开设小市，大同镇的小市计有五处：助马堡马市：地点在左卫道北西路，贸易对象是黄金榜实等部；宁虏堡马市：地点在左卫道北西路，贸易对象是兀兰把抗素等部；灭胡堡马市：地点在大同井坪路，贸易对象是威宰生等部；云石堡马市：地点在右卫道威远路，贸易对象是多罗土蛮等部；迎恩堡马市：地点在大同西路，贸易对象是大吉台成等部；杀胡堡马市：地点在左卫道中路，贸易对象是哑不害恰等部。（见董耀会《明长城九边马市分布与作用》）。

　　这些小市每几天开放一次，像如今农村的集市，自由贸易，官府只收取税银。因为朝廷对大市控制较严，有些小市的繁荣程度反而超过了大市，如杀虎口就是一例，明朝后期，杀虎口甚至发展成北方最大的贸易集散地。还有扒开长城偷开的马市，交易的货物等于走私品，就是黑市了。

　　给长城开了阀门的大明王朝，终究还是不能阻挡如同滔天洪水般的游牧民族涌进长城，公元 1644 年，长城如堤坝般决口，在满人与农民军的双重夹击下，大明王朝遭遇灭顶之灾。

　　同为游牧民族的满清皇帝，对草原上的蒙古王公采用的是怀柔拉拢之策，大清王朝的疆域扩展到了大漠深处，伟大的长城一下子变成国门之内的院墙，虽仍然逶迤万里，仍然派有兵丁据守关口，但也只是收收税赋，已无军事作用。

　　直到这时，长城内的山陕百姓想进入口子去蒙古草原谋生仍然不可能。

禁留地、黑界地与雁行客

　　明代没有开关互市之前,实行的是闭关锁国之策,满清王朝的做法比明朝更甚。入关之初,清王朝为了将游牧民族与农耕民族隔离开来,沿长城划出一道东起山西偏关关河口, 经陕西沿边六县,西迄宁夏宁城口,东西长两千多里,南北宽五十里的长条形禁留地,形成一块无人地带。清政府这样做,是担心汉民进入蒙古草原后,蒙民丧失"诚朴之风",尽行汉化,难以达到"羁縻"控驭的目的。

　　《神木县志》记载:"国初旧制,中外疆域不可混同,于各县边墙口外直北禁留地五十里,作为中国之界。"从这则记载可以看出,这块禁地在长城之北,紧靠长城墙脚,是蒙汉两族的边界。禁留地由清皇室直接掌管,蒙汉均不得入内滞留。实际是用这块禁留地将蒙古人画地为牢,死死圈在长城以北的蒙古草原上,而将汉民族挡在长城以南。

　　这片无人禁区一划就是 50 多年,其间,日升日落,春去冬来,禁留地里草荣草枯,荒无人迹。一道禁留地外加一道残破不堪的长城,成为不能逾越的屏障,阻挡着蒙汉两地百姓交往。北边是宽阔的鄂尔多斯草原,南边是贫瘠的山陕黄土高原,滔滔黄河就在这道天然屏障不远处流淌。"多年不耕,稿草腐朽,地面色黑。"(见民国《府谷县志》)50 多年枯草腐烂,让这块禁留地成为一片肥沃的土地,蒙汉两边的王公、官僚、百姓无不觊觎垂涎。尤其对于长城以南, 耕种瘠薄土地的汉族百姓而言,那片荒芜的土地简直就是一片福地,可以带来想象不到的财富。

　　封建专制时代,一切都是帝王说了算,在没有帝王的金口玉言之前,这片土地还只能是可望而不可及的荒地。

　　康熙三十六年(1697),康熙皇帝统帅六师禁军西巡,由山西大同经保德县,渡过黄河,沿府谷墙头村的"禁留地"一路向宁夏西行,亲眼目睹了长城内榆林六县边境汉民的疾苦,也看到了长城外的"禁留地"因多年无人居住,林草丰茂,土地肥沃。恰在这一年二月末,蒙古贝勒松拉布趁皇上西巡,奏请垦放"禁留地",以解边民的生计困顿:"乞发边内汉人,与蒙古人一同耕种黑界地。"时任榆林道官员的佟沛年也向中央政府提议:"以榆、神、府、怀各边墙外地土饶广,可令百姓开垦耕种,以补内地之不足。"(见民国《榆林县乡土志》)康熙回京后下令:榆林六县及周边汉民可入"禁留地"垦种。被封锁长达50多年的禁留地,终于可以耕种了。

蒙古族是个逐水草而居的游牧民族,习惯的生活是跨上骏马,赶着羊群在大草原上驰骋,但是,他们同样需要粮食,蒙古贝勒松拉布奏请垦放"禁留地"的目的,是要"伙同民人耕种,蒙、民两有裨益"。说白了,就是这些蒙古贵族要将"禁留地"租给汉民,坐收地租。

清朝中叶,人口骤增,加上灾害频发,百姓流离失所,山陕两省北部自然生态恶劣,百姓生计更加艰难。明万历大臣涂宗俊曾在《修复边垣扒除积沙疏》中说:榆林"东西延袤一千五百里,其间筑有边墙,堪护耕作者仅十有三四,虏骑抄略出没无时,边人不敢远耕,镇城一望黄沙,弥漫无际,寸草不生,猝遇大风,即有一二可耕之地,曾不终朝,尽为沙碛,疆界茫然……"至清代,这种状况更加严重。山西北部的情况更糟,"无平地沃土之饶,无水泉灌溉之益,无舟车渔米之利,乡民惟以垦种上岭下坂,汗牛痛仆,仰天续命"。连庙堂之上的康熙帝也看出百姓生计无着,对大臣说:"伊等皆朕黎庶,既到口外种田生理,若不容留,令伊等何往。"(见《清实录·圣祖实录》)禁留地垦放禁令一开,首先是陕北沿边的府谷、神木、榆林、横山、定边、靖边六县百姓就近涌入垦种。山西的河曲、保德自古也是贫瘠之地,当地有谚:河曲保德州,十年九不收,男人走口外,女人挑野菜。两县与内蒙准格尔隔河相望,舟楫相通,有了这活命的机会,怎能不争相涌入。除这两县百姓之外,晋西北的忻州、五寨、山阴、神池、兴县等地的贫困百姓也纷纷经由府谷或河曲涌入禁留地,于是,就有了苦难艰辛的走西口,有了山陕百姓的漫漫长路,有了对天咏叹的哀婉歌声。

为了生计,山陕百姓踏上了走西口、垦种"禁留地"的行程。按照地理位置,他们就近涌入了这片风水宝地,官府按地域为他们划分了垦放界线:"河曲县之北的准旗界地、马栅、十里长滩一带由河曲县民开垦;清水、黄甫至镇羌之北由府谷县民开垦; 郡王、乌审、鄂托克地分别由神木、榆林、定靖两边怀远各县开垦。"(见《准格尔史料六》)

大量饥民进入禁留地垦种,有的甚至越出五十里地界,造成蒙汉纠纷。清政府再次出面划界,规定:即于五十里界内,有沙者以三十里立界,无沙者以二十里立界,准令民人租种。"并在划定的界址上或垒土堆或树木牌,以示界址的走向。汉民缴纳的租税为:每牛一犋(约二百七八十亩)准蒙民征粟一石,草四束,折银五钱四分。(见道光本《榆林府志》)当时把这叫"旧牌子地"。

相对于"旧牌子地"的是"新牌子地"。从康熙到乾隆,数十年过去,涌入禁留地的山陕百姓越来越多,以前立的牌子再也不能约束人们的欲望,界线再次被突破,垦耕范围逐步扩大,土地开垦很快失去了控制。当时的川陕总督再次下令:于旧界外再展二三十里,仍以五十里为定界。但有的地方甚至越界牌超过五十里,乾隆八年(1743),清政府再次规定:有于旧界(康熙五十八年界)外稍出二三十里,照旧耕种,其并未出界者,仍照前办理。有出界五十里之外,将种地民人收回,五十里之内,给与空闲地亩耕种。并规定了新的收税标准:租银分别界内界外,界内者照旧租不加,其界外者每牛一犋除旧租糜子一石,银一两之外,再加糜子五石,银五钱。(见道光本《榆林府志》)这就是所谓的"新牌子地"。同时,为防止汉民再次越界进入蒙地,清政府又在这次划界的基础上,"再扩展十到十五里不等",称之为"禁闭地",实际上要形成新的无人隔离区,以免汉蒙之间再度出现纠纷。

这样,就有了著名的"白界地"与"黑界地"。规定地界之内的新旧牌子地,汉民长期耕种,土色发白,是为白界地,又因为汉民结伴搭伙耕种,又称为"伙盘地"。禁闭地长期无人耕种,草腐色黑,是为黑界地。但是,多数人还是将整个禁留地称为黑界地。

一次又一次,从康熙到清末,清政府至少给垦边的汉民们划过三四次耕种界线,山陕百姓在禁留地里春种秋收,一代代人你来我往。在这人地生疏的地方,他们除了要使出最大能量,挥汗耕作外,更难以忍受的是长期与亲人的别离之苦。清廷虽然允许汉民在规定的界限内耕种,但不准他们长期居住,更不准他们与蒙人结婚生子,出边的人必须持有印票,从指定的长城隘口通过。为防止边民从黄河进入禁留地,又在黄河渡口设有"官渡衙门",严格盘查过往行人。凡到口外种地者,必须春出秋归,俗话叫"跑春牛犋",又被称为雁行,这些人也被称为雁行客。

清政府还规定,跑口外者,若有藏匿不归者,一经发现,定罪或逐出蒙古地。因为不能长期定居,在禁留地里,山陕百姓只能搭起简陋窝棚,伙聚盘居,而且"伙种"、"搭庄稼",这种生活方式被称为伙盘,他们耕种的土地因此被称为"伙盘地"、"伙场"。据民国《陕绥划界纪要》记载:康熙年间,山陕边民在陕北六县长城外共建村落996处,这些都是有男无女,清一色光棍的"伙盘村"。整个清代,山陕边民所建的伙盘村则有一千六七百处之多。至今陕西府谷境内的明长城外,还有不少以伙盘为名的村子,如古城乡有周家伙盘、王家伙盘、魏家伙盘,老高川乡有高二伙盘,有的村子干脆不加修饰就叫伙盘,或者大火盘、小火盘。直到民国时期,还有大量山陕百姓逃往蒙古草原,在内蒙一些地方,整村整村都是山陕人,直到现在乡音不变。同时,由于大量人口出西口到内蒙,山陕两地方言中,都有许多蒙语的影子,神木方言就有少数蒙语借词,如"忽拉盖"、"贼忽拉"指小偷、骗子,或者蒙汉合璧,"冒儿塔"意为忘记、"捣什"指调皮等。

雁行客在口外到底过的是什么样的日子呢? 民国年间,雁行客已在禁留地生活多年,有的已成家立业,不用再像大雁一样春来秋去,但是他们贫穷艰苦的日子并没有改变。山西右玉县一位叫赵秃孩的年轻人去内蒙寻找叔父赵五,过了长城,逢人便打听,经人指点,在一条土沟壕里找见了叔父的家。"赵秃孩到了村西,望见沟沿边的高处有一两块发黑的石头,像是烟洞。他下了沟,左转右拐,看见两个不大的窑窑,是村人们躲避战乱临时挖的,类似于庄户人在野外避雨的洞洞。一个洞口交叉别着两根棍子,糊了点麻纸,算作窗户;门是用木棍捆绑起来的栅子。进了门,只看见一条土炕,一口铁锅,别的啥都没有。"(见孙莱芙《出口外》)这就是走西口穷人的家。想当年,雁行客连这样的家也没有。

从康熙到中华人民共和国成立,山陕百姓耕种禁留地长达二百多年。乾

隆以后,不光沿边的陕北六县和保德、河曲百姓种,连太原周围的百姓也来种。他们春来秋去,来时带着种籽耕具和满腔希望,去时带着一年辛苦的收获和浑身的劳累,留给后人的却只有满目的凄凉。

悲怆缠绵走西口

一

为什么有这么多的人放着家乡的土地不种,宁肯背井离乡远走西口,若大雁一样春来秋去? 一是当地土地瘠薄,面积狭窄;二是清朝接连发生过几次大的自然灾害,也迫使百姓不得不逃荒保命。山陕民歌《走西口》里唱的就是咸丰五年的灾荒,以后的灾荒比这次更可怕。光绪三年至五年,山西、河南、陕西、直隶(今河北)、山东等北方五省持续干旱,并波及苏北、皖北、陇东和川北等地区;农产绝收,田园荒芜,"饿殍载途,白骨盈野",饿死的人竟达千万以上! 山西一省1600万居民中,死亡500万人。史称"丁戊奇荒"。山西巡抚曾国荃在奏议中说灾区"赤地千有余里,饥民至五六百万之众,大祲奇灾,古所未见"。(《曾忠襄公奏议》卷8)陕西省"灾后继以疫疠,道殣(饿死的人)相望";山西省百姓因疫而死的达十之二三。光绪二十六年,(1900)陕西再次大旱,赤地千里,饿殍载道,出现人相食之惨状。民国十八年(1929)陕西发生了一场大旱灾引发的大饥荒,几乎出现让陕西亡省亡种的悲剧,全省人口1300万,940万人受灾,死亡250万人,逃荒40余万人,被卖妇女竟达30多万人。这场灾难之后,陕西的人口构成发生了重大的变化,大量新移民从河南、山西等周边邻省迁移过来,这恐怕也是目前陕西境内河南、山西后裔比较多的原因之一。

通过查阅这些资料,笔者意外得知,中国还有一门学问叫"荒政史",读这门学问,让人感到的是从内到外的恐惧。

"荒政史"展示给后人的只有文字和数字,生活在当时的山陕百姓要面临的却是实实在在的灾荒,在赤地千里,饿殍遍地时,他们不得不告别亲人,背井离乡,像候鸟一样去北方觅食。

二

山陕民歌《走西口》最早描述的实际就是雁行客的生活。

> 咸丰正五年,
> 山西省(陕西省)遭年限(灾),
> 有钱的那个粮满仓,
> 受苦人实在是可怜。
> 二姑舅捎来一封信,
> 他说西口外好收成,
> 我有心那个走西口,
> 又怕玉莲她不依从

这首《走西口》,山陕两省都唱,只需将地名换过便是同一首歌。其实《走西口》有各种版本流传,歌词也不尽相同,表现的却都是大灾之年的新婚离别。各种版本中,现代人传唱的可能最优美,同时也最浅显,只有男女间的浓情蜜意,而失却了历史的厚重和浓郁的乡土气息。要从歌里了解走西口,还得去找民间版的《走西口》。从民间的《走西口》中,不光能感受到小夫妻之间的难分难舍,还能从歌词中得到一些信息。"二姑舅捎来一封信,他说西口外好收成",也就是说,那个叫太春的年轻人,走西口不是去做生意,而是去种庄稼的。当时,西口外只有禁留地可以让一个外地人来垦种,莫非太春要去地方就是禁留地吗?

> 家住在太原,

爹爹名叫孙朋安。

生下我这一枝花，

起名就叫孙玉莲。

玉莲我一十八岁整，

刚和太春配成婚。

正月里娶过奴，

二月里走西口，

提起你那走西口，

两眼儿泪汪流。

哥哥你走西口，

小妹妹实难留，

手拉着那哥哥手，

送你到大门口。

　　山西民歌《走西口》中，新婚的太春、玉莲家住太原二里半村。陕西的《走西口》，孙玉莲家住延安府，而非太原府。无论山西的还是陕西的《走西口》，爱得如痴如醉的"妹妹"都千叮咛万嘱咐，牵肠挂肚又无可奈何。新媳妇孙玉莲拉着丈夫的手，情深意长，一唱三叹，句句催人泪下，声声感人肺腑，道尽了天下女人的牵挂，叮嘱丈夫的话，正是对雁行客路上的担心。丈夫太春回答玉莲的话，也正是雁行客的实际状况。

　　这副身板这双手，天大苦活也能受，

　　等到大雁往南飞，妹妹迎我到渡口。

　　叫一声妹妹泪莫流，挣上它十斗八斗我就往回走。

　　二月里走西口，大雁南飞时归来，十斗八斗也只是一年的收成，太春是个不折不扣的雁行客。有了临别时新媳妇的叮嘱，走西口的雁行客只能先把心里的希望放下，凄凄悲悲，一路上想着别离之痛。山西山阴县的民谣就有：上一个黄花梁呀，两眼哇泪汪汪呀，先想我老婆，后想我的娘呀！其情其景分明与太春一样。黄花梁在陕西府谷境内,此时,这位走西口的汉子已经从河曲渡过黄河,来到异地他乡,放眼望去风沙弥漫,遍地荒凉,凄然之意不禁涌上心头,怎能不怀念远在家乡的亲人?

从有关史料看,《走西口》即使形成于晚清的光绪年间,歌中太春所走的西口仍有可能是长城以北的禁留地。因为,从康熙到光绪年间,清政府在禁留地里招民垦耕放地就没有停止过。直到光绪三十六年(1910),清政府还曾经对禁留地重新开垦丈放,收取押荒银,招民耕种。如果太春有真实原型,要找"挣十斗八斗"的地方,很可能是早已扩界了的禁留地。不过,清代末年,清政府推行"借地养民"政策,内蒙牧区被大量垦殖,汉民买田置地已成风气,甚至到民国年间,还有汉民从政府手里买地,相当一部分雁行客已变成当地居民,在蒙地建房置地,娶妻生子,成家立业,昔日以蒙民为主的草原上,出现了大量汉民村落。土默特、察哈尔、绥远、包头、呼和浩特一带,汉民数量已远超蒙民。而这些定居的汉民,大部分是山陕两地百姓。

三

当雁行客们在禁留地里苦熬时,另一些山陕百姓同样唱着悲惨的《走西口》,走进了蒙古草原。他们要做的事却不是垦荒种地,而是去买贱卖贵做生意。

去口外做生意同样要经过许多关口。如今旅游业大热,对于当地而言,每个关口都有着非同寻常的意义,大同人说:东有山海关,中有得胜口,西有嘉峪关。朔州人说:东有张家口,西有杀虎口。忻州人则说西口古渡(水西门渡口)才是晋商走西口的必由之路。甚至不惜搬出早年的顺口溜自嘲:"河曲府谷人,屎也干不成;赶个牛牛车,口外做营生。"其实,早在明朝"隆庆封贡"时,山西、陕西都开放了若干个关口互市,以后大名鼎鼎的杀虎口在当时不过是个小市。清代,从山陕二地前往蒙古草原的关口更多,清代商人走西口,其实就是通过长城关隘进入蒙古草原,凡这样的关隘都可称之为西口。

明代皇帝修长城的目的就是把王土圈起来,一道不行修两道三道,千里不行修万里,但是,有个大豁口永远圈不住,这就是夹在山陕两地之间的黄河。清代,从黄河里流过的不单是滔滔河水,还有无数走西口的山陕百姓和由他们凝结的血泪史。山陕两地离蒙古草原最近的渡口就是河曲县的西口古渡,渡过黄河右是内蒙准格尔,左是陕西府谷。单就走西口而言,这两个地方时间最早,人数最多。在所有版本的《走西口》中,河曲版本也出现最早,信息量最大,加上河曲独有的地理位置,说西口古渡是清代山陕百姓走西口的主要通道确有几分道理。

在诸多的西口中,位于山西右玉县的杀虎口最著名。杀虎口被今人称为西口,但是杀虎口当地的人去内蒙谋生,并不叫走西口,而称之为"出口外",像说一件平常事。与长城上所有的关隘一样,杀虎口也是一个军事要塞,曾名杀胡口。胡者,胡人也。明朝前期至中期,山陕两地北部长城一线的地名,多数都杀气腾腾,带着血腥气。如:平鲁(虏)、破虎(胡)堡、残虎(胡堡)、镇虏堡、镇羌堡,山西临县甚至有个地名叫索达干(杀鞑子),明代隆庆封贡之后,才将带有战争气息的字改过来,有的至今仍没有改。

有清一代,晋商创造了海内最富的辉煌,以晋中祁(县)、太(谷)、平(遥)为中心的晋商,多数都有过走西口的经历,如乔家、常家。行走路线大多从晋中出发,经雁门关,过杀虎口,进入内蒙。因而,一说起走西口,人们总要先入为主地将去内蒙做生意当成主流,其实,生意人们走西口固然不错,更多走西口的还是当时逃难或垦耕的贫苦百姓。

山西人做生意的人为什么会那么多,多数学者都将之归结为"地瘠民伙","无平地沃土之饶,无水泉灌溉之益,无舟车渔米之利,乡民惟以垦种上岭下坂,汗牛痛仆,仰天续命"。了解山西地理状况的人都知道,这说的分明不是生意人最多的祁太平,也不是最早出现晋商的蒲州,这两个地方一个地处汾河谷地,一个地处涑水盆地,是山西少有的平川地带,从古至今都是山西的富庶之地。再联系到陕西商人,明清两代出现陕商最多,获利最大的地方,也多在八百里秦川的泾阳、三原、渭南,而不是贫瘠荒凉的陕北。为什么会这样?一言以蔽之,即使做最小的生意也需要本钱,而雁北、陕北当时的情况是百姓连饭也吃不饱。

《走西口》唱的是夫妻离别,与众多山陕民歌相比,却并不是一首浪漫的歌,而是声声苦涩,句句含泪。在牵肠挂肚的叮嘱中,将路上情形一一交代,

毕竟是临行前的叮嘱,歌中并没有唱出走西口的具体线路。山西右玉县牛建山先生曾从民间收集到一首讨吃快板,是这样唱的:

莲花落叭叭响
手拿一根打狗棒
从关南到绥远
总共走个十来天
爬过雁门关
来到广武街
新岱岳旧岱岳
架过梁梁吴家窑
马道头打一尖
一碗饸饹三个钱
有钱的吃没钱的看
你看这穷人难不难
赶黑到了北花园
南来北往挺红火
三河店德和店
永和店西头有个筒子店
住店用不了几个钱
掌柜伙计有笑脸
缸房油坊饼面铺
鼓匠秧歌全都有
地方不大名气有
好吃好喝挺方便
起身路过霸王店
返回还住北花园
牛心堡站一站
黄土坡住大店

右卫城穿城过

一出北门马营河

张三卖的好大豆

李四卖的好屁股

背河的都是好水手

杀虎口真热闹

受制的哭好活的笑

站得岗放得哨

穷人不尿他那一套

出了杀虎口正直往北走

瞭见蛮汉山过了石匣沟

快到归化城打听众乡亲

后半晌看见玉泉井

玉泉井喝口水

再到包头逛一回

唱到这儿算一段

婶子大娘给我点

（见孙莱芙《出口外》）

这分明就是另一种形式的《走西口》，虽无山陕民歌《走西口》那样抒情，那样催人泪下，却将忻州一带穷人走西口的线路和路上的生活状况交代得清清楚楚。

走西口的历史是一部山陕百姓出口外谋生的苦难史；是一部山陕商贾艰辛的商业史；是一部草原文明与中原农耕文明融合的文化史。在山陕女子幽怨凄楚、柔肠寸断的歌声中，山陕百姓共同谱出了一部宏大的历史之歌。

造福陕西的河东商人

一

　　在晋北、陕北百姓吟唱悲歌，步履艰难地走西口之时，晋南百姓同样也走出乡土，外出谋生，不过，他们选择的是另一条线路。与晋北相比，晋南地处汾涑盆地，气候温和，农耕基础相对优越，同时，这一带百姓经商传统悠久，早在春秋战国时期，鲁国寒士猗顿就在这里经营盐业，"十年之间，其息不可计，赀拟王公，驰名天下"。进入明代以后，这里的商人首先得开中制输粮纳引之利，出现了许多富甲一方的商人。清代，晋南百姓在乡者务农，外出者经商，很少去天寒地冻的内蒙走西口，选择的经商地多是大河对面的陕西和甘肃一带。

　　大一统时代，从晋南去陕西，除了一条大河之外，并不像晋北去内蒙那样路途艰险，既无关隘阻隔，又无山路崎岖，两面都是一路坦途。再加上关中、晋南风俗相同，地气相通，婚姻相连，在晋南百姓看来，去陕西甚至比去山西其他地方更便利，来到陕西，有故乡一样的感觉，因而，晋南人做生意特别愿意去陕西。

　　当然，清代的晋南人也出口外，但那是一种无奈的选择。出口外的线路和目的地也与晋北大不相同，据笔者考察，其线路为，先从家乡渡过黄河，在陕西落脚，首选之地是西安，其次还有大荔、渭南、韩城、咸阳等地，若混不下去，则继续西行，至甘肃平凉、兰州，经过张掖，从嘉峪关或玉门关出关，抵迪化（乌鲁木齐），少数人还继续西行去俄罗斯，这基本上就是唐代山西人王维《阳关三叠》中所说的出关路线。遥想一路风沙茫茫，戈壁遍地，在走西口的悲情之外，又多了一重悲壮。

如果就在陕西省内做生意,情况则大不相同,路途要顺畅得多。笔者曾访问过一位年过八旬的商人后裔,老人名马秦生,山西夏县上冯村人,从名字上就能看出生于陕西。其祖父名马文彩,清道光年间生人,15岁时去西安熬相公(当学徒),20多岁就当了二掌柜,以后在西安东大街开设"仁义兴"、"陕兴隆"两个字号,做绸缎布匹生意,因为精明能干,头脑灵活,为人正派又讲信誉,被推选为西安商会会长。马秦生本人也曾在西安熬过相公,据老人回忆,当年从夏县去西安的官道上,戴毡帽,背褡裢,穿着千层布鞋的山西生意人络绎不绝。按照如今里程计算,夏县到西安不过300多公里,在当时可是漫长的路程,老人说:当时的生意人都知道,步行去西安的时间是"七紧八慢九消停",就是说,急匆匆赶路需要七天,缓缓走需八天,游游荡荡走则需要九天。熬相公的年龄大多在十二三岁到二十岁之间,出门前,家里人先要同外面的亲朋好友商量选定荐官(介绍人),请他们联系好店铺,再联系好一起去熬相公的同乡,多人结伴而行。对于这些孩子们来说这是关乎一生命运的大事,也是他们第一次出门,因而很隆重,也很讲究:收拾好随身携带的干粮、简单的换洗衣物、防身用的鞭杆;再选择黄道吉日,祭拜神灵、祖先,然后和家里人吃一顿长面、饺子。出门后,到了村外,按照喜神的方位,把鞭杆插好,向长辈叩头辞行。古代交通不便,路途上时有盗贼出没,出门远行,意味着可能永远无法相见,做父母的怎能不牵肠挂肚、抱头痛哭。当年临晋县有首民谣,说的就是一个母亲对孩子出去熬相公的矛盾心情:"我娃才十三,西安熬相公,苦上三五载,盼他能学成。"还有些孩子出行时已成亲,别离之时,又是一番《走西口》般的凄悲缠绵。当他们恋恋不舍踏上西去的官道时,就确定了一辈子的命运,经过七八天跋涉,等远远望见西安城,默念着即将前去熬相公的店铺的字号,在城门口打听路径,同时也盼望着联系好的亲朋好友能在城门口出现。这些怀抱憧憬的年轻人,并不知道前面还有更严峻的考验等着他们。

清代,山陕商人做生意大多实行东伙制,乡下孩子要想进入某商铺熬相公,需要同乡介绍,并有别的店铺担保。晋南即旧时的河东,与陕西仅一河之隔,清代中晚期至民国年间,河东人去陕西做生意已成风气,一村有一人在陕西落住脚,通过亲友介绍,会像生了根的藤蔓一样,带来许多同乡。其中,靠近黄河的蒲州府永济、临晋、猗氏、荣河、万泉五县去陕西人数最多。五县之中，又以临晋县为最。民国之前，临晋县有户二万，口十四万。青壮年多数以外出做生意为主要谋生手段。民国版《临晋县志》卷四《生业略》称："（临晋）地滨大河，与秦中接壤，懋迁有无化居，取道甚便，故执业商界者，不乏其人。"又说："民国纪元前，临民经商陕省者常万余人。凡子弟成年，除家无余丁及质地鲁钝者外，余悉遣赴陕省习商。"这段话说明了两个问题，一是临晋县去陕西经商的人数惊人，仅有两万户的小县，光去陕西经商的就有一万多人，几乎户有一人。二是，去陕西学习经商的都是该县聪明伶俐的优秀青年，质地鲁钝的才留在家里种庄稼，当地百姓已把让子弟外出经商当成一种基本选择。

除了蒲州，晋南其他地方去陕西做生意的人也相当多，如绛州、平阳等地。民国《新绛县志》中说："绛人性质和平，故营商亦其所长。除在本地约占全县人十分之二外，尚有经商于陕西、甘肃、河南及北京各地而自成一团体者。如西北乡人多在陕、甘两省，其数约在千人上下；南乡人多在北京，东乡人多在河南，亦各数百人不等。"民国《闻喜县志》卷六《生业》称："邑最富庶在清道光初，至咸同而富稍减矣。非富以农，富以商也……男子十三四万，竭地力不足糊口，远服贾者二三万人，岁入赡家金至四五十万。"

二

如此多的山西人在陕西做生意，无疑首先繁荣了陕西市场。时代不同，山西商人在陕西经营的项目也有所不同。明代至清前期，山西商人依托运城盐池优势，在西安主要经营盐业，"西安西大街盐店街一带基本上住的都是山西商人"。与在其他地方一样，山西商人同样在西安建立了自己的会馆。清代后期，西安城内共有 31 所会馆，其中外省会馆 18 所，陕西省内县级会馆 8 所，行业会馆 5 所。至民国，发展到 45 所。无论清代还是民国，外省会馆都是西安会馆的主体，规模大，质量高，建筑精美。西安的山西会馆共有两处，一处在西南城区梁家牌楼中段路北，叫三晋会馆，主要是山西盐商的聚集地。至清代道光以后，山西商人在西安各商业领域都有发展，经营项目从盐业扩展到绸缎、典当、钱庄、粮食,主要聚集地主要在西安城东关一带,因而又在长乐坊建立了第二座山西会馆。西北大学宋伦先生在《明清时期山陕会馆研究》中说:"两座会馆一东一西,说明明清时期的山西商人一定程度地控扼着陕西的商业贸易。"不光西安,陕西的其他地方商业也基本被山西商人控制。"陕西泾阳、三原是中国西北地区的中心市场和棉布、茶叶、水烟、药材的加工中心,许多山西商人在泾阳、三原做生意。三原的西关有一条山西街,就是因为多居住山西商人而得名。那时在三原、泾阳做量布师傅和司账的主要是山西人,他们为了联乡谊,在泾阳设立山西会馆。"

晋南商人在陕西经商取得了巨大成就。清代至民国时期,晋南的商业大家几乎都在陕西有生意。现存于咸阳市东明街的新兴油店店铺,具有鲜明的明代建筑风格,式样简约实用,三间二层,拱脊瓦顶,下设明柱,上层用于居住,下层开店。从建筑格局看,是典型的前店铺后作坊式结构。新兴油店历史悠久,保存完好,许多建筑专家进行实地考察后,认为新兴油店店房是咸阳古都最具代表性的明代商业建筑。1992年,咸阳被国务院确定为历史文化名城后,咸阳市政府将其列为市级文物保护单位,对油店店房进行重点保护。

新兴油店即为山西临晋县(今临猗县)赫赫有名的王申村大门头李家所开,李家先祖李议原籍山西乡宁县桑原村,元末战乱时逃往临晋。明朝初年,李议之子李新兴前往陕西咸阳,靠收棉籽,卖食用油维持生计,游走在渭河两岸,积累了丰富的商业经验。略有积蓄后,于明洪武四年(1371),与人合伙创办新兴油店。至此,李家迈开日后显贵的重要一步,开始了长达500余年的商业活动。

除新兴油店外,李家还在西安有大量生意,如"万升和"酱园、"新泰和"绸缎庄、"新泰和"货栈、"新和"粮行;在陕西周至县秦岭北坡上,有方圆数十里的山林。清末民初,西安生意人为便于记忆,把各大字号编成顺口溜:"新泰仪泰仁义兴,德聚万元钱福同。""新泰"指的就是李家的"新泰和"。能排在各大字号之首,说明了"新泰和"生意确实兴隆。

威震华夏的傅作义将军家在西安也有大量生意。傅作义出生于黄河岸畔的荣河县安昌村(现属临猗县),父亲傅庆泰早年靠在黄河上摆渡为生。清光绪二十六年(1900),八国联军进北京,慈禧太后携光绪皇帝经山西一路逃往西安,十三朝古都又暂时成为朝廷所在地,急需大量物资供给。傅庆泰抓住机会,大量运煤至西安,数年间成为荣河县大财东。以后,傅庆泰聘本乡南赵人王发财、外乡人许云卿掌管生意。王发财仍做的是傅庆泰的本行,在陕西三河口开煤场。许云卿则将商号开到了西安、天津,字号有庆成合、庆成仁、庆成纪、庆成智、庆成玉、庆成义、庆成礼。

如今陕西闻名遐迩的潼关酱笋、太白酒品牌均为山西商人所创。潼关酱笋品牌创始人名姚聪,山西临晋县陶唐村人。清康熙年间,姚家也是贫寒之家,先祖姚聪迫于生计,只身来到潼关熬相公,学成后,在一家油店当店员。姚聪精明能干,人又老实忠厚,深得店主喜爱,几年之间,成了油店的台柱子,薪俸一加再加。十多年后,油店业主年事渐高,想将油店转让他人,清点账目时才发现,姚聪历年来存在店里的钱已占店里全部资产的一半以上,只能作价把油店转让给姚聪。

姚聪独立经营油店后,为扩大生意,又增设了菜摊。他是个有心人,在经营过程中,发现经常有当天卖不出去的蔬菜,第二天就变质发蔫。从此开始研究蔬菜的贮存方法,先用陶瓷盆、罐加盐试腌莴笋,边试边改,后又用面酱腌制,几经试验,终于获得成功。因为制出的酱菜味道鲜美,很快顾客盈门,生意兴隆,酱菜生意超过了油店。姚聪索性投资白银300两,在潼关石桥西开了家酱菜店,取名"万新合"酱园。至此,闻名华夏的潼关酱菜诞生了。

经过姚家四代人100多年的努力,"万新合"酱园规模日趋扩大。到清嘉庆八年(1803)姚近圣手里,姚家已在潼关开有"万顺合"、"万新东"、"万盛德"、"万顺栈"、"万新合"五家分号;在陕西华县开有"万盛合"、"万盛东"两家分号;在河南阌乡开设"义盛合"分号。总号铺面三间,拥有资金万余两白银。仅潼关一地,姚氏酱园就有酱缸3000多口。

潼关酱菜色泽红黄鲜亮,晶莹剔透,味道酥脆香甜,有香飘十里之美誉。民国五年(1916),潼关酱菜参加巴拿马万国博览会展出,结果与贵州茅台酒一同获得金奖。"万新合"酱园把所获奖状装在镜框内高挂在总号大门内北墙上,可惜抗战时期日军飞机轰炸潼关,"万新合"铺面被炸毁,奖状也一同损毁。

太白酒品牌创始人名叫郝晓春(1894—1967),山西临晋县樊家卓村人。

郝晓春之前,陕西只有太白山出产的酒,而无太白酒这个名字。当地酒业以作坊生产为主,各个作坊都有自己的酒名。郝晓春幼年入私塾,读诗书,聪慧机敏。在西安熬完相公后,不甘人下,先自己开一家点心店,二十岁出头时,萌生了专营白酒的想法,苦于没有资金,与在西安任西北边防督办冯玉祥将军秘书的姚秉均(即前述姚家后人)合股,开办万寿酒店,店址选在西安市南大街粉巷口 185 号,由郝晓春任经理。郝晓春经营白酒有两个开创性的举动,一是借鉴西方经验,将中国沿袭数千年的散白酒、坛装酒改为瓶装;二是有强烈的品牌意识,一开始经营就向国民政府注册商标。1937 年 8 月 19 日郝晓春向陕西省建设厅呈文,要求转呈国民政府经济部核准太白酒商标注册。一个月后,9 月 28 日,陕西省建设厅以"建四工字第 235 号文"对郝晓春的申请予以同意,后报国民政府经济部商标局。时值日寇侵华,南京失陷,国民政府迁往战时陪都重庆,迟迟未获核准。1942 年 11 月 8 日,郝晓春再次向陕西省建设厅呈文,国民政府经济部商标局于同年 12 月 7 日,以中注第 11665 号公函批准注册,从此太白酒正式注册。郝晓春的举动,等于开启了一个时代,对陕西酒业繁荣举足轻重,至今,太白酒仍是陕西最火爆的白酒品牌之一,规模宏大的陕西太白酒厂仍把郝晓春视作开创性的功臣,多次派员来山西看望郝晓春后人。

计划经济时期兴盛一时的关中火柴厂,也是山西商人所办。此人名段捷三,山西新绛县人,年少时在河南开封官办的"豫泉官钱局"熬相公。24 岁便成为官钱局总经理。八年后,辛亥举义,改朝换代之年段捷三被革职,回到家乡新绛,以三万元本金筹办荣昌火柴公司,数年间,本金达到 20 余万。火柴工业是山西创立较早的民族工业,早在 1892 年,山西布政使胡聘之就动用资金 2 万元,"设立火柴局于太原城内三桥街"。以后该火柴厂两次易名,先叫晋升火柴厂,后转手给著名的票号商渠本翘,改称"双福火柴公司"。段捷三的荣昌火柴公司是继官办火柴局之后的第一家民办火柴厂。民国二十三年(1934),段捷三将荣昌火柴公司迁移到陕西省华县城南,改名为秦昌火柴公司。并邀两位同乡入股,一位是时任杨虎城部 42 师师长冯钦哉(山西万泉县人),一位是国民政府第一届立法委员兼法制委员会副委员长,兼任法制、财政两委员会委员长和考试院专门委员的王用宾(山西猗氏县人),此时两人都在陕西。民国二十八年(1939),秦昌火柴厂搬迁至宝鸡。直到1942年宝鸡县城区(今宝鸡市区)仅有工厂8家:洪顺机器厂、申新第四纺织厂、大新面粉公司、西华酒精厂、益门镇酒精厂、轻油提炼实厂、秦昌火柴厂、协和新火柴厂,资本共计541万元。秦昌火柴厂是其中经营较好的一家。1948年,战火烽烟,物价飞涨中,秦昌火柴公司破产。1949年段捷三死后,侄儿段晓田在西安市人民政府的敦促下,将宝鸡火柴厂机器设备运至西安,开办了关中火柴厂。

晋南人所以能在陕西扎根获利,有其特殊原因。明朝大学士张四维在《条麓堂集》中说蒲州人经商"其闾里子弟,受钱本持缗券,以化居于郡国者,肩相摩趾相接也"。又说"其郊邑子弟,分余缗受成算,以服贾西方,而孳殖其产者,无虑百十室焉"。在这两段话里,张四维不光说蒲州经商人数之多,更重要的是告诉我们明时蒲州子弟们外出经商时不是两手空空,已经有了本钱:"受钱本持缗券",并且心中有数目标明确:"分余缗受成算。"

三

金融业是商业的命脉,有清一朝,山西商人始终占据着陕西省金融业相当大的份额,其中大部分是平遥、祁县一带的晋中商人。清代光绪年间西安的"日升昌"、"百川通"、"大德恒"、"天成亨"等十二家名头山响的钱庄、票号,有八家系山西晋人开设在西安的"分庄"。这八家票号的经理、东家都是清代金融业叱咤风云的人物,"日升昌"平遥总号经理雷履泰,可谓中国银行业的乡下祖父。"百川通"东家是祁县大名鼎鼎的渠家,大德恒东家则是电视剧《乔家大院》的主人公乔致庸。随着清王朝的没落,到清代晚期,晋商票号已呈日薄西山之势,光绪二十九年(1903),袁世凯在天津开办天津官银号;第二年,户部奉旨组建大清户部银行。现代银行取代传统的钱庄、票号已是大势所趋,从清廷获利的晋商票号苦苦支撑,等着为大清王朝殉葬。著名的晋商乔家、渠家还在用传统的经营业方式,勉力维持着他们曾经引以为荣的大德通、大德恒和百川通、三晋源票号。大多数山西商人也还囿于传统经商习惯,"以抵押放款为耻,若非迫不得已,商人绝不以押品向银行要求放款,以免为同业所嘲笑"。(见杨荫溥《中国银行史料三种》)有这样的思维方式,衰败是迟早的事。

直接导致晋商票号西安溃败的原因是"辛亥之劫"。"辛亥革命"对中国来说是推翻帝制、建立共和的大事,历两千多年之久的专制王朝终于被共和体制取代,对清王朝来说是灾难,对晋商来说也是灭顶之灾,几乎在清王朝灭亡的同时,兴盛数百年之久的晋商也走到尽头。

据陕西作家鹤坪(任和平)《西安老钱庄》一文介绍:1911年"辛亥革命"爆发时,在西安开设"分庄""分号"的十二家钱庄和票号都被抢劫,无一幸免。辛亥年11月初一至初二,"市面上出现了无业游民、青皮飞贼、衙役捕快、散兵游勇组织的洪议会(哥老会),这些人三五成群,手持武器,初则敲诈,继而抢掠。城内巡防队中的不良分子,无耻败类,也趁火打劫各行业商号财物"。两天之内,西安各大钱庄、票号损失惨重,仅"天成亨"在西安"辛亥之劫"中就损失"共银15985两,衣物33120件"。鹤坪曾在山西平遥采访过一位当年在钱庄当二管家的老人,老人无奈地说:"西安人有帝王气,先是用嘴皮子抢人呢,嘴皮子不灵了,下来才是刀子斧子!"此难过后,各钱庄、票号纷纷撤回山西,以后,西安城再无"十大钱庄""四大票号"的记载。

晋中商人离开西安之后,晋南商人却借助地利之便和多年积累,迅速取代晋中商人的位置,掌控了陕西金融业,整个民国年间,陕西金融业一直为晋南商人执牛耳。

晋南诸县之中,临晋县去陕西经商人数最多、成就最大,民国版《临晋县志》中说:"陕省金融事业,归临人掌握者居其泰半。"就是说,山西一个"有户二万"的小县,其域内商人垄断了陕西省一半的金融业。

临晋县商人掌控陕西金融业的状况一直持续到民国末年,鹤坪《老西安钱庄》介绍:在老西安城,票号和钱庄的集结地在盐店街及梁家牌楼一带,1948年7月6日,西安银行公会和西安钱业公会呈请市政府批准在梁家牌楼设立"西安银钱业联合交易市场",当时西安钱业商业同业公会的理事长谢鉴泉就是山西临晋人。该公会设常务理事二人,一人是山西虞乡(今属永济市)人氏尚德庵,时任"宗涌盛"钱庄掌柜,另一人是陕西长安人氏鲁锡九,时任"协和福"钱庄董事长。此外,该钱业商业同业公会还设理事六人,其中晋南人就有四位,包括临晋县两人,依次是:山西襄陵(今属襄汾县)人、"敬泰络"钱庄掌柜马丽庚;山西临晋人、"敬盛丰"钱庄掌柜秦虚庵;山西临晋人、"忠厚兴"钱庄掌柜焦友诚;山西虞卿人、"天顺诚"钱庄领东钟仕诚。该"钱业商业同业公会"另设常务监事一名,由陕西澄县人氏、"俊源号"钱庄掌柜雷升云先生出任;在他之下设"监事"二人,皆由山西临晋人出任,一位是"同益丰"钱庄的掌柜胡儒生,另一位是"协合福"钱庄领东薛华亭先生。薛华亭先生是笔者的同乡,笔者所在的村子距薛先生家乡相距不过两公里,至今稍微上了年纪的人,仍能记得薛先生当年的精明与气魄。

　　民国时期的西安已是陕西的金融中心,截至1943年年底以前,"西京市计有中央、中国、农民、交通、陕西省、河南农工、甘肃省、河北省、绥远省、山西省、长安县、上海、金城、通商、川康、永利、建国、亚西、美丰、兴文、四明、工矿、大同、华侨、裕华银行等,及东大街交通、农民、盐店街中国银行等三处办事处,共计28所。"在与如此众多的银行竞争中,晋南商人仍能独占鳌头,不能不说他们有独到之处。

　　从这些史实不难看出:直到民国末年,晋南钱商、票商在西安金融市场仍占有极大份额。同时晋南钱商还给西安本土的钱庄、票号输送了大批"领东"和"二掌柜"。鹤坪先生说:"这一批丰厚的人才资源具有两种魅力,一是'票商'独具的'克存信义'的人格魅力;二是'钱商'精明的'头发丝上吊元宝'的经营头脑。解放以后,随着票商、钱庄的'转业',山西票商把'克存信义'的价值观和独特的经营理念渗入西安各个行业,从而使西安人加快了走出'以农为本'的传统生存模式。"

华山聚义的志士仁人

HUASHAN JUYI DE ZHISHI RENREN

从山西经潼关去西安必从华山脚下路过。多年来,我不知从这里路过多少次,每次都要远眺那座奇峻的山峰,直到看不见了才将目光收回。但是,每次想到的都是华山那壁立千仞,群峰挺秀的自然景观,甚至登临其间,看到的也仅是山崖的陡峭,奇峰的峻拔,体会到的除了攀登的辛苦,就只有置身美景中的心旷神怡了。

其实,所有的游客基本和我一样,面对这样的美景,去想任何东西都显奢侈,包括历史的厚重,哲学的巧思,以及人生的无常。

有一次,登山之前,我与朋友坐在华山入口处的玉泉院里,池水碧绿,亭榭肃然,浓荫蔽日,山气霏霏。凉风吹来,突然远处的美景不再,沿游廊走去,近处的神医华佗碑、希夷祠、建醮碑、含清殿、希夷洞、山荪亭一一进入眼睑。我想起了华佗、陈抟老祖以及千百年来慕华山之名而来的文人雅士,甚至毫无由来地想到金庸小说中的西毒、东邪、北丐、南帝、中神通。他们各怀心思地来到华山,或为采药、或为传道、或为论剑,在我看来,目的都太单纯,胸襟也称不上宽广。

百年以前,辛亥革命的枪炮声刚响过不久,这里还应该聚集着一群志向宏伟的年轻人,幽静的庭院中,应不时响起慷慨激昂的讲读声;华山道上,还应有不为游山玩水而来的有志青年。想起了这些,我执意往院外走去,试图在周围寻找到一个叫杨家花园的地方。我失望了,问了几个人,都大摇其头。再问杨家花园的另一个名字清白园,摇头的同时,又用那韵味十足的陕西话回答,没听说过。

看来,他们是被人遗忘了,时间才过去不到百年,当年,为建立共和、实现民主的那么一大群仁人志士就被忘得干干净净。历史有时候真是无情。

华山本应该为他们骄傲的,因为他们的那次聚会就叫"华山聚义",比起虚构的"华山论剑",这次聚义要有意义得多,为山陕两省历史都留下了浓重的一笔。因为,这次聚义影响了中国的未来,改变了中国的走向。近百年前,三四十位年轻人从晋、陕、甘、冀等地来到这里时,他们只是胸怀大志的年轻人,这次聚义之后,他们中至少出现了二三十位被称为将军的人。

他们曾在那个时代叱咤风云,中国以后发生的许多事都与这些年轻人有关:驱逐陆建章、陕西靖国军、北京政变、胡憨之战,如果这些都还不知道,那么,"护国战争"、"中原大战"、"西安事变"、"北平和平起义"总该知道了吧。这些影响中国走势的大事,他们都是参与者,有的甚至是中心人物。

但是,他们还是被遗忘了。再在玉泉院里走,我似乎能听见他们激昂的论辩,又似乎看见一位位年轻人,神情激动,气宇轩昂,从玉泉院里走出,消失在三秦大地上。

留洋浪潮与学子东渡

这群人在华山脚下的聚义是从遥远的日本开始酝酿的,甚至可追溯到晚清时期的留洋浪潮。

腐朽的清王朝,在戊戌变法之后走到了尽头,为清王朝灭亡点燃导火索的,是一批聚集在东瀛日本的志士仁人,清王朝本来指望他们学有所成,富国强兵,以延续如累卵般的统治,没想到这些学子们一接触新思想、新文化,多数都变为叛逆,成为清王朝的掘墓人。

以后数十年,山陕两省的交往就是从这些身在东瀛的学子们开始的。

清光绪三十一年(1905)9月2日,清廷颁布谕旨"自丙午科为始,所有乡会试一律停止,各省岁、科考试,亦即停止。"在中国历史上延续了一千三百年的科举制度,突然结束了。中国知识分子一下子失去了鲤鱼跃龙门的机会。

这年冬天,山西太原县举人刘大鹏清晨起来,听到取消科举的消息后,如丧考妣,感觉前路茫茫,人生顿时失去了目标。"甫晓起来心若死灰,看见眼前一切,均属空虚……日来凡出门,见人皆言科考停止。"(见刘大鹏《退想斋日记》)其实,早在百日维新以前,倡新学、开民智、求人才,已有共识,科举制度走向终结是大势所趋。光绪二十八年(1902),继京师大学堂、北洋大学堂之后,山西大学堂、陕西大学堂相继建立,闭塞的山、陕两省正式确立了新

式教育,从这一点上说,两省都走在了全国许多省份的前头。

山西大学堂的设立,与义和团运动后的庚子赔款有关。光绪二十七年(1901),英国人李提摩太与英美等国公使协商,并和耶稣教各会代表叶守真、文阿德共同拟定《上李傅相办理山西教案章程七条》面交李鸿章。其中第三条提出:"共罚山西全省白银五十万两,每年交银五万两,以十年为期。但此款不归西人,亦不归教民,专门开导晋省人民知识,设立学堂,教育兴用之学,使官绅庶子学习,不再受惑。选中西有学问者各一人总管其事。"李鸿章照准后电令山西巡抚岑春煊迅速办理。1902年初,岑春煊即遵朝廷谕旨将令德堂改设为山西大学堂,接收晋阳书院和令德堂学生,正式开学。李提摩太来太原时,方知晋省已办起了山西大学堂,建议岑春煊将山西大学堂与他拟创办的中西大学堂会并办理。山西大学堂原来部分改为"中学专斋";专教西学的另一部分,由李提摩太本人负责,称"西学专斋"。由此山西大学堂就成为了中西共为一体的新式学堂。

因为李提摩太的原因,以庚款办学山西先行了一步。陕西大学堂的创立,则与庚子赔款基本无关。1908年美国总统罗斯福签署法案,率先退还庚子赔款1160万美元,主要是用于留美学生及兴办清华学堂。此时,山西大学堂已提前使用庚款开办6年。清政府分配给陕西省的庚款数量为60万两白银,比山西还多出10万两,但是,起码陕西大学堂创立初期,所需资费还用不上庚款,因为1902年陕西大学堂创立时,列强还没有开始退款。陕西大学堂所以能够较早建立,得益于清政府1901年9月在西安颁发的"兴学诏"。谕令中说"各省所有书院,于省城均设大学堂。"并规定所有学堂"当以四书五经纲常大义为主,以历史史鉴及中外政治艺学为辅"。(见《光绪朝东华录》第四册)庚子之变时,西太后逃往西安,清廷王公大臣随之前往,西安实际是清朝临时国都,对实施朝廷新政自然不甘人后。第二年年初,陕西巡抚升允即奏请开办陕西大学堂,很快御批获准,陕西大学堂遂于光绪二十八年(1902)正月正式成立,并于当年三月正式开学。

就在两省新式学堂成立前后,中国出现了一场声势浩大的留日浪潮,王公子弟、秀才举人、在职官员,甚至缠足女子、白发老翁也不甘落后。有的夫妇同往,有的父子、兄弟相随。或官费送派,或自筹经费,有的来自沿海城市,有的来自偏僻内地,竞相东渡,络绎不绝。地处偏僻的山、陕两省也派出了自己的留日学生。1903年12月,15岁的陕西娃井勿幕在亲友资助下去了;20岁的山西青年景梅九作为京师大学堂的第一批官派留日生去了;1904年,21岁的山西武备学堂学生、在太原熬过相公的阎锡山也去了。1905年科举考试停止,士子功名之路被堵死,只能另寻出路,出洋留学成为这些人的进阶捷径,更有大批学子东渡日本,两三年之内,留学日本形成高潮。

学子们纷纷漂洋过海,留美、留欧、留日一时成为时尚。对于清政府来说,最早的留学活动是被动的,主要由外国在华教会引导。1847年初,美国传教士勃朗牧师回国时,率领三个中国少年容闳、黄宽和黄胜从广州出发,前往美国留学。轮船在惊涛骇浪中颠簸了整整98天,1847年4月12日驶进纽约港,三个懵懂的中国少年踏进了陌生的美利坚合众国。后来,黄胜因病回国,黄宽1849年转赴英国爱丁堡大学学习医,回国后成为一代名医;只有容闳一人留在美国升学,1854年毕业于耶鲁大学,成为著名的教育家,被誉为"中国留学生之父"。

清政府外派学生留学,始于1870年(同治九年)。根据容闳建议,两江总督曾国藩、直隶总督李鸿章联名上奏,请求选派学童去美国留学。从1872年到1875年(光绪元年),每年派遣30名学童(年龄规定为12岁至16岁,个别年仅10岁),四年共派出120名。不久,洋务派又向欧洲派遣留学生。1873年,福建船政大臣沈葆桢奏准选派船政学堂学生分赴英法学习造船、驾驶。1877年、1881年、1886年、1897年,先后四次派出留英学生34名、留法学生49名(其中9名艺徒)、留德学生2名,共85名。这些留学生回国后,成为中国造船工业、海军建设等方面的重要骨干,著名人物有严复、刘步蟾、林泰曾、叶祖珪、萨镇冰、魏瀚、刘冠雄等。

声势浩大的留洋潮中,留日热潮更甚于欧美。自百日维新以后,中国人外出留学,更注重实用,所谓"中学为体,西学为用"。1895年甲午战争中国败于日本以后,中国人仿佛看到了一个新世界,区区弹丸岛国日本,凭借明治维新,数十年内竟成为列强之一,皇皇天朝惨败其手,朝野上下震惊之余,无不深刻反思,一时间,效仿日本新政,学习日本经验,好像是振兴积弱的大清朝不可不走的道路。加上中日地理相近,文字习俗相类,来往方便,费用节省

等原因,日本就成了许多有志青年向往的地方。官僚们也看出了这种趋势,湖广总督张之洞在《劝学篇》一书中就大力倡导留学日本。他说"入外国学堂一年,胜于中国学堂三年";而"至游学之国,西洋不如东洋"。

1896年,清政府官费派遣陈宝锷等13人赴日留学。1898年戊戌维新期间,清政府正式下令各省督抚选派学生赴日留学。地方上首先是湖广总督张之洞派遣官费留日学生20多人,赴日本学习陆军。接着北洋大臣、南洋大臣以及浙江求是书院等也纷纷派出留日学生。1899年,中国留日学生仅100多人。1901年增加到280余名,1902年为500多人,1903年1300多人,1904年达2400多人。1905年至1906年由于清政府废除科举制度和日本在日俄战争中获胜等因素影响,中国人留学日本达到高潮,留日学生人数猛增到8000多人,20世纪头十年中留日学生总数达5万人以上。

费正清主编的《剑桥中国晚清史》惊叹:这是"到此时为止的世界史上最大规模的学生出洋运动"。甲午之耻刚过去几年,在国内仇日情绪异常高涨之时,学子们却纷纷留学日本,似乎并没有感觉有什么不妥。

在这次留学浪潮中,山陕两省也不甘于后。同治朝以前清廷赴欧留学生共114人,山西占19名,几占17%。从1904年山西巡抚张曾敭首派50名学生赴日留学开始,到民国元年(1911),仅山西大学堂一校就派出9批官费留学生,其中赴日留学生5批,赴英留学生3批,赴美留学生1批,共计200余人。陕西虽贵为十三朝之都所在地,又是庚子之变后清廷行在所在地,留学人数却大大少于山西。"光绪二十九年(1903)冬,陕西学子井勿幕即在亲友资助下前往日本学习,此时陕西出外留学者还极为稀少。"(陕西师大杨洁《清末陕西留学教育的发展》)光绪三十一年(1905)选派30余名学子留学日本是清末陕西最大规模的一次留学教育。据陕西日本留学生监督徐炯调查:至光绪三十二年(1906),陕西在日本的留学生共66人,其中官费生55人;学陆军19人,工科17人、铁道10人、农科4人、商科1人、医科1人、法科1人、警察1人、师范1人;自费生11人,学习铁路2人、普通科7人、师范1人、警务1人。

清末数年间,陕西自然灾祸连绵,加之慈禧回銮搜刮,人民生活难以为继,经济力量极为有限;此外,陕西地处西部内陆,社会风气相对闭塞,人们视留学为畏途,省内整体而言留学热情不高;因而,清末陕西官费留学人数相对较少,私费留学者亦多为外省在陕为官者子弟。凡此种种延缓了陕西近代留学教育的发展步伐。

相约在东瀛

清政府外派留学生,本来是想"师夷长技以制夷",达到"自强""御侮"的自救目的,再具体一些,就是"采西学""制洋器",这种想法很功利也很实用,没想到,这些学子们到国外后,首先接触到的是令他们大开眼界、耳目一新的新思想。

正当科举制度终止,留学日本形成高潮之时,1905 年,孙中山先生在日本东京创立中国同盟会,"驱除鞑虏,恢复中华,创立民国,平均地权",成为那个风起云涌时代的最强音。留日学生则是同盟会的中坚力量,两年内即有960 多位留日学生加盟,东渡扶桑寻求救国之路的山陕两省学生也踊跃加入。中国同盟会成立之初,其成员和活动主要集中于东南沿海地区,他们对地处西北的陕西、山西既不甚了解,更不太重视。两省人的生活习惯、方言太相近,以至许多人秦、晋不分,将两省混为一家。

与陕西相比,山西在日本参加同盟会人数众多。山西留日学生第一批参加同盟会的,有谷思慎(神池县)、王荫藩(汾阳县)、荣福桐(太谷县)、景耀月(芮城县)、王用宾(猗氏县)、荣炳(阳曲县)、温寿泉(洪洞县)、阎锡山(五台县)、赵戴文(五台县)、乔义生(临汾县)、王国祜(新绛县)、焦纯礼(忻县)、张呈祥(赵城县)、景定成(安邑县)、何澄(灵石县)等。由于参加人数多,同盟会批准他们成立了同盟会山西支部,总干事为谷思慎(一说负责人为王荫藩、荣福桐、景耀月,而谷思慎为同盟会执事部调查科科长兼山西支部负责人)。山西的第一批资产阶级民主革命者,在远隔大洋的日本逐渐成长起来。由孙中山、黄兴组织的"铁血丈夫团",取孟子"富贵不能淫,贫贱不能移,威武不能屈"为团规,规定每个团员都要随时准备为国捐躯。值得一提的是"铁血丈夫团"共 28 名成员,山西籍的就有 5 位,分别是何澄、阎锡山、温寿泉、张瑜、乔煦,陕西则有张凤翙参加。

在早期参加同盟会的山西人中,谷思慎是同盟会筹备者之一,除任山西支部总干事外,还担任同盟会总部执行部调查科负责人兼陕西省会员入会主盟人;景耀月任同盟会组织干事,"奔走呼吁,吸收俊杰,历次集议,多被推为主席",还与荣福桐一起任山西省会员入会主盟人。到 1906 年底,山西籍在盟人数名列各省前列,"先后加盟者百余人"。景定成(梅九)在《罪案》中回忆说:"同盟会原来发起于南方同志,西北方面除张溥泉(河北沧县人)外,最初加入的,还算山西人占了多数。"

陕西留日学生相对较少,首批加入同盟会的人数更少。同盟会成立之初,陕西籍学生加入的有康宝忠、井勿幕和赵世钰、宋元恺、曹树等人。据井勿幕后人井晓天先生回忆:"在日本的山西籍同盟会员较多,成立分会亦较早。当时陕西省还未成立分会,陕西籍同盟会员赵世钰等就曾参加山西同盟会的活动。同盟会陕西分会(东京)的成立,得到了山西同志的大力帮扶,其中贡献最大的就是景梅九。"

景梅九(1882—1961)名定成,字梅九,笔名老梅、灭奴又一人,晚号无碍居士。山西安邑城关(今属山西运城市盐湖区)人,光绪二十七年(1901),清廷令山西优选五名学子入刚成立的京师大学堂,景列其中。次年派赴日本留学,入帝国大学预科。山西籍学生在日成立同乡会,推景任会长。此人思维敏捷、博学多才,又重情好义、热情奔放,光绪三十年(1904)与秋瑾创办《白话报》。加入中国同盟会后担任山西分会评议部部长,创办《第一晋话报》,亲自负责编辑,用白话文写作。"晋话"即"进化"之谐音,有一词两用之意。又将自己的寓所,定名为明明社(后改称何公馆),以联络同志。和各省同志如吴玉章、井勿幕、赵世玉、宋教仁、张继来往十分密切, 介绍许多人参加同盟会,其中就有邹子良等不少陕西同志。

1906 年秋天,井勿幕与赵世钰筹备成立同盟会陕西分会,万事俱备,开会地点没有着落,"景梅九'雪中送炭',将'明明社'借给陕西同盟会员召开成立大会。在井勿幕主持下，同盟会陕西分会在东京成立，到会20余人，通过了分会章程，推白毓庚、杨铭源分别为正、副会长。此事应该是秦、晋两省革命党人团结合作及井、景二人患难之交的开端"。（见井晓天《慨赋同仇长城并倚》）

1908年，井勿幕第三次由陕西来到日本，成为同盟会陕西分会领导人，着手创办《夏声》杂志，推举杨铭源为经理，赵世钰为总编辑，井勿幕、李元鼎、茹欲立等为主要撰稿人，大力宣传同盟会的政治纲领和中山先生的民主革命思想。在《夏声》杂志第一号上，景梅九代表山西同志发表《祝辞》："禹凿龙门，始通大夏。启土绛汾，毗连潼华。晋之与秦，唇之与齿。愿赋同仇，长城并倚。群公奋志，光显早游。重关百二，万祀千秋。"

就在山陕两省留日学生在日本为推翻满清政权频繁活动之际，远在山西大学堂西学斋学习的一位大学生通过友人介绍，感受到了暴风骤雨来临前浓烈的气息，因不能身往东京，只能函告东京友人，请求代为申请，以另外一种方式加入同盟会。他叫续西峰（1880—1926），名桐溪，字西峰，山西省崞县西社村（现属定襄县）人。以后的岁月中，他与景梅九、王用宾、李岐山一样，奔走山陕两地，与陕西革命党人结下了深厚的友谊。

留日山陕诸人中，景梅九、井勿幕二人志趣相投，交往密切。井勿幕留日期间，三次回陕西鼓吹革命，奔走于三秦大地，足迹遍布黄河两岸、长江南北，筹划秦、晋、豫、陇、川五省联盟，多次参与起义均告失败，几经磨难后，井勿幕终于悟出："革命不联合军事力量，单靠鼓吹宣传，终无成功之理。"他认为，同盟会组织的起义多集中于清廷统治严密的南方沿海诸省，虽便于海外筹划组织，但孤军奋战，反而利于清政府集中兵力镇压。要想取得成功，必须改变方针，从西北着手。"南呼北应"，"中路突破"，才能推翻满清政权。

景梅九对此深有同感，认为同盟会欲领导革命成功，必须做到南响北应或北响南应，只有这样，才能置敌于首尾不能相顾而取胜。

两人的想法得到了孙中山、黄兴的认可，随即成为同盟会的战略决策。秦晋两省的革命活动从此纳入全国大局，并占据着重要的战略地位。

至此，古老的秦晋两地，因为同一个目标，在遥远的东瀛再次合作，续写了"秦晋之好"佳话。

　　井勿幕15岁即赴日留学,加入同盟会时才17岁,小景梅九6岁,论年龄、才学都是小弟弟,但是井勿幕颇具大局观,认为:"陕西民性强悍,刀客及哥老会活动比较普遍,有一定势力,又有李自成起义的反清传统。地处西北交通枢纽,地势雄峻,故可以作为西北革命的根据地。"然而,仅陕西一省恐怕也难以独当重任,需要与周边省协同共举,相互策应,山西处于清廷肘腋之间,可在关键时刻予清廷以致命打击。景梅九也认为:"山西表里河山,地处京师侧翼,进可出中原,威逼北京;退可防守,节节设防。陕西是西北、华北、江南的连接地带,地势险峻,可以做西北革命根据地。"更重要的是秦晋两省同盟会员人数众多,已有一定的工作基础,且双方多年合作默契,绝对值得信赖。

　　井勿幕、景梅九二人则相约:"将来回国,偕同赴陕,共谋西北革命。"

南响北应　携手共举

一

1908年,井勿幕、景梅九二人先后回国。这年夏末,井勿幕赴北京会见同盟会发起人之一田桐,商讨北方革命事宜。景梅九应陈干、商震专程赴日之请,回国任青岛震旦公学教师,后以母亲患病为由辞职返家,路过北京也去田桐处。两位挚友巧遇北京,分外激动,当即决定相伴回太原,发动山西革命,"为他年革命军兴起,秦晋联军作计划"。(景梅九《罪案》)农历八月十五日,二人抵太原。在山西大学堂会见刘翼若、杜仲伏等朋友。当时山西大学堂英文教习未到,请景梅九代理,井勿幕则任法政学堂日文教师。然而,两人心均不在此,他们来太原的目的,是要暗中集会策划秦晋联合起事大计。景梅九后来回忆此事:"隔了几天,居然有留我在大学堂讲英文,岳文渊(勿幕)在法政学堂教日文。那时我和勿幕,想到陕西谋革命的,所以执意不就;连忙告辞同走,写了两句淡话,给诸同志曰:'诸子有心留朋友,宋江无意上梁山。'"

深秋十月,伴着萧萧落叶,井、景二人雇车南行。一路畅谈社会革命、种族革命和将来秦晋联军之事。回到安邑景家,景梅九把井勿幕介绍给李岐山、郭朗清等朋友。景、井二人同游解州、中条山查看地形。井勿幕指顾河山形胜,说:"他日革命,如需秦军相助,我必率偏师渡河下河东矣!"为了尽快实施革命计划,数日后井、景二人慷慨辞别。井勿幕回陕西开展活动,景梅九则回家乡安邑、运城进行起义准备。

井勿幕回家乡不久前,蒲城县发了震惊全国的"蒲案"。事情与陕西同盟会有关,也与井家有关。蒲案的发生,为井勿幕发动民众提供了难得的机遇。

井家本系蒲城县富商,父亲去世后家道中落,1902年兄弟分家,井勿幕因债务无法应付，在排行第十的兄长井岳秀帮助下，才得以离陕赴渝，投靠父亲的朋友在重庆读书。次年冬与吴玉章同行赴日本留学。参加同盟会后，年轻的井勿幕将兄长井岳秀视为同盟会在陕西可倚重的力量。当年，井勿幕向中山先生要求回陕组织同盟会支部时，中山先生说："你这个十七岁的小孩，能办成这样大的事吗？"井勿幕慷慨陈词："我虽年少，但我哥井岳秀在陕熟人颇多，可以通过我哥联络各界人士。"中山先生正想打开西北革命局面，见他态度坚决，又有井岳秀为助，遂委井勿幕为同盟会陕西支部长，回陕开辟工作。同年冬季，他带着中山先生给井岳秀的亲笔信，取道朝鲜及辽宁、河北、山西等省，途中察探各地情况和清廷虚实，渡河回陕，发展井岳秀为同盟会员。井家在蒲城、西安的商号成为同盟会的秘密机关和聚会地。

早在1907年，陕西同盟会员常自新（铭卿）等人就组织了蒲城县教育分会，井勿幕的胞兄井岳秀担任评议员。他们在县学堂宣传民主思想，揭露清政府罪行，进行革命动员，发展同盟会员50多人。蒲城知县李体仁对此极为惊恐。1908年10月16日，李体仁以鼓动学生图谋不轨为名，捣毁教育分会，逮捕常自新和学生30余人，严刑审讯，致学生原斯健伤重身亡。当时同盟会秘密文件正藏在井岳秀家中，李体仁差马弁前往井岳秀家搜查，恰巧井岳秀参加朋友母亲葬礼不在家中，井夫人随机应变，情急之下将秘密文件埋藏于院内菊花丛中，官府搜查终无所得。当晚井岳秀持刀越城回家，将秘密文件、会员名册焚烧，保护了革命党人的安全。井勿幕闻讯从北山赶回西安，得知同盟会核心机密并未泄露，意识到这是一次发动民众的机遇，立即组织反击。在《夏声》等各种报刊上揭露李体仁封闭学堂、毒打师生、违法滥刑、草菅人命的罪行，利用一切"合法"手段制造舆论，"蒲案"迅速发展为席卷全省、震动全国的反清学潮。清政府被迫将李体仁撤职，抚恤全体受害师生。"蒲案"是在同盟会领导下首次取得完全胜利的反清革命斗争，陕西同盟会因此迅速发展壮大。

当时，清廷迫于新思想压力，仿照西方君主立宪制国家国会的模式，在各省成立谘议局。1909年秋天，陕西省谘议局成立后，迅速被革命党人控制。会盟会员李桐轩、郭希仁被选为副议长，井岳秀、李仲特等为常驻议员、李元鼎为秘书长。郭希仁在《从戎纪略》一文中说："勿幕常在谘议局，住其兄崧生

（岳秀）室，与余室接近，晨夕过从，同志中亦时来聚会于此。"清廷成立的谘议局一时成为革命党人的活动场所。

二

陕西同盟会在井勿幕的领导下，积极活动之时，山西同盟会也取得了重大进展。百日维新后，清政府实施新政，练新军是其中重中之重。山西拟编练一镇（师），因为财政困窘，最后编成一个协（旅），下设两个步兵标（团），一个炮兵营，一个骑兵营，一个工兵队（连），一个辎重队，全部新军大约六千余人。在日留学生回国后，清陆军部发布命令：新军协统以下军官须以军校学生或带过新军者充当。同盟会成员多人由此取得军职，获得兵权。温寿泉为山西督练公所帮办兼陆军小学堂监督，黄国梁（革命同情者）、阎锡山分任新军第四十三协第八十五标和第八十六标教练官（相当副团长）。常樾、马开崧任教练官，南桂馨任军需，张瑜、乔煦任管带（相当营长），王嗣昌、张德荣、张煌、刘汉卿、应芝、王缵绪等任队官（连长）。从此，同盟会员基本上掌握了新军领导权，山西新军成为革命者的大本营。

陕西"蒲案"的胜利为秦晋两省携手共举创造了条件。

当时清廷在晋南的势力很强大。景梅九回到运城后，先与李岐山创办回澜公司，以宣传禁烟为名，传播革命思想，进行革命活动。同盟会在运城的活动很快被运城当局发现，派兵缉拿同盟会员郭朗清。景梅九、李岐山得知后，掩护他逃往陕西蒲城井勿幕处，郭朗清后被井勿幕邀至蒲城任学堂教师。

1908年冬天，井勿幕信邀景梅九来西安高等学堂任英文、算学教师，与西北同志共举革命大事。景梅九同李岐山商量，决定李岐山和景静成（景梅九弟）先行入秦，为他西行作准备。随后，景梅九携新婚妻子阎玉清踏雪登程，渡河赴秦。站在黄河岸畔回望，隔着一条大河，故乡山崖清晰可见，仿佛伸手可触。景梅九不由感叹山陕两省之近。

到西安后，景梅九任教职，薪水不低，每月大洋100元。但生活困窘，常需友人接济。他乐于结交朋友，广泛结交国内外志同道合的朋友，由井勿幕介绍认识焦子静、师子敬、郭希仁、张翊初等同志，不时在其住所聚会。每月

光馒头就要买 2000 斤,朋友们送他"穷孟尝君"之称。

年末,在开元寺马开臣私宅,井勿幕主持召开了同盟会陕西分会(西安)成立大会,会议顺利通过"联合新军、幕亲会、哥老会、刀客等力量,推动革命,以与全国形势相配合"的决议,推李仲特为陕西分会会长。景梅九也应邀参加了同盟会陕西分会(西安)的成立大会,并拟定八句四言密约,其中有"秘露死决,交接宁缺"八字,意思是谁要泄露本党机密,必当处死,吸收会员宁可少一人,不以一人败。

陕西革命党人完善组织的同时,在社会上大造舆论。中国历史上有个现象,旧王朝解体新王朝建立之前往往会出现一些民谣、顺口溜,又称为谶言,自周以下,王朝更替,莫不有谶言浮现。秦亡,是"亡秦者胡",汉兴,有"宝文出,刘季握";曹丕篡汉,有谶说"鬼在山,禾女运,王天下",晋受魏禅,又有谶说"大讨曹";隋统一全国,谶言"白杨树头金鸡鸣",唐继隋而起,谶言"桃李子,洪水绕杨山",还有元末的"石人一只眼,挑动黄河天下反",明末的"十八子,主神器"等等,都被史实所应验。景梅九学识渊博,自然深谙此道。

1909 年一天黄昏后,景梅九和同盟会直隶(今河北)分会负责人杜羲在长安街头步行时,看到天空有两星东西辉耀,杜顺口说出"彗星东西现,宣统二年半!"景梅九故意问:这童谣传了好久,不知道是什么意思。卖浆者凑上来说:这还不明白吗,是说大清家快完了。最妙的是警察就站在旁边,也说了两句赞叹的话。很快,谶言传遍全城。长安的同盟会员又编了"明年猪吃羊,后年种地不纳粮!""不用掐,不用算,宣统不过二年半!"等民谣。这些民谣不胫而走,成了河东和关中一带民众的口头禅。

1910 年 3 月,根据形势发展,井勿幕调整了同盟会陕西分会领导机构,郭希仁接替李仲特主持分会工作,钱鼎为运动新军的中坚骨干。为推翻满清建立共和,陕西革命党人联合了各种力量,有时候也按江湖规矩行事。井勿幕、钱鼎、张伯英、邹子良、张云山、万炳南、王荣镇、胡景翼等,就号称 36 兄弟,1910 年 7 月 9 日,36 兄弟在西安大雁塔高举酒碗,歃血为盟,立誓共图大举,建立共和。

三

景梅九、李岐山等在陕山西同志也参加了陕西革命党人的准备活动。赵瞻国《景梅九年谱简编》记载:"1909 年暑假,(景梅九)去蒲城会见井勿幕兄弟,看望郭朗清。众人相偕登城,眺望四野察看地形,交谈起义之事。"景梅九健谈,性格豪爽,这种特点正好利于结交江湖豪杰。

清咸丰以来,渭北地面上盛产刀客,这些人行走江湖,行侠仗义。《陕西省志》记载:"刀客会是关中地区下层人民中特有的一种侠义组织。其成员通常携带一种临潼关山镇(关山镇今属阎良区)制造的'关山刀子',刀长约 3 尺,宽不到 2 寸,制形特别,极为锋利,故群众称之为刀客。"刀客靠贩运私盐、私茶、聚赌或给商家保镖为生,喜欢打抱不平,拔刀相助。那些天,景梅九与井勿幕二人徒步行走在渭北的黄土地上,专门结交刀客侠士。其中有一位叫严飞龙的刀客,与景梅九极投缘,以后,光复河东时,严飞龙已是一团之长。

景梅九本人的长项是笔杆子。除了说服刀客,为在陕西鼓吹革命,还写了不少文章,如《不平》《忠群论》,发表在当时的《教育界》杂志上,在陕西知识界影响深远。

1910 年农历八月,景梅九再赴日本,向同盟会总部汇报西北革命情况,并与宋教仁、景耀月等分析形势,部署下一步革命活动。不久又回到国内,与程家柽、白逾桓、王用宾等在北京创办《国风日报》。得知老朋友办报经费困难,井勿幕把家藏古画送到北京变卖,资助办报。景梅九在京期间,井、景互通书信,关注着两省革命运动的进展。

1911 年 4 月 27 日,广州起义爆发。黄兴率敢死队奋战一昼夜,伤亡过重,被清军击败,喻培伦、林觉民等 86 人死难。井勿幕与吴玉章、熊克武、但懋辛等人当时正在香港参加起义筹划准备,后因消息泄露,起义突然提前,未能及时赴穗反而幸免于难。

5 月,井勿幕回到陕西,告诉在陕同志:"吾党精英,损失殆尽。若不迅图急进,将来更不易举。长江方面,已有密报,于夏秋之间进行,吾陕亦应由西北发难,冀收南北呼应之效。"随即,再次奔波于渭北各县,往返于西安、北山之间，八月间派王荣镇赴四川、陈得贵赴山西联络民党，最后敲定川陕联盟，秦晋共举大计。九月下旬，张聚庭从南方带回同盟会总部密令，告知全国，确定十月同时起义，由各省革命党负责组织。

举义在即，井勿幕多次召集同盟会骨干商议起义方案，反复权衡后，决定首先由井勿幕率胡景翼等人在渭北举事，钱定三、李仲三、井岳秀等发动西安新军响应。会后，他立即亲赴渭北布置，并派李天佐率数十敢死队员潜入西安准备起义。临行前，井勿幕将省城大事决定权托付给郭希仁。据郭希仁回忆："时勿幕亦拟与蔡体平、刘裕如诸党人赴北山，扎根据地。临行与余密约，如他省有事，即飞函相告，当相从计事，勿幕又贻余墨侠二字草章，以为符信。"（郭希仁《从戎纪略》）

时间到了1911年（宣统三年）10月，统治中国达二百多年之久的清政府已是一地鸡毛，零落得不可收拾。山雨欲来风满楼，摇摇欲坠的清政府已经到了最后时刻。按照景梅九和井勿幕的约定，秦晋共举万事俱备，只欠东风了。

1911年10月10日，湖北革命党人蒋翊武、孙武在武昌打响了辛亥首义第一枪。"武汉义旗天下应，推翻专制共和兴。"清廷已腐朽不堪，武昌首义一起顿成燎原之势。11日，中华民国鄂军都督府成立。随即，以都督黎元洪名义通告全国各省，号召共举义旗。各省纷纷宣布独立，脱离清廷，清朝统治土崩瓦解，不久即推举孙中山为中华民国临时大总统，成立了远东第一个共和政权。

10月22日湘、陕两省率先响应武昌首义。

武昌起义使清廷震动，陕西当局也耳闻渭北民变之风，对同盟会在新军中的活动似有觉察，为防省城兵变，拟将陕西新军调出西安。这一变化打乱了同盟会原有部署，井勿幕尚在渭北，仓促中钱鼎、张钫、张凤翙等人未及与郭希仁商量，决定10月22日提前在西安首先起义，渭北响应。

当天，李仲三、井岳秀、李天佐等闻讯，立即率敢死队员由谘议局，奔北校场，夺取军马，解咸宁狱，占军装局，收缴枪械。会攻满城，激战三日，西安光复。

井勿幕得到消息后，则立即策动渭北各县起义独立，号召渭北健儿组建民军十数营,驻军三原。"焦子静、井崧生(岳秀)、李襄初,赴河北招练乡勇。李仲山招严飞龙之众,以为省城后援。"陕西革命宣告成功。

四

武昌首义,湘陕响应,举国震动。山西当局也惶惶不安,刚刚上任不到一个月的山西末代巡抚陆钟琦和协统谭振德唯恐新军不稳,欲调虎离山。当时,太原新军第43混成协共两标4000余人,86标驻城内,同盟会员阎锡山任标统。85标驻郊外狄村,除标统黄国梁外,中级军官多是革命分子。10月25日,陆钟琦召开紧急会议,商讨防止革命办法。决定一面抽调驻扎外县的巡防营进省警卫抚署,命大同镇总兵派兵保卫太原;一面以防堵陕西革命军为名,令85标即日开赴晋南风陵渡,86标开往代州,以调虎离山,分散太原的革命力量。为防新军起义,陆钟琦、谭振德还有另一招:严密控制子弹,新军有枪无弹,不可能叛乱。陕西率先光复,山西同志预感时机来临,猜测晋抚为自保,防止秦军东渡,须调兵河防,必将发枪弹。果然,85标姚以价营接到命令:于10月29日开赴晋西南沿河防守,并于28日已领到子弹少许。山西同志当机立断,推姚以价为起义军总司令,连夜部署,提前行动。

29日凌晨五点多钟后,守门人打着哈欠将城门打开,太原城还笼罩在一片晨雾中。突然,埋伏的士兵齐声呐喊,冲入迎泽门。姚以价率85标进攻抚署前门,阎锡山率86标攻打抚署后门的巡防队。起义军迅速攻占巡抚衙门,巡抚陆钟琦被击毙,成为辛亥革命中唯一被革命军所杀的封疆大吏,后被清廷谥文烈。当太原人被激烈的枪炮声惊醒后,这个世界已经变了。不到半日,太原宣告光复。

几乎在太原起义胜利的同时,权力分配就开始了。中午,起义领导人和各界代表齐聚咨议局,筹组军政府。会议由咨议局议长梁善济主持。这可能是山西亘古以来的第一次选举,推翻专制后的第一次民主体验。会议开始后,各位有资格当选都督的人都先发表演说,陈述自己的观点。梁企图操纵选举,自任都督,被军队代表否决,改选军事将领。首推当过协统的督练公所总办姚鸿发为都督,他是阎锡山的上司,具有很高的地位。姚以家眷在京,父亲姚锡光现任清政府陆军部侍郎,力辞不就。黄国梁也有资格当都督,但他没有参加起义,又是陕西人。下级官员有人推举姚以价,姚以价说他不是同盟会员。最后依官阶逐人排队,推定阎锡山为都督,陆军小学堂监督温寿泉为副都督,咨议局副议长杜上化为总参议。军政府设在咨议局,下设军务、参谋、民政、财政、外交、司法各部及筹饷局、警务局。接着出示安民公告,发布起义宣言。年号仿武昌用黄帝纪年为四千六百零九年,门前悬八卦太极白旗。经历了数千年帝制的山西由此摆脱了皇权专制的胁迫,走上民主共和的道路。

这一天,决定了此后三十多年山西的政治格局;这一天,恰好是阎锡山29岁生日,阎锡山迎来了他人生最重要,也是最辉煌的时刻。从这一天起,阎锡山开始了他的山西王生涯。

阎锡山任都督后,即派李成林将密函藏在裹脚布内赶赴北京,邀请景梅九和山西同盟会员回晋襄助革命。此时,景梅九在北京编辑出版《国风日报》,收到邀请后,心情异常激奋,向白逾桓、裴子清交代报社及其他工作后,立即和临晋县人姚太素、江汇川等人离京,11月3日先期回到山西,参与戎机,受任山西军政府政事部部长。

景梅九到底是个文人,对于革命可鼓吹而不能实际参与,他与井勿幕相约的秦晋共举终于实现了。但是,从太原起义成功的那天开始,他就逐渐被边缘化,连政事部长的职责也难以履行,《阎锡山大传》中说:“因军政府不谙民事,政事部长景梅九又多在前线,遂请李盛铎任民政长,出理民事。”

当年从日本回国后,井勿幕还对景梅九有个承诺:“他日革命,如需秦军相助,我必率偏师渡河下河东矣!”太原起义成功后,清廷恐慌,急派兵镇压,大兵压境,井勿幕到了履行承诺的时候了。

分兵南北　求援陕西

一

为防堵清廷派兵入晋,山西军政府委任姚以价为东路军司令,率所部民军前往娘子关、固关一带据险设防。山西地处清政府肘腋之位,起义虽然在武昌和湘赣陕之后,但是对清政府的打击,却比湘赣陕要严重得多。"使非山西起义,断绝南北交通,天下事未可知也。"孙中山如是说。

清廷已病入膏肓,派去攻打山西的第6镇统制吴禄贞竟是一位才华横溢的革命党人,武昌起义后,吴禄贞就与第二十镇统制张绍曾、第二混成协协统蓝天蔚密谋起义,夹击北京。派这样一位心有异志的人去进攻山西,说明清廷气数已尽。

11月3日,吴禄贞抵达井陉,按兵不动,暗中派老同盟会员何遂前往娘子关与姚以价取得联系,由姚连夜电约山西军政府都督阎锡山前往晤谈,共筹大计。第二天下午,吴禄贞与阎锡山分乘火车到达娘子关,举行会谈后,决定组成燕晋联军,吴禄贞为联军大都督兼总司令,阎锡山为副都督兼副总司令,温寿泉为联军参谋长;山西民军两营开往石家庄,归吴禄贞指挥,然后会师北京,推翻清室。

当天,一列由北京开往武汉前线,满载械弹、粮食、服装和饷银的列车,在石家庄车站被吴部下何遂率六镇官兵截获。督师湖北孝感的袁世凯,因吴扼守石家庄而不能赴京就任内阁总理大臣,并对吴截留军械粮服,恨之入骨。

燕晋联军若组成,足以使清廷四面楚歌,陷入绝境。孤城北京,指日可下。

吴禄贞才气纵横，计划也不错，但是，他遇到了一个更加可怕的对手——老谋深算的袁世凯。此时的吴禄贞已成袁世凯的心腹大患，必须除之而后快。

吴禄贞与阎锡山达成组建燕晋联军协议后，认为形势很好，并没有意识到敌人的阴谋和自己处境的危险。他不知道，他的卫队长已经被袁世凯派人用三万块大洋收买。11月7日凌晨一时许，吴禄贞在石家庄车站办公室与参谋张世膺、副官周维桢批阅公文，被进来请安的卫队长马蕙田行刺毙命，年仅32岁。

景梅九闻吴被刺，痛惜不已。次日上午，景赶到石家庄为吴料理后事，动员第六镇官兵为吴报仇，试图挽回危局，但为时已晚。

吴禄贞的死，不光使山西形势骤变，战争已不可避免，而且对中国今后十几年的局势也产生了重大影响。辛亥革命老人孔庚在悼忆吴禄贞时，曾这样写道："吴禄贞，是个雄才大略，辩才无碍的人；尤其是识见过人，热心爱国。假使他这次（燕晋联军）的事能成功，袁世凯当时决不能存在；北洋派也不至祸国十余年；民国成立，必另有一番气象。"

11月14日，清廷派著名晋商渠本翘（字楚南）为山西宣慰使，欲借其声望挽回清政权在山西的失败；渠本翘奉命后，致函阎锡山，劝谕以和平解决。11月24日，阎锡山复函渠本翘，愿在太原共商和平之策。但是，和平谈判并没有实现，因为清政府和袁世凯都要消除山西民军这一肘腋之患，只有诉诸武力了。11月15日，清政府又任命张锡銮为山西巡抚，督率曹锟、卢永祥所部三万余人向娘子关、固关一线发动猛攻。东路军总司令姚以价所部官兵仅两千余人，装备不足，一时情势极为危急。姚以价一面派人向太原告急，一面写信策动正定镇总兵徐邦杰，劝其弃暗投明，反戈一击。同时，指挥所部民军奋勇抗击。终因众寡悬殊，力不能支。12月12日，山西东部雄关——娘子关落入清军之手。

娘子关失守，三晋门户洞开，清军长驱直入，直逼太原。早在清军进攻之前，军政府已料到娘子关难守，内部有分兵南北之议。娘子关虽然形势险要，但山西缺乏炮兵，"虽有可守之地，而无可守之器"，山西全省境内只有起义的太原一地为民军所占，若一岛孤悬，大家自然产生分兵南北的想法，免得困守一地,全军覆没。景梅九从娘子关回到太原后曾私下对阎锡山说:"娘子关终不可守,一旦失败,非南退必北进,今不速图,将来恐北不能过雁门,南不能逾霍山,我辈必进退失据,奈何!"阎锡山同意景梅九的意见。分兵南北也确是情势所迫,温寿泉、黄国梁后来回忆:"三镇兵入山西后,太原方面已无抗拒实力,当时,阎、温、黄等多次集议,多主张由太原暂时退出,到陕西与张凤翙靠拢,联络起来。但因所采路线主张不一致,结果,阎和赵戴文等走了北路,温走了南路,黄留太原未走,与王嗣昌、张德荣先住在阳曲县青龙镇,后入城在天主教堂躲藏,再转至天津,议和后才回太原。"

按照地域籍贯,当时山西革命党人分为晋北、晋南两派。晋北人以五台人阎锡山为首,晋南人以洪洞人温寿泉为首。危难之际,仓促之间,阎锡山率晋北人北上,温寿泉率晋南人南下。

且不说阎锡山北路行进如何,只说南路军。

南下河东的民军千余人,由温寿泉率领,同行的还有军政府政事部长景梅九、敢死军司令杨彭龄等人。撤出太原前,晋南革命党人李岐山召集了学生军,筹到数十支枪,又收编了从娘子关败退的散兵两个营。

13日,民军出太原后,沿汾河谷一路南行。行至介休,为了便于号令,公推杨彭龄为行军都督,李岐山为参谋长,行使军事指挥权。走在最后的是押运子弹车的二十几名学生军,由景梅九率领。此时,陕西革命党人已稳定了局面,派同盟会会员王一山为联络员,再次赴晋联络,共商反清大计。

正当路途艰难,民军情绪低落之时,恰遇王一山来晋接洽。王一山介绍了陕西的革命形势,特别介绍景梅九的老友井勿幕已自成一军,可分兵河东驰援山西。景梅九一行听后大受鼓舞。一路经祁县、过平遥、至洪洞。路上收留从战场上溃败下来的学生军和民军,队伍不断扩大。这时,军事重镇平阳府(临汾)仍为清军驻守。民军南下河东,必须经过临汾,杨彭龄召开军事会议,讨论是否攻城。景梅九说:"平阳城坚,且我军初至,主客势分,攻之必不利。不如绕道至河津,打听秦军消息,能渡河与秦军联合固好;否则,乘机攻陷河东,亦上策也!"大家赞同他的意见,但又恐清军截击。景说:"我军新来,彼不知虚实,但听我军又增厚援,何敢攻我?"有人建议修书一封致谢有功,说明民军目的,以免意外。景梅九当即提笔写道:"革命军目的在攻取燕京,

以定大局,我军将东出巩洛,与中原义军相会,明日即行开拔,请足下偃旗息鼓,勿自惊扰!我辈决不攻平阳也!"第二天,民军从平阳城外整队通过,城上果然偃旗息鼓,静悄悄地若空城一般。

12月27日(十一月初八),经襄陵、太平(汾城)、稷山,到达河津。

二

民军南下谋取南部重镇运城之时,辛亥革命时期山西的另一位重要人物张士秀发挥了巨大作用。

张士秀(1870—1924),字实生,临晋县南营村(20世纪40年代划归永济)人。清末附贡。幼家贫,好学习。为诸生时,倜傥不羁。喜交游,恶豪强。12岁时,曾因伯父霸产而讼于公堂,以口算胜过珠算的速度打赢了官司,博得了"铜嘴铁舌"的称号。18岁父死,家力维艰,遂辍学事农兼营商贾。1900年30岁时,经推荐任县差徭局局长,不逾月便井然有序。约年余,自行离职。1905年,筹办地方团防。1906年,受清廷派遣赴日考察实业,结识了景定成(梅九)、章太炎、张溥泉(张继)等人。讨论反满救国,旋即参加同盟会。归国后,1908年接任由景梅九、李岐山等人创办的"回澜公司"总理事,继续从事革命,唤醒国人。1909年,被选为省谘议局常驻议员,赴太原述职。1910年清政府山西巡抚丁宝铨为了邀功,9月间派兵在交城、文水二县查禁种植大烟,酿成官府枪杀百姓三、四十人的惨案。张士秀到出事地点调查了解并将惨案真相公之于世。因张士秀直言不讳揭露山西巡抚残杀无辜,遭丁宝铨拘捕,判处徒刑二年,解回原籍临晋监狱执行。在狱中张士秀以琴书歌自娱,自拉自唱,充满了乐观,从不因身陷囹圄而戚容愁颜,被当时的县令和狱卒们视为"怪人"。

张士秀一生,成也在铜嘴铁舌,亡也在铜嘴铁舌,这是后话。

当时,在河东一带同盟会员中,张士秀声望极高。得知张士秀被捕入狱,黄兴亲自致函运城同志,嘱咐全力营救出狱。运城同盟会同志也计划过劫狱,他怕酿出事端,予以制止。10月10日武昌起义,10月22日陕西响应。陕西与临晋一河之隔,11月11日,临晋县令惧怕,又接受了重贿,将张士秀释放出狱。

河东道盛产棉麦,又有食盐宝藏,是历代山西最为富庶的地区,清政府的河东兵备盐法道管理着三十六州县及运城盐政,下有持有洋枪的500余人盐捕武装,还有太原总兵谢有功重兵为后盾。张士秀和其同仁知道,虽然河东同盟会势力雄厚,但他们手无寸铁,武装斗争无法与清对抗。张士秀出狱之时,正是吴禄贞被刺,新成立的山西军政府危急之际,得知山西局势危在旦夕,张士秀连家也顾不得回,16日,径直从吴王渡过河,直奔陕西搬兵。

此时,陕西革命党人建立军政府才不到20天。10月下旬,陕西革命军司令部举行会议,仓促推张凤翙为军事首领,众人仍暗中拥戴井勿幕为大都督。井勿幕当时正在耀州,派人转告他们,临时换主帅,只能是扰乱内部团结(见章炳麟撰《井勿幕墓志铭》),制止了众人的好意,推定张凤翙为秦陇复汉军大统领,钱定三、万炳南为副统领,军政府正式成立。直到11月22日,孙中山领导的南京临时政府才向张凤翙颁发了"中华民国政府秦省都督印"。这时的陕西政局仍不稳定,就连关中地区也没有完全光复。

张士秀过河后,18日抵达蒲城,先拜访了井岳秀。20日,抵三原,拜访井勿幕。井氏兄弟热情接待了这位来自山西的客人,表示:光复河东,义不容辞。但因陕西军政府成立不久,新募兵丁未经训练,出师沙场为时过早,待编练成军后,必践前约,率之光复河东。21日,张士秀到西安,由旧友郭希仁、王锡侯引荐,见到陕西都督张凤翙,说到援晋一事,张凤翙面有难色。张士秀为其剖析利害,痛陈此举对秦晋两省乃至全国革命形势发展的战略意义。张凤翙为之所动,当即下令某军官带马步二营东渡黄河。同乡郭月如知道这位军官所部纪律极坏,告诉张士秀托辞阻止其行动。11月27日,士秀与陕西东路节度使张伯英签订《秦晋同盟互助条约》。这一趟,虽没有搬来陕西民军,但也没有白跑,至少为光复河东作了铺垫,再次确立了秦晋两省革命党人之间相互驰援的特殊关系。

三

12月6日,张士秀从蒲津渡过河返晋,来到蒲州(今永济老城)。这时河东著名的革命党人王用宾、刘绵训、邵修文绕道黎城从北京回到蒲州,几人与蒲州革命党人王利臣、韩拱北、张福堂等商议策划组建民团。决定先招练八营民团,为光复河东打下军事基础。蒲州知府赖庆荣比较开明,倾向革命,与王用宾、张士秀等人又属旧交,不顾知府身份,暗中促成这件事。民团名为保卫地方治安,实则训练革命武装,河东革命党人中,张士秀声望最高,又是民团的实际发起人,大家一致公举张士秀为蒲属六县民团总团长,总司令。

张士秀等人在蒲州训练民团之时,山西方面娘子关战事吃紧,民军眼看就要一败涂地。陕西方面,不仅等不来救兵,而且,在清军的进攻中,潼关失守,河东处于清军东西相夹之中。好在仅过了几天,陕西民军又将潼关收复。正在此时,温寿泉、景梅九率领的南下民军已按计划到达河津。张士秀与王用宾商议:由王用宾赴河津联系山西南下民军进攻运城;张士秀本人再次西渡求援,催促秦军及早发兵,与山西民军南北夹击河东清军。

12月20日,张士秀第二次西渡求援大获成功,他赶到潼关时,陕西民军将领陈树藩、井勿幕、井岳秀、严飞龙、岳维峻、李仲三等人都在附近活动,双方约定,由陈树藩率陕西民军井勿幕、井岳秀等部渡河开往山西。

山西南下民军所以绕过临汾进驻河津,同样是为了联络陕西民军。此外,河津已有侯马人钟仁义收编的革命军士兵3000余人。12月27日,南下民军到达当天,在河津县城小学堂,进行了具有战略意义的军旅整顿。"是时民军队伍极为复杂,曰义勇队,曰洪汉军,曰霹雳队,曰学生军,曰陆军,曰改编新军,兵士纷纭,毫无纪律。于是温寿泉、杨彭龄、李鸣凤、吴汇之、景梅九、张翔之等拟将军队重新编制,乃编为步队一标,马队一营,炮队一营,编洪汉军为国民军,以李鸣凤为国民军司令官(一说五路招讨使),以吴养渭为标统,以韩长泉、郝富珍、靳殿华、钟仁义、许多章诸人为管带,此外又编一侦探队以通军事上之消息。"(温寿泉、黄国梁等:《辛亥革命山西起义始末》)经过整顿,军纪为之一振。同时决定,驻军河津等待陕西援军。温寿泉随王一山赴陕西,与陕西军政府首脑面商借武器事。杨彭龄因意见分歧,被解除军队领导职务,出走陕西韩城就医。景梅九赴陕西朝邑与井勿幕等联络,商议出兵援晋事。

当时的情况是,蒲州的王用宾去河津联系山西南下民军,河津的南下民军派景梅九渡河联络陕西民军，而陕西民军已经与张士秀商议决定履约派兵驰援山西。

东渡践约　西渡援秦

一

几乎是山西民军三路人员渡河求援之时，陕西方面其实已经发兵援晋。张凤翙令河北招讨使井勿幕、东路节度使陈树藩、东路招讨使陈树发率领井岳秀、严飞龙等部三个标，打着"秦陇复汉军"的旗号东渡黄河，由大庆关（即蒲津关）和夏阳渡相继渡过黄河。

运城此时称潞村，盐池自古维系国脉，自元代以来，又被称为盐运之城，故又称运城。运城并非州县所在，地位却比州县更重要，城墙高峻，城池坚固。清廷在这里驻有兵备盐法道衙门，另有盐捕营500人。盐池从解州到安邑，波光粼粼绵延50余里，盐池边沿盐运官道四通八达，其中一条向西经猗氏、临晋、永济三县，直通黄河岸边的蒲州。

陕西民军随张士秀从大庆关渡过黄河即到达蒲州，在民团总部任职的韩拱北、胡足刚、景豹卿赴大庆关接应，并在蒲州热情接待陕西民军。永济县令项某，听说陕军渡河随即逃之夭夭，永济县城光复。

河东兵备盐法道余粲得知陕军进入山西，自知兵员不足，运城难保，惶恐不安，向清廷内阁连拍两封电报求援，其一：陕匪已过蒲州，直扑运城，运万万急，火速待援。时间为初九四更。其二：陕匪巨股，直捣运城，运亡定在旦夕。

蒲州距运城仅百余里，此时求援已远水解不了近渴。况且武昌举义后，各省响应，清廷已到崩溃边缘，哪里还顾得上山西一隅的运城。

陕西民军在蒲州安营后，陈树藩、井勿幕等人与张士秀商议攻打运城方案。张士秀建议从中路进军，以攻其虚。陕军稍作休整，第二天拂晓，胡足刚、尚德率蒲州民团加入到作战行动中，组成秦晋联军，经虞乡、解州直达运城以北的龙居、赵村，当晚驻扎运城郊外赵村关帝庙。河东道尹余棨接报，派盐捕营趁夜幕偷袭联军。29日黎明，赵村陕军发现敌情，急起应战，龙居陕军从侧翼驰援，两面夹击，一番激战，击毙清军指挥官，盐捕营败退。陕军乘胜直扑运城，尾追至城下。同盟会员尚德、阎玉清（景梅九妻子）等人从城内策应，打开西城门；北门外，出城清军与严飞龙部接火，很快被击溃，其营长也被击毙，严飞龙指挥军士利用姚暹渠掩护，亲率一部登城，开北门迎全军进城；陈树发率部攻至城下，身先士卒，搭云梯爬墙登城而入；盐捕营守城官兵惊惶四散，清吏监掣府陆叙钊被杀死，河东兵备盐法道余棨潜逃；只剩监掣府官陆叙钊一人独坐大堂，身穿袍褂，头戴顶戴花翎，准备为清王朝殉葬。民军冲入大堂时，陆叙钊叫道"你们反了……"话音未落，枪声四起，陆叙钊倒毙堂上。

井勿幕、陈树藩率部亦随后进城，河东重镇运城光复。

这天是1911年12月29日，一个山陕人民都值得记住的日子。

二

此时，南下的山西民军仍驻扎在河津，并不知陕西民军已践约攻占运城。12月27日，王用宾从蒲州来，与李鸣凤等商议取运城之策，说运城空虚，如兼程前进，运城可唾手而得，运城攻下则河东局势可大定。决定兵分两路，李鸣凤（岐山）率民军为一路取道万泉，台寿民率陆军为一路取道临晋，向运城进发。

30日，山西南下民军经万泉、猗氏到达安邑北相镇，顺利攻克安邑城。得知陕西民军已攻克运城，李岐山单骑进城，会见了陕军诸将领与河东同志。约定：陕军南守，晋军北伐。31日，晋军与陕军会师运城。这时，以后成就一番大事业的抗日名将傅作义也加入到南下民军中，当时他只有16岁，是温寿泉的陆军小学学生，曾随姚以价参加娘子关战斗，溃散后，同薛笃弼等三人追寻南下民军，到运城后，重新加入到队伍中。

1912年1月1日，南京临时政府特派员王北方来运城视察，根据南京临时政府的命令，成立以温寿泉副都督为首的中华民国晋军政分府，又称河东晋军政分府。第二天在运城福音堂举行大会，河东晋军政分府正式成立，统一指挥河东各县军政事宜。大会用投票公决的办法，选举产生军政分府成员。温寿泉为都督，主持河东36州县军政事宜；许鉴观(1873—1922，临晋县许家庄村人)主管盐政；张士秀为民军总司令；王用宾(1881—1944，猗氏县黄斗景村人)为民政长(后由张士秀接替)；尚德(山西永济人)为秘书长；李岐山任协统(旅长)；吴汇之、景蔚文任团长；另两个独立团由韩升泉、陈维先任团长。任命张煌和陈彩彰为北路和东路招抚委员，收编散兵扩充武装。任命张起凤为晋南(平阳)镇守使。分府改革政治，革除旧弊，倡导新风，释放在押囚犯，豁免旧欠钱粮。一时，运城气象一新。

河东晋军政分府成立时，中华民国临时政府刚成立一天。1912年1月1日中华民国临时政府成立，1月2日中华民国晋军政府也宣告成立，标志着河东辛亥革命进入鼎盛时期。在一个地区创立革命军分政府，这在全国也是少见的。

这时，去陕西与井勿幕联络的景梅九、温寿泉经合阳到朝邑后，得知陕军已履约开往山西。二人商议，温寿泉继续西行，往西安向陕西军政府商借枪弹。景梅九随陕军后队立即返回山西，以联络协调秦晋两军。赶到蒲州时，得知陕军已收复运城，景梅九大喜，乘马星夜疾驰，一路豪情狂放高歌岳飞《满江红》。1月3日，到达运城后直奔东街署衙，老朋友相见，免不了又是一番指点江山。随后，温寿泉在西安得到陕西都督张凤翙援助的步枪三百支，子弹五万发，也赶回运城。

陕西革命党人实现了约定，光复运城，功莫大矣，但是，晋陕两省同志更看重的是以后两省的联合。1月4日，秦晋两军首领商议秦晋联军实施办法，景梅九被推举为秦晋联军军需局局长。1月5日，河东军政分府温寿泉、王用宾、张士秀、李鸣凤、景梅九等同陕军代表井勿幕、陈柏生、井崧生、岳西峰及河南代表王北方等，商量组建"豫晋秦陇联军"，准备扩大联合。与潼关秦军张钫部，豫西刘翠轩、王天纵、刘镇华部向东进攻洛阳，以拊南下清军之背。

按照李岐山与秦军的约定:晋军北伐,秦军南守。1月8日,李岐山率军攻克绛州,捕获了巡防队统领陈政诗,此人当年在绍兴府任职时,曾参与杀害女侠秋瑾。李岐山将消息告诉当年曾与秋瑾一起办报的景梅九。景梅九当即下令,在绛州将李诗政就地处决。绛州之战,收编清兵800余人,缴毛瑟步枪300余支,子弹23箱,火药10多篓,银9000余两。

1月12日,李岐山率军围攻平阳(今临汾),相持一月,久攻不下,直到2月12日,议和成功,清帝退位,南北停战,共和告成。清军回太原,平阳光复。李岐山率民军撤围回到运城,这时,河东革命武装已发展到一万余众。

攻克运城的陕军井勿幕、陈树藩部也没闲着。革命党人起义成功后,清政府急派驻军河南的毅(豫)军进军陕西。灵宝、阌乡、潼关接连丢失,张凤翔急令援晋陕军回师增援与清军作战的张钫部。陈树藩派陈树发等率部增援。同时,井勿幕、陈树藩与潼关张钫部取得联系,约定从黄河东西两岸夹击豫(毅)军。1月8日,井崧生(岳秀)所统游击队驻扎茅津渡,毅军闻讯,仓皇逃遁。张钫率部紧追,1月9日,占领河南观音堂,前锋到达渑池。革命军隔黄河南北成掎角之势,河南重镇洛阳受到严重威胁。革命党人郭希仁在《从戎纪略》一文中说"自伯英(张钫)出关,一路势如破竹,陈、井之军又得运城,夹河为掎角之势,省城方谓东方从此可以无事矣。"也就是说,秦军东援运城,实际上也起到了威胁中原、护卫陕西的作用。

毅军败退,失地四百里,刚当上清政府内阁总理大臣不到两个月的袁世凯惊慌不安,急令北洋军第二镇统制王占元、第六镇协统周符麟调集大军,配备野炮、山炮五六十门,向陕军反扑,总兵力达两万多人。这时陕西革命军兵员不整,武器匮乏,战士多是起义后所募新兵,与武器精良的北洋军一交手,顿处下风。在渑池、观音堂、崤山、硖石等地激战数次后失利,1月15日退守函谷关,又与北洋军激战半日,再次失利。此时,天降大雪,千年雄关函谷关外茫茫一片,雪色凄然,血战之后,陕军顶风冒雪退回潼关。北洋军穷追不舍,一路尾随。16日,潼关城下再次响起炮火,北洋军开始攻城,陕军顽强抵抗。战至19日,张钫部终因弹尽,被迫第三次退出潼关。

秦军在运城作战勇猛,纪律严明,秋毫无犯。运城光复的第二天,便以秦陇复汉军河东招讨使的名义出布告安民,并将库存白银十八万两,交地方人士芮城张东生经管。在组成河东晋军政分府时,山西同志曾就河东地方管理问题征求过陕西同志意见,井勿幕、陈树藩表示:我等客军,不能管理地方事务,应由当地人士维持地方。井勿幕私下还对景梅九说:"潼关战事愈急,我要班师回秦! 客兵久扰河东,我心不安,乘此机会,全数退出,可免许多交涉。"

正当潼关危急之时,曾经做过山西按察使、布政使和陕西巡抚的升允,被重新任用,再任陕西巡抚,此人孝忠清室,复任后,率旧部以"勤王"为名,从甘肃入陕,妄图攻下西安,迎奉溥仪建立偏安西域的小王朝。经数十战,攻克十余城,西安危急。

这时的陕西局势十分紧迫,东有北洋军攻入,西有升允进逼。陕西军政府急令井、陈班师回援。

三

从1911年12月27日入晋,到1月19日潼关失守后撤离,陕军在运城呆了不足一月,便不得不撤回陕西。临行时,河东各界举行仪式欢送陕军出境,以答谢陕军援晋名义,赠潞盐6000余万斤。

陕军回师之时,有一支晋军加入到救援潼关行动中,这支队伍叫洪汉军,是哥老会武装组织,领头人叫岳长胜。

同盟会成立后,革命党人为推翻满清政权,吸收各种力量,晋陕两地同盟会中,都吸纳了当地的帮会、刀客入会。岳长胜就是这样一位人物。岳长胜(1873—1912),山西猗氏人,出身贫寒,从小喜欢舞枪弄棒。曾当过镖客,生性豪爽,喜欢结交英雄豪杰。后加入哥老会,任中条山堂山主,即总正龙头大爷。当时,各省都有哥老会组织,陕西有太白山堂和通统山堂,河南有降台山堂。为了联合"哥老会"共同反清,井勿幕曾挺身入会,其侄井溥文也曾在渭北各县招募游侠300人,由井岳秀统领。岳长胜的中条山堂会员有近万人之众,其武装组织取名"洪汉军"(取洪门兴汉之意)。1905年,猗氏洪汉军起义消息泄密被镇压,会众几乎损失殆尽。岳长胜避祸陕西,开始接触同盟会主张。此人虽为帮会首领,却胸怀大志,1906年,曾专门去湖南谒见孙中山先生,因孙先生远赴海外,未能晤面,经湖南同志介绍加入同盟会,属同盟会的早期会员之一。1911年10月22日,陕西光复后,岳长胜返回山西,在蒲州见到了王用宾、张士秀等人,商议组织民团,共举义旗。11月16日,又与张士秀一起赴陕西向陕军求援。12月29日,率洪汉军四五百人随陕军抵达蒲州。陕军光复河东后,因北洋军进攻潼关,撤离山西急救。此时,出身江湖的岳长胜岂能坐视,率洪汉军加入陕军。在解救潼关危局中,岳长胜身先士卒,作战勇猛,不幸饮弹身亡,时年39岁。

陕军撤走后,河东防务由晋军独立担当。两军隔河相望,互为掎角,随时可以相互支持。陕军撤回后,虽解潼关之围,陕西危局并没有很快化解,升允率军围攻咸阳,进逼西安。陕西军政府飞电请河东晋军政分府援助。温寿泉当即选拔精锐混成一团,亲自督师到达蒲州。渡河之际,升允听说晋军来援,潼关北洋军又败,只好引军退去。西安又恢复平静,温寿泉班师。

这时,晋军"南路招讨行军都督"李岐山还在率军北伐,正在平阳与清军激战。此举需大量军费。加上清王朝给新政府留下的是百业停顿、经济萧条的局面。地方秩序亟待整饬,新政权开支浩繁,刚一诞生就遇到了经济困难。为解一时之需,军政分府分别在蒲、解、绛三州所属17个县,劝导商民输捐。前后一年多时间,共收到白银14.5万余两。认捐最多的是一个叫阎乃竹的商人,共捐献白银2万两。

这又是一个陕西人。在为山西提供了军事上的支持后,陕西人又在经济上为山西提供了帮助。

阎乃竹出身官宦家庭,其父阎敬铭(1817—1892)是清末名动一时的"救时宰相",陕西朝邑县(今属大荔县)人,光绪时任东阁大学士。性格耿介,为官清廉,晚年寄寓山西虞乡县(今属永济市)王官谷颐养天年。如今,风景秀丽的中条山王官谷口,建筑别致的阎敬铭别墅已成为当地风景名胜。阎敬铭别墅,又称王官别墅,布局讲究,建筑典雅,占地面积达三百余亩,其中建筑占地为三千余平方米。阎乃竹是阎敬铭的六儿子,长期随父亲居住在山西,感染上了山西人好商习俗。成年后,不涉仕途,在芮城、运城等地开有多家当铺,辛亥举义时,阎乃竹已是芮城县富甲一方的大商人。当地也把他当芮城人,在捐款名录上写的是芮城县阎乃竹。

河东事件与亡命陕西

一

就在李岐山率领山西革命军围攻平阳，与清军激战；陕西革命军与进逼西安的升允激战之际，如火如荼的辛亥革命正在悄然改变方向。北京、南京两个千年帝都中，几位影响中国命运的人物在讨价还价、斡旋妥协，决定着中国的未来。

武昌首义后，清廷重新起用袁世凯出任内阁总理，陈兵长江北岸向革命党人施压，1911 年 11 月 26 日，由英国驻汉口总领事葛福出面"调停"，向湖北军政府提出议和条件。湖北都督黎元洪等以军事失利为由，竭力主张妥协。12 月初，南北双方达成停战协议，双方代表随即在上海英租界市政厅举行谈判。议和的同时，革命党人根据《中华民国临时政府组织大纲》选举总统，孙中山先生当选中华民国临时大总统。1912 年 1 月 1 日，孙中山在南京正式宣布中华民国成立，宣誓就任临时大总统，1 月 2 日，孙中山通告各省废除阴历，改用阳历，以中华民国纪年，1912 年为中华民国元年，以南京为临时首都，以红黄蓝白黑五色旗为中华民国国旗，象征五族共和之意。

早在当选临时大总统之前，孙中山先生就曾发表声明，表示只要清帝退位，袁世凯赞成共和，即举袁世凯当大总统。1912 年 2 月 12 日，袁世凯迫使清帝溥仪下诏退位。次日，仅当了 12 天总统的孙中山辞去中华民国临时大总统职务。15 日，临时参议院选举袁世凯为临时大总统。南北议和结束。

此时，李岐山正率领山西革命军与清军激战正酣，得知清帝退位，议和成功，清军退去。李岐山率军回到运城。

清帝退位以后，阎锡山于 1912 年 4 月返回太原，仍以都督名义掌握山西军政大权,一番摇摆后,最终依附袁世凯,为保住山西督军地位,开始培植亲信,排除异己。辛亥举义后,河东地区一直是革命力量聚集之地,加上河东革命党人与陕西革命党人联系紧密,阎锡山唯恐大权旁落,精心策划之后,一个大事变悄悄降临到运城。

事情虽是针对运城革命党人,实际与运城中条山下皑皑盐池有关。运城盐又叫潞盐、解盐。自古以来就是财富的象征,谁掌握了盐池,就等于掌握了财富。阎锡山看上了运城盐池,山陕革命党人也看上了运城盐池。

袁世凯当上总统,并没有给中国带来和平。革命党人料定他早晚会走向帝制,提早进行了二次革命准备。运城盐池正好可以为武装军队提供财力保障,山陕革命党人清楚地看到了这一点。1912年春天,陕西革命党人井勿幕、陈树藩曾与山西同志王用宾、张士秀、李岐山商量如何利用盐池武装山陕革命军。王用宾在《记山西在辛亥革命前后的几件事》一文中回忆当时的情景说:"谓袁不可靠,终有二次革命之举,山陕阎张两督,为保持地位计,恐将附袁。应以李鸣凤(岐山)旅驻运城,陈伯生(树藩)旅驻同州,紧相联系,为监视山陕两省行动之主力,兵员不难充足,最难者枪械耳。"要购买枪械就需要大量钱财,而盐池正好能带来财富。他们决定:利用"潞盐"筹措购买枪械的巨额经费。

清代,盐业实行引岸制,即盐商从政府那里得到盐引(取盐凭证)后,必须到规定的区域销售。当时,潞盐的销售区域(引岸)就包括陕西、河南两省。军政分府收回盐场后,采取了许多措施恢复盐业生产,当年盐产量达558750吨,超过往年10倍。王用宾回忆说:当时"河东盐务,袁政府尚未顾及,仍由观察使张士秀管制,此盐引岸为山、陕、豫各半省。军兴后运销失常,陕岸概为土盐侵占,产运两商俱请求恢复,于是以报酬援晋及恢复引岸之名义,不收任何税款,赠送井、陈部潞盐2000名(每名三万余斤),俾以政治力量推销原岸,销盐所得之价,概汇上海,购买械弹,分给陈、李两旅,以厚实力"。从当时的形势看,这是筹措枪械资金的一个好办法,而且,很快付诸实施,从潞盐销售中得到的款项源源不断地汇往上海,只待枪械一到,便可武装起一支革命军,重新开展反袁武装斗争。

令他们没有想到是阎锡山同样看到了潞盐的巨额利润,而且似乎更有理由得到潞盐。山西土地贫瘠,主要收入全在晋南 35 县,尤其是盐池获利丰厚,辛亥以后,省署大部饷源来自这里。1912 年 7 月,阎锡山得知河东方面将大量潞盐运往陕西,利用都督职务之便,采取了两项措施制约河东革命党人,其一,宣布撤销河东军政分府,仓促建立的河东晋军政分府半年后便被撤销,改任温寿泉为军政司司长,李鸣凤为第一混成旅旅长,张实生(士秀)为河东观察使。其二,"设筹饷局于运城,派南桂馨为局长,名为筹饷,实则谋破坏山、陕同志联防之局面也。(王用宾语)"。这个南桂馨也是早期同盟会员,原在山西巡警道任职,是阎锡山的心腹。来到运城后,遵阎锡山之命,厚结李岐山部下团长景蔚文(两人原为日本警官学校同学)和营、连长,或以情牵,或以物通,想以景代李岐山之职,并将晋南情况不断向督署参谋长黄国梁报告。这位南大人显然看错了人。景蔚文(1883—1918),山西猗氏县人,曾考取过秀才,后官派赴日留学,入警官学校深造,其间加入同盟会,回国后,曾任山西谘议员。这样一个人,岂能做对不起革命事业之事,他很快将情况报告李岐山。

李岐山、张士秀得知情况后,立刻将南桂馨拘押。阎锡山原本苦于对晋南革命党人无法下手,这下正好抓到把柄,趁机向袁世凯密告李、张谋反。袁世凯杀戮革命党人蓄谋已久,正好乘机发难,以"河东独立"罪名,命参谋、陆军二部行文,勒令交出南桂馨,查办张、李二人,并派豫军统领赵倜率大军进剿晋南。张士秀、李岐山未作抵抗。赵部进入运城,将张、李二人擒解北京,关押在陆军监狱。袁世凯下令设立特别法庭,任命京畿军政执法处处长陆建章兼任庭长,审理此案。以"称兵作乱,危害民国"罪,判刑 12 年。

这就是当时震惊全国的"河东案事件"。

"河东案事件"发生后,原本用潞盐利润从上海订购的那批枪械,已于民国元年(1912)年底到货。李岐山被捕押往北京,所属部队不复存在,这批枪械全部为陕西陈树藩部队所得。王用宾后来回忆说:"后陈树藩凭此驱陆建章,陈部胡景翼、岳维峻又组织靖国军驱陈,及胡、岳出驻平汉路上,与冯玉祥、孙岳组织国民军倒曹锟,亦皆得此批械弹之力不少。"也就是说,在歪打正着中,山西的潞盐和山西同志的被捕,为陕西武装起了一支武器精良的部队。

　　李岐山、张士秀二人被捕,让革命党人失去了武装力量,意味着河东革命势力的消退。之后,温寿泉、王用宾、景梅九等人也都被排挤出山西,在外省继续坚持倒袁反阎活动。

　　李岐山、张士秀半年后被释放,许多文献中说是因为革命党人斡旋的结果。其实,这件事也与陕西有关,而且影响了今后几年陕西的局势。李、张被判刑后,在北京陆军监狱关了半年。主审官陆建章不安于京畿军政执法处长的职位,想外放做陕西省都督,知道李岐山、张士秀在晋陕一带颇有威望,想利用二人为其主政陕西打基础。1913 年夏天,草草审理后,将二人释放,派往陕西,让他俩动用旧有关系,疏通当地各派势力,为他下一步主政陕西做准备。

　　1914 年春,袁世凯任命陆建章为第七师师长,派往陕西督办剿匪事宜,同年 6 月,正式任命为陕西都督。陆建章只做了不到一个月都督,同月,袁世凯裁撤各省都督,在京师设将军府,陆建章为威武将军,督理陕西军务,从此,陕西便成为北洋军阀直接控制的地盘。陆建章心狠手毒,杀人如麻,有"陆屠户"之称。在陕西期间,大肆搜捕革命党人,横征暴敛,侵吞民脂民膏,几乎无恶不作,很快,陕西省革命党人掀起了驱逐陆建章运动。

　　李岐山、张士秀在陕期间,任将军府咨议。不久,李岐山的大女儿许配给张士秀的儿子,两人结为儿女亲家。不料,仅过了几年,张士秀即成为李家的杀父仇人。这已是后话。

二

　　这一年,景梅九、续西峰等山西革命党人也陆续来到陕西。

　　1913 年 3 月 20 日,袁世凯派人刺杀宋教仁于上海车站,事后警方追查凶手为失业军人武士英,牵涉出包括拥有中华国民共进会会长和江苏驻沪巡查长头衔的青帮大佬应桂馨、内务府秘书洪述祖、内阁总理赵秉钧等人。孙中山、黄兴由此举起反袁旗帜,发动了"二次革命"。七月,李烈钧于江西起兵讨袁,南京、广东党人起义,各地党人纷纷南下。但因计划不周,仓促起事,很快失败。孙、黄和大批革命党人被迫流亡海外。

此时,景梅九正在北京办《国风日报》,了解事情原委后,刊登了一副佚名挽联:"前年杀吴禄祯,去年杀张振武,今年杀宋教仁;你说是应桂馨,他说是赵秉钧,我说是袁世凯。"袁世凯闻之大怒,下令逮捕了《国风日报》编辑郭究竟、经理裴子清。景梅九愤然致书官庭曰:"此报经理编辑主任,全由鄙人负责,不能推诿于别人。如谓议员不能逮捕,即辞议员职以俟。鄙人之举纯为服从良心之命令,不然岂肯代人受过,自蹈危机。"(景梅九《罪案》)袁世凯无奈只得释放裴、郭。景梅九为救同志于龙潭虎穴,置个人生死于不顾,博得国人赞誉,却招来袁世凯更大嫉恨。1914年,袁世凯解散国会,密谋缉捕景梅九。景不得不离开北京抵达太原。此时阎锡山已倒向袁世凯,山西并无景梅九立足之地,景梅九只好再次来到陕西,躲避在陕西三原清凉寺,奔波于西安、三原、富平、白水各地,与王祥生、李岐山、邓宝珊、续范亭等会盟于白水曹俊夫家,组织西北护国军,与孙中山、蔡锷、李烈钧、唐继尧等南北呼应,共谋讨袁。

景梅九到陕西不久,山西另一位著名革命党人续西峰也来到陕西。

太原起义后,续西峰从太原返回家乡崞县西社村,招募义勇,创建"忻代宁公团",亲任团长。2月,续西峰率军进入大同,与清军战斗,指挥了为期40天的大同守卫战。1912年(民国元年)1月1日,孙中山在南京宣誓就任中华民国临时大总统,不久,授予续西峰"陆军少将"军衔。袁世凯窃国后,阎锡山返回太原,担心续西峰拥有重兵,势力强大,于己不利,派田应璜、梁上栋等人劝续西峰取消公团。迫于形势,续西峰将公团取消,任职山西巡警道,其间,倡办民警,重视地方分权,数月后官制改组,续重返故里。1914年,山西同盟会员冯钦哉在包头举事,拟驱逐晋北镇守使孔庚,邀续西峰共谋大计。续西峰因此遭阎锡山以反袁罪名通缉,只好渡河亡命陕北。

当时山西革命党人出亡者达数百人,多数避居陕西。究其原因,其一:秦晋为近邻,往来快捷方便;其二:山陕革命党人多年联合革命,有众多可信赖的朋友。

续西峰从家里仓促逃出后,身无分文,沿路乞食,抵达河曲,堂堂一位陆军少将竟落魄至此。在河曲也不敢久留,由朋友赵某送他渡过黄河,借用"赵掌柜"的名义,在府谷乡村串游。这也是以后他被称为"掌柜子"的来由。

续西峰在陕北乡村乞食串游之际,井岳秀因处理陕北烟教案,北上榆林暂驻。续西峰行踪被井岳秀知晓,立即派亲信到府谷寻找"赵掌柜",将续西峰接到榆林。这时井勿幕、胡景翼等也隐居榆林,大家庆幸在此地相聚,相互交谈革命局势。胡景翼提议:同登华山,以便联络晋、豫同志,共谋大事;更可回避开陆建章的耳目。井岳秀便派兵护送井勿幕、胡景翼、续西峰等人结伴南下,先到陕西蒲城井家暂避,又与续范亭、胡德夫、史可轩等人相会,相偕转到华山,联络各路英豪,共商讨袁逐陆大计。

这时,以后享有盛名的续范亭还只是个中学生,正在保定陆军中学读书,得知族兄被迫出走陕西,深为忧愤,当即辍学,与同学胡德夫、史宗法(可轩)等人南走河南,辗转迁行,由潼关入陕,绕至渭北,与续西峰在蒲城井勿幕家相会。时为民国三年(1914)农历五月。

聚义华山　共谋大计

一

在袁世凯窃国、陆建章入陕之际,大量有志之士齐聚陕西,促成了著名的"华山聚义"。华山脚下,一时名流荟萃,雅俊共集。

西岳华山以险峻秀丽著名,北麓的玉泉院却是另一种景象,楼阁雅致,亭榭俨然。当年,玉泉院附近有座杨家花园,陕西革命党人郭希仁就住在这里。杨家花园原本是被誉为关西孔子的汉代名儒杨震后代居所,当年林则徐被流放新疆途经华阴杨家花园,有感于杨震的"四知"故事,为花园题名为"清白园"。

辛亥举义前后,郭希仁在陕西颇有人望,也与山西革命党人交往较多。宣统元年(1909)十月,陕西咨议局成立,郭希仁被举为副议长。同年冬,由陈会亭、景梅九介绍加入中国同盟会。宣统二年(1910)三月,井勿幕回陕研究反清起义计划,调整同盟会陕西分会领导人,郭被举为负责人。四月,又被举为陕西咨议局进京请愿代表。郭赴京后,被同盟会会员举为陕西分会会长。1911年10月22日,西安起义爆发。当晚,郭被请到起义指挥部主持内务。陕西军政府成立,郭被任命为军政府高等顾问和总务府参政处负责人,军政府这一时期的文件、布告多出其手,许多行政事务多由其决定,时有"郭丞相"之称。袁世凯任中华民国临时大总统后,陕西都督张凤翙向袁妥协,郭以足疾辞去军政府职务,回到家乡临潼。1913年1月离陕赴京,3月在北京入基督教;不久辞去国会参议院议员,与李仪祉一起赴欧洲考察。10月,回国家居。1914年春,陆建章当上陕西都督后,郭希仁移居华山脚下,改杨家花园为"共学园",以讲学为名,聚集革命党人共商反袁驱陆大计。

郭希仁所以选择杨家花园讲学,并非看上了华山的雄峻,花园的幽静,而是另有原因。他最初来这里是为友人守灵的。这位友人名叫曹印侯,是一位革命者,同时也是一位名儒,曾与郭希仁一起在西安设立丽泽馆,名为研究学术,实为陕西同盟会革命党人秘密集会场所。由此与郭希仁有同道之谊。西安起义时,曹率民团响应,占领临潼县城。1911年12月1日潼关失守,曹奔走十数日,招得游侠、刀客、轻生仗义壮士6000人,组成"敢死军",并变卖家产,以作军食。清帝退位后,陕西东、西两路停战议和,曹倡议裁军,并以身作则,遣散部属十余营。孙中山、黄兴发动二次革命,曹印侯应黄兴之约赴武汉密商陕西二次革命,共同反袁,因行踪泄露,被北洋军阀黎元洪抓获,后得友人营救而获释。出狱后因长期劳累,旧病复发,加之秉性刚烈,受此大挫,病情严重,在友人帮助下移居杭州西湖疗养。疗养期间看到讨袁斗争处处失利,自己又壮志难酬,病情越发严重,1913年11月不幸英年早逝。时年32岁。

曹印侯生前与后来参加华山聚义的刘蔼如、郭希仁、董振武均是生死与共的同志、战友、兄弟。听说曹印侯故去,几个人痛心疾首,设法将曹印侯的遗体从杭州搬回陕西,葬在西岳华山北麓,并为之设堂守灵。守灵期间,几个人商讨反袁大计,研讨学问,不久,又开设讲堂,招收门徒,以讲授中外哲学、人文地理为名,联络各地同人,密谋反袁。这才有了辛亥革命后陕西著名的

华山聚义。

郭希仁既是革命党人，又是陕西名儒，反对帝制却推崇儒家文化，被视为"有学问的革命家"。在共学园开设讲堂后，不少学者与革命党人相率而来。在陆建章制造的血雨腥风中，小小的杨家花园却是谈笑有鸿儒，往来无白丁，一派学术气象。究其原因，笔者以为研习学问密谋大计是一方面，更重要的一点，是袁世凯、陆建章的镇压下，山陕甘革命党人已无立锥之地，而在陕西握有兵权的陈树藩则想利用聚义豪杰取代陆建章。邓宝珊口述文章《张义安三原起义》一文记述："陈树藩这时也伪装革命，秘密和这些人联系，还怂恿其行动。"当时，陆建章虽为陕西都督，但陈树藩率一旅之兵驻守离华山不远处的同州，华山一带实际是陈树藩的势力范围，陆建章鞭长莫及。因而，华山脚下的共学园实际是革命党人的躲避祸端，相互激励之所。

华山聚义又称"华下革命"，发生在"二次革命"被袁世凯镇压之后，大约在 1914 年春秋之间。二次革命失败后，革命党人纷纷潜逃避祸，续西峰是这样来的，孙岳也是这样来的。《国民革命军史稿》一书中说："孙岳参加二次革命失败后，乃出亡高丽，数月返国，袁氏索之甚急，适何遂治军大荔，孙间道往依。因留居太华。"张淑琳《续西峰先生事略》一文中说："孙禹行（即孙岳）亡命抵同州，先匿何遂寓，因避陈树藩，由何遂送华下。"甘肃的邓宝珊则说他自己是 1913 年底，新疆革命党人被杨增新残酷镇压后，取道西伯利亚回到京津，再辗转到陕西，聚义共学园的。其实，据刘蔼如回忆，邓宝珊能够聚义华山颇具戏剧性。他流亡俄国，绕道西伯利亚，经东北潜入北平，回到朝思暮想的故乡天水时，才发现家乡也没有他的容身之地。大哥生性懦弱，大嫂凶悍，家中又穷，官府还在通缉。家乡无法立足，邓只好隐姓埋名到陕西潼关寻找当年在军队的一位战友。战友不愿接纳他，听说郭希仁、刘蔼如等人在华山聚义讲学，让他到华山看看。刚刚 20 岁的邓宝珊走投无路，一路乞食来到华山脚下。饿着肚子在玉泉院房檐下避雨时被刘蔼如先生收留，遂为华山聚义一员。（见《辛亥老人刘蔼如与华山聚义》）

来共学园聚义的有多省人士，大多是同盟会员，饱经历练的军事家和政治家。陕西除郭希仁外，还有刘守中、刘蔼如、胡景翼、井勿幕、岳维峻、曹俊夫、董振五、史宗法（即史可轩）、张义安。山西有续西峰、李岐山、续范亭、胡德夫、刘冠山、弓富魁;甘肃有邓宝珊;河北有孙岳;福建有何遂。另外还有赤炳文、王诚斋、吴希真不明省籍,共计有三四十人。其中续范亭、胡景翼、邓宝珊最年轻,前两人22岁,后者20岁。续范亭经过这次聚义,从一位初出茅庐的年轻人,蜕变为一个革命者,他曾回忆说:"华山数月居,胜读十年书。"(刘定安《续范亭将军革命史实》)

华山聚义的参加者除早逝者外,后来都成就了一番大业,或为统帅大军的将领,或为威震一方的封疆大吏,或为民主革命做出了贡献。就连最年轻的续范亭、邓宝珊以后也名满天下。续范亭离开华山后组织西北护国军,1925年前后任国民军第三军第二混成支队参谋长、第六混成旅旅长、国民军军政学校校长。大革命期间受冯玉祥聘请,在西安担任军事政治学校校长。回到山西后,创建山西新军。邓宝珊离开华山后,由连长做起,之后营长、团长、旅长、师长一路飙升,至抗战时已是军团长、晋陕绥边区总司令。国内战争时期,已是陆军上将,以"有地位的、能负责的代表"身份代表傅作义将军与中共谈判,完好地保存了北平城。

富平人胡景翼在护法战争中曾任第四路军司令、第二次直奉战争时已任一师之长。直隶人孙岳在第二次直奉战争中,任北京警备区司令,两人与冯玉祥、孙岳一起发动了北京政变,解除了吴佩孚职务,迫使曹锟下台,将溥仪赶出了紫禁城。

蒲城人岳维峻,曾任靖国军支队长、代司令、陕军第一师旅长、国民二军师长、国民二军军长兼河南督办,北伐时任第二集团军第五方面军总指挥,同样也参与了北京政变。

山西崞县人弓富魁,曾任靖国军第六路总指挥,国民联军副总司令兼第六军军长。

与续范亭一起来华山的陕西兴平人史可轩,是华山聚义中年龄较小的一位,时年24岁,来华山之前曾当过营长,团长。离开华山后,却从头做起,先任副官,再营长、团长,到1925年,已是国民军第二军第二师第三旅旅长。值得一提的是,就是在这个时期,同样参加华山聚义的李岐山被陈树藩杀害,另一位革命党人张士秀牵涉其中。史可轩原本是李岐山下属,运城起义后曾在晋南革命军第一混成旅任第一团团长,而李岐山正是旅长。为给老上

司报仇,史可轩将张士秀在李岐山灵前砍头活祭。

这么多胸怀大志的人在共学园聚会,讲授儒学,传道授业只是个幌子,主要内容是讨论天下大事,分析国内外问题,共谋讨袁驱陆大业。目的是认准形势,伺机在西北各省发动武装起义。如此聚义,远非金庸小说的"华山论剑"所能比,可惜如今上得华山,只见"华山论剑"石刻高耸,而无"华山聚义"一席之地。

二

众多革命党人"华山聚义"探讨天下大事,共商革命策略,最后决定在西北各省及山西发动武装起义,以策应中山先生在南方的活动。大约半年之后,华山聚义结束,1914年冬,聚义人士分赴各地开展活动。

邓宝珊和续西峰打算去甘肃、新疆开展活动,由于缺乏川资,续在途中又大病一场,半路而返。再回陕西后,续西峰与井勿幕离开陕西,取道上海,转赴日本面谒孙中山先生,汇报华山聚义情况,随即回国转赴云南、四川,与云南都督唐继尧、第五师师长兼重庆镇守使熊克武共商讨袁大计。

就在华山聚义的志士仁人们积极活动之时,袁世凯也在加紧恢复帝制,准备黄袍加身。1915年12月,袁世凯冒天下之大不韪,公然背叛共和,登上皇帝宝座,激起了全国人民的愤怒。孙中山先生立即发表了《讨袁檄文》。12月26日,蔡锷将军宣布云南独立,兴师讨袁。

陆建章积极拥护袁世凯称帝,被封为一等伯爵。1916年5月初陕西模范监狱犯人越狱,陆建章派军警沿途搜捕逃犯,就地正法,许多行人、乞丐亦被误杀,西安城内尸横街头,血水四流,惨不忍睹。此种暴行使陕西民众群情激愤,驱陆情绪高涨,革命党人认为反袁驱陆时机成熟。一时间陕西风起云涌,"曹世英、高峻带领民团起义于白水,占领县城;邓宝珊、董振武、杨瑞轩、胡德夫、马青苑等谋于三原;李岐山、焦子静树护国反袁旗帜于富平;曹世英、郭坚等在渭河以北黄龙山一带,联合各县刀客,逐陆反袁;又李岐山、张深如、杜守信等人谋在西安附近几县举事。"(王劲《"华山聚义"考述》)在反袁护国战争中,陕西是北方唯一宣布独立讨袁的省份,其中,大多数武装斗争都是"华山聚义"成员参与发动的。

令革命党人想不到的是，在驱逐陆建章的行动中，出现了戏剧性的一幕。

胡景翼是华山聚义同仁中比较特殊的一位，离开华山后，他没有像其他人一样，组织民众起义，而是采用了一种特别的方式，投奔陈树藩，先谋了个闲差，后当上连长，后又当上游击营营长，驻守富平。

这年5月初，陆建章的儿子陆承武，带领"中坚团"进驻富平。胡景翼认为这是逐陆讨袁的极好机会，将想法密报给上司、时任陕西陆军第三旅旅长兼陕南镇守使的陈树藩。"中坚团"是陆建章手下最精锐的部队，武器精良，有一旅之众，3000多人，胡景翼的游击营只有300余人200支枪，和陆承武的力量相比，简直是以卵击石。陈树藩感到左右为难，阻止已来不及，增援又怕战败而连累自己，只派亲信崔式卿率便衣百余人，子弹数万发，到富平观战。不料，胡景翼胆大心细，谙熟兵法，以拜见陆承武为名，详细掌握了"陆"军的部署情况。出其不意，突然发难，夜袭得手，"中坚团"缴械投降，陆承武被活捉。

听到胡景翼活捉陆承武的消息，各路民军都赶到富平，群情激愤，要求杀了陆承武，推举胡景翼任陕西护国军总司令。胡景翼分析了当时的形势，为保存革命实力，力排众议，与郭坚等人一起推陈树藩做了护国军总司令，宣布陕西独立。

陈树藩任护国军总司令后，兵分两路向西安进发，同时以陆承武为人质，逼陆建章离开陕西。爱子被擒，陆建章大为沮丧，不得已与陈树藩达成"献城赎子"协议：陆建章向北京政府保荐陈树藩取代他出任陕西督军；陈树藩则负责释放陆承武，保护陆家生命财产安全，送出潼关。陆建章离陕时，陈树藩召集省城官吏到西安八仙庵送行。八仙庵前排着500多辆大车，装的都是陆搜刮陕西人的民脂民膏。据统计其现金、古董、烟土、字画、皮货、珍宝价值约白银3000万两。陈树藩亲自护送陆家老少出潼关后，等不及北京政府委任，便于5月18日自任陕西督军，通电全国。不久，北京政府也发表陈树藩督理陕西军务的命令。这样，陈树藩开始掌握陕西军政大权。

陕西革命党人轻而易举地驱逐了陆建章，但他们拥立的陈树藩同样是

个贪婪残忍的军阀,早就被收买,依附了袁世凯,没过多久即开始镇压革命党人。对靖国军来说,无异于前门驱狼,后门进虎。没过多久,陕西革命党人又开始了驱逐陈树藩的斗争。

三

华山聚义更重要的意义,是扩大了"民主共和国"在偏远的西北地区的影响,对以后护国、护法战争起到了重要作用,为陕西靖国军、国民军、西北军培养了大量高级将领,形成了一个政治军事集团——陕军,这个集团是后来西北军的重要组成部分,极大地影响了民国历史进程,其中尤以参与"北京政变""中原大战""西安事变"为国人注目。"北京政变"中,华山聚义和山陕两省参加的人数最多,不妨提前介绍。

北京政变又称首都革命,可以说是华山聚义志士仁人的杰作,也可以说是山陕两省革命者通力合作的结果。据树侯《续桐溪、王用宾与首都革命》一文介绍:北京政变,实际是由山西革命党人续桐溪(西峰)和王用宾、景梅九等人策划导演,冯玉祥、胡景翼、孙岳、岳维峻等人实施的一次改变中国历史进程的大事件。参与这次事件的山陕两省革命党人居多,其中续桐溪、胡景翼、孙岳、岳维峻、邓宝珊等人参加过华山聚义。

1923年6月,曹锟靠贿选当上总统后,激起公愤,西北军将领冯玉祥等人本想兴兵讨伐,却担心力量不足,只能暂时隐忍。当时,山西革命党人续桐溪与王用宾都在西北军中,分析时局后认为:直、奉两家为争权夺利,必定会引发第二次直奉战争,只待两军开战后,双方两败俱伤,再由冯玉祥、胡景翼出面倡导和平,欢迎孙中山先生北上。只有这样,才能在复杂的局面中打击北洋军阀势力,取得革命成功。

此策一石二鸟,既可推翻军阀统治,又可迎接孙中山先生北上,建立国民政府。在当时的情况下,使用这种策略不失为上上策。

事情果然如他们所料。1924年10月10日,直系军阀吴佩孚被曹锟任用为陆海军大元帅,大举讨伐奉系军阀张作霖,在中南海四照堂点将,冯玉祥被任命为直军"讨逆军"第三军总司令,出古北口、趋赤峰迎战奉军,直奉战争一触即发。时机已到，续桐溪、王用宾与冯玉祥、胡景翼、孙岳、岳维峻等人密议后，决定由王用宾取道上海，去广州面见孙中山，通知其早做准备。

王用宾到上海后，先见了国民党中央执行委员、陕西人于右任先生，向他说明西北军的计划和酝酿经过，请于先生向中山先生介绍。不料，王用宾苦口婆心讲了半天，于右任根本不相信。也难怪，孙中山先生自辛亥革命起，与北洋军阀周旋了十多年，尚没有多少效果，如今，凭西北军和几个山西人、陕西人，就能一举击败军阀势力吗？这无异于天方夜谭，太过于离奇，于先生怎么也不相信，也不肯写信向中山先生介绍情况。

王用宾一向能言善辩，激情四射，此时却怎么也说不动于右任。眼见大事不成，王用宾一急，大喊一声："右任！我们多年的同志，我的话你若不相信，我向你对天盟誓！"不等于右任反应过来，扑通跪倒在地，痛哭流涕，态度诚恳地说："革命岂是儿戏，我们怎能欺哄孙中山先生！"说完，伏在地上不再起来。于右任见王用宾说得真切，加上平时也知道续、王二人长于谋略，细想这个计划确实可行，终于相信了他的话，将王用宾扶起来，当即写信给中山先生。（见《山西大学学报（哲学社会科学版）》1981年03期）

带着于右任的信，王用宾至广州向中山先生汇报了西北军计划，约定一旦成功，中山先生旋即北上主持大局。随后，王用宾返回天津布置诸项事宜。此行，中山先生任命王用宾为直军宣慰使，徐谦、续桐溪为冯军和陕军宣慰使。

等冯玉祥、胡景翼回到北京后，续西峰等人推举景梅九起草电文向中山先生汇报行动方案，景梅九提笔写道："辛亥革命未竟全功，同志因谋首都革命……"以后，北京政变也被称为"首都革命"。

1924年10月23日，冯玉祥、胡景翼、孙岳、岳维峻等人趁直、奉两军在石门寨、山海关等地激战，回师发动北京政变，直系军阀吴佩孚被推翻，曹锟下野。同时将末代皇帝溥仪赶出皇宫，断了封建余孽的根脉。

北京政变只是华山聚义的志士仁人们取得的一个胜利果实，以后，他们还会在当时的中国掀起巨澜。

援陕风云和秦晋情缘

一

再回过头来说参加华山聚义的山西革命党人。

山西革命党人还在华山脚下时,阎锡山逢迎袁世凯,已经坐稳了都督宝座。蔡锷兴兵讨袁后,山西同志认为时机成熟,续西峰、李岐山、史宗法、岳维祺、胡德夫、续范亭等华山聚义同志商议后,决定组成西北护国讨袁军,计划由陕西韩城、合阳之间渡河,先取太原为根据地,然后,西合秦陇,南连川滇,直捣北京。不料事行不密,计划被陈树藩得知,密报阎锡山。

李岐山、续西峰、续范亭率领千余人渡过黄河后,得到李岐山旧部接应,十多天内,连克猗氏、临晋、荣河、万泉四城。李岐山令四弟李九皋率偏师袭取介休、平遥,以策应护国讨袁军。阎锡山得到陈树藩密报后,已有准备,派兵做好埋伏。民军到达虞乡时,突然全军被围,大部分被冲散,续西峰、李岐山逃往运城,藏在景梅九家,不久逃往北京。岳维祺牺牲,续范亭、胡德夫、史宗法失散,李九皋也兵败被俘,行动刚开始就失败。

恰在此时,蔡锷云南起义,加之民生凋敝、民怨沸腾,全国讨袁浪潮已呈江河之势,在忧惧中,袁世凯猝然死去,时在1916年6月6日。护国之役因此胜利结束。

袁世凯死后,黎元洪就任总统,中国结束了北洋集团的大统一局面,开始了群雄纷起、兵连祸结的军阀割据年代。北洋集团内部分裂为直、皖两大系,奉系在东北迅速崛起,各地大小军阀如晋系、滇系、桂系等无不割据一方。中心既失,兵为将有,政治权力分散在各路军阀手中,不仅中央不能控制各省,甚至各省也不能控制下属各县。

形势骤变,似乎在向有利于革命党人的方向发展。续范亭立即动身前往北京,要求北京政府立即处理晋南西北护国军讨袁事宜。不久,陆军部派员到运城调查事情经过,令阎锡山立即资遣所有被俘人员。不久,革命党人全部释放,一时形势缓和。续西峰与续范亭相继返回故里山西崞县。

　　1917 年 7 月,张勋复辟,黎元洪进入外国使馆。冯国璋以副总统代理大总统,段祺瑞窃据内阁,废弃《临时约法》,日渐专横,形势又趋于恶化。1917年 9 月,孙中山先生在广州成立护法军政府,就任海陆军大元帅,发动了讨伐段祺瑞的护法战争。此时,陕西民军仍在与陈树藩战斗。北洋政府图谋彻底消灭陕西民军,欲将陕西列入"剿匪区",排除在"停战区"之外。

　　12 月,陕西国民党革命派响应孙中山广东军政府号召,发布护法讨陈檄文,成立靖国军,郭坚任总司令,耿直任副总司令。靖国军成立后,作战虽勇敢,但由于所属部队来源不同,号令不一,步调不齐,各自为政,纪律松弛,一时难以统领。1918 年 7 月,胡景翼、曹世英、刘允丞等商议后,委派代表赴沪请于右任回陕主持靖国军。

　　于右任(1879—1964),陕西三原人,早年加入同盟会,南京临时政府成立后,出任交通次长,是个深孚众望的人物。8 月,于右任回到三原后,联商各路靖国军将领成立了陕西靖国军总司令部,驻三原。于右任被公推为总司令,张钫为副总司令。下设六路军,原总司令郭坚转任靖国军第一路司令,以后大有作为的杨虎城任第五路军司令。全军实行统一编制。四分五裂的陕西靖国军,从此有了统一指挥。

　　陕西靖国军声势浩大,陈树藩惊慌失措,请井勿幕以调解人身份去三原,企图借井之声望分化瓦解靖国军。没想到,井勿幕素孚众望,又是意志坚定的革命党人,加之靖国军多系井之旧部,一到三原就被推举为陕西靖国军总指挥,一时间靖国军士气大振,陈树藩更加恼火。此时,参加过华山聚义的胡景翼团补备营营长张义安与董振五、邓宝珊领导的三原起义爆发。张义安率备补营"乘雪夜兴兵",全歼陈树藩部主力曾继贤旅、严锡龙团,曾、严二人狼狈不甚,缒城逃匿。胡景翼、曹世英分别由富平、耀县齐聚三原,树起陕西靖国军大旗。

　　陕西骤变,令段祺瑞大惊失色,坐卧不安。急调七省军队,分别为直、奉军和晋军、甘军、川军数万人,伙同豫西地方部队镇嵩军刘镇华部,从不同方向合围陕西,妄图一举消灭陕西靖国军,陕西形势危急。

这时,续西峰再度来到陕西,为靖国军运筹帷幄,奔忙于靖国军各部之间,"焦劳备至,遂患疳,几不能治,又病股,艰于行,然对陕局无一日不参与也"。(张淑琳《续西峰先生事略》)见段祺瑞调七省军队合围陕西,续西峰不顾病体,与徐永昌(山西崞县人)等5人南下广州、贵州、云南等地,策动滇川黔鄂靖国联军十路援陕,以挡七省之兵。据徐永昌在《求己斋回忆录》中回忆:"1918年5月,续西峰、徐永昌等山西同志南下赴粤,5月26日抵穗,准备面谒中山先生,请其速派军援陕。然而,中山先生因受西南军阀排挤,被迫于5月21日辞职,此时已离穗,取道台北赴日,不久又转赴上海。护法运动业已失败,广州军政府既无意更无力组织兵力援陕。续西峰、徐永昌等人迫不得已,于6月3日离粤,取道香港越南赴滇,辗转跋涉,经海防、河口、昆明,7月19日方抵贵州毕节。会晤滇黔川靖国联军总司令唐继尧,续西峰向唐力陈援陕的意义:"陕西在联省中,其地利有高屋建瓴之势,今讨陈树藩且经年,所以旷日持久者,秦陇路塞,孤立无援耳。如去树藩,一军出崤函以制豫,一军出榆林以制晋,而以大军趋大名、保定,即北京可立覆也。吾子不当独规黔、蜀,且先合力以通汉中,则全国底定,视此举矣。"听了续西峰的话,唐继尧为之动容,当即允诺出兵援陕。续西峰又急赴四川,说服四川靖国军总司令熊克武出师援陕。

凭着续西峰的才华和信念,援陕大计初见成效。

8月底,唐继尧以滇川黔鄂豫陕湘闽八省靖国联军总司令身份抵达重庆,随即召开滇、黔、川、鄂军事会议,协商援陕事宜。当时军阀割据,纷纷拥兵自保,各方将领当面皆唯命是从,背后则各行其是,会议无甚结果。能听唐继尧调动的只有他率领的滇军和川军。

就是滇军也不完全听唐继尧的。会议开始前,滇军叶荃部不听约束,已由川东提前几天开赴陕西。

因为续西峰的说服,唐继尧援陕决心已定。委任他在日本士官学校的同学,山西人姚维藩为援陕军总司令,拨滇军一团及川军石青阳军一部归其指挥。续西峰等抵达成都时,熊克武部吕超师正准备出发援陕,12月21日,续西峰等人随后续部队出发,经广汉、绵阳、剑阁、昭化等处北行,眼看就要进入陕西境内。

然而一切努力都为时已晚,从四川出发的三支援军,仅有提前出发的叶荃部抵达关中凤翔。这时,陕西发生了两件影响全局的大事。

第一件是靖国军第四路军司令胡景翼被陈树藩拘禁。胡景翼的第四路军本是陕西靖国军中作战最勇猛的一支部队,胡景翼本人也有勇有谋,曾以一营300人之兵,击败陆建章一团3000人之众,活捉陆建章儿子陆承武。1918年三四月,胡景翼率部与第一路军司令郭坚、第三路军司令曹世英、第五路军司令高峻所部,兵分东西两路,合围西安。陈树藩一面向北洋政府告急,一面以省长身份,急调豫西刘镇华部5000千人入陕,先解了西安之围,加上北洋政府调来的七省联军,陈树藩势力大增,将靖国军包围,想一举歼灭。靖国军处境十分危险,这就是续西峰策动滇川黔鄂靖国联军十路援陕的原因。这时,胡景翼犯了一个致命错误。接受故友姜宏模的建议,去与陈树藩和谈。没想到,陈树藩根本没有和谈诚意。借和谈之机,将胡景翼劫持回西安,拘禁起来。

第二件事影响更大,陕西最著名的革命党人井勿幕被杀害了。

1918年10月,提前出发救援陕西靖国军的云南靖国军第八军军长叶荃率部到达陕西靖国军第一路军郭坚驻防的凤翔县。友军来援,井勿幕十分高兴,11月中旬,井勿幕一行前往凤翔慰劳叶部,当井勿幕返回三原途经兴平时,突然接到郭坚来信,约他于21日赴兴平南仁堡参加军事会议。井勿幕明知赴会有险,却如期赴约。23日,井勿幕带四名护兵,到南仁堡后,被李栋材的部下从背后连开两枪,当即牺牲。"李栋材者,陈(树藩)之部下,叶军至陇州,李以力不敌诈降,而潜以密章上陈氏,必欲以民党要人之首,表明其心。"李见井中弹倒地,立即割下井的首级,带到西安向陈树藩表忠心;井勿幕的尸身,由随行护兵背回泾阳。泾阳驻军团长田玉洁几次赴省与陈交涉,才索回井的头颅,与其尸身一起草葬蒲城。从而酿成轰动一时、影响深远的"井案"。

井勿幕的死,对陕西靖国军的打击是致命的,史载自此"诸军失其联系,成顿蹙之势。叶相石(即叶荃)以孤军走耀县,其余援军有观望者,有变方略

者,自是至民国十一年止,四年之间靖国军以一隅之地,当七省之兵,受兵弥烈,虽经于右任以大义大节至严至正及大无畏之精神激励同志,抗拒敌人,已备尝播迁之苦矣"。

接连损失两位重要人物,加上北京政府和南京临时政府停战令相继下达,续西峰等人备尝辛劳的援陕行动还没开始,就归于失败。

二

1919年2月20日,在南方广州政府与北京冯国璋政府两方代表举行的"上海和会"上,革命党人据理力争,共推续西峰、张瑞玑(山西赵城人)为陕西划界专使,即日赴陕监督停战,调解靖国军与陈树藩之间矛盾。张瑞玑为北方专使,续西峰为南方专使。这位张瑞玑也是老同盟会员,进士出身,曾任陕西韩城知县,诗书画俱佳。山西光复后,任山西省民政长,弃印不就而去西安,被推举为陕西省军政府顾问,在山陕两省都颇具声望。

应该说,阎锡山在山西掌握大权后,山西革命党人长期呆在陕西,有两种意图,一是避难,二是图谋再起。这些人中,前期以景梅九最为活跃,景去北京办报后,则以续西峰最为活跃。

续、张二人接受使命后,张瑞玑却迟迟没有成行。续西峰一人来到陕西,令他没想到的是,陈树藩竟凭借与段祺瑞的特殊关系,拒绝接受调停,反而加紧进攻渭北靖国军。这原本可以理解,因为来的两位划界专使续西峰和张瑞玑同是山西人,而且都是同盟会员,态度无疑会偏袒靖国军。调解不成,续西峰转赴渭北三原,会晤靖国军总司令于右任,与其一起筹划讨陈大计。

3月12日,另一位划界专使张瑞玑在各方催促下动身赴陕,3月22日到达西安。是时陈树藩的"八省联军"已取得很大进展,气焰嚣张,丝毫没有妥协诚意,对撤走围攻乾县的北方军主张不予理睬,仍污蔑坚守乾县的靖国军为土匪。而张瑞玑则受陈笼络,与陈树藩合流,在书信中多次称靖国军为"土匪",死心塌地为北洋政府效力。于右任得知后通电全国予以斥责,张瑞玑怏怏离开陕西返京。

三

这一时期,山陕两省革命党人多灾多难。没过多久,李岐山也被暗杀了。

自从 1916 年初组织西北护国讨袁军东渡黄河失败逃往北京后,李岐山先官复原职,任陆军少将咨议,实际做了个闲官。1918 年夏天,又一次被捕,关押在陆军部看守所。其间,四弟李九皋被阎锡山枪毙,安邑老家宅院被放火烧毁。被关押整整一年后,1919 年夏,李岐山无罪释放。出狱后,冯玉祥几次来电,邀他去湖南襄赞军事。李岐山已经准备前往,还是因为对陕西的感情让他改变了主意。当时陕西靖国军正与陈树藩相持,陈树藩急电邀他前往调解。靖国军方面,也因为李岐山在陕西影响巨大,邀他前去。一念之差,李岐山改道西去。到陕西后,靖国军总司令于右任及胡笠僧、岳维峻、邓宝珊诸将领均表示欢迎,嘱其相机行事。援陕滇军叶荃此时还在陕西,其部下卢占魁与李岐山是故交,在即将开赴湖南前,留下一支部队归李岐山指挥,驻扎西安郊外遇济屯,颇有威胁西安,左右陕西大局之势。如此一来,原来邀他来陕的陈树藩便萌生杀心。

1920 年中秋前夕,陈树藩假借要与靖国军议和,托李岐山的好朋友,同时也是儿女亲家张士秀,邀他赴西安城内议事。中秋节这天,陈设宴招待李岐山,并答应给李部许多枪械。三天后,在回防地路上,经过西安郊外十里铺时,被陈树藩设伏兵杀害。

李岐山死后,其下属、朋友不光把账记在陈树藩头上,更对邀李岐山进城的张士秀产生仇恨。1926 年,张士秀取道河南回山西,在新乡一家旅店留宿,被李岐山的老部下,华山聚义时的小兄弟史可轩部属武士敏捉拿,押往郑州,在李岐山灵前活祭。

李岐山一生两次被捕获释后,都选择了重新来到陕西,而且,两次都与陕西的主政官员有关。头一次因“河东案事件”被捕,审他的正好是以后为陕民痛恨、兴兵驱逐的陆建章,为利用他在陕西的人望,陆建章不惜草草审理,将李释放,随即让他去陕西为自己发展势力。第二次被捕是因为阎锡山对他的忌惮,获释后,又被陈树藩设计陷害。这不知是时也,命也?

李岐山去世的同年，续西峰也积劳成疾，病势危重。援陕行动失败后，续西峰依然呕心沥血，辅佐胡景翼、岳维峻。1924 年 10 月，续西峰成功策动冯玉祥、胡景翼等人发动"北京政变"后，担任国民军总参议，密遣王用宾赴粤请中山先生北上主持。中山先生称赞续西峰"吾兄好义，努力不懈，尤为忠诚"。直到病危之际，续西峰仍不忘与陕西同志的情谊，对"国民二军(胡景翼部)数万溃于崤函间，三军(孙岳部)入南口败衄略尽"而忍痛椎心。5 月 10 日，续西峰为未能推翻北洋军阀统治抱恨而终，年 46 岁。

老天好像决意要灭华山聚义的革命党人。太原起义后，李岐山与续西峰一南一北，分别光复运城与大同，以后，两人又一南一北手握重兵。军队统一编制后，山西仅有二旅，旅长就是他们二人。以后，又同上华山聚义，同组西北护国讨袁军进军山西，失败后，又不约而同逃往北京。这两个人就像一对双子星座般，一起闪烁，同映同辉，到最后，又一起陨落。

第二年(1925)，他们的小兄弟、续西峰呕心沥血辅佐过的胡景翼病逝，年仅 34 岁；第三年(1926)，孙岳病故，终年 51 岁。再一年(1927)，另一位小兄弟史可轩也被暗杀，年 37 岁。再往前数，1923 年 5 月 21 日，郭希仁病逝西安，终年 42 岁。

仅仅 10 多年时间，华山聚义的同仁们，死的死，逃的逃，活过 1949 年的十者不余其三。不过，他们在国家危难时结成的山陕情缘，比春秋时代的"秦晋之好"更具真情，更具悲壮色彩，更具历史意义。1945 年 11 月 21 日，当西安各界公祭、公葬井勿幕上将之时，景梅九先生曾赋诗云："一生唯有情难已，九死原知志不移。"山陕两省志士仁人志趣相投，为追求民主共和结成了深厚的友谊，并为之献出生命。景先生的这两句诗，可以作为山陕同志这一时期友谊的高度概括吧。

后　记

秦晋之好是中国历史上的一个佳话。提起秦晋之好,人们往往会想起春秋时期秦晋之间的那几次联姻,其实,那只是秦晋两地交往的开端、起点和标志,仅具象征意义。两千多年来,两地官方、民间不断地充实着秦晋之好的内容,从百姓间的联姻,到政治经济、社会文化,包含了两省历史的各个方面,这才是真正意义上的秦晋之好。

大河将同处黄土高原的两个地方分割开来,又将两地连接起来,使两地都不可避免地染上了同一种颜色。两省地气相接,同根同脉,又有基本相同的地形地貌和民风民俗,有了那次以联姻为基础的交好,就使两地交往充满了亲情与浪漫。但若认真考量历史,会发现秦晋交往中残酷、悲情的成分更大。从春秋到民国,两地发生过无数惨烈的战争,经历过多次血腥的民族大融合,又有过无数次的相互合作与提携,这些历史,共同构成了秦晋之好的内涵,从这个意义上说,秦晋之间不光是交好那么简单,还有更深层的东西需要发掘升华。

秦晋两地又是中华民族根系所在,炎帝、黄帝、尧、舜、禹都长期在这里活动。秦汉至隋唐,这里更是中华民族的心脏地带。两地发生的事往往影响着中国历史走向。写秦晋交往,在某种程度上,实际是在写中华民族的历史进程。

这是一个太大的题目。稍有写作经验的人都知道,写作最忌题目过大。

此书的选题出自张继红先生,他是出版界的行家里手,当然深知此中三昧,所以选择我来担纲,是因为他注意到我近几年连续出版的几本地方文化专著。而笔者所以有勇气写作此书,完全缘于这几本书的写作积淀。2004 年,我曾应辽宁人民出版社之托,写过一本《山西古祠堂》,2006 至 2010 年间,又连续为运城和吕梁两地写过四五本地方文化专著,出版后颇受好评。为写这几本书,我几乎走遍了秦晋两省的黄河两岸,对这些地方不光有丰富的感性认识,同时积累了大量资料。也许是机缘巧合,当张继红社长提出让我执笔写作此书时,我竟不揣冒昧,毫不犹豫地答应下来了。

尽管已经意识到本书写作不易,没动笔之前还是没想到会如此艰难。为使每个历史事件、细节、人物都有据可依,笔者阅读了上百部历史著作,查阅了数百篇学术论文,阅读量之大,用时之长,是以前写作从未遇到过的,期间饱尝了书斋之孤寂,史籍之枯燥,笔下之滞涩,酸甜苦辣,不一而足。

历时两年有余,搁笔之后,一面长长地舒了口气,一面又不能不为先前的鲁莽感激自己,若不是当初的冒险犯难,如何能有今日的大功告成。但愿费尽心力写成的这部书稿,能得到读者的认可,经得住时间的检验。还请各路方家不吝指正。

作　者

2014 年 5 月 22 日